Volker Fröhlich, Ursula Stenger (Hrsg)
Das Unsichtbare sichtbar machen

Beiträge zur pädagogischen Grundlagenforschung

Herausgegeben von
Hans-Walter Leonhard, Eckart Liebau und
Michael Winkler

Volker Fröhlich, Ursula Stenger (Hrsg)

Das Unsichtbare
sichtbar machen

Bildungsprozesse und Subjektgenese
durch Bilder und Geschichten

Juventa Verlag Weinheim und München 2003

Bibliografische Information Der Deutschen Bibliothek

Die Deutsche Bibliothek verzeichnet diese Publikation in der Deutschen
Nationalbibliografie; detaillierte bibliografische Daten sind im Internet über
http://dnb.ddb.de abrufbar.

© 2003 Juventa Verlag Weinheim und München
Umschlaggestaltung: Atelier Warminski, 63654 Büdingen
Umschlagabbildung: Lucio Fontana, Concetto Spaziale: Attese
(Raumkonzept: Erwartungen), 1961
Printed in Germany

ISBN 3-7799-1260-0

Inhalt

IV. Zur kulturell-historischen Dimension von (Selbst)Bildern

Ursula Stenger, Volker Fröhlich

Einführung

Bilder sind allgegenwärtig, sie spielen schon seit jeher eine zentrale Rolle im Leben von Menschen. Bilder und bildhafte Erzählungen erschließen unser Verständnis von Wirklichkeit, ebenso wie sie unser Selbstbild mitbestimmen. Menschen sind von Beginn ihrer Existenz an mit Bildern konfrontiert, als visuell wahrgenommene, als Vorstellungen, als Phantasien, als Erinnerungen. Sie wirken unmittelbar, bewusst oder unbewusst.

Die Einführung in die jeweilige Bilderwelt einer Kultur ist ein zentrales Moment menschlicher Bildung. Das Anliegen dieses Buches ist es zu fragen, was durch diese Bilder und auch durch Geschichten sichtbar werden kann. Bilder sind leicht zugänglich, sie zeigen sich dem Betrachter, machen ganze Traditionen von Wahrnehmungs- und Erfahrungsformen sichtbar. Dies geschieht auf eine sinnlich anschauliche Weise, doch was sagen diese Bilder? Wie sagen sie es? Und wie kann die Sprache der Bildhaftigkeit verstanden werden?

Dass die Erziehungswissenschaft angesichts einer solchen Wirkmächtigkeit sich des Themas „Bild" nicht verschließen kann, scheint selbstverständlich. Wenn wir mit diesem Buch das Thema „Bild" aufgreifen, möchten wir dies in einem umfassenden Sinne tun und Bilder und ihre Wirkungen in all ihren möglichen Bedeutungen und Konnotationen in den Blick nehmen: Als mediale Bilder, als Kunstwerke, als kindliche Ausdrucksformen, als innere Bilder, als kollektive Phantasien usw.

Der vorliegende Band will sich in dieser Absicht darum bemühen, unterschiedliche erziehungswissenschaftliche Diskussionslinien, wie sie in jüngerer Zeit vor allem von der pädagogischen Biographieforschung, in der erziehungswissenschaftlichen Rezeption der Psychoanalyse und der pädagogischen Anthropologie vorgezeichnet worden sind, zusammenzuführen.

Als auf dem Tübinger DGfE-Kongress 1978 die Arbeitsgruppe „Wissenschaftliche Erschließung autobiographischer und literarischer Quellen für pädagogische Erkenntnis" initiiert wurde, befand sich die Erziehungswissenschaft auf dem Höhepunkt des „linguistic turns". Die These von der sprachlichen Bedingtheit menschlichen Wissens, Handelns und Gestaltens kulminierte dort in einer Fragestellung, welche die sprachliche, erzählende Selbstvergegenwärtigung des menschlichen Subjekts in die pädagogische Aufmerksamkeit rückte. Autobiographien und erzählte Lebensgeschichten vermutete man als „generelle Strukturmomente menschlicher Entwicklung und Selbstverständigung, die anders nur schwer oder vielleicht auch gar nicht zu erfassen sind" (Baacke/Schulze 1979, S. 8) und entdeckte in ihnen ihre selbstkonstituierende und „bildende" Funktion.

In vergleichbarer Intention versuchte Mollenhauer wenige Jahre später als einer der ersten, Bilder als Quelle für erziehungswissenschaftliche Fragestellungen fruchtbar zu machen.[1] Ihm ging es zunächst in seiner kunsthistorisch fundierten Bildinterpretation darum, „Lebensformen vergangener Epochen, der Kultur, die in der Erziehung vermittelt wurden" (Mollenhauer 1986, S. 39), verstehbar zu machen. Aus diesem Anfang heraus hat sich ein breit angelegtes Interesse an der Erschließung von „Bildern" als Quelle der Erziehungswissenschaft herauskristallisiert, dem es nicht nur darum geht, Werke der bildenden Kunst pädagogisch auszulegen, sondern in der Auseinandersetzung mit Bildern neben der Sprachbedingtheit des Wissens, Handeln und Gestaltens auch ihre „Bildbedingtheit" zu entdecken (vgl. Schäfer/Wulff 1999, S. 7). Ziel ist es nun, das Thema Bild in allen seinen Dimensionen und Konnotationen zu erschließen, seien diese phänomenal, ästhetisch, psychologisch, historisch oder theorie-evozierend und die Präsenz von Bildern als elementare „conditio humana" anzuerkennen: als Voraussetzung und Medium der Bildung und der Subjektgenese des Menschen.

Will man sich die Bedeutung von Bildern für die Subjektkonstitution verdeutlichen, gilt es zunächst einen Blick in die historische Entwicklung des Themas zu werfen. Es gilt zu verstehen, warum wir heute in dieser Form über Bilder nachdenken. Welche Rolle spielen Bilder im Leben von Menschen? Wie sahen Reflexionen zur Bildhaftigkeit aus? Wie hat sich dieses Interesse an den Bildern entwickelt?

Zwei Entwicklungsstränge drängen sich hier auf, die unterschiedlicher Natur sind, und die wir kurz skizzieren möchten.

---

1 Schulze weist daraufhin, dass sein im April 1983 erschienener Aufsatz: „Streifzug durch ein fremdes Terrain: Interpretation eines Bildes aus dem Quattrocento in bildungstheoretischer Absicht", der erste Artikel in der „Zeitschrift für Pädagogik" mit einem Bild war, in welchem dieses nicht nur als Illustration diente, sondern selbst Gegenstand der Interpretation war.

1. Die Ursprache der Bilder

Immer schon hatten Bilder eine elementare Funktion für das Selbstverständnis und Selbsterleben der Menschen. Das begann schon mit der Höhlenmalerei. Durch Bilder und nicht durch schriftlich fixierte Texte gestalteten Menschen ihre Erfahrungen. Das Tier ist eines der ersten Bilder des Menschen. Das Bild des Tieres ist nicht nur Abbild, es präsentiert eine jeweilige Seinserfahrung.[2] Das Mammut etwa zeigt sich als dumpfe Kraft, groß und mächtig, genügsam in sich. Das Pferd vereint die Kraft mit der Anmut und Beweglichkeit. Jedes Tier hat eine mögliche Prägung, einen bestimmten Lebensstil, der Symbol für mögliche Eigenschaften des Menschen selbst ist. Bild ist nicht Abbild, sondern mögliches Selbstbild. In der Vollkommenheit seiner Art verkörpert das Bild zugleich etwas Höheres, den Menschen Übersteigendes. Das Tier steht zunächst an der Stelle des späteren Gottes.

In der griechischen Kultur werden Götter und Helden in Plastiken, Reliefs und Zeichnungen dargestellt, sowie deren Geschichten und Zusammenhänge in mythischen Geschichten erzählt. Die Charaktere sind so auf eine bildhafte Weise zugänglich: Odysseus und Atlas, Helena und Medea sind Bilder auch menschlicher Seinsverfassungen, die den Lauf des Lebens jeweils in einer spezifischen Weise deuten.

Überhaupt spielen Bilder in den Religionen eine zentrale Rolle, unabhängig davon, ob sie zur Darstellung kommen dürfen oder nicht (Bilderstreit). Christus als Lamm Gottes, Himmel und Hölle, Feuer und (Weih-)Wasser, Lilie und Erdreich, Säen und Ernten sind Bilder, anhand derer Möglichkeiten des Menschen aufgezeigt und strukturiert werden. Diese sind in biblischen Geschichten entfaltet und in Bildern zusammengefasst. Religiöse Kriege sind Kämpfe um die Macht bestimmter Bilder.

In dem Augenblick, wo in unserem Kulturkreis die Religion und damit die religiösen Bilder an Bedeutung verlieren, übernimmt die Kunst jene Funktion bildhafter Strukturierung menschlicher Erfahrungsweisen. Nicht mehr Gott schuf den Menschen nach seinem Bilde, sondern der Mensch (Künstler) schafft jeweilige Bilder vom Menschen. Mona Lisa schaut anders in die Welt als Frauen von Rubens oder Picasso.

Über Bücher und Zeitschriften, elektronische Medien wie Film, Fernsehen und Internet potenziert sich die Verbreitung der Bilder. Der Strom der Bilder schwillt an. Von Kindesbeinen an hat heute jeder, der etwas Neues wahrnimmt oder der irgendwohin verreist, zuvor Bilder davon gesehen. Die Werbung kämpft um die Bilder und mit den Bildern, in denen Menschen

---

2 Vgl. im Folgenden Rombach 1977, S. 60 ff.

etwas von sich finden können, etwas, wonach sie sich sehnen: Bilder von Palmen am Strand, das rauschende Meer, Städte und Berge. Bilder haben Macht, strukturieren und formen Welt- und Selbsterfahrung. Von ihnen geht aber auch eine Suggestionskraft aus, sie bringen Realität und Virtualität hervor. Wir sind von Bildern umstellt. Oder wie Dietmar Kamper einmal formuliert hat: „Man möchte irgendwann verstehen: Warum, zum Beispiel, wenn der tägliche Bilderkonsum abbrechen würde, wahrscheinlich weltweit Entzugserscheinungen auftreten würden, und zwar in so großer Zahl, dass niemand wirklich helfen könnte…" (Kamper 2000, S. 14).

Bilder gehen uns sinnlich an. Doch diese Wirkung und Bedeutung der Bilder, die sie zu allen Zeiten hatten, sind sie auch in der Reflexion auf Bilder und Bildhaftes erfasst worden?

2. Die Entdeckung der Vernunft und die Verschüttung der Bilder

Der Ursprung unserer abendländischen Denktradition findet sich in der griechischen Kultur. Platon stellt hier einen entscheidenden Punkt dar, insofern durch ihn die Geburtsstunde der Vernunft, im Weiteren auch die Geburtsstunde der Wissenschaft an ein Zurückdrängen der Bilder gekoppelt ist. Deutlich wird dies im zehnten Buch der „Politeia", wo er ausführt, wie weit der Künstler, Maler und (Tragödien)Dichter von der Wahrheit entfernt ist. Sie alle ahmen nur nach, was sie als reale Dinge und Handlungen wahrnehmen. Auch diese jedoch sind bereits Abbilder der einen und wahren Idee.

In dieser Linie ist also der Handwerker als Hersteller des realen Gegenstandes dem Erkennen der Wahrheit immerhin ein Stück näher als der Dichter, der das Abbild des Abbildes erzeugt. Die Kunst und damit die bildhafte Interpretation von Welterfahrung ist nicht nur dem wahren Sein fern, sie ist auch noch gefährlich. Der Künstler soll deshalb aus dem Staat ausgeschlossen werden, „weil er den schlechteren Seelenteil aufreizt und nährt und kräftig macht und dadurch den Vernunftteil vernichtet" (Platon 1982, S. 446). Für Aristoteles wird die Hervorbringung von Bildwerken schlicht techne, Handwerk, das erlernbar ist und auf kein höheres Sein bezogen ist.[3]

Das Mittelalter übernimmt das antike Modell der Urbild-Abbild Dualität. Der Künstler ist nun Handwerker, der die Schönheit Gottes sichtbar machen soll. Gott schuf den Menschen nach seinem Bild, der Mensch bleibt Nachahmer des Urbildes.

---

3 Ausführlicher kann man über diese Entwicklung u.a. bei Parmentier nachlesen (Parmentier 2003).

Erst mit der Renaissance wird der Künstler selbst zum Schöpfer. Die Kunst beginnt sich aus ihrer Instrumentalisierung durch Staat und Kirche zu befreien, sie wird autonom.

In der Aufklärung hat schließlich Kant durch seine Trennung der ästhetischen Erfahrung von theoretischem Erkennen und praktischen Handeln diese Autonomie befördert. Der entscheidende Schritt bei Kant besteht darin, dass das ästhetische Urteil, ausgehend vom Sinneseindruck in einer Vergleichung mit den Verstandeskräften, gebildet wird. Es folgt nun nicht mehr einem Ideal von objektiv gegebener Schönheit. Vielmehr wird der Akt des ästhetischen Urteils in das Subjekt selbst verlegt, freilich nicht als ein Akt bloß subjektiven Empfindens, sondern als ein Akt der transzendentalen Subjektivität überhaupt. Erst dadurch vermag das ästhetische Urteil seinen Anspruch auf Allgemeingültigkeit einzulösen. Gleichwohl kann dem ästhetischen Urteil weder eine Erkenntnisleistung zukommen, noch eine Handlungskonsequenz folgen, - dies gerade macht ja die Autonomie des Ästhetischen aus, dass es sich in interesselosem Wohlgefallen bekundet. Kant geht es um die Bedingung der Möglichkeit des ästhetischen Urteilens. Sein eigentliches Projekt der Aufklärung ist die Bewusstwerdung des Subjektes, das durch seine Verstandestätigkeit die Welt in ein Ordnungsgefüge bringt und so die Vernunft freischaufelt, die dem Menschen immer schon gegeben ist. Insofern wird konsequent auch weniger von Bildung als von Erziehung gesprochen. Dem Ästhetischen wird zwar Autonomie zugebilligt, eine wirklich innovative Kraft, die sich auch auf Erkenntnisleistung und moralische Einstellung auswirkte, wird der ästhetischen Ebene indes abgesprochen. Schiller versucht dies mit seinem Projekt der ästhetischen Erziehung des Menschen zusammenzubringen, wobei auch für ihn das Ästhetische auf der Ebene des Scheins verbleibt.

3. Die Wiederentdeckung der Bilder

Die Differenz zwischen der das Leben strukturierenden Wirkmächtigkeit der Bilder und der Reflexion auf diese Ebene der Bildhaftigkeit wird erst mit der Romantik zum Thema gemacht. Hier wird als Kritik an einer einseitigen Aufklärung des Menschen wieder auf all jene Quellen der Imagination zurückgriffen, die so lange verschüttet waren: Die Tradition der Mystik, die Musik und die Poesie. Denken und Erkenntnis werden nicht als abgetrennt vom Ästhetischen gesehen, sondern Philosophie soll Theorie der Poesie sein, soll also auf einem bildhaften Zugang zum Menschen und zur Welt basieren.

Ein wirklicher Durchbruch gelingt dann Nietzsche, indem er genau an dem Punkt wieder ansetzt, an dem die Entdeckung von Vernunft und Wissenschaft zu einer Geringschätzung der Bedeutung der Bilder führte. Nietzsche untersucht die griechische Tragödie, die Platon aus seinem Staat verbannt haben wollte. Die Tragödie zeigt in bildhaft-performativer Weise, wie der Mensch zum Menschen wird, indem er heraustritt aus der Einheit alles Vorhandenen und zum herausragenden Individuum wird. Die Individuation muss jedoch wieder zurückgenommen werden, indem der Held tragisch untergeht. So wird die Einheit wiederhergestellt. Dieser Kreislauf des Lebens wird dem Zuschauer, durch die Musik bezaubert, so vorgeführt, dass er als lustvoll erfahren wird. Von dieser Wahrheit der Tragödie bleibt Sokrates ausgeschlossen, der als Typus des theoretischen Menschen das Geschehen nicht mitvollzieht, sondern kritisch betrachtet. Er sieht also vor sich „Etwas recht Unvernünftiges, mit Ursachen, die ohne Wirkungen, und mit Wirkungen, die ohne Ursache zu sein schienen ...“ (Nietzsche 1980, S. 92). Sokrates und in seiner Folge Platon verhelfen einer bestimmten Denkform zum Durchbruch, die in ihrer begrifflichen Abstraktion die Bilder und Metaphern vergisst, aus denen sie ursprünglich entstanden ist. Vergessen wurde auch, was Nietzsche erst entdecken konnte: Diese Form von wissenschaftlicher Erkenntnis ist nur eine jeweilig entstandene Interpretation von Welterfahrung, stellt nur eine bestimmte Perspektive dar, die keinen absoluten Wahrheitsanspruch mehr begründen kann.

Mit Nietzsche wird eine erneute Hinwendung zur Bildlichkeit deutlich, was auch in seiner Sprache Widerhall findet. Er traut den Bildern mehr zu als einer theoretisch-systematischen Rede, weil die Bilder den Menschen auch in seiner Leiblichkeit ansprechen und nicht nur auf den bloßen Rationalisierungsprozess zielen.

Hier zeigt sich der Zusammenhang der Themen der Bildlichkeit und der Leiblichkeit, die jedoch nicht mehr in der Dichotomie von Anschauung und Verstand aufgehen. Der Sinn der Sinnlichkeit ist nicht irrational, sondern folgt - das haben im Weiteren die Phänomenologen Husserl und Merleau-Ponty thematisiert - einer eigenen Logik.

Merleau-Ponty sieht die Bilder nicht als Gegenstände, die wir betrachten können, sondern sucht herauszusehen und sichtbar zu machen, was und wie wir sehen, wenn wir gemäß einem Bild sehen. Mit Cézanne etwa wird es möglich, den Mal- und Wahrnehmungsprozess im Bildsehen selbst mitzuvollziehen. Dies nennt Merleau-Ponty das „imaginäre Gewebe des Wirklichen“ (Merleau-Ponty 1984, S.18). D.h. dass die Bilder jeweilige Formen der Wirklichkeitserfassung darstellen, so dass - wie vornehmlich die moderne Kunst gezeigt hat - allererst die Bedingung der Möglichkeit ihrer Auffassung miterstellt wird, weil nicht mehr auf apriorische Wahrnehmungsformen (wie bei Kant) zurückgegriffen werden kann. Sie zeigen, *wie* jeweils die Dinge entstehen, die sie zeigen wollen, sie zeigen, auf welche Weise das Sichtbare entsteht.

Eine weitere wichtige Quelle für die Wiederentdeckung der Bilder ist die Psychoanalyse. Ihr Verhältnis zum Thema Bild ist gleichwohl ein gebrochenes. Sie hat keine explizite und elaborierte Bild-Theorie hervorgebracht, doch sind große Teile ihrer Theorie „bild-haltig", bzw. verweisen auf eine mehr oder weniger kritische Inanspruchnahme des Themas Bild. Um die Wirksamkeit des menschlichen Ur-Begehrens und seine Grundkonflikte anschaulich zu machen, greift sie auf das archaische Bild des Ödipus-Mythos zurück. Sie hat ein Beziehungsmodell entwickelt, in dem die Wirksamkeit von Imagines als unbewusste Vorstellung von einer Person vor die der realen Erfahrung gestellt wird. Die Gestaltungen und Wirkungen des Unbewussten erkundet sie mittels des „Königsweges" über die Bilderwelt des Traumes. Die Struktur von Bewusstem und Unbewusstem vergegenwärtigt sie, indem sie auf die Sprachgebundenheit des einen und die Bildgebundenheit des anderen Systems verweist. „Das Denken in Bildern ist also nur ein sehr unvollkommenes Bewusstwerden. Es steht auch irgendwie den unbewussten Vorgängen näher als das Denken in Worten und ist unzweifelhaft onto- wie phylogenetisch älter als dieses ..." (Freud 1923, S. 248). Freilich ist diese implizite Bedeutung, die Bildern hier – in verschiedensten Konnotationen – in dieser klassischen Position zuerkannt wurde, in der Fortschreibung des Theoriediskurses innerhalb der Psychoanalyse nicht unhinterfragt und unwidersprochen geblieben. Sie hat Kontroversen und Dissens hervorgerufen, am markantesten vielleicht vertreten durch Jung und seine Urbild-Lehre von den Archetypen und durch Lacan und seiner Reinterpretation des Freudschen Unbewussten als einem sprachlich Verfassten und seinem Verweis auf die Spiegelerfahrung, die das Bild auch als Ort der Täuschung und Idealisierung entlarvt. (vgl. hierzu den Beitrag von Bilstein zu Freud, Jung und Lacan in diesem Band).

4. Iconic Turn

Diese Wiederentdeckung der Bilder im 19. und 20. Jahrhundert gipfelt dann in den 90er Jahren des 20. Jahrhunderts in der Rede vom „iconic-turn". Gottfried Boehm etwa spricht 1994 in seinem wegweisenden Band: „Was ist ein Bild?" von einem „iconic-turn" (Boehm 1994, S. 13 ff.). Dies geschah bewusst in Analogie zu dem in den 60er Jahren vollzogenen Paradigmenwechsel des „linguistic-turn" (ebd.). Die gleiche Radikalität des Ansatzes sieht Boehm für die Frage nach den Bildern gegeben. Nicht mehr ein höchstes Sein oder ein Ich bildet den letzten Grund, sondern, wie ehedem die Sprache, das Bild. Das bedeutet, dass der Mensch nicht zunächst in der Welt vorhanden ist, lebt und arbeitet, wahrnimmt und handelt und dann auch noch Bilder produziert, rezipiert. Nein, es bedeutet, dass alles Wissen, Handeln und Gestalten durch Bilder bedingt ist, noch bevor dies in Sprache gefasst ist. Unser Leben wird begleitet, gestaltet, beeinflußt durch die Bilder die in uns und um uns sind. Oder wie Belting dies formuliert hat: „Der Mensch ist ein Ort der Bilder." (Belting 2000, S. 7)

Das Thema eröffnet ein völlig neues Forschungsgebiet, das sich seither, interdisziplinär ausgerichtet, ausbreitet. Kunstgeschichte und Philosophie, Psychologie und Neurobiologie, Medizin und Informatik, Kognitions- und Medienwissenschaft (um nur einige zu nennen) berühren einzelne Aspekte dieser Grundfrage. Je nach Ausgangspunkt geht es dabei etwa um die Visualisierung und Strukturierung von Informationen, um Fragen der Bildwahrnehmung und Verarbeitung, um materiale und mentale Bilder (vgl. etwa Hombach/Rehkamper oder Breidbach/Clausberg).

Besonders interessant für den pädagogischen Kontext scheint zum einen die Fragerichtung zu sein, die von den Beiträgen in dem von Boehm herausgegebenen Band „Was ist ein Bild?" verfolgt wird. Boehm selbst bezieht sich auf die moderne Kunst, die einem völlig neuen Bildverständnis folgt, welches u.a. mit Merleau-Ponty sichtbar gemacht werden kann. Das Bild wird hier nicht als ein Gegenstand, als ein äußerer Reiz angesehen, dem ich mich gegenüber befinde und der dann nach innen repräsentiert werden muss. Vielmehr thematisiert die moderne Kunst in den Bildern seit Cézanne jenen Prozess der Wahrnehmung, der, eingebunden in den Körper, die Wechselseitigkeit des Bezuges von Sehendem und Sichtbarem aufzeigt. Der Prozess der Organisation einer Matrix im Akt des Sehens, der erst zur Sichtbarkeit dessen führt, was gesehen werden soll, kommt auf diese Weise zur Anschauung. Doch wie zeigen Bilder das, was sie sagen, wie können wir den Prozess des Sichtbarwerdens beschreiben?

Die Grundfrage nach dem Bild ist also immer auch verknüpft mit der nach der Wahrnehmung und das scheint uns pädagogisch äußerst spannend zu sein.

In diesem Zusammenhang ist auch das Konzept einer Bild-Anthropologie von H. Belting besonders interessant (vgl. im folgenden Belting 2001, besonders S.11-55). Bilder entstehen aus einem Prozess der persönlichen und kollektiven Symbolbildung. Alles kann durch einen solchen Akt zu einem Bild werden. „Wir leben mit Bildern und verstehen die Welt in Bildern" (Belting 2001, S.11). Über die Bilder kommen wir zu Formen der Welterfahrung, die in einer Kultur, einer Zeit sich entwickelt haben. Die Frage nach dem Bild, das uns entgegentritt, wie auch nach der Imagination ist für Belting also eine historisch-kulturell zu untersuchende: „Bilder kommen von weit her, wenn sie die elementaren Welt- und Selbsterfahrungen wie Zeit, Körper und Raum repräsentieren, die wir uns nicht anders als eben in Bildern verständlich machen können. Sie stehen deshalb in einer Geschichte des kollektiven Imaginären, die kulturellem Wandel unterliegt." (Belting 2000, S.8) Eine weitere Frage, die Belting interessiert, ist die nach dem Medium, in dem uns die Bilder erscheinen. Diese Medien stellen gewissermaßen die Körper der Bilder dar, so wie unser Körper ein Medium für die Bilder ist (vgl. ebd. S.9).

5. Bild und Bildung

Im Anschluss an diese bildanthropologischen Überlegungen von Boehm und Belting, sowie im Anschluss an die Überlegungen der Psychoanalyse, lassen sich folgende Themen für die Pädagogik formulieren:

Es geht uns nicht primär darum, psychoanalytische oder anthropologische Aussagen zum Thema Bild unbesehen in ein pädagogisches Programm „Aus Bildern lernen" zu übernehmen. Vielmehr interessieren auch in pädagogischen Zusammenhängen folgende Fragen: Was ist eigentlich ein Bild? Wie sind Bild und Sprache in der Vorstellungs- und Denkwelt des Menschen verklammert und strukturiert? Haben wir von einem Primat des Bildlichen vor dem Sprachlichen auszugehen oder vice versa? In welcher Beziehung stehen „innere" Bilder zu den äußeren? Was machen Bilder im Hinblick auf ihre Schöpfer sichtbar - was verbergen sie? Und in Konsequenz der oben skizzierten Entwicklungsstränge bliebe zudem zu fragen: Haben wir Pädagogen es nicht mit der Einführung und Einübung in die Bilderwelt einer Zeit, einer Kultur zu tun? Wie kommen wir aber zu diesen Bildern? Vollziehen sich nicht wesentliche erzieherische Prozesse in Folge bestimmter Bilder, die wir etwa vom Kind haben? Ist es nicht eine Aufgabe von Erziehung, jene Entwicklung einer Matrix zu begleiten, die die Wahrnehmung und das Sich-Bewegen in Bildräumen erst ermöglicht? [4]

Bilder wissen etwas von uns, was wir ohne sie nicht wüssten. Diese Dimension gilt es zu erforschen und für die Pädagogik fruchtbar zu machen. Hierzu möchte dieser Band einen Beitrag leisten. Unser Anliegen ist es, Beiträge aus psychoanalytischer und anthropologischer Sicht zusammen- bzw. gegenüber zu stellen, um das breite Spektrum möglicher Fragen auszumessen. Durch die Psychoanalyse kann etwa gezeigt werden, inwiefern Bilder „Inneres" und innere Entwicklungen sichtbar machen können. Die Anthropologie wiederum öffnet den Blick für die kulturell-historische Eingebundenheit unserer Frage und untersucht, wie das „Innere" sich via Bilder überhaupt erst bildet. Wie können derartige Bildungsprozesse erschlossen werden?

---

4 Unter dem Titel „Das Unsichtbare sichtbar machen" fand zu diesen Fragen im Jahr 2000 eine Tagung in Würzburg statt, die auf eine Zusammenarbeit der Kommissionen Psychoanalytische Pädagogik und Pädagogische Anthropologie der DGfE zurückgeht. Der vorliegende Band greift einige der für die Publikation überarbeiteten Vorträge auf, fügt aber auch neue hinzu.

Bevor wir aber das Buch im Einzelnen vorstellen, möchten wir auf die Fragerichtungen innerhalb der Pädagogik hinweisen, die wichtige Vorarbeiten in diesem Themenspektrum geleistet haben.

Da gilt es zum einen die diversen theoretischen und empirischen Untersuchungen zum Thema der ästhetischen Bildung hervorzuheben. Hier ist jene Schnittstelle, an der bislang Pädagogen mit Bildern arbeiteten, seien es kunstförmige Bilder, die auf Kinder treffen, sei es umgekehrt mit Kindern, die selbst Bilder hervorbringen (zeichnend, plastizierend etc.).

Ende der 80er, Anfang der 90er Jahre wurde hierzu eine lebhafte Diskussion geführt, die wesentlich von Klaus Mollenhauer inspiriert war, der den Zusammenhang von Kultur und Erziehung auch anhand von Bildern untersuchte (vgl. dazu u.a. auch Mollenhauer 1990, Mollenhauer 1994, Herrlitz/Rittelmeyer 1993, Lenzen 1990, Mollenhauer/Wulf 1996 und Dietrich/Müller 1999). Ästhetische Bildung bestand für ihn zum einen im Entschlüsseln der Bilder unserer Tradition, zum anderen im Bezug des Subjektes zu den von diesen Bildern hervorgerufenen Empfindungen. Die Reflexion hierauf führt zu Bildungsbewegungen, die nach Mollenhauer nicht mehr unter den von der Moderne vertretenen Bildungsbegriff zu subsumieren sind und die somit eine Provokation dessen darstellen, was bislang unter „Allgemeiner Pädagogik" verstanden wurde (vgl. Mollenhauer 1990, S. 481f). Hier deutet sich also bereits eine Dimension von ästhetischen Erfahrungen an, die im Zusammenhang mit Bildern gemacht werden, die vorweisen auf jene fundamentale Bedeutung der Bilder die mit dem iconic-turn entdeckt wurde.

Explizit auf den iconic-turn reagiert haben dann Wulf und Schäfer mit dem von ihnen herausgegebenen Band „Bild - Bilder - Bildung", wo in der Einleitung bereits von den Konsequenzen dieser Veränderung auf die Pädagogische Anthropologie, die Bildungstheorie und die Allgemeine Pädagogik die Rede ist (Wulf 1999, S.7). Auch hier werden Bilder nicht nur im Sinne von Kunstwerken, sondern in umfassender Bedeutung untersucht. Über Bildungsprozesse nimmt der Mensch die Bilder auf, die als kollektive Bilder den Sinn einer Zeit, einer Kultur schaffen (vgl. ebd., S. 8). „Bildung" bedeutet wenigstens dreierlei, sich ein Bild von sich, der Welt und anderen Menschen machen und diese gestalten". (ebd., S. 7) Diesen Prozess, der sich über die Aufnahme und Gestaltung von Bildern vollzieht, gilt es nun für die Pädagogik zu untersuchen, um der Wirkungsweise der Bilder auf die Spur zu kommen, die heute allgegenwärtig geworden sind.

6. Das Unsichtbare sichtbar machen.
Selbstkonstitution durch Bilder und Geschichten

Dieses Anliegen sucht nun unser Band weiter zu verfolgen. Die Frage nach den Bildern stellte sich uns primär als eine nach den Prozessen, in denen das Selbst des Menschen sich konstituiert. Von dieser Grundfrage ausgehend gliedert sich der Aufbau des Buches in vier Bereiche:

Teil I: Bild - Theorien

Hier geht es zunächst darum, theoretische Zugänge deutlich zu machen, wie sie von der Anthropologie und Psychoanalyse ermöglicht werden. Johannes Bilstein trägt dabei zur Klärung der Frage nach Bild, Metapher und Symbol bei, indem er jeweils ein Bild anbietet, das zeigt, auf welche Weise die ikonische Differenz überbrückt wird. Diesen Zugang einer theoretischen, wie auch bildhaften Erhellung setzt er in Beziehung zu den wichtigsten psychoanalytischen Theoretikern Freud, Jung und Lacan, indem er auch hier das ikonische Konzept bildlich fasst.

Brigitte Boothe konkretisiert den psychoanalytischen Zugang zu Bildern und Geschichten, in denen wir leben und die etwas über unsere Erfahrungen enthüllen können. Dies entzieht sich jedoch meist der Reflexion. Inwieweit kann Psychoanalyse ein Zugang sein, diese offenbare und doch oft für uns nicht sichtbare Dimension zu fassen?

Teil II: Selbstthematisierung und Selbstkonstitution durch Bilder und Geschichten

Unser Ich ist uns zugänglich und beschreibbar über Bilder, die wir entweder selbst entwerfen, oder über solche, die wir für uns entdecken. Metaphern des Ich, wie Günther Bittner sie nennt, sind keine Abbilder, sondern selbst Teil des Lebensvorganges, den sie verbildlichen. Sie machen sichtbar, aber sie verhüllen auch. Doch gibt es überhaupt ein „Jenseits" der Metaphern?

Besonders gut untersuchen lässt sich die Frage nach dem Zusammenhang von Selbstthematisierung in Form von sprachlicher, autobiographischer Äußerung und Bildern, die wir von uns haben, wenn wir uns Selbstbildnisse von Malern anschauen und sie mit ihren sprachlichen Äußerungen zusammenlesen. Selbstportraits können so als Wege der Selbstvergewisserung gelesen werden. Dies unternimmt Theodor Schulze für den jungen Chagall, wenn er, den Prozess des Entstehens und sich Verwandelns seiner Bilder nachzeichnend, fragt wie dieser zu seiner Form der Selbst-Darstellung kommt. Dorle Klika nimmt Käthe Kollwitz als Beispiel, um aufzuzeigen, wie Bilder, anders als Erzählungen, zu einer Form von Sichtbarkeit gelangen, die beide auf verschiedene Weise etwas verbergen und zugleich auf dieses Verborgene hinweisen, ohne es zu zeigen.

Wie geschieht aber die Selbstkonstitution? Sind nicht vielleicht gerade erst Selbstvergessenheit und Selbstgefährdung Voraussetzung schöpferischer Prozesse? Aus der Erfahrung des Extrembergsteigens, das Helga Peskoller mit dem Schaffen eines Kunstwerkes vergleicht, geht es Peskoller um die Voraussetzung des Bildens von Bildern, die zunächst als Erfahrung eines Nullpunktes gefasst werden kann, als ein Schweigen der Bilder. Hingabe und Vertrauen auf den Prozess in der Wand legen Potentiale der Gestaltung des Weges frei.

Teil III: Kindliche Subjektgenese über Bilder und Geschichten

Prozesse der Selbstkonstitution lassen sich am Beispiel der Lebensläufe von Malern gut nachvollziehen, denn sie veräußern ihr Selbstbild, das bei nicht-künstlerischen Menschen schwerer zugänglich ist. Doch wie beginnt dieser Prozess bei Kindern? Welche Arten von Bildungsprozessen werden über ihre Bilder sichtbar? Wie können sie zugänglich gemacht werden? Was können wir auf diesem Weg durch die Bilder über die kindliche Subjektgenese erfahren?

Fatke zeigt anhand von Beispielen auf, wie Kinder in ihren Phantasiegeschichten seelische Konflikte auf einer symbolischen Ebene bearbeiten. Auf diese Weise wird nicht nur Unsichtbares sichtbar, es findet auch eine Gestaltung der Problemlagen statt, die in ihrem spezifischen Ausgang auf ein entstehendes Bild vom Selbst verweist.

Ursula Stenger zeigt, wie sich Erfahrungen und Bilder gegenseitig auseinander hervorarbeiten, wie sie sich beantworten und herausfordern. Beispielhaft zeichnet sie nach, wie frühe Bilder im Alter von 1-2 Jahren in dieser Weise entstehen. Die Zeichnungen und Geschichten eines 4 jährigen Jungen wissen viel über die Entwicklung seines Selbst- und Weltbildes.

Volker Fröhlich stellt sich die Frage, inwiefern Kinderzeichnungen analog zu sprachlichen Äußerungen von Kindern als Erzählungen gelesen werden können? Lassen sich sprachliche und graphische Zeichen vergleichen? Wie entwickeln sie sich und was kann durch sie jeweils sichtbar werden?

Gerd Schäfer geht es um Erfahrungen, die durch Bilder strukturiert und gestaltet werden. Es stellt sich die Frage, wie aus diesen Bildern Erkenntnisse gewonnen werden können. Am Beispiel von Leonardo führt er jene bildhafte Erkundung von Wirklichkeit vor, die innere, dynamische Strukturen der Wirklichkeit sichtbar machen kann. Diese Erforschung der Wirklichkeit mit ästhetischen Mitteln soll im Weiteren als Grundfrage einer neuen Kleinkinderziehung verstanden werden.

Teil IV: Zur kulturell- historischen Dimension von (Selbst) Bildern

Bilder erschließen sich erst aus der zeitlichen Dimension einer jeweiligen Kultur, - so auch das Bild von der Mutter, vom Kind und vom Vater. Was können wir aus Bildern der zeitgenössischen Kunst über diese Grundbilder der Pädagogik erfahren? Davon berichtet Eckart Liebau in seinem Beitrag, der auf ein Projekt verweist, das er zusammen mit Bilstein und Winzen durchgeführt hat. Von einem Wandel der Bilder, auch der Bestimmtheit unseres Selbstbildes durch eine bestimmte Tradition sprechen alle Beiträge in diesem vierten Teil.

Gisela Miller-Kipp wendet sich dem Bild der bürgerlichen Frau zu. In Bildern und Texten lässt sich dessen Entstehung und Ausgestaltung verfolgen. Die Bilder sind nicht nur als Vorbild eines Frauentyps zu lesen, sie vermitteln dabei auch zugehörige Seelen- und Gefühlslagen.

In seiner fundierten Interpretation der „Disputa" und der „Schule von Athen" (Raffael) führt Michael Parmentier den Leser in zwei Zeitepochen. Zwei verschiedene Grundauffassungen vom Menschen stehen sich direkt gegenüber. Er macht sichtbar, wie das Anliegen der päpstlichen Auftraggeber unterlaufen wird und im Bild selber sich die neue Zeit, die Moderne schon ankündigt.

Ein Bilddenken ist nicht erst für die gegenwärtige Zeit aktuell, es vermag auch für vergangene Zeiten fruchtbar gemacht zu werden.

Literatur

Baacke, D./Schulze, T.: Aus Geschichten lernen: Zur Einübung pädagogischen Verstehens. München 1979

Belting, H.: Vorwort Zu einer Anthropologie des Bildes. In: Belting, H./Kamper, D. (Hrsg.): Der zweite Blick. München 2000. S.7-11.

Belting, H./Kamper, D. (Hrsg.): Der zweite Blick: Bildgeschichte und Bildreflexion. München 2000

Belting, H.: Bild-Anthropologie. München 2001

Boehm, G. (Hrsg.): Was ist ein Bild? München 1994

Boehm, G.: Die Wiederkehr der Bilder. In: Boehm, G. (Hrsg.): Was ist ein Bild? München 1994. S.11-39.

Breidbach, O./Clausberg, K. (Hrsg.): Video Ergo Sum: Repräsentation nach innen und außen zwischen Kunst- und Neurowissenschaften. Hamburg 1999

Dietrich, C./Müller, H.-R. (Hrsg.): Bildung und Emanzipation: Klaus Mollenhauer weiterdenken. Weinheim und München 2000

Ehrenspeck, Y.: Stichwort: Ästhetik und Bildung. In: Zeitschrift für Erziehungswissenschaft 1/2001. S.5-22

Freud, S.: Das Ich und das Es. GW XIII. FaM 1976, 4. Aufl.

Herrlitz, H.G./Rittelmeyer, C. (Hrsg.): Exakte Phantasie: Päd. Erkundungen bildender Wirkungen in Kunst u. Kultur. Weinheim und München 1993

Kant, I.: Werkausgabe. Band 10: Kritik der Urteilskraft. Hrsg. von W. Weischedel. Franfurt am Main 1974

Lenzen, D. (Hrsg.): Kunst und Pädagogik: Erziehungswissenschaft auf dem Weg zur Ästhetik? Darmstadt 1990

Merleau-Ponty, M.: Das Auge und der Geist. Hamburg 1984

Mollenhauer, K.: Anmerkungen zu einer pädagogischen Hermeneutik. In: ders: Umwege. Über Bildung, Kunst und Interaktion. Weinheim/München 1986

Mollenhauer, K./Wulf, C. (Hrsg.): Aisthesis/Ästhetik: Zwischen Wahrnehmung und Bewußtsein. Weinheim 1996

Mollenhauer, K.: Ästhetische Bildung zwischen Kritik und Selbstgewißheit. In: ZfPäd 4/1990. S.481-494.

Mollenhauer, K.: Grundfragen ästhetischer Bildung: Theoretische und empirische Befunde zur ästhetischen Erfahrung von Kindern. Weinheim und München 1996

Mollenhauer, K.: Ist ästhetische Bildung möglich?. In: ZfPäd 4/1988. S.443-461.

Mollenhauer, K.: Vergessene Zusammenhänge: Über Kultur und Erziehung. Weinheim und München 1994 (4.Aufl.)

Nietzsche, F.: Sämtliche Werke: Kritische Studienausgabe. Band I. München 1980

Parmentier, M.: Ästhetische Bildung. In: Benner, D./Oelkers, J. (Hrsg.): Historisches Lexikon der Pädagogik, erscheint 2003

Platon: Der Staat. Stuttgart 1982

Rombach, H.: Leben des Geistes. Ein Buch der Bilder zur Fundamentalgeschichte der Menschheit. Freiburg i.Br. 1977

Sachs-Hombach, K./Rehkämper, K. (Hrsg.): Bild - Bildwahrnehmung - Bildverarbeitung: Interdisziplinäre Beiträge zur Bildwissenschaft. Wiesbaden 1998

Schäfer, G./Wulf, C. (Hrsg.): Bild-Bilder-Bildung. Weinheim und Basel 1999

Wulf, C.: Einleitung. In: Schäfer, G./Wulf, C.: Bild - Bilder - Bildung: Weinheim und Basel 1999. S.7-15.

I. Bild-Theorien

Johannes Bilstein

Symbol – Metapher – Bild

1. Distanz, Differenz, Riss

Über die Bilder nachzudenken und zu reden, das ist ein uraltes und eigentlich nie unterbrochenes Unternehmen der Gattung Mensch. Die „... Bilderfrage ist fast so alt wie die europäisch-mittelmeerische Kultur selbst." (Boehm 1995, S. 5) Innerhalb dieser Kontinuität gibt es historische Konjunkturen und Verdichtungen, und in einem solchen Zustand aktueller Virulenz befinden wir uns seit einiger Zeit. Die Frage, was wohl ein Bild sein mag, steht seit nunmehr fast 4 Jahrzehnten sehr weit vorne auf dem Programm der philosophischen und psychoanalytischen Diskussion in Europa. Jacques Lacan's Text „Was ist ein Bild?", vorgetragen 1964, erstmals ediert im XI. Buch seiner Seminare 1973 (Roudinesco / Lacan 1996, S. 605-626), bildet dabei so etwas wie ein Ausgangs-Dokument, angesiedelt am Übergang zwischen einer Theorie des Blickes und einer Theorie des Bildes, eine Art theoretisches Eröffnungs-Plädoyer, in dem das Ineinander von Sicht und Ansicht, die Gleichzeitigkeit von Bildschöpfung und Bildwerdung im Subjekt zum Thema gemacht werden: nicht zuletzt im Rückgriff auf Merleau-Ponty und in kritischer Auseinandersetzung mit Sartres Analyse des Blicks.(Boehm 1995, S. 22-25)

Diesem Gründungsdokument eines eigenen, sich bald intensivierenden wissenschaftlichen Interesses folgt dann in den 1980er und 1990er Jahren eine Fülle von bild- und abbildtheoretischen Untersuchungen, die sich – nicht zuletzt unter dem Einfluss der Foucault'schen Auseinandersetzung mit den Problemen von Repräsentation und Ähnlichkeit – alle mit der Frage nach dem Charakter, dem Funktionieren und der Legitimität bildlicher Wiedergabe auseinandersetzen.[1] Der erstaunliche Erfolg von Gottfried Boehms Sammelband „Was ist ein Bild?" - 1995 immerhin in zweiter Auflage erschienen - mag als ein Indiz dafür gelten, dass die Frage nach dem Bild immer weiter und immer breiter virulent ist. „Das Bild hat offenbar alle Zuständigkeiten aufgekündigt und die herkömmlichen Territorien verlassen. Kunst und Kunstgeschichte allein können keine hinreichende Erklä-

---

1 Skizze der neueren Literatur: Belting, 2001, bes. S. 240.

rung mehr bieten, obwohl sie weiterhin ein wichtiges Wort mitzureden haben, wie Literatur und Literaturgeschichte, wie Philosophie und Philosophiegeschichte, wie Religion und Religionsgeschichte usw." (Kamper 2000, S. 13) Die Bilderfrage ist heftig und immer weiter en vogue, oder, kritischer formuliert: „In den letzten Jahren ist die Rede über Bilder in Mode gekommen. Aber dabei zeigt sich eine Diskrepanz der Redeweisen, die nur dadurch verschleiert wird, dass immer wieder wie ein Narkotikum der Begriff ‚Bild' auftaucht. Er verbirgt die Tatsache, dass man nicht von denselben Bildern spricht, auch wenn man denselben Begriff wie einen Anker in den Untiefen der Verständigung auswirft." (Belting 2001, S. 11)

Formuliert wird diese Bilderfrage aus philosophischer und abbildtheoretischer, technik- und medienhistorischer, medientheoretischer, kunst- und kulturgeschichtlicher Perspektive. Darüber hinaus jedoch ist das Problem inzwischen auch anthropologisch formuliert worden und damit deutlich näher an den Kern theoretisch-pädagogischer Aufmerksamkeit herangerückt.[2] Dabei haben vor allem die Arbeiten von Dietmar Kamper und Hans Belting bestimmend gewirkt.

Schaut man sich die Skizzen an, die Hans Belting zur Bildanthropologie vorgelegt hat, und die schon in ihrer dezidiert interdisziplinären und aus dem engeren Bereich der Kunstgeschichte eher hinausführenden Anlage den von Kamper konstatierten Territorialgewinn widerspiegeln, so lassen sich drei große Frage-Richtungen erkennen: es geht um die Bilderzeugung im sozialen Raum, um die Aktivität der sinnlichen Wahrnehmung und die Produktion innerer Bilder. Dabei richtet sich das Karlsruher Projekt in seiner Anfangsphase zunächst vor allem auf die Frage nach der Bilderzeugung im sozialen Raum, auf die Verknüpfung aller Bilder-Arbeit, also mit dem Geflecht des menschlichen Zusammenlebens: „Ein ‚Bild' ist mehr als ein Produkt von Wahrnehmung. Es entsteht als das Resultat einer persönlichen oder kollektiven Symbolisierung.... Wir leben mit Bildern und verstehen die Welt in Bildern." (Belting 2001, S. 11)

Aus seiner grundsätzlich anthropologischen Perspektive kommt der Kunsthistoriker Belting dann zu weiteren Differenzierungen, die sich insbesondere auf die den Menschen spezifische Zeitlichkeit und das Körper-Verhältnis der Bilder beziehen. Was die Zeitlichkeit angeht, so muss jede Untersuchung von Bildern und Bildlichkeit von der Grundtatsache ausgehen, dass im Menschen eine andere Zeitlichkeit herrscht, „ ... als sie von evolutionären Geschichtsmodellen zugelassen wird." (Belting 2001, S. 12) Es sind immer wiederkehrende Erfahrungen – z.B. Zeit, Raum, Tod – , die das menschliche Leben prägen und in Bilder gefasst werden. Dabei erweist sich gerade an diesen Bildern der durchweg transitorische Charakter menschli-

---

2 Aus dem Diskussionszusammenhang der Pädagogischen Anthropologie: Schäfer/ Wulf 1999; Mollenhauer / Wulf 1996

chen Selbstverständnisses. „Seine Bilderzeugnisse ... beweisen, dass der Wandel die einzige Kontinuität ist, über die er verfügt. Die Bilder lassen keinen Zweifel daran, wie veränderlich sein Wesen ist. So kommt es, dass er die Bilder, die er erfindet, bald wieder verwirft, wenn er den Fragen nach der Welt und nach sich selbst eine neue Richtung gibt. Die Ungewissheit über sich selbst erzeugt im Menschen die Neigung, sich als anderen und im Bilde zu sehen."(Belting 2001, S. 12) Von hier aus lassen sich direkte Analogien zur pädagogischen Theorietradition, genauer: zur Zeitlichkeit des Bildungsbegriffes rekonstruieren. Bildzeit wie Bildungszeit bewegen sich im Spannungsfeld dreier Konstellationen: Zwischen den Rhythmen des Lebens und der Notwendigkeit sozialer Figuration; zwischen der Lebenszeit der Subjekte und der Zeit der großen Welt und zwischen unaufhaltsamem Zeitfluss und der Präsenz des Ungleichzeitigen. (Bilstein 1999)

Für Belting steht im Vordergrund, dass immer neue Bilder generiert werden, die dann wieder neue und andere Bilder auf den Plan rufen – und zwar deshalb, weil „... Bilder nur Antworten sein können, welche schon die Fragen der nächsten Generation nicht mehr zufrieden stellen. So führt jedes Bild, wenn es einmal seine aktuelle Rolle erfüllt hat, in der Folge wieder zu einem neuen Bild. Aber es ist gar nicht offenkundig, was eigentlich ein neues Bild sein mag: Alle alten Bilder sind gewesene neue Bilder." (Belting 2001, S. 54) Die Bilder wandern so durch die Zeiten und durch die Leben der Menschen – eine Vorstellung, die Belting selbst wiederum in einem Bild zu fassen versucht: „Vielleicht lässt sich sagen, dass Bilder Nomaden ähneln, die in den geschichtlichen Kulturen ihren Modus verändern und dabei die aktuellen Medien wie Stationen auf Zeit benutzt haben." (Belting 2001, S. 32)

Eines der möglichen Medien der Bilder ist der menschliche Körper. Für Belting erscheint der Mensch nicht als Herr oder steuernd-bewusster Schöpfer seiner Bilder, sondern als der „Ort der Bilder", die seinen Körper besetzen: „er ist den selbst erzeugten Bildern ausgeliefert, auch wenn er sie immer wieder zu beherrschen versucht." (Belting 2001, S. 12) Zwischen der Abbildung, dem Menschen und dem Körper entsteht so eine durchaus komplexe Wechselwirkung, die sich nicht durch das Denkmodell einer schlichten Wiedergabe – einer Ähnlichkeit im Foucault'schen Sinne – erklären lässt. „Die Abbildung ist nicht das, was sie zu sein behauptet, nämlich Reproduktion des Körpers. Sie ist in Wahrheit Produktion eines Körperbilds, das schon in der Selbstdarstellung des Körpers vorgegeben ist. Das Dreieck Mensch-Körper-Bild ist nicht auflösbar, wenn man nicht alle drei Bezugsgrößen verlieren will." (Belting 2001, S. 89) Gebunden also an die menschlicher Erfahrung eigene Zeitlichkeit und eingefangen in eine Dreiecks-Beziehung mit den Körpern und den Menschen, werden die Bilder so als eigene Einheiten verstanden, die im sozialen Raum entstehen, sich – Nomaden gleich – einen eigenen Ort suchen und denen man denn auch durchaus aggressiv-vernichtende Absichten gegenüber den Wirklichkeiten des Lebens unterstellen kann.

Allerdings steht Belting – und das ergibt sich bereits aus seiner historisch-anthropologischen Perspektive – diesem Verdacht eher distanziert und kritisch gegenüber. Die – Baudrillard folgende – These von den Bildern als den „Mördern des Realen" vernachlässigt seiner Meinung nach, dass sich im jeweiligen historischen Kontext durchaus schlüssige Bezüge zwischen den Bildern und der interpretierten Wirklichkeit rekonstruieren lassen. „Die Krise der Repräsentation ist in Wahrheit ein Zweifel an der Referenz, die wir den Bildern nicht mehr zutrauen. Die Bilder scheitern nur dort, wo wir in ihnen keine Analogien mehr für das finden, was den Bildern voraus geht und auf das sie sich in der Welt beziehen können." (Belting 2001, S. 18) Die Möglichkeit des Scheiterns freilich sieht auch Belting, und zwar sowohl eines Scheiterns der Bilder an der Realität wie der Realität an den Bildern – und es ist eine der wichtigsten Aufgaben des Projektes einer Bild-Anthropologie, über die Bedingungen der Möglichkeit sowohl von Scheitern wie von Erfolg nachzudenken.

Was die folgenden Überlegungen angeht, so kann ich hier – in bezug auf Metapher, Symbol und Bild – keine definitorischen Abgrenzungen und auch keinen historischen Rückblick liefern. Bildlichkeit und Metaphorizität entziehen sich auf manchmal geradezu entmutigende Weise allen Kategorisierungen und Rubrizierungen: „Die Metapher überschreitet sozusagen systematisch die Metapher des Paradigmas ihrer selbst und der Reichweite seiner Deklinationen." (Haverkamp 1996, S. 500-501) Das gleiche gilt für das Bild vom Bilde. Deshalb soll hier lediglich eine denkbare Unterscheidung vorgestellt werden, die – nicht ohne polemische Absichten – „Bild", „Metapher" und „Symbol" gegeneinander ausspielt.

Das – auch pädagogisch – interessante Grundproblem liegt dabei im Verhältnis zwischen dem Bild und seiner Referenz – oder, anders ausgedrückt, im Problem der ikonischen Differenz. Am Anfang aller Bildlichkeit nämlich steht die schlichte Tatsache, dass ein Stück mit Farbe beschmierter Fläche zwar so mit Farbe beschmiert werden kann, dass dem Betrachter der Eindruck eines Tieres entsteht – zum Beispiel in den Höhlenmalereien – , dass aber immer weiter die mit Farbe beschmierte Fläche kein Tier ist. „Was auch immer ein Bildkünstler darstellen wollte, im dämmrigen Dunkel prähistorischer Höhlen, im sakralen Kontext der Ikonenmalerei, im inspirierten Raum des modernen Ateliers, es verdankt seine Existenz, seine Nachvollziehbarkeit und Wirkungsstätte der jeweiligen Optimierung dessen, was wir die ‚ikonische Differenz' nennen." (Boehm 1995, S. 30) Dieser – bei Boehm im übrigen in Analogie zu Heideggers „ontologischer Differenz" formulierte – Abstand zwischen zwei Größen, der mit jedem Bild immer schon gegeben und gedacht ist, liegt sowohl visueller als auch sprachlicher Bildlichkeit zugrunde und markiert eine besondere Eigenart der Gattung Mensch als „homo pictor". (Jonas 1995) „Die pikturale Diffe-renz, die dem Menschen spezifisch ist, definiert sich als das Vermögen, das bewegliche Wahrnehmungsfeld des alltäglichen Sehens mit seinen offenen Rändern, seiner flexiblen Neuanpassung an Situationen in ein begrenztes und stabiles Bildfeld umzustilisieren, als Bildwerk, als Gefäß, als Ritz-zeichnung odgl. zu gestalten." (Boehm 1995, S. 31)

Mit einem Abstand also beginnt alles, was Bild ist: mit einer Differenz, die nicht zuletzt deshalb wichtig und interessant erscheint, weil sie immer wie-der vernachlässigt oder gar verborgen wird. „Die Bilderfeindlichkeit der Medienindustrie ist ungebrochen, nicht weil sie die Bilder verböte oder verhinderte, im Gegenteil: weil sie eine Bilderflut in Gang setzt, deren Grundtendenz auf Suggestion zielt, auf bildlichen Realitätsersatz, zu dessen Kriterien seit jeher gehörte, die Grenzen der eigenen Bildlichkeit zu ver-schleiern." (Boehm 1995, S. 35) Was Bild ist und was und ab wann nicht Bild ist – dieses Problem generell und im Einzelfall zu klären, ist so zu-gleich eine individuelle Leistung biographisch erarbeiteter Bilder-Hygiene (Bilstein 1999a) als auch eine kulturell und kulturspezifisch zu lösende Aufgabe menschlicher Gemeinschaften.

Ein Abstand, eine Differenz, eine Verdrehung – „twist"[3] – also liegen die-sen Aufgaben zugrunde, und diese Distanz bildet das entscheidende Cha-raktermerkmal sowohl von gemalten Bildern für die Augen wie von ge-sprochenen Bildern für die Ohren, für imagines also wie für Metaphern. „Das eigentliche ‚Wunder' der Metapher ist die Fruchtbarkeit des gesetzten Kontrastes. Er fügt sich zu etwas Überschaubarem, Simultanem, etwas, das wir ein Bild nennen." (Boehm 1995, S. 29) Beide also: Bilder wie Meta-phern, sind über einen immer schon vorhandenen Abstand definiert, der zugleich mit seiner – sei es pikturalen, sei es sprachlichen – Formulierung zumindest die Hoffnung der Synthetisierung verbindet: Die Hoffnung, dass man beides: Eigentliches und Uneigentliches, Abbild und Urbild zugleich sehen oder zumindest zugleich denken könnte. Diese Hoffnung freilich ist in der Verbildlichung auch immer bereits mit der melancholisch stimmen-den Enttäuschung eines „nur" verbunden: dass da immer, bei allen imagina-tiven Bemühungen, doch „nur" ein Bild bleibt, „nur" eine Metapher.[4]

Vor diesem Hintergrund kann man nun allgemeiner formulieren, wozu Bilder gut sind: Sie machen Äußeres im Inneren, Früheres im Späteren präsent, sie repräsentieren Abwesendes in der Gegenwart und sie erzeugen schließlich Illusion und Simulation eines anderen oder früheren Zustandes.

---

3 „metaphorical twist" als zentrales Definitionselement von Metaphern: Beardsley, metaphorische Verdrehung.
4 Zusammenhang von Bildlichkeit und Melancholie: Heubach 1997, bes. S. 29-46 zur Differenz-Erfahrung als Grundlage von Dürers Melencolia I und S. 26-27 zur Kritik einer zeichentheoretischen Engführung von Bildlichkeit und Sprache.

Präsentation, Repräsentation und Simulation erscheinen jedenfalls bei Dietmar Kamper als zentrale Leistungen des Bildes. „Mehrdeutig von Anfang an, meint 'Bild' also unter anderem die Präsenz, die Repräsentation und die Simulation einer abwesenden Sache."[5] Dabei handelt es sich um eine Abwesenheit, die auf der Ebene des Leibes als leiblicher Mangel erfahren wird, es ist – zumindest in der ontogenetischen Rekonstruktion – „...der Verlust der Schoßumgebung des Mutterleibes, der dem Menschen als Frühgeburt lebenslänglich zu schaffen macht. Dass er geboren ist und dass er sterben muss, bietet die Voraussetzung für die Erfahrung des Verlustes, die unaufhebbar scheint, wohl aber substituiert werden kann. Bilder sind so betrachtet Substitute dessen, was fehlt, was abwesend ist, ohne je die Dignität dessen zu erreichen, was sie ersetzen."[6] Beginnend also bei einer Erfahrung des Mangels – Kamper spricht von einer Wunde – liefert das Bild magische Präsenz, mimetische Repräsentation und technische Simulation: Es hat den Abstand nicht nur als durchgängiges Thema und Problem, sondern als Grund seines Anfanges – eines Anfanges, der mit der Erfahrung von Mangel, Schmerz und Verwundung verbunden ist.

Dieser Akzent Kampers auf dem Bild als Manifestation und Ergebnis einer primären Differenz-Erfahrung wird von Georges Didi-Huberman aus eher kunstphilosophischer Sicht bestätigt: er versucht, genauer zu rekonstruieren, was eigentlich geschieht, wenn wir unseren Blick auf ein – künstlerisches – Bild richten. Seine Perspektive ist also zunächst eine rezeptionsästhetische, sie entpuppt sich dann aber immer mehr als eine im Kern werkästhetische. Die Oberfläche eines Bildes oder einer Skulptur nämlich, auf der nichts verborgen bleibt, wirkt verstörend und verweist auf einen Gehalt, der über jede Abbildung und über jede Repräsentation hinausgeht. Was Kamper mit Blick auf die menschliche Ontogenese als „Wunde" beschreibt, findet Didi-Huberman – im Rückgriff auf Merleau-Ponty, Freud und Lacan – als charakteristische Eigenart der Bilder selbst wieder: sie gewinnen gerade durch den Abstand, der sie auszeichnet, ein Stück eigenen Lebens. Im Gegensatz freilich zu den durchweg optimistischen, teilweise heroistisch gefärbten Gewinn-Proklamationen in der Tradition der Autonomie-Debatte – zum Beispiel bei Gadamer[7] – besteht auch Didi-Huberman wie Kamper auf der Verlust-Erfahrung, die mit diesem Gewinn verbunden ist. In der Gegenüberstellung von „sehen" und „wissen" wird das deutlich: „Wer die Wahl trifft, bloß zu wissen, gewinnt natürlich die Einheit der Synthese und die Evidenz der einfachen Vernunft; aber er verliert das Reale des Gegen-

---

5 Kamper 1997, S. 593; ausführlicher: Kamper 1994, bes. S. 19-28.
6 Kamper 1997, S. 593; ähnlich argumentierend in Anknüpfung an das Winnicott'sche Übergangsobjekt: Rech 1981, bes. S. 35-39.
7 Gadamer 1960, S. 133: „Daß die Darstellung ein Bild - und nicht das Urbild selbst - ist, bedeutet nichts Negatives ... Durch die Darstellung erfährt es gleichsam einen Zuwachs an Sein."; Skizze zum Autonomie-Problem in Kunst und Erziehung: Bilstein, Kunst und Erziehung, dort Lit.

stands in der symbolischen Abgeschlossenheit eines Diskurses, der den Gegenstand nach seinem eigenen Bild oder eher noch nach seiner eigenen Vorstellung ... wiedererfindet. Wer dagegen sehen oder aber betrachten möchte, verliert die Einheit einer geschlossenen Welt und findet sich in der unbequemen Öffnung eines nunmehr gleitenden Universums wieder, wo er allen Stürmen des Sinns ausgesetzt ist; dort bröckelt die Synthese bis zum Zerfall hin und dort zerlegt der Gegenstand des Sehens ... das Subjekt des Wissens und verurteilt die einfache Vernunft zu so etwas wie einem Riss. Riss wäre demnach das erste Wort, der erste Annäherungswert..." (Didi-Huberman 2000, S. 147). Darauf also kommt es auch Didi-Huberman an: auf einen Spalt oder Riss, den er für konstitutiv hält – nicht nur für das Betrachten der Bilder, sondern für menschliche Imagination überhaupt. Was er versucht ist: „Das Gewebe ... mit seinem Riss zu denken, die Funktion ... mit ihrer konstitutionellen Unterbrechung oder Funktionsstörung zu denken" (Didi-Huberman 2000, S. 150).

Dieser konstitutive Riss, der jede Bildlichkeit begründende Defekt, lässt sich dabei im Blick auf ein historisches Gegenmodell noch deutlicher erkennen: In der europäischen Bild-Tradition gibt es lange Zeit eine Fülle von religiös begründeten Bildern, die dem Anspruch folgen, das Heilige ungebrochen zu präsentieren, Abbild und Realität ohne Riss ineinander fließen zu lassen: in der Fleischwerdung Gottes auch in den Bildern. An wichtigen Bildern der europäischen Kunstgeschichte (Parmigianino, Frau Angelico) zeigt Didi-Huberman, wie die Überbrückung aller Distanz, die Abwesenheit jeden Risses und jeder Spaltung sich in den Bildern niederschlägt: ein Gott wird Fleisch und Bild zugleich, im heiligen und als heilig apostrophierten Bild wird damit eine Identität zumindest denkbar oder glaubbar, die den gewöhnlichen Menschen und den gewöhnlichen Bildern versperrt bleibt. Es ist dann die Profanisierung des Bildes, die einen Riss einführt, der nicht und nie mehr zu heilen ist.[8]

Ob man nun die Bewertung Kampers und Didi-Hubermans teilt oder nicht, ob man im Gadamer'schen Sinne eher von einem „Seinszuwachs" oder lieber von „Wunde", „Riss" oder „Kluft" spricht: das Nachdenken über Bilder und Bildlichkeit findet in jedem Falle in dem konstitutiven Abstand, der ikonischen Differenz, sein wichtigstes und interessantestes Thema. Dabei konkretisiert sich die Frage nach dem Abstand im pädagogischen Denkzusammenhang noch einmal besonders: Hier ist es weder mit melancholischer Konstatierung noch mit kulturkritischer Klage getan, hier geht es um das Problem der Überbrückung. Wenn also Abstand das zentrale Problem von Bildlichkeit ist – wie kommt man hinüber?

---

8 Didi-Huberman 2000, S. 146-243; früher: Friedberg 1989, S. 37-40.

2. Transfer als Aufgabe

Das biblische „Du sollst Dir kein Bildnis machen" belegt die Imagination eines göttlichen Gegenübers mit einem Tabu und setzt eine lange Tradition jüdisch-christlicher Bilderfeindlichkeit in Gang.[9] Diese Anweisung jedoch kann man auch anthropologisch wenden, man kann sie aus der Strenge eines göttlichen Sprechaktes befreien: Wir können nur leben, indem „wir" uns ein Bildnis machen – von uns selbst, oder von unseren Nachbarn und Gegenübern.[10] Und da wir als Gattung mit einigem Stolz auf unsere meta-reflexiven Kompetenzen verweisen – bei Piaget heißt das: „Denken n-ter Ordnung" – will ich also auch dies: mein Reden und Nachdenken über Bilder, in ein Bild zu bringen versuchen. Ein Bild vom Bild also, eine Metaphorisierung des Metaphorischen. Ich suche also nach einem Bild, einer Geschichte für dieses Problem vom Abstand, und ich kann mir da eigentlich nur eine Geschichte und einen Helden vorstellen.

Was also macht man, wenn man auf der Reise ist und an einen Fluss kommt? Man steht am Rande des Wassers, sieht das andere Ufer, auch die Landschaft dahinter – also all das, wo man hin möchte, vielleicht sogar den weiterführenden Weg. Das Wasser dazwischen aber trennt und man kommt nicht weiter. Wer klug ist, der sucht dann – flussaufwärts, flussabwärts – nach einer Furt, einer flachen Stelle im Wasser, sucht nach Felsen, auf denen er vielleicht hinüberspringen könnte. Wenn es aber all das nicht gibt, dann braucht man Hilfe: einen Fährmann z.B. mit einem Boot oder einen Führer, der sich auskennt und einen irgendwie auf die andere Seite bringt – oder aber, wenn die Verhältnisse richtig archaisch sind: dann braucht man einen starken, möglichst riesigen Menschen, der einen auf die andere Seite trägt.

Der legendäre Held in einer solchen Situation ist der Riese Reprobus. Berichtet wird, dass er – auf die Empfehlung eines alten Einsiedlers hin – sich an einem reißenden Fluss eine Hütte baute und auf seinen starken Schultern die Reisenden ans andere Ufer trug. Tag und Nacht wartete er auf Wanderer, Tag und Nacht nahm er die dann auf seinen Rücken und schleppte sie ans andere Ufer: stark und verlässlich, unbeugsam und ohne ein anderes Hilfsmittel als seinen groben Stock, nie wankend in seinem Schritt. „Eines Tages hörte er ein Kind rufen, stand auf, nahm das Kind auf die Schultern und trug es durch die Wellen. Das Wasser aber stieg immer höher, und die Last wurde immer schwerer. Der Träger bekam es mit der Angst und rief: ‚Kind, du bist so schwer, als hätte ich die ganze Welt auf dem Buckel.' Das Kind aber sagte: ‚Du trägst nicht nur die Welt, sondern auch den, der die Welt erschaffen hat. Künftig sollst du dich Christophorus, der Christusträ-

---

9 Zum theologie- und mentalitätsgeschichtlichen Hintergrund: Brumlik 1994.
10 Bilstein, Liebau, Winzen (Hrsg) 2000; Bilstein, Winzen (Hrsg.) 2001a; Bilstein, Winzen (Hrsg.) 2001b; Bilstein, Winzen (Hrsg) 2002a.

ger, nennen. Damit du mir glaubst, stecke den Stab neben deine Hütte und sieh morgen danach.' Und damit verschwand das Kind. Reprobus tat wie ihm geheißen, fand am nächsten Morgen den Stab zu einem mächtigen Baum gewachsen, nannte sich künftig Christophorus und bekehrte nach einer Schätzung des hl. Ambrosius 48000 Menschen."[11] Darunter waren viele Soldaten und im übrigen auch die beiden Huren Nicaea und Aquilina, die ihn – er war in einem heidnischen Kerker gelandet – in Versuchung führen wollten, mit diesem Vorhaben aber scheiterten und statt dessen zu gläubigen Christinnen wurden. Trotz seiner Stärke und trotz der vielen Bekehrungen, die er auch unter dem Gefängnispersonal initiiert hatte, starb er schließlich – freudig – den Märtyrer-Tod durch Enthauptung.

Es gibt zu dieser Christophorus-Legende eine lange Abbildungs-Tradition: Manchmal ist die Abwehr der beiden Huren dargestellt, manchmal die Enthauptung, meist jedoch sieht man ihn mit dem Kind auf den Schultern. Das trägt seinerseits häufig eine Weltkugel, oft hat der Stock, der sich geradezu furchterregend biegt, als eine Art Vorschau auf künftige Wunder bereits einige grüne Blättchen, oft sind die Wellen des Flusses erschreckend aufgewühlt. Ikonographisch fließen hier antik-heidnische Atlas-Motive mit christlich-legendärer Tradition zusammen.[12] Bis heute ist Christophorus – einer der vierzehn Nothelfer – ein vielbeschäftigter Schutzheiliger, zuständig für Flößer, Gärtner, Obsthändler (Stab-Wunder), Lastträger, Schiffer, Seeleute, Werftarbeiter, Gebirgsreisende, schwächliche Kinder. Er hilft gegen Hochwasser und Unwetter, Hagelschlag und Hungersnot – und ist im übrigen zuständig für die Autofahrer: deshalb erfährt er mit der Zunahme des Verkehrs im 20. Jahrhundert eine Intensivierung seines Kultes.[13]

Christophorus also, am Fluss auf Reisende wartend, die er dann hinüberträgt: er hat es sich zur heilsbringenden Aufgabe gemacht, einen Abstand zu überwinden, der gefährlich und für die vorwärts Drängenden hinderlich ist, der sich – wie ein Riss in der Landschaft, eine Wunde im Leib der Erde – trennend und spaltend in den Weg der Reisenden legt. Was Christophorus versucht, ist ein transfer, der seine Notwendigkeit daraus zieht, dass die Reisenden zu ihrem Ziel und nur zu ihrem Ziel jenseits des trennenden Flusses kommen wollen. Ohne Wanderer, die zielgerichtet irgendwohin wollen, denen es wichtig ist, an das andere Ufer zu kommen, um dann weiter zu ziehen, ohne die strikte Ziel-Orientierung seiner Klientel, verlöre

---

11 Sellner 1993, S. 259; ausführlicher und grundlegend: Voragine 1982, S. 247-254; Skizze zur Entwicklung der Christoperus-Legende: Kunstmann 1961, bes. S. 14-26; zum legendären Hintergrund und zur Bildtradition: Laienkolleg 1989.
12 Werner 1973; populär aus dem ADAC-Verlag mit reichem Bildmaterial zu Legenden-, Bild- und Motivtradition: Benker 1975; zur Antike-Verbindung: Yalouris 1989, dort S. 18-77 zur Entwicklung der beiden Haupt-,Typen.
13 Sellner 1993, S. 260; Werner 1973, Sp. 497-498.

Reprobus den Grund seiner Existenz und die Rechtfertigung für seinen heils-garantierenden Dienst.

3. Das Hinübertragen

Nicht nur bildlich, sondern auch begriffs- und theoriegeschichtlich ist das Hinübertragen ein altehrwürdiges Thema der europäischen Denk-Geschichte. Das griechische Verb meta-phérein ist zunächst ganz wörtlich gemeint, es benennt Prozesse und Vorgänge physischen Transportes, wird dann aber bald seinerseits metaphorisiert. „metaphora" meint im griechischen das Übertragen einer Bedeutung vom einen auf den anderen Sinnbereich. Das Wort wird als griechisches Fremdwort auch in der lateinischen Literatur benutzt, dort allerdings oft durch ein original-lateinisches ersetzt, das genau die gleiche Bedeutung hat: translatio, abgeleitet vom Verb transferre. Die bis heute gebräuchlichen Begriffe „Metapher", „Übersetzung" und „Transfer" gehen also alle auf den gleichen Lebensbereich des Transportierens zurück, sind selber alle metaphorischer Herkunft.

Die Geschichte der europäischen Metapherntheorien ist lang und hier keineswegs auch nur skizzenhaft darstellbar.[14] Skizziert sei hier nur ein strukturierendes Verständnismuster zum Thema „Metapher". Wenn man sich nämlich die Tradition der Definitionen von „Metapher" insgesamt vor Augen führt, dann lassen sich drei große Gruppen unterscheiden: Substitutions-, Interaktions- und Konstruktionstheorien – und interessanterweise sind alle diese Verstehenstraditionen mit oft vehementen Bewertungen verbunden.

Klassisch und über die Jahrtausende immer wiederholt ist die aristotelische Definition: „Eine Metapher ist die Übertragung eines Wortes, das somit in uneigentlicher Bedeutung verwendet wird..." (Aristoteles, Poetik 1457b). Unterstellt wird hier eine substitutive Leistung der Metapher. Aus oft dekorativen Gründen oder um Interesse zu wecken, werden „eigentliche", richtige Begriffe durch verfremdete, „uneigentliche" ersetzt, und im gelungenen Falle nehmen diese Ersatz-Ausdrücke den ihnen zugedachten Platz lückenlos ein.[15] Hier ist von Anfang an deutliches Misstrauen zu spüren. Eigentlich sind Metaphern überflüssig, es gibt einen ursprünglichen Sinn, der fremd und vernebelt („allotrion") wird – ohne sie wäre alles klarer. Gerade weil jedoch das aristotelische Verständnis der Metapher als bloße Ersatzbenennung fest eingebunden ist in das Denksystem und Weltbild der antiken Rhetorik, unterliegt es auch der Kritik an diesem System.

Nahezu von Anfang an jedoch ist – über die Substitutionsleistung hinaus – noch eine andere Potenz von Metaphern in der Diskussion: dass sie nämlich einen interpretierenden Kontext herstellen können zwischen Lebens- und

---

14 Detaillierter: Bilstein 2002b, dort Lit.
15 Übersicht zur Definitionstradition: Nieraad 1977, bes. S. 7-14.

Daseinsbereichen, die vorher nichts miteinander zu tun haben. Metaphern bilden ersetzen nicht nur das eigentlich „richtige" Wort, sondern sie stellen Verbindungen her, sie stiften Korrespondenzen, schaffen Interaktionen zwischen den verschiedensten Bereichen der Welt und des Lebens. Dabei gehen die Einflusslinien in beide Richtungen, alle metaphorische Wirkung geschieht als Wechselwirkung. „Der Mensch ist ein Wolf" – mit dieser Metapher bekommt nicht nur der Mensch Wolfs-Qualitäten zugeschrieben, sondern auch der Wolf wird mit humaner Vergleichbarkeit geehrt. Diese Wechselwirkungen spielen sich einerseits zwischen dem ungeteilten Sinn der ganzen Aussage und dem fokalisierten Sinn des metaphorischen Wortes ab, (Ricoeur 1986, S. 145-146) sie erstrecken sich andererseits auf die nicht nur als „ähnlich" begriffenen Dinge und Ideen, die von der Metapher zusammengebracht werden,[16] und sie richten sich auf die Ideen- und Denksysteme derjenigen, die eine Metapher benutzen: diese Systeme werden wechselseitig verknüpft, die Nutzer werden zu Einsicht und zu neuen Entdeckungen durch eben diese Wechselwirkung provoziert. (Ricoeur 1986, S. 149-150)

Geht es also in beiden Verständnis-Traditionen: den Substitutions-Theorien der Metapher und den Interaktions-Theorien der Metapher, um eine genauere Bestimmung des Verhältnisses von wörtlichem und übertragenem Sprechen, dann ist in den substitutionstheoretischen Ansätzen dieses Verhältnis als ein in eine Richtung gehendes Ersatz-Verhältnis bestimmt, während die interaktionistisch argumentierenden Modelle von einem Austausch- und Wechselverhältnis zwischen eigentlichem und uneigentlichem Sprechen ausgehen. Während die Substitutionstheorien der Metapher eine ornamentale Funktion zusprechen, räumen die Interaktionstheorien ihr aufklärenden Wert ein.

Richtig interessant jedoch wird die Sache mit den Metaphern erst jenseits der Interaktions-Theorien. Trotz allen Misstrauens nämlich, trotz aller Abwertung der Metapher im Rahmen der Jahrtausende währenden antirhetorischen Verdikte, ist ihre Diskreditierung nie vollständig gelungen. Immer wieder wird ihr mehr als ornamentale Ausschmückung und auch mehr als erhellende Funktion durch wechselseitige Aufklärung zugetraut: Spätestens mit der Sprachphilosophie Giambattista Vicos beginnt sich die Vermutung herumzusprechen, dass Metaphorisierung sprach- und weltbegründend wirken könnte. Für Vico wird die Metapher zur wichtigsten Figur menschlicher Weltaneignung und zum Ausgang und Ursprung aller Sprache. Die genuin menschliche Leistung der Metaphorisierung ist kreativ, innovativ und – darüber hinaus – grundlegend für alle weiteren und späte-

---

16 Black 1996; Ricoeur, 1986, S. 146-149 mit vorsichtiger Kritik an Black und Hinweisen auf eine mögliche Rehabilitation der Kategorie „Ähnlichkeit"

ren Erkenntnisakte. Am Anfang allen Denkens und aller Sprache ist Metapher.

Historisch lässt sich diese These von der sprach- wenn nicht weltkonstitutiven Kraft der Metaphern bis in die Gegenwart hinein weiterverfolgen, und auch Jean Pauls vielzitierte Definition aus der Vorschule der Ästhetik gehört in diese Traditionslinie. „Wie im Schreiben Bilderschrift früher war als Buchstabenschrift, so war im Sprechen die Metapher ... das frühere Wort, welches sich erst allmählich zum eigentlichen Ausdruck entfernen musste... Daher ist jede Sprache ... ein Wörterbuch erblasseter Metaphern." (Jean Paul 1990, § 50. S. 184) Was Jean Paul hier rekonstruiert, ist eine historisch-logische Abfolge: Aus der nicht reflexiv gebrochenen Lebenswelt bilden sich Metaphern, die mit kühnen Verbindungen Ordnungsstrukturen neu entwerfen, mit zunehmendem Gebrauch verblassen und schließlich zu Begriffen gerinnen. Metaphern sind also hier nicht mehr nur Ersatz für den eigentlich „richtigen" Begriff, sondern sie stehen am Anfang, sie konstituieren Begriffe.

Von hier führt ein direkter Weg zu Nietzsches „Über Wahrheit und Lüge im außermoralischen Sinne". Nietzsches skeptische Position bezüglich auch nur der Möglichkeit von Wahrheit fällt zusammen mit einer geradezu dramatisch gesteigerten Bedeutung der Metaphern – die sind nun noch mehr als Grundbausteine eines Wörterbuches, sie fundieren letztlich alle Anschauungen, alle Wahrnehmungen und alles Denken: sie sind das Ursprüngliche, sie konstituieren Welt. „Das ‚Ding an sich' ... ist auch dem Sprachbildner ganz unfasslich und ganz und gar nicht erstrebenswert. Er bezeichnet nur die Relationen der Dinge zu den Menschen und nimmt zu deren Ausdruck die kühnsten Metaphern zu Hilfe. Ein Nervenreiz, zuerst übertragen in ein Bild! Erste Metapher. Das Bild wird nachgeformt in einem Laut! Zweite Metapher. Und jedesmal vollständiges Überspringen der Sphäre, mitten hinein in eine ganz andre und neue." (Nietzsche 1994, S. 312)

Aus dieser zentralen Stellung der Metapher für alle Sprache ergibt sich dann auch die entscheidende Bedeutung des metaphorischen Prozesses für das Erlangen von Wahrheit: „Was ist Wahrheit? Ein bewegliches Heer von Metaphern, Metonymien, Anthropomorphismen, kurz eine Summe von menschlichen Relationen, die, poetisch und rhetorisch gesteigert, übertragen, geschmückt wurden und die nach langem Gebrauch einem Volke fest, kanonisch und verbindlich dünken: die Wahrheiten sind Illusionen, von denen man vergessen hat, dass sie welche sind, Metaphern, die abgenutzt und sinnlich kraftlos geworden sind, Münzen, die ihr Bild verloren haben und nun als Metall, nicht mehr als Münzen in Betracht kommen." (Nietzsche 1994, S. 314) Die Metapher wird so bei Nietzsche zur unvermeidlichen und unhintergehbaren Grundlage aller Sprache und – darüber hinaus – zum Mittel der Weltkonstitution. Diese Weltkonstitution per Metapher ist ästhetisch, nicht logisch, sie ist ihrem Ursprung und Wesen nach irrational.[17] Metaphern fungieren für Nietzsche so als Grundelemente für das „...ungeheure Gebälk und Bretterwerk der Begriffe, an das sich klammernd der bedürftige Mensch sich durch das Leben rettet ..." – sie liefern also die Grundelemente für begrifflichen Floßbau.[18] Mit diesem intuitiv-ästhetischen Metaphernbegriff radikalisiert Nietzsche den Wirkungs- und Geltungsanspruch „uneigentlichen" Sprechens, indem er schlicht jede Möglichkeit eigentlichen Sprechens leugnet. Erkenntnis wird so letztlich ästhetisiert, jeder Weltbezug wird zu einem dichterischen und künstlerischen, bei dem Wahrheiten und menschliche Schöpfungen ineinander spielen. Es ist diese welt- und selbstkonstitutive Potenz der Metapher, die ihr auch – vor allem für Hans Blumenberg – eine entscheidende anthropologische Relevanz verleihen. Dass Menschen Metaphern bilden und in Metaphern leben können, macht einen wesentlichen Teil ihres konstitutionellen Reichtums aus – eines Reichtums, der ihnen den ökonomischen Umgang mit ihrer Lebenszeit und die verdichtete Verwaltung ihrer Zeichenwelt ermöglicht. Nietzsches Verständnis des Menschen als „Metapherntier" bewegt sich insofern auf der Folie einer „reichen" Anthropologie.[19]

Diesen Reichtum kann man ontogenetisch zu verstehen versuchen: Klaus Mollenhauer hat dazu einen fruchtbaren Vorschlag gemacht. Er will alle Symbole – und das wären dann in seinem Sinne auch die Metaphern – analog zu den intermediären Objekten im Winnicott'schen Sinne verstehen. Wie die Übergangsobjekte halten die Sprachbilder einerseits eine Verbindung zu allererst Objektbeziehungen aufrecht, ermöglichen sie Regressionen bis in kindlich animistische Benennungstraditionen. Andererseits aber zeigen sie auch den Weg nach vorne in die Autonomie abgegrenzter Begrifflichkeit. Das Sprachbild „ ...fungiert emanzipatorisch insofern, als es dem Subjekt hilft, sich aus den engsten, biologisch gegebenen Personenbeziehungen und Verhältnissen zu befreien; es fungiert regressiv insofern, als das Subjekt sich gleichsam zurückziehen kann in die Situation primärer Leiberfahrung." (Mollenhauer 1991, S. 107) Metaphern sind so „Verbündete der Sinne" (Herzog 1983, S. 299), in jedem Fall aber schöne und bewundernswerte Resultate einer als opulent verstandenen conditio humana.

Ganz gleich aber, ob man den menschlichen „Trieb zur Metaphernbildung" als Ausdruck von Not oder als Teil konstitutiven Reichtums ansieht: gemeint ist immer die Fähigkeit und Notwendigkeit, einen gegebenen Abstand durch eine Transport-Leistung irgendwie zu überbrücken, irgend etwas: einen Sinn, eine Bedeutung, einen Inhalt von der einen – sinnlichen – zur anderen – begrifflichen Seite hinüber zu bringen.

---

17 Zum Problem der bewußten und gewollten Irrationalität des Nietzsche'schen Metaphern-Verständnisses: Debatin 1995, S. 40-48.
18 Nietzsche 1994, S. 321; detaillierter zur Floßbau-Metaphorik: Bilstein 2001.
19 Blumenberg 1981, S. 113; mit Bezug auf Blumenberg und auf Nietzsches Definition vom Menschen als „Metapherntier": Bolz 1996.

4. Versöhnungs-Sehnsucht

Aber nicht nur das Problem des Abstandes und auch nicht nur die Aufgabe der Übertragung kann man in den Blick nehmen, wenn es um die menschliche Bild-Fähigkeit geht. Man kann sich auch um die Möglichkeiten der versöhnenden Wiedervereinigung des Getrennten kümmern, den grundsätzlichen Riss in der Welt nicht zu überwinden, sondern zu heilen versuchen.

Die Ausgangs-Geschichte dazu findet sich in Platons Symposion. Dort sind es – in der von Aristophanes berichteten Legende über die Erschaffung der Geschlechter – die Männer und die Frauen, die wie die zerbrochenen Teile eines Ringes zueinander streben: „Von so langem her also ist die Liebe zueinander den Menschen angeboren, um die ursprüngliche Natur wiederherzustellen, und versucht aus zweien eins zu machen und die menschliche Natur zu heilen. Jeder von uns ist also ein Stück von einem Menschen, da wir ja zerschnitten, ... aus einem zwei geworden sind. Also sucht nun immer jedes sein anderes Stück." (Platon Symp, 191d) Jedes sucht „sein anderes Stück" – so übersetzt Schleiermacher ein Wort, das von nun an eine wohl unvergleichliche Prominenz in der europäischen Denkgeschichte gewinnt: symbolon. Das zugrunde liegende griechische Verb „sym-ballein" benennt das Zusammenwerfen, Zusammenfügen und Zusammenbringen von getrennten Elementen. Wie der Begriff „Metapher" dreht sich also auch der Begriff „Symbol" um Probleme, die durch Abstand und Differenz entstanden sind – bei „Symbol" jedoch ist die Aufmerksamkeit von vornherein auf die Lösung und Auflösung dieser Probleme gerichtet, auf – wie bei Platon formuliert – Heilung.

Symbolon, das ist der komplementäre Teil eines ursprünglichen Ganzen, das geteilt und halbiert worden ist und das seiner Wiederherstellung harrt. Das ist zum Teil ganz wörtlich und konkret zu verstehen: Es geht um zerbrochene Ringe, Münzen und Marken, um physisch geteilte Dinge also. „Symbol bezeichnet zuerst die unter Gastfreunden ausgetauschten zerbrochenen Kennzeichen, die durch Zusammenfügen als Beweis früherer Beziehungen dienten ... Dann heißen Symbole die runden oder eckigen, manchmal münzähnlichen Marken aus Bronze, Blei, Bein oder Ton. Diese dienten als Erkennungs-, Eintritts-, Berechtigungszeichen für den Besuch der Volksversammlung, der Gerichtssitzung, des Theaters, Circus, Bades oder Bordells..." (Der Kleine Pauly, Bd. V, S. 443). Freunde also, die sich – zum Beispiel wegen einer bevorstehenden Reise – voneinander trennen müssen, behalten jeder einen Teil eines zerbrochenen Ringes, damit sie sich oder ihre Beauftragten später zweifelsfrei identifizieren können: Das sind symbola.

Im Begriff des Symbols schwingt also von vornherein die Erinnerung an eine verlorengegangene Einheit mit, er spricht die Sehnsucht an, aus den – neuerdings – zweien wieder eines zu machen. Im Konzept des Symbols

steckt „... ursprünglich der Gedanke einer letztendlichen Wiederzusammen-
führung." (Eco 1985, S. 193) Dieser Akzent auf Einheit, Vereinheitlichung
und Wieder-Vereinigung prägt die sozialen, rechtlichen oder theologischen
Bedeutungsvarianten von „symbolon": „Passwort" und „Vertrag", „Lo-
sung" oder „Sinn- und Lehrspruch", schließlich auch „Glaubensbekenntnis"
– immer geht es darum, Verbindungen und Einheiten zu benennen, auch in
den religiösen Systemen. Das „symbolum nicaenum" versichert die Bin-
dung sowohl der Gläubigen untereinander wie auch zu Gott.[20] Ganz gleich
also, ob „Symbol" ein Erkennungszeichen, ein komplementäres Gegenstück
oder das bekennende Losungswort in der Verbindung zu einer jenseitigen
Instanz meint: Immer liegt – schon durch die Vorsilbe „sym-" – der Akzent
auf dem Zusammenführen und Vereinen, nicht – wie bei der Vorsilbe „me-
ta-" – auf dem Hinübertragen oder übersetzen.[21]

Und es geht – führt man die wortgeschichtliche Reflexion weiter – um das
Werfen (ballein), um einen schnellen Vorgang also. Wo beim „meta-pherein" eher langsames Tragen und mühevolles Schleppen den Assoziationshintergrund liefert, da liegt dem „sym-ballein" das Bild einer schnellen und
vielleicht auch spielerisch gezielten Flugbewegung zugrunde: Ein Ring
wird in Richtung auf einen Stab geworfen, trifft ihn und passt. Es ist ein
zugespitzter Augenblick des Gelingens, es ist die Ankunft, die „sym-
ballein" benennt, nicht – wie „meta-pherein" – den langen Prozess des
Bringens.[22] Die ideengeschichtlichen Traditionslinien, denen der Begriff
„Symbol" im weiteren Verlauf der europäischen Geschichte folgt, sind
vielfältig und widersprüchlich. Inzwischen klassisch ist Friedrich Theodor
Vischers Seufzer von 1887: „Der Begriff ist schwierig, ein gestaltwech-
selnder Proteus, schwer zu packen und zu bannen." (Vischer 1887, S. 154)
Damit formuliert Vischer eine grundlegende Widersprüchlichkeit und Po-
lyvalenz, die den Symbolbegriff durch all seine Hochzeiten und Konjunkturen hindurch begleitet und die dazu führt, dass ihm auch in der gegenwärtigen Diskussion immer wieder neu Krisenzustände attestiert werden.[23]

Trotz dieser Krisen jedoch werden die von Menschen erschaffenen symbolischen Formen immer wieder zu konstituierenden Elementen von Anthropologie und Erkenntnisphilosophie – am wirkungsvollsten wohl in der Philosophie der symbolischen Formen, die Ernst Cassirer in den 1920er und
1930er Jahren entwickelt hat. Die Symbolwelt, die von ihm in den Blick

---

20 Zur antiken Bedeutungsgeschichte: Meier-Oeser 1998; detailliert: Müri 1976.
21 Knapper Überblick über das Angebot auf dem Markt der Symbolbegriffe: Burkhardt
   1996, S. 463-465.
22 Zugespitzter Augenblick auch als Imaginationshintergrund von „traditio": Bilstein
   1997a.
23 Zu Vischers eigenem – durchaus widersprüchlichem aber folgenreichem Symbolbegriff: Pochat 1982, S. 52-68; zu Fröbels Symboltheorie als Beispiel für die romantische Tradition: Baader 1996, bes. S. 221-256.

genommen wird, konkretisiert sich vor allem in drei Bereichen: in der Sprache, in der Welt von Mythos und Religion und schließlich im Sprach- und Erkenntnisbereich der Wissenschaft. Jeder dieser drei Gruppen widmet Cassirer ausführliche Untersuchungen, in denen es immer darum geht, Muster menschlichen Weltverstehens zu rekonstruieren: insofern trägt Cassirers Philosophie der symbolischen Formen von Anfang an einen stark anthropologischen Akzent.[24]

Schon aus der produktiv-synthetischen Natur menschlich-symbolischer Weltaneignung folgt, dass die Cassirer'schen Symbolischen Formen mehr und Anderes sind als Zeichen im logischen oder semiotischen Sinne: sie enthalten immer schon etwas, denn alle menschliche Kultur folgt den immanenten Gestaltungen des menschlichen Geistes. Weil jede sinnliche Wahrnehmung bereits „Sinn" in sich fasst, befindet sie sich in einer „Wechselbestimmung" zwischen den Erscheinungen und der Ordnung dieser Erscheinung: „Wir suchen diese Wechselbestimmung dadurch zum Ausdruck zu bringen, dass wir für sie den Begriff der ‚symbolischen Prägnanz' einführen. Unter ‚symbolischer Prägnanz' soll also die Art verstanden werden, in der ein Wahrnehmungserlebnis als ‚sinnliches' Erlebnis, zugleich einen bestimmten nicht-anschaulichen ‚Sinn' in sich fasst und ihn zur unmittelbaren konkreten Darstellung bringt." (Cassirer 1994, Bd. III, S. 235) Jedes im hier und jetzt gegebene Wahrnehmungsphänomen ist also mit einem charakteristischen Sinn-Ganzen verwoben – das meint „Prägnanz". Der symbolische Prozess ist so verstanden „... wie ein einheitlicher Lebens- und Gedankenstrom, der das Bewusstsein durchflutet, und der in dieser seiner strömenden Bewegtheit erst die Vielfältigkeit und den Zusammenhang des Bewusstseins, erst seine Fülle wie seine Kontinuität und Konstanz zuwege bringt." (Cassirer 1994, Bd. III, S. 235)

Um einen Lebens- und Gedankenstrom also geht es, und dieser Strom ist einheitlich. Die Art und Weise, wie Cassirer hier Fluss- und Flutungs-Metaphern einsetzt, macht seine Perspektive noch einmal besonders deutlich: Ihn interessiert der Strom, nicht das Transport-Problem zwischen dessen Ufern, der theoretische Blick in der Philosophie der symbolischen Formen ist auf Synthesis gerichtet, nicht auf Trennendes und nicht auf Abstände. Synthesis ist ihm Ursprung allen Denkens und Sprechens, ist die entscheidende Leistung der symbolischen Formen, und auf „Synthesis" ist auch seine theoretische und philosophierende Aufmerksamkeit gerichtet.

Dieses eindeutige Primat der „Synthesis", macht die neukantianische Schulphilosophie für pädagogische Argumentationen zugleich attraktiv und problematisch. Jürgen Oelkers zeichnet das in seiner Auseinandersetzung mit der Kulturphilosophie im Einzelnen nach. „Der Weg der wahrhaften Bildung kann nur der Weg zur Ganzheit sein: und jedem Einzelnen ist die-

---

24 Explizit anthropologische Fundierung dann in Cassirer 1970, bes. S. 47-51.

ser Weg aufgegeben. ... Aller Wille zur Bildung muss Wille zur Totalität sein." (Cassirer 1932, S. 350) Hier wird sichtbar, dass Erziehung und Bildung für Cassirer nur als Anstrengungen zur Vereinheitlichung vorstellbar sind, Erziehung muss synthetisieren. (Oelkers 1989)

Bei allem Hang zur Synthese jedoch geht die Cassirer'sche Symboltheorie zugleich von einer systematisierten Vielfalt symbolischer Formen aus. Bei Cassirer gibt es kein Block-Universum, sondern ein pluralistisches Universum symbolischer Welten. „Das hat auch Auswirkungen auf die Theorie der Persönlichkeit: Ihre Synthesen, also ihre Identität, setzt eine nicht-synthetisierbare Objektivität voraus, kein Blockuniversum, sondern grundlegend verschiedene Symbolfelder der Kultur, die sich aber gerade wegen der subjektiven Synthesen verändern lassen und daraus ihre Dynamik erhalten. Erziehung wäre so keine Abbildung der Kultur, keine ‚Verinnerlichung‘, sondern die unablässige Eröffnung von Lernchancen, ein Transit, nicht das Erreichen von Zielen. ... Erst die Einsicht in die plurale Struktur symbolischer (nicht gegenständlicher) Wirklichkeiten macht die pädagogische Theorie ‚realistisch‘, weil erst jetzt eine Sprache gepflegt werden kann, die über die klassischen Wirklichkeitsannahmen hinausgelangt."[25] Ganz gleich also, ob Cassirer über die symbolischen Formen von Sprache, von Mythos oder von Wissenschaft handelt: Sein Interesse ist auf die vereinigenden oder wiedervereinigenden Symbole gerichtet, nicht auf die transportierenden Metaphern. Er schaut auf das Fliessen des einheitlichen Lebens- und Gedankenstromes, nicht auf den Transport von Ufer zu Ufer.

Die Metaphern mit ihrem Akzent auf der Langsamkeit des Transportes und auf ein bereits im Terminus verankertes „Hinüber", halten also – und sei es in der Handwerklichkeit der Rhetorik – ein Problem offen und öffentlich, das die Symbole zu lösen vorgeben: Dass da ein Abstand und eine Trennung ist. Die Symbole, die Wiedervereinigung verheißenden Losungen und Kennzeichen, bieten denn auch immer weiter Gelegenheit für Rettungs- und Erlösungshoffnungen, die den Metaphern von vorneherein fern liegen – bis in die Didaktik hinein. Kein Mensch jedenfalls käme auf die Idee, eine „Metaphern-Didaktik" zu betreiben, während sich an „Symboldidaktik" pädagogische und theologische Überbrückungs-Hoffnungen knüpfen. (vgl. Schweitzer 1991; Weidinger 1991)

Vielleicht läge auch hier: bei der Hoffnung, Brücken des Verstehens zu errichten, der Bezug auf die paradoxe, sich langsam bewegende und von Mühen beladene Figur des Christophorus näher als die Rückerinnerung an das Bild einer Wiedervereinigung, bei der Brüche und Trennungen zumindest tendenziell ungeschehen gemacht werden sollen.

---

25 Oelkers 1991, S. 121 mit Bezug auf William James' Formulierung vom „Blockuniversum".

5. Der arme Christophorus

Angesichts der konstitutiven ikonischen Differenz scheint es also immer nur zwei Alternativen zu geben: Wiedervereinigung oder Transport. Hier jedoch lohnt es sich, noch einmal auf den Riesen Reprobus alias Christophorus und auf seine Vorgeschichte zurückzukommen. Warum eigentlich wartet er Tag und Nacht am Ufer auf Wanderer, warum will er unbedingt alles hinübertragen, was ihm auf die Schultern kommt.

Der Legende nach ist Reprobus am Anfang ein ziemlich wilder Kerl. Er gehört zu dem menschenfressenden Volk der Kynokephalen, trägt also einen Hundekopf und kann nicht sprechen. Durch Begnadung verleiht ihm Gott zunächst einmal Menschengestalt und Sprache – aber weiterhin ist er wild und hochmütig: Riesig wie er ist, will er nur dem stärksten aller Herren dienen, und so nimmt er sich vor, den mächtigsten und gewaltigsten aller Herrscher zu suchen. Zunächst unterwirft er sich einem starken und prächtigen König – aber nur so lange, bis er sieht, dass der sich bei der Nennung des namens „Satan" bekreuzigt. Das Kreuzzeichen helfe gegen den Teufel, erklärt der König. „Du fürchtest also einen Mächtigeren?" „Da muss ich dich denn verlassen", entgegnet Reprobus.

Diesen Mächtigeren, den schwarzen Ritter Satan, trifft er kurz danach in einer dunklen Nacht, und auch ihm dient er – bis er mitbekommt, dass die ganze Teufels-Horde vor einem schlichten Wegkreuz die Flucht ergreift. Immer wenn er Christus sehe, befalle ihn Furcht, bekennt der Teufel. „Also bist du nicht der Mächtigste!" sagt Reprobus, macht sich wieder davon und beschließt: „Ich werde diesen Christus suchen." (Sellner 1993, S. 258-259)

Es ist diese Situation, in der er nun auf einen alten Einsiedler trifft, und der gibt ihm den entscheidenden Hinweis: Der gesuchte Fürst, der Herrscher aller Herrscher, fordere vor allem Fasten, Beten und gute Taten. Er, Reprobus, solle sich also am Fluss eine Hütte bauen und auf seinen starken Schultern die Reisenden ans andere Ufer tragen, dann werde er seinem Meister begegnen. Und dann kommt das Kind, das schwerer als die ganze Welt ist.

Das immer schwerer werdende Kind, das Reprobus dann zum Christophorus macht, ist also genau die übergewaltige Gegenmacht, die sich dieser starke und wilde Riese gewünscht und die er gesucht hat. Die Not, die ihn in der Mitte des Stromes ereilt: dass er zusammenzubrechen droht, erwächst aus einer Erfahrung, die er gewollt hat und die ihm weder weltliche noch höllische Mächte zu bereiten vermochten: dass es unbesiegbare Gewalten gibt; dass es Abstände gibt, die nur durch Wunderkraft zu überwinden und zu überbrücken sind.

Und so sehen wir ihn denn mitten im Fluss, das Kind auf dem Rücken, zusammenbrechend unter der Last einer Metaphorisierung, die er selbst gesucht und herbeigesehnt hat. Und es lohnt sich zu fragen, ob es denn für ihn, diesen durch eigenen Anspruch überlasteten Hinüberträger, nicht auch eine andere Möglichkeit geben könnte.

Was wäre, wenn Christophorus mitten im Fluss, wankend unter der Mühe des Transfers, die Richtung änderte: Zurück kann er nicht, das Ufer des vorsymbolischen primären Eindruckes ist ihm versperrt. Dazu hat er sich schon zu weit in das Wasser des Flusses hinausgewagt, weiß er bereits zuviel von der Macht der Strömung und von der drückenden Gewalt der Last, die er auf sich geladen hat. Aber das andere Ufer, der feste Boden der begrifflichen Sicherheit, den er anstrebt, den – um genauer zu sein – anzustreben ihm sein Passagier aufgetragen hat: warum soll er eigentlich dorthin? Warum kann er nicht ein wenig stromauf oder stromab stolpern, sich ruhig ein wenig von der Strömung mitreißen lassen, taumelnd vielleicht aber auch nicht mehr besessen vom Blick auf das eine Ziel am anderen Ufer.

Vielleicht wäre das ja der wirkliche Transfer: Im Riss zwischen hüben und drüben zu verbleiben, ohne diesen Riss als Wunde oder Defekt zu betrauern. Er könnte den Akt einer Metaphorisierung verweigern, die – ist die Mühe erst einmal vorbei – das andere, alte Ufer immer nur triumphal vergessen oder wehmütig erinnern kann. Es könnte ihm, dem Welten-Träger, doch unterwegs in den Sinn kommen, dass man eine Welt gar nicht tragen kann, dass es nichts hinüberzutragen gibt – und dass es durchaus vergnüglich sein kann, sich im Flusse zu befinden. Vielleicht müsste er ja gar keinen Stärkeren suchen, niemanden tragen, nicht einmal Kinder.

Winnicott zitiert – wo es um die Lokalisierung des kulturellen Erlebens geht – Tagore: „An den Küsten endloser Welten spielen Kinder." (Winnicott 1973, S. 111) Kein Gegenüber angesichts des endlosen Meeres, auch keine Notwendigkeit des Übersetzens, nur noch spielen. Vielleicht könnte sich ja auch Christophorus, der zivilisierte Riese, dazugesellen, das Ufer ab und zu verlassen für einen neuen Ausflug ins Wasser, aber ohne den Ehrgeiz, irgendwen oder irgendetwas hinüberzutragen.

Literatur

Baader, M. S. (1996): Die romantische Idee des Kindes und der Kindheit. Neuwied.

Beardsley, M. C. (1996): Die metaphorische Verdrehung [1962] In: Haverkamp (Hrsg.), Theorie der Metapher.

Belting, H. (2001): Bild-Anthropologie. München

Benker, G. (1975): Christophorus. München

Bilstein, J. (1997a): Fremdheit, Sumpf und Übergabe. In: M. Winzen (Hrsg.): Zuspiel. Ostfildern

Bilstein, J. (1997b): Kunst und Erziehung - Ähnlichkeiten im Ungleichen. In: Bernhard Hanel und Robin Wagner (Hrsg.): Spannungsfeld Kunst. Stuttgart.

Bilstein, J. (1999a): Bilder-Hygiene. In: Schäfer, Wulf (Hrsg.), Bild – Bilder – Bildung. Weinheim und Basel

Bilstein, J. (1999b): Bildungszeit in Bildern. In: J. Bilstein, Gisela Miller-Kipp und Christoph Wulf (Hrsg.): Transformationen der Zeit. Weinheim und Basel

Bilstein, J. / Eckart Liebau / Matthias Winzen (Hrsg.) (2000): Mutter – Kind – Vater. Köln

Bilstein, J. (2001): Vom nützlichen Wissen der schönen Künste. In: Eckart Liebau (Hrsg.): Bildung des Subjekts. Weinheim und München

Bilstein, J.; Matthias Winzen (Hrsg.) (2001a): Big Nothing. Köln

Bilstein, J.; Matthias Winzen (Hrsg.) (2001b): Ich bin mein Auto. Köln

Bilstein, J.; Matthias Winzen (Hrsg.) (2002a): Das Tier in mir. Köln

Bilstein, J. (2002b): Gesprochene Bilder. Über Metaphern in der Pädagogik. Weinheim

Black, M. (1996): Die Metapher [1954]. In: Haverkamp (Hrsg.), Theorie der Metapher, Darmstadt

Blumenberg, H. (1981): Anthropologische Annäherung an die Aktualität der Rhetorik [1971]. In: H. Blumenberg: Wirklichkeiten in denen wir leben. Stuttgart

Boehm, G. (Hrsg.) (1995): Was ist ein Bild? München

Bolz, N. (1996): Das Verschwinden der Rhetorik in ihrer Allgegenwart. In: H. F. Plett (Hrsg.): Die Aktualität der Rhetorik. München

Brumlik, M. (1994): Schrift, Wort und Ikone. Franfurt am Main

Burkhardt, A. (1996): Geballte Zeichen. Das Symbol und seine Bedeutungen. In: Zeitschrift für Semiotik. 18. Jg.

Cassirer, E. (1932): Goethes Idee der Bildung und Erziehung. In: Pädagogisches Zentralblatt XII.

Cassirer, E. (1994): Philosophie der symbolischen Formen [1923-1929]. Bd. I-III. Darmstadt

Cassirer, E. (1970): Versuch über den Menschen. [1944]. Franfurt am Main

Debatin, B. (1995): Die Rationalität der Metapher. Berlin, New York

Didi-Huberman, G. (2000): Vor einem Bild [1990]. München

Eco, U. (1985): Semiotik und Philosophie der Sprache. München

Friedberg, D. (1989): The Power of Images. Chicago

Gadamer, H.-G. (1960): Wahrheit und Methode. Tübingen

Haverkamp, A. (Hrsg.) (1996): Theorie der Metapher. 2. Aufl. Darmstadt

Haverkamp, A. (1998): Die paradoxe Metapher. Franfurt am Main

Herzog, W. (1983): Plädoyer für Metaphern. In: VjS. wiss. Päd. ´83.

Heubach, F. W. (1997): Ein Bild und sein Schatten. Bonn

Jean Paul (1990): Vorschule der Ästhetik [1804]. Hamburg

Jonas, H. (1995): Homo pictor: von der Freiheit des Bildens. In: Boehm (Hrsg.), Was ist ein Bild? München

Kamper, D. (1994): Bildstörungen. Ostfildern

Kamper, D. (1997): Bild. In: Wulf (Hrsg.), Vom Menschen, Weinheim

Kamper, D. (2000): Bildzwang. Im Gefängnis der Freiheit. In: Hans Belting, Dietmar Kamper (Hrsg.): Der zweite Blick. München

Kunstmann (1961): Hol über. Leben, Bild, Kult des Hl. Christophorus. Ettal.

Lacan, J. (1978): Was ist ein Bild / Tableau? In: J. Lacan: Die vier Grundbegriffe der Psychoanalyse. Olten, Freiburg

Laienkolleg (1989): Christophorus. In: Das Münster. 42. Jg., Heft 1.

Meier-Oeser, S. (1998): Symbol. In: Hist. Wb. Phil.. Bd. 10. Darmstadt

Mollenhauer, K. (1991): Die Funktion des Symbols in der Erziehung. In: Oelkers, Wegenast (Hrsg.), Symbol, Stuttgart

Mollenhauer, K. und Ch. Wulf (Hrsg.) (1996): Aisthesis/Ästhetik. Weinheim.

Müri, W. (1976): Symbolon. Wort- und sachgeschichtliche Studie [1931]. In: W. Müri: Griechische Studien. Basel

Nieraad, J. (1977): „Bildgesegnet und Bildverflucht". Darmstadt

Nietzsche, F. (1994): Über Wahrheit und Lüge im aussermoralischen Sinn [1873]. In: F. Nietzsche: Werke in drei Bänden. Bd. III. Darmstadt

Oelkers, J. und K. Wegenast (Hrsg.) (1991): Das Symbol - Brücke des Verstehens. Stuttgart

Oelkers, J. (1989): Symbolische Form und Differenz. In: J. Oelkers, Wolfgang K. Schulz, Heinz-Elmar Tenorth: Neukantianismus. Weinheim

Oelkers, J. (1991): Metapher und Wirklichkeit. Die Sprache der Pädagogik als Problem. In: Oelkers, Wegenast (Hrsg.), Symbol, Stuttgart

Pochat, G. (1982): Der Symbolbegriff in der Ästhetik und Kunstwissenschaft. Köln

Rech, P. (1981): Abwesenheit und Verwandlung. Franfurt am Main

Ricoeur, P. (1986): Die lebendige Metapher. München

Roudinesco, E. (1996): Jacques Lacan. Köln

Schäfer, G. und Ch. Wulf (Hrsg.) (1999): Bild – Bilder – Bildung. Weinheim und Basel

Schöffel, G. (1987): Denken in Metaphern. Opladen

Schweitzer, F. (1991): Wie wird das Symbol zu einem pädagogischen und religionspädagogischen Thema? In: Oelkers, Wegenast (Hrsg.): Symbol. Stuttgart

Sellner, A. (1993): Immerwährender Heiligenkalender. Franfurt am Main

Stahl, E. K. (1920): Die Legende vom heiligen Riesen Christophorus in der Graphik des 15. und 16. Jahrhunderts. München

Vischer, F. Th. (1887): Das Symbol. In: F. Vischer: Philosophische Aufsätze Eduard Zeller gewidmet. Leipzig

Voragine, J. de (1982): Legenda Aurea [ca. 1260]. Zürich

Weidinger, N. (1991): Korrelationsdidaktik und Symboldidaktik. In: Oelkers, Wegenast (Hrsg.): Symbol. Stuttgart

Werner, F. (1973): Christophorus. In: LCI. Bd. 5. Freiburg

Winnicott, D. W. (1973): Vom Spiel zur Kreativität. Stuttgart

Yalouris, N. (1989): Darstellungen des Hl. Christophorus in Mittelalter und Renaissance. In: Hans-Ulrich Cain, Hanns Gabelmann und Dieter Salzmann (Hrsg.): Festschrift für Nikolaus Himmelmann. Mainz

Johannes Bilstein

Freud, Jung, Lacan: Wo ist das Bild?

Eine psychoanalytische Theorie der Bildlichkeit zu rekonstruieren: das wäre eine umfassende und in ihren theoriehistorischen Differenzierungen nur auf breitem Raume zu realisierende Aufgabe. Insbesondere im Rahmen der Hochkonjunktur des Ikonischen, wie sie sich in den letzten drei Jahrzehnten entwickelt hat, ist der psychoanalytischen Theorie des Seelenlebens und der psychoanalytischen Theorie der Kultur eine entscheidende Rolle zugekommen – nicht zuletzt als Auslöser dieser Konjunktur.[1] Ganz gleich ob es dabei um eine Sozialisationstheorie der gegenständlichen Aneignung geht (Rech 1981, bes. S. 23-27, S. 60-63; Schneider 1999), ob die spezifischen Bedingungen in den Blick genommen werden, die im Seelenleben für kreative Prozesse gegeben sein müssen (Chasseguet-Smirgel 1984, S. 131-148; Giampieri-Deutsch 1998), ob aus ontogenetischer Perspektive die Entwicklung der Bildlichkeit einzelner Künstler untersucht wird (Danckwart 1999) oder ob gar eine psychoanalytische Theorie der Kunst angestrebt ist (Leuner 1971; Kofman 1985): die theoriekonstituierende Aufmerksamkeit der Psychoanalyse auf Phantasien und innere Bilder hat ihr nahezu von ihrem Anfang an einen prominenten Ort in der Welt der Bilder verschafft.[2] Das gilt sowohl für die künstlerischen Bilder-Produzenten, die sich vor allem am Beginn des 20. Jahrhunderts in großer Zahl um Kontakte zu Freud und seinen Schülern bemühten,[3] als auch für den theoretischen Bilder-Diskurs. Und dabei sind es von den Gründervätern der Psychoanalyse vor allem Sigmund Freud und Carl Gustav Jung, die das Interesse des Bilder-Diskurses, konkreter: der diesen Diskurs tragenden kulturellen Praktiker und Theoretiker auf sich gezogen haben.

Dennoch fehlt eine umfassende und detailgenaue Analyse psychoanalytischer Theorien der Bildlichkeit bis heute,[4] und sie kann selbstverständlich

---

1 Zur historischen Anthropologie des Bildes: Wulf 1999; zur Latenz der Bilder in der Psychoanalyse, allerdings mit Akzent auf der Literatur-Theorie: Jain 2001.
2 Neueres Beispiel einer Engführung von Psychoanalyse, Kunst und Bildlichkeit: Stockreiter 1998.
3 Lohmann, 1998, S. 76; Spies, 1998, zur Beziehung Max Ernsts zu C. G. Jung.
4 Kurze Übersicht bei Tisseron, 1997, bes. Kap. I: De quelques concepts psychanalytiques autour de l'image.

auch an dieser Stelle weder skizziert noch auch nur grob umrissen werden. Versucht werden soll vielmehr, eher thesenhaft einige Bemerkungen zur Rolle und Bedeutung der Bilder bei drei der wichtigsten psychoanalytischen Theoretikern – bei Freud, Jung und Lacan – vorzustellen und deren jeweiliges Konzept des Ikonischen selbst wiederum in einer Art metatheoretischem Grundbild zusammenzufassen.

1. „Imagines", wie wir sagen

Fast könnte man meinen, am Anfang stünde Carl Gustav Jung. Sucht man bei Sigmund Freud nach dem Bild vom Bilde, der Imagination von der Imagination, dann stößt man auf einen bemerkenswerten Befund: Zwar ist immer wieder von Kunst die Rede und von den Kunstwerken: von Michelangelos David zum Beispiel oder von Jensens Gradiva, aber kaum je vom Bilde, kaum je von der Nahtstelle, an der Unsichtbares sichtbar wird – und im übrigen verweist er auf C. G. Jung.

Das ist auch gar kein Zufall: Über Freuds genuin unkünstlerischen Weltzugang ist viel und oft genug geschrieben worden. „Ich schicke voraus, dass ich kein Kunstkenner bin, sondern Laie. Ich habe oft bemerkt, dass mich der Inhalt eines Kunstwerkes stärker anzieht als dessen formale und technische Eigenschaften, auf welche doch der Künstler in erster Linie Wert legt. Für viele Mittel und manche Wirkungen der Kunst fehlt mir eigentlich das Verständnis. ... Aber Kunstwerke üben eine starke Wirkung auf mich aus, insbesondere Dichtungen und Werke der Plastik, seltener Malereien." (Freud 1914 a, S. 197).

Eher um die Inhalte also geht es dem Kunst-Rezipienten Freud – und dies dann auch noch bei nur ganz bestimmten Kunstwerken. Insbesondere sind das die literarischen Werke, die er kennt und bei denen er das in ihnen kondensierte Wissen um Welt und Menschen für die Entwicklung seiner Theorie vom Seelenleben fruchtbar macht – der „Ödipus" bietet da sicherlich das wichtigste Beispiel.[5] Dennoch bleibt der grundsätzlich unmusische Charakter Freuds unbestritten, bleibt auch deshalb sein Verhältnis zu den Künsten immer ein eher distanziertes – auch und gerade zu den visuellen Künsten.

Allerdings gibt es da die „Imagines", die an einigen – man muss sagen: gar nicht so vielen – Stellen vorkommen. „Schon in den ersten sechs Jahren der Kindheit hat der kleine Mensch die Art und den Affektton seiner Beziehungen zu Personen des nämlichen und des anderen Geschlechts festgelegt, er kann sie von da an entwickeln und nach bestimmten Richtungen umwandeln, aber nicht mehr aufheben. Die Personen, an welche er sich in solcher Weise fixiert, sind seine Eltern und Geschwister. Alle Menschen, die er

---

5 Lohmann 1998, bes. S. 127-132 zu Freud als literarischstem aller Psychoanalytiker.

später kennenlernt, werden ihm zu Ersatzpersonen dieser ersten Gefühlsobjekte ... und ordnen sich für ihn in Reihen an, die von den ‚Imagines‘, wie wir sagen, des Vaters, der Mutter, der Geschwister usw. ausgehen.“ (Freud 1914 b, S. 239) Alle erwachsenen Objekte „...werden immer noch nach dem Vorbild (der Imago) der infantilen gewählt werden, ...“ (Freud 1912 a, S. 201).

Vorbilder also bieten diese Imagines, Grundmuster von Gefühlen und Affekten, die allem späteren Erleben und allen späteren Beziehungen zugrunde liegen – als „Affektton“ eben. Dass Freud hier auf eine musikalische Metapher – den Ton – zurückgreift, die zugleich visuelle Qualitäten – zum Beispiel des Farbtones – benennt, entspringt wohl seinem Bemühen, die beschriebenen Eindrücke und Ordnungsmuster des Seelischen möglichst tief und früh, auf einer auch in der Sinnesentwicklung archaischen Ebene zu verorten. Die Imagines entstehen früh, sie liegen tief im seelischen Apparat und sie haben synästhetischen Charakter.

„Imagines, wie wir sagen“: Der Begriff wird hier als terminus technicus der psychoanalytischen Sprache ausgewiesen, und eine solche Formulierung vom Gründervater Freud hat auch 1914 noch durchaus dogmatisierende und nomenklaturisch verpflichtende Wirkung. Schon früher, in einem 1912 erschienenen Text zur Dynamik der Übertragung hat Freud deutlich gemacht, was er genau damit meint, und woher er den Begriff „Imago“ nimmt. Die Rede ist da von der libidinösen Besetzung, die dem Arzt in der psychoanalytischen Behandlung von Seiten des Patienten entgegengebracht wird, und diese Liebe ist übertragene Liebe. „Unserer Voraussetzung gemäss wird sich diese Besetzung an Vorbilder halten, an eines der Klischees anknüpfen, die bei der betreffenden Person vorhanden sind, oder, wie wir auch sagen könnten, sie wird den Arzt in eine der psychischen ‚Reihen’ einfügen, die der Leidende bisher gebildet hat. Es entspricht den realen Beziehungen zum Arzte, wenn für diese Einreihung die Vater-Imago (nach Jungs glücklichem Ausdruck) maßgebend wird. Aber die Übertragung ist an dieses Vorbild nicht gebunden, sie kann auch nach der Mutter- oder Bruder-Imago usw. erfolgen.“ (Freud 1912 b, S. 160)

Es lohnt sich, die Synonyme noch einmal zusammenzufassen, die Freud hier einsetzt: die Imagines, das sind Vorbilder, Klischees, Elemente seelischer Reihen, welche die Beziehungen des Kindes zu seiner ersten – sei es familiären, sei es erweiterten – Umwelt benennen. Statisch wirken sie, wie Schemata, die recht fest etabliert sind und das seelisch-reale Fortbestehen einer früheren Beziehungssituation garantieren.

Was hier ebenfalls deutlich wird, ist die durchgängig genetische Perspektive der Freud'schen Psychologie – auch in Bezug auf die Bilder (Bilstein 2001). Geradezu notwendigerweise gerät ihm die Frage nach den Bildern zur Frage nach der Herkunft der Bilder – einer Herkunft, die dann ontogenetisch rekonstruiert wird. Erste Erfahrungen führen zu ersten Klischees,

Vorbildern und Imagines – führen so auch zu ersten Bildern die dann als Folien dienen für die weitere Entwicklung der Bildlichkeit. Es ist die Logik der Ergänzungsreihe, die hier durchscheint, eines Zusammenspiels von Faktoren, die dann schließlich in einer relativ stabilen seelischen Gestalt münden. (Freud 1916/1917, S. 341) Dort hinein gehören auch die Bilder, die bei Freud ganz offensichtlich nicht direkt und gar nicht ausschließlich an Visualität gebunden sind. Laplanche/Pontalis fassen diesen nicht an das Sehen und die Sichtbarkeit gebundenen Begriff der Imago bei Freud denn auch eher lakonisch zusammen: „Aber viel mehr als ein Bild muß man ein erworbenes imaginäres Schema darin sehen, ein statisches Klischee, nach dem das Subjekt den anderen erfasst. Die Imago lässt sich demnach ebenso gut durch Gefühle und Verhaltensweisen objektivieren wie durch Bilder." (Laplanche, Pontalis 1972, S. 229)

Zwar kommt der Begriff bei Freud nur an einigen – ungefähr zehn – Stellen – vor,[6] er nimmt aber dennoch eine theoriekonstitutive Stellung ein: er benennt diejenigen „Erinnerungsbilder",[7] die der Entwicklung des Seelenlebens zugleich einen Grundantrieb und eine bleibende Grund-Tönung verleihen. „Ja, das ganze Bestreben, den wirklichen Vater durch einen vornehmeren zu ersetzen, ist nur der Ausdruck der Sehnsucht des Kindes nach der verlorenen glücklichen Zeit, in der ihm sein Vater als der vornehmste und stärkste Mann, seine Mutter als die liebste und schönste Frau erschienen ist." (Freud 1909, S. 226) Diese „Erscheinungen", das sind Imagines. Immer wieder im Laufe der Lebensgeschichte auftauchend, machen sie etwas sichtbar, was unsichtbar immer weiter wirksam ist: Bindungen und Gefühle, die ganz tief und fundamental das Seelenleben bestimmen.

Der eigentliche Pate des Begriffes ist C. G. Jung – darauf weist Freud ausdrücklich hin. Dass ihm dieser Begriff gefällt, dass er ihn „glücklich" findet, ist wiederum nicht allzu erstaunlich: Immerhin findet der eher literarisch denn visuell veranlagte Freud darin zugleich einen Hinweis auf den ihm eher fremden Bereich des Ikonischen und einen lateinisch-literarischen Assoziationshintergrund, der die angesprochene Bildlichkeit gleich wieder in den Bereich der Sprache kassiert.

Denn die Sprache bleibt bei Freud der Königsweg des Seelenverstehens, und auch alle Bilder sind ihm letztlich nichts anderes als Ausdrucksmittel einer Sprache des Unbewussten. Noch bei der Interpretation eines der prominentesten europäischen Bildkunstwerke: des Moses von Michelangelo, geht es ihm letztlich darum, alles was da sichtbar ist, in der Sprache hörbar zu machen. „Lesen" will er die Statue, und alle sichtbar werdenden Zweideutigkeiten sind ihm Ambivalenzen der Sprache, letztlich: Lesefehler. „Hat

---

6 Freud 1912 a, S. 201, Fußnote des Herausgebers.
7 Freud 1912 a, S. 131: „Vor allem sucht der Mann nach dem Erinnerungsbild der Mutter, wie es ihn seit den Anfängen der Kindheit beherrscht."

der Meister wirklich so undeutliche oder zweideutige Schrift in den Stein geschrieben, daß so verschiedenartige Lesungen möglich wurden?" (Freud 1914 a, S. 201) Am Ende geht es ihm – sei es in der Rekonstruktion des Seelenlebens, sei es in seinem Grundverständnis von Therapie, sei es auch in seinem Verständnis von Kultur – darum, Unausgesprochenes zur Sprache zu bringen, einen unter Umständen verdorbenen Text zu reparieren. An Freuds großem Verdienst, dass er bei der Aufmerksamkeit auf textuell-sprachliche Dokumente des Unbewussten auch deren Entstellungen einen Sinn zuschreibt (Habermas 1968, S. 262-300), werden so auch die Kosten sichtbar: Bildlichkeit und Visualität werden zwar zum Thema gemacht, sogleich aber wieder ins Sprachliche einkassiert. Die Ahnung eines iconic turn wird in einem linguistischen re-turn aufgefangen.

Man hat den Eindruck, dass das jüdische Bilderverbot noch irgendwie wirkt, dass es für Freud und für die ganze auf ihn sich berufende Psycho-analyse eben um das „Hören mit dem dritten Ohr" (Reik 1976) und nicht etwa um das „Sehen mit dem dritten Auge" geht. Freud, der durchaus her-kunftsbewusste Jude, benimmt sich – bis in das von ihm entworfene Couch-Arrangement hinein – in der Tradition der talmudischen Interpretationen, deren Fall-Deutungen jeweils mit dem stereotypen aramäischen Satz begin-nen: „Was will er mich hören lassen?" Diese Grundfrage scheint auch bei Freuds Versuchen, das Seelenleben zu verstehen, zugrunde zu liegen – und zwar sowohl seinen theoretischen als auch seinen therapeutisch-deutenden Versuchen. (Rapaport 1960, S. 18) „Was will er mich hören lassen": das ist die Ausgangsfrage einer Daseinshermeneutik, die sich auf die Ohren, auf das Gesagte und schließlich auf das Geschriebene stützt, nicht auf die Au-gen, das Gesehene und Gemalte.[8]

Was sich darin ausdrückt, ist nicht zuletzt auch das generelle Misstrauen des konservativen Arztes Freud gegen all das Material, das er so bahnbre-chend zutage fördert: Gegen all die Phantasien und Imaginationen, die ihm in den Lebens-Texten seiner Patienten und in den Fallgeschichten entge-genkommen. Er sieht, erfasst und ordnet dieses Material – aber es bleibt ihm suspekt als Surrogat für ein jeweils besseres Eigentliches: für die unge-brochene und nicht sublimierte Erfüllung des Wunsches. „Der Glückliche phantasiert nie, nur der Unbefriedigte" (Freud 1908, S. 173) – mit dieser apodiktischen Aussage begründet Freud eine letztlich auf dem Surrogat-Charakter der Sublimierungen begründete Kulturtheorie, die alle Leistun-gen menschlicher Zivilisation als Ergebnisse eines fundamentalen Unbeha-gens versteht und ihnen denn auch schnell mit melancholischer Grund-Tönung entgegentritt. (Heubach 1997, bes. S. 172-175) Der wirklich Glück-

---

8 Zur jüdisch-theologischen Hintergrund des Bilderverbots: Brumlik 1994, bes. S. 27-60.

liche, könnte man ergänzen, malt auch keine Bilder, er hat und braucht im Grunde keine Bilder.

Der Unglückliche jedoch, und das ist unter dem Freud'schen Primat der genitalen Wunscherfüllung jede Menschenseele, lebt auf der Grundlage und im Banne von früh erworbenen Klischees und Erinnerungsbildern, in denen sich Triebschicksale und Organisationsweisen des psychischen Apparates ausdrücken, und zwar auf individueller und kollektiver Ebene. Wenn dann alles gut geht mit dem Seelenleben, wenn seine Entwicklung richtig und glücklich verläuft, dann können schließlich diese ersten Bilder und Eindrücke auch wieder gelöscht werden.

Wie wichtig ihm die Löschung ist, das führt Freud an seinem berühmten Wunderblock-Vergleich vor, und auch dieses Beispiel lässt sich noch einmal als ein Dokument tief verwurzelter Bilder-Skepsis lesen.

Es geht bei dem Wunderblock nämlich gar nicht um Bilder, sondern – wieder einmal – um Schrift. Der Wunderblock, den er als äußerst taugliche Analogie für die Struktur des seelischen Wahrnehmungsapparates ansieht, das ist „... eine in einen Papierrand gefaßte Tafel aus dunkel-bräunlicher Harz- oder Wachsmasse, über welche ein dünnes, durchscheinendes Blatt gelegt ist, am oberen Ende an der Wachstafel fest haftend, am unteren ihr frei anliegend. ... Man gebraucht den Wunderblock, indem man die Aufschreibung auf der Zelluloidplatte des die Wachstafel deckenden Blattes ausführt. ... Der Stilus drückt an den von ihm berührten Stellen die Unterfläche des Wachspapiers an die Wachstafel an, und diese Furchen werden an der sonst glatten weißlichgrauen Oberfläche des Zelluloids als dunkle Schrift sichtbar. Will man die Aufschreibung zerstören, so genügt es, das zusammengesetzte Deckblatt von seinem freien, unteren Rand her mit leichtem Griff von der Wachstafel abzuheben. ... Der Wunderblock ist nun schriftfrei und bereit, neue Aufzeichnungen aufzunehmen." Er funktioniert wie eine Art Tafel, „... von der man die Aufzeichnungen mit einer bequemen Hantierung entfernen kann."[9]

Es geht also um die Dialektik von Erinnern und Vergessen. Alles, was visuell festgehalten ist, muss für Freud immer auch unter der Perspektive der Löschung betrachtet werden. Nur durch Löschung behalten die ikonisch manifesten Zeugnisse des Lebens einen Sinn für das Leben, nur als ersetzbare und auflösbare dienen sie dem gesunden Funktionieren des seelischen Apparates.

Auch hier freilich, bei dem Versuch, die Dynamik von Erinnerung und Vergessen begreiflich zu machen, wird Freud von seinem Interesse am seelisch-nützlichen Funktionieren des psychischen Apparates zu einer aus-

---

9 Freud 1925, S. 366-367; gedächtnismetaphorische Interpretation: Assmann 1991, S. 21-22.

schließlichen Aufmerksamkeit auf Symbole, letztlich auf Sprache geführt. Auch hier, beim Durchspielen einer Analogie aus dem visuell-zeichnerischen Bereich, beeilt sich Freud geradezu, in seiner Interpretation in das Jenseits der Bildlichkeit und hinter die Eigenlogik der visuellen Erscheinungen zu geraten.

Dass man diesen Wunderblock auch dazu benutzen könnte, Bilder zu machen und dann wieder verschwinden zu lassen, dass er ganz wunderbare Möglichkeiten böte, zu zeichnen und zu kritzeln und diese Kritzeleien dann wieder und wieder zu löschen – das liegt für Freud jenseits des Interesses. Dass die Grundspannung von Tiefenerinnerung und Vergessenszwang sich auch auf die Bilder, auf nicht-sprachliches visuelles Material also erstreckt – davon ist bei Freud nicht die Rede. Der Wunderblock führt vor, wie wichtig es für das Seelenleben ist, Sichtbares unsichtbar zu machen; er demonstriert, wie das gehen könnte – aber dieses Sichtbare sind Schriftzeichen, nicht Bilder.

Und so sind auch die Imagines, die er terminologisch von Jung übernimmt, zwar einerseits Erinnerungsbilder mit eigener Mächtigkeit und Wirkung, andererseits jedoch werden sie so schnell und so gründlich wir nur möglich dem Zugriff des analysierenden Bewusstseins und der ordnenden Systematisierung unterworfen. Im Rahmen der therapeutisch genutzten freien Assoziation mögen auch sie wichtig und wirksam sein, sind sie zugelassen und erwünscht – aber zu einem ganz bestimmten Zweck und Ende: bei der psychoanalytischen Arbeit an der Erinnerung dienen sie als Indizien und Spuren, sollen sie vor allem aufgeräumt und in eine gesunde Ordnung des Seelischen integriert werden. Wo Bild war, mag Bild bleiben – aber es sollte schon das richtige Bild sein.

2. Urbilder: Die Menschenart des Menschen

Fast könnte man meinen, am Anfang stünde Jung – aber am Anfang steht eigentlich Carl Spitteler. Von Spitteler (geb. 1845), einem bestenfalls lokal bekannten Schweizer Autor, erscheint 1906 ein hoch symbolischer, dem mystizistischen Zeitgeist eng verbundener Roman mit einem freilich programmatischen und dann weiterwirkenden Titel: „Imago". Erzählt wird die ziemlich wirre Geschichte von einem jungen Dichter, der sich an eine Art Ideal-Frau gebunden sieht. Theuda heisst sie, und in der Wirklichkeit hat er sie nur einmal kurz bei einem Kur-Aufenthalt getroffen. Seitdem aber ist er überzeugt: Es ist der „heilige Weltgeist der Schönheit" (Spitteler 1906, S. 235), der ihn mit Theuda zusammengeführt hat, und der sie zu einem zugleich entsagungsvollen und unauflöslichen Bund vereint hat. Allerdings wirkt da in Spittelers Geschichte nicht nur dieser Weltgeist. Victor, der Dichter-Held, pflegt nämlich auch noch eine höchst intensive und sein Leben bestimmende Beziehung zu einer phantastischen, ihn leitenden Muse:

zu seiner „Strengen Frau". Zu ihr nimmt er immer wieder Zuflucht, wenn ihn Künstler-Nöte plagen, sie ermuntert ihn immer wieder von Neuem, der Welt und der Liebe zu entsagen und nur dem Einen zu leben: der Kunst und der Dichtung.

In der entscheidenden Szene des Romans werden dann diese beiden Phantasie-Figuren: die zur Herzens- und Geistes-Kameradin hochphantasierte Theuda und die „Strenge Frau" zusammengeführt. Victor, von Theuda zu einem Heiratsantrag ermutigt, tritt zusammen mit ihr vor die Hohe Dame – von ihr wollen die beiden zugleich Rat, Absolution und Lenkung erfahren. „Komm, laß uns gemeinsam unsere Herzenswünsche zu den Füßen der Strengen Frau niederlegen, einen edleren Bund vor ihrem Antlitz schließend als den gemeinen Geschlechterbund vor dem Altar der Menschen, den Bund der Schönheit mit der Größe!" (Spitteler 1906, S. 251)

Theuda findet denn auch Gnade vor den Augen der Großen – und wird getauft. „'Neige dein Haupt, o meine Tochter, damit ich dich taufe!' Da neigte meine Freundin ihr Haupt, und meine Herrin taufte sie mit dem Namen Imago. ... ,Im Namen des Geistes, der da höher ist als die Ordnung der Natur, im Namen der Ewigkeit, die heiliger ist als das vergängliche Gesetz der Menschen, erkläre ich euch hiermit als Braut und Bräutigam verbunden, lebenslänglich, untrennbar, durch Glück und Unglück, mit der Seele in steter Hochzeit beieinander wohnend. Du sollst ihr Ruhm und Herrlichkeit sein, und sie soll deine Wonne und deine Süßigkeit sein.'" (Spitteler 1906, S. 252)

Von nun an ist „Imago" die ständige Phantasie-Begleiterin des jungen Dichters. Er redet mit ihr, deckt ihr den Tisch, lebt mit ihr in stetiger Geistes-Gemeinschaft – die freilich einen herben Bruch erfährt, als er von die Verlobungs-Anzeige der realen Theuda erhält: Er ist entsetzt, aber natürlich auf heldenhafte Weise: „Nicht der mindeste Schmerz, bloß Empörung über den Verrat, gemischt mit Trauer über die Offenbarung ungeahnter Kleinheit." (Spitteler 1906, S. 254)

Der Rest der Geschichte erzählt dann eine reichlich mühsame Wieder-Begegnung zwischen Victor, der inzwischen Mutter gewordenen Theuda – er nennt sie, die Verräterin, inzwischen nur noch „Pseuda" – und deren freundlich-jovialem Ehemann. Schließlich reist der junge Held wieder ab, schafft es aber in der letzten Szene des Romans noch, seine Pseuda-Theuda wieder in Imago zurückzuverwandeln. Und wieder hilft ihm dabei die „strenge Frau": Unsichtbar bleibend, fordert sie ihn auf, aus dem Fenster des Eisenbahn-Abteils zu schauen: „Und siehe: draußen vor dem Fenster neben dem Wagen, im Gleichschritt mit dem enteilenden Zuge, sprengte auf weißem Renner Imago; nicht die unechte menschliche Imago, namens Theuda, die Frau des Statthalters, sondern die Wahre, die Stolze, die Seine. Und von ihrer Krankheit war sie jung genesen, und ein fröhliches Siegeskränzlein hatte sie im Haar." Ganz zerknirscht bittet Victor sie um Absolution: „'... kannst du mir ... vergeben, Imago, meine hehre Braut, daß ich närrischer, verblendeter Mensch ein sterblich Trugbild mit deiner Hoheit verwechselte?' sie lachte: ‚Deine Tränen haben deine Narrheiten gewaschen.' Nach diesen Worten sprengte sie mit übermütigem Jauchzen voraus, den Zug überholend."(Spitteler 1906, S. 372)

Und Victor wiederum ist von Dankbarkeit gegenüber der strengen Herrin erfüllt – sie hat ihm Trost und Erbarmen gespendet.

Es ist eine ziemlich unsägliche Geschichte, die Spitteler da erzählt, vollgepackt mit Genie-Stereotypien und Künstler-Klischees, dazu stilistisch von erbärmlicher Qualität: eine Art ungewollter Satire auf die zeitgenössischen Geschichten zur Künstler-Bürger-Thematik. Dass der Autor dann 1919 u. a. für „Imago" den Literatur-Nobelpreis erhält, lässt sich wohl nur mit der Logik nationaler Quotierung erklären – irgendwie war die Schweiz an der Reihe.

Versucht man, die Positionen der einzelnen Figuren zusammenfassend zu skizzieren, dann geht es um einen jungen Mann, der sich in einer Phantasie-Welt unter der Anleitung einer mütterlich-dominanten älteren Frau mit einer idealisierten Geliebten in geschlechtsloser Entsagung zusammentut. Diese Entsagung wird als quasi-religiöser Dienst überhöht, einem alltäglich-gewöhnlichen Weltleben gegenübergestellt. Spitteler bewegt sich da durchaus in einem Hauptstrom der zeitgenössischen Alternativ-Bewegungen, die ja häufig sexuelle Entsagung mit einem avantgardistischen, oft geradezu geschichtsphilosophisch überhöhten Auftrag zu verbinden und zu begründen suchten: von Diefenbach und Fidus (Baader 2001) bis zu den freilich ernsthafteren und poetisch ambitionierteren Arbeiten der George-Jünger.

Imago – das ist also eine überhöhte Figur, eine als Phantasiegebilde vom „sterblichen Trugbild" losgelöste hehre Braut, die dem ringenden und dichtenden Menschen-Jüngling als gemeinsam mit ihm Entsagende auf dem Wege zum Höheren zur Seite steht: eine Art Sublimations-Gefährtin. Das Ganze wird beschrieben in einem Seelendrama, das die einzelnen inneren Instanzen mit Akteuren besetzt, so nehmen innere und äußere Konflikte konkrete Gestalt an. „In der Veranschaulichung, der ‚Fabulierung', seelischer Vorgänge, dürfte das Buch kaum seinesgleichen haben."[10]

Was nun die Psychoanalyse angeht, so hat Spitteler mehr geliefert als nur den damals gerade populären Namen: er bietet mit der weiblichen Hauptfigur in seinem Künstler-Roman die Imagination einer Imago an, eines Fleisch gewordenen Bildes und zeigt im übrigen ein schönes Beispiel der Verankerung der psychoanalytischen Theoriebildung in der zeitgenössi-

---

10 Kuhn, 1995, S. 102, in einem leicht sentimentalen Rehabilitations-Versuch des Textes; Käser 1995.

schen, von Jugendstil, Symbolismus und Rationalitäts-Skepsis geprägten Diskussionslage.[11]

Jedenfalls wirkte „Imago" inspirierend und attraktiv für die Psychoanalytiker, und Jungs Rückgriff auf den Titel findet seine Anerkennung denn auch über den engeren nomenklatorischen Bereich hinaus. „Imago" – das wird zu einer Art Markenzeichen der psychoanalytischen Kulturtheorie. „Im Jahre 1912 gründete Rank zusammen mit Hanns Sachs Imago, eine Zeitschrift, die sich, wie ihr Impressum auswies, speziell der Anwendung der Psychoanalyse auf die Kulturwissenschaften widmete. Ursprünglich sollte ... diese neue, gar nicht medizinische Zeitschrift ‚Eros und Psyche' genannt werden. Der Name, den ihre Gründer schließlich wählten, war ein Tribut an die Literatur ... an einen jüngst erschienenen Roman des Schweizer Dichters Carl Spitteler, ‚Imago', der die Macht des Unbewußten in einer nebelhaften Liebesgeschichte feierte." (Gay 1995, S. 353)

Die wichtigste und theoretisch weitestreichende Rezeption jedoch leistet Jung. Für ihn wird „imago" zu einem entscheidenden Terminus, der es ihm ermöglicht, in einem Begriff zusammenzufassen, was er sich unter Bildlichkeit vorstellt: Ein System von Schemata und Mustern, das vorwiegend visuell organisiert ist und wie eine Art Grundfolie dem jeweils einzelnen Erleben unterliegt.

„Ich gebe hier dem Ausdruck Imago absichtlich den Vorzug vor dem Ausdruck Komplex, um nämlich den psychologischen Tatbestand, den ich unter ‚Imago' begreife, jene lebendige Selbständigkeit in der psychischen Hierarchie auch sichtlich in der Wahl des terminus technicus anzudeuten, d. h. jene Autonomie, die sich als wesentliche Eigentümlichkeit des gefühlsbetonten Komplexes auf Grund vielfacher Erfahrung herausgestellt hat und durch den Begriff Imago verdeutlicht wird. ... ‚Imago' lehnt sich an Spittelers Roman Imago an, sodann an die antike religiöse Vorstellung der ‚imagines et lares'. In meinen späteren Schriften verwende ich hierfür ‚Archetypus', womit ich die Tatsacht zum Ausdruck bringe, daß es sich um unpersönliche, kollektive Motive handelt."(Jung 1911, S. 195)

Man kann sich das an Jungs Erläuterungen zur Vater-Imago genauer vor Augen führen. Er berichtet in einer Fallgeschichte von einer jungen Frau (Miss Miller), die sich als dilettierende Lyrikerin an einem eigenen Schöpferhymnus versucht und dabei ein ganz eigenes Gottesbild entworfen hat. In der Deutung dieser Privat-Theologie findet der Analytiker Jung dann wesentliche Elemente und Funktionen der väterlichen Imago: Bei Miss Miller ist nämlich „... die Idee der männlichen schöpferischen Gottheit ... anscheinend ein Derivat der Vater-Imago, welches unter anderem den Zweck hat,

---

11 Zur mentalitätsgeschichtlichen Verankerung der Freud'schen Psychoanalyse: Gay 1995, bes. S. 137-153; noch breiter: Gay 1997, S. 15-18.

zunächst die kindliche Beziehung zum Vater so zu ersetzen, dass dem Individuum der Übergang aus dem engen Kreis der Familie in den weiteren Kreis der menschlichen Gesellschaft erleichtert werde. Damit ist die Bedeutung des Bildes natürlich noch längst nicht erschöpft. Wir erblicken zufolge dieser Überlegung in dem Gedicht und seinem ‚Präludium' das religiös dichterisch geformte Produkt einer auf die Vater-Imago regredierenden Introversion." (Jung 1911, S. 52)

Eine Art persönlicher Variante von einem Grund-Bild also ist es, das sich da bei Miss Miller durchsetzt – und dieses Grund-Bild ist ganz und gar nicht individuell. „Eine genauere Untersuchung der Vater-Imago hat ergeben, daß darin von vornherein schon gewisse kollektive Bestandteile enthalten sind, welche nicht auf individuelle Erfahrungen zurückgehen." (Jung 1911, S. 195-196)

Jungs „imagines" – das sind auch in seinem eigenen Verständnis nichts anderes als die Archetypen. Im Theoriemodell Jungs steht der imago-Begriff an zentraler Stelle, benennt er – synonym mit den Archetypen – Grundmuster und Grunddispositionen menschlichen Lebens: „Es gibt ein Apriori aller menschlichen Tätigkeiten, und das ist die angeborene und damit vorbewusste und unbewusste individuelle Struktur der Psyche."[12]

Unbewusste psychische Dispositionen also regeln und prädeterminieren Leben und Handeln der Menschen, und diese Dispositionen sind nur schwer zu erkennen: „Es muss sich um Funktionsformen handeln, die ich als ‚Bilder' bezeichnet habe. ‚Bild' drückt nicht nur die Form der auszuübenden Tätigkeit, sondern auch zugleich die typische Situation aus, in welcher die Tätigkeit ausgelöst wird. Diese Bilder sind insofern ‚Urbilder', als sie der Gattung schlechthin eigentümlich sind, und, wenn sie überhaupt je ‚entstanden' sind, so fällt ihre Entstehung zum mindesten mit dem Beginn der Gattung zusammen. Es ist die Menschenart des Menschen, die spezifisch menschliche Form seiner Tätigkeiten." (Jung 1938, S. 146) Alles Psychische ist so präformiert, einer vorgegebenen und eingeborenen Logik unterworfen – und dieser präformierten Logik unterliegt auch die schöpferische Phantasie. „In den Produkten der Phantasie werden die ‚Urbilder' sichtbar, und hier findet der Begriff des Archetypus seine spezifische Anwendung." (Jung 1938, S. 147)

Diese Archetypen sind durchaus dynamische, wirksame und aktive Einheiten, die für die menschliche Phantasietätigkeit zugleich als Regulatoren und Anreger wirken und den Motivationshintergrund für alle menschlich-kulturellen Leistungen darstellen. Sie sind Urbilder, Elemente eines a priori des menschlichen Seelenlebens, die inhaltlich nicht vorgegeben sind, die aber als Möglichkeitsformen bereitliegen. „Der Archetypus ist ein an sich

---

12 Jung 1938, S. 145; zum kantianischen Hintergrund bei Jung: Brumlik 1993, S. 52.

leeres, formales Element, ist nichts anderes als eine ‚facultas praeformandi', eine a priori gegebene Möglichkeit der Vorstellungsform. Vererbt werden nicht die Vorstellungen, sondern die Formen... „ Jeder Archetypus kann so „... im Prinzip benannt werden und besitzt einen invariablen Bedeutungskern, der stets nur im Prinzip, nie aber konkret seine Erscheinungsweise bestimmt." (Jung 1938, S. 147-148)

Die Beispiele sind bekannt. Mutter und Kind, Held und Gott – diese Urbilder unterliegen als Grundstrukturen dem kollektiven und individuellen Unbewussten, sie werden unter historischen sich wandelnden Bedingungen mit durchaus verschiedenen Inhalten gefüllt und garantieren nicht zuletzt eine sympathetische Verbundenheit zwischen den einzelnen Menschen und dem Kollektiv aber auch zwischen den Menschen und dem sie umgebenden Kosmos. Sie sind größer als die Menschen selbst, sie repräsentieren eine dynamische Wirkung, die nicht von Menschen verursacht ist, sie verweisen auf ein Numinosum, dessen konstitutive Verankerung in der menschlichen Seele sie zugleich garantieren.[13] Anders formuliert: Wenn die Jungsche Tiefenpsychologie aufbaut auf „einem Kommunikationsmodell zwischen endlichem menschlichen Subjekt und dem Unbewussten, Gott" (Brumlik 1993, S. 51), dann stellen die archetypischen Urbilder die entscheidenden Verbindungselemente in diesem Kommunikationsprozess zwischen dem Seelenleben und dem numinos-göttlichen Unbewussten dar.

Und damit sind sie wichtig. Ganz gleich ob von „Urbildern", „Imagines" oder „Archetypen" die Rede ist: Den Bildern kommen bei Jung für das Seelenleben ganz prominente Bedeutungen zu. Sie liefern logische Grundbedingungen, Klammern zum Kollektiv und bieten eine Verbindung zum Bereich der kosmischen Transzendenz. Es ist, als habe hier jemand geradezu mit Gewalt seine – von der Herkunft her: protestantische – Version des Bilderverbotes durchbrochen. Allerdings geschieht den Bildern dann doch auch gleich wieder Merkwürdiges: Gerade weil sie zumindest in ihrer formalen Gestalt präexistent sind, verweisen sie immer wieder nur auf früher schon vorhandene Bilder – jedes neue Bild bei Jung kann immer nur Variante von historisch früheren und Ausdruck von ewig archetypischen Bildern sein. Was wir sehen, wenn wir Bilder mit den Augen Jungs betrachten, sind immer nur Bilder von Bildern, Symbole von Archetypen. Wo Bild ist, war vorher immer schon Bild.

Kein Wunder denn auch, dass der programmatische Bild-Avantgardist Max Ernst sich im gemeinsamen Urlaub mit Jung davor hütete, mit dem über Bilder zu diskutieren. (Spies 1989, S. 729)

---

13 Jung 1940, S. 1 bzw. 3, mit explizitem Bezug auf Rudolf Otto.

3. Lacans Putzfrau und ihre Sorgen

Aber: Am Anfang steht natürlich das Leben. Um 1955 herum wird der damals 54-jährige Jacques Lacan von einem Kunstsammler auf ein Bild aufmerksam gemacht, das nach einer recht abenteuerlichen Raub- und Verschleppungsgeschichte gerade wieder in Paris gelandet ist, gerade zum Verkauf steht und von einigem psychoanalytischem Interesse sei: Gustave Courbets „L'origine du monde" von 1866. Zu sehen ist darauf ein nackter weiblicher Torso, schräg auf Laken gelagert, von der Brust abwärts zu den angeschnittenen Schenkeln, die weit geöffnet sind. Das Bild ist ganz realistisch gearbeitet, in allen farblichen und anatomischen Details: es zeigt einen Schoß. Und es hat zu diesem Zeitpunkt schon eine recht bewegte Geschichte hinter sich. Courbet hat es im Auftrag eines türkischen Diplomaten gemalt, es geriet dann in den Besitz einer ungarischen Adelsfamilie, wurde von der deutschen Wehrmacht beschlagnahmt, dann von der Roten Armee als Beutekunst mitgenommen, schließlich von den ungarischen Vorbesitzern wieder zurückgekauft. Von denen nun erwirbt es Lacan, zu dem für damalige Verhältnisse hohen Preis von eineinhalb Millionen Francs.[14]

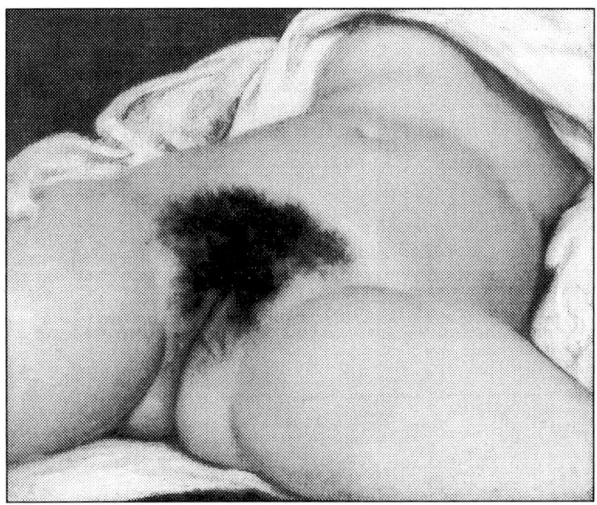

Abb. 1: Gustave Courbet: L'Origine du Monde.
1866, 55 x 46 cm, Paris, Musée d'Orsay.

Was er da erwirbt, ist nicht nur ein Bild, sondern ein Bild mit einer Abdeckung: „Ursprünglich war es mit einem Holzschild bedeckt, auf dem eine

---

14 Zum motivischen, malerischen und biographischen Hintergrund des Bildes umfassend: Metken 1997, hier S. 10.

Landschaft gemalt war, die nur dem einen Zweck diente, das für erschreckend erachtete Erotische dieses Geschlechts im Rohzustand zu tarnen. Auch Sylvia hielt es für angebracht, die derart skandalöse Sache auch weiterhin unter Verschluss zu halten: ‚Die Nachbarn oder die Putzfrau würden es nicht verstehen', sagte sie. Sie bat also André Masson, eine neue Holzmaske herzustellen. Er willigte ein und fabrizierte ein prächtiges Schild, auf dem in einer abstrakten Malweise die erotischen Elemente des Originalgemäldes reproduziert waren. Ein geheimes System gestattete, das Holz zu verschieben, um das Werk von Courbet aufzudecken, das freilich die meiste Zeit verdeckt blieb." (Roudinesco 1996, S. 283)

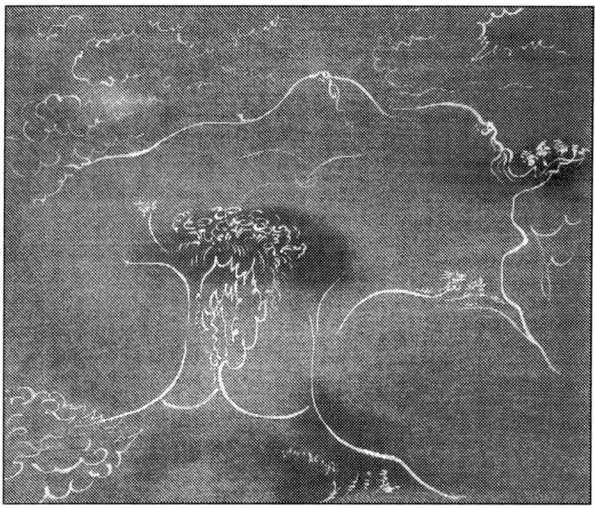

Abb. 2: Adré Masson: Panneau-masque de L'Origine du Monde, 1955

Dieses Bild, genauer gesagt: Dieses Gesamt-Arrangement zweier einander ergänzender und verdeckender Bilder bringt Lacan dann in seinem Landhaus unter. „Er flüchtete sich des Sonntags dahin, um zu arbeiten, aber er empfing dort auch Patienten oder gab dort prunkvolle Empfänge. ... Mit Blick auf den Garten, in einem großen, von einem Fenster überwölbten Raum ließ er sich ein Büro einrichten, das angefüllt war mit Kunstgegenständen von unschätzbarem Wert. Das sublimste war das in der Loggia, die über den einen Raum hinausragte, aufgehangene Bild: L'origine du monde." (Roudinesco 1996, S. 282) Dort also hängt es nun, bewundert von Lacans Gästen – nicht zuletzt von Maurice Merleau-Ponty und Claude Lévi-Strauss (Roudinesco 1996, S. 285-286) – eine Ikone psychoanalytischen Ursprungsdenkens, ein zugleich drastisches und raffiniertes Objekt der Begierde des Blickes und der Demonstration dessen, was in der Freudianischen Tradition als Quelle wissenschaftlicher Entdeckungslust verstanden wird.

Schaut man sich vor dem Hintergrund dieser Real-Inszenierung Lacans Vorlesung „Was ist ein Bild?" noch einmal genauer an, so beginnen diese beiden: das Bild-Arrangement und der Text, einander auf frappierende Weise zu beleuchten und zu kommentieren.

In beidem geht es – zum ersten – um Täuschung. Alle Lebewesen entwerfen ein Bild von sich – zum Beispiel in Droh- oder Anziehungsgesten, entwerfen Verkleidungen ihrer selbst, „... das Wesen gibt von sich oder erhält vom anderen Etwas, das Maske, Doppel, Hülle, abgelöste Haut, losgelöst zur Bedeckung eines Schildrahmens, ist." (Lacan 1964, S. 77) Es entsteht also – Lacan bezieht sich hier ausdrücklich auf Merleau-Ponty – so etwas wie ein Schirm, der schützend wirkt, zugleich aber auch für immer neue Komplikationen und Verdoppelungen sorgt. Dies gilt für alles Lebendige und hat eine ganz eigentümliche Befangenheit im Bildlichen zur Folge – in den eigenen Bildern und in den vielen Bildern, die von den anderen Lebewesen entworfen werden. Allerdings gibt es hier eine Besonderheit des Humanen: „Nur das Subjekt – das menschliche Subjekt, das Subjekt des Begehrens, welches das Wesen des Menschen ausmacht – unterliegt, im Gegensatz zum Tiere, nicht ganz diesem imaginären Befangensein. Es zeichnet sich aus. Wie das? In dem Maße, wie es die Funktion des Schirms herauslöst und mit ihr spielt. Tatsächlich vermag der Mensch mit der Maske zu spielen, ist er doch etwas, über dem jenseits der Blick ist. Der Schirm ist hier Ort der Vermittlung." (Lacan 1964, S. 77) Spielen also kann der Mensch mit den Masken und mit dem intermediären Schirm – letztlich, weil er dank seiner metareflexiven Potenzen immer auch den fremden Blick auf sich selbst im unbewussten Hintergrund seines Handelns und Erlebens wirken lässt.

Man kann es sich gut vorstellen: Sein Konzept von Maske, Doppel und Hülle überdenkend, die „hervorragende Bedeutung der Verkleidung" (Lacan 1964, S. 77) und der Täuschung reflektierend, spielt intellektuelle Gastgeber Lacan in seinem Landhaus mit dem Schirm, den er dem Courbetschen Bild verpasst hat.

Was er da vorführen kann, ist – zweitens – die Blick zähmende Wirkung der Malerei: eine Wirkung, die ihm von entscheidender Wichtigkeit ist. „Blickzähmung ..., das heißt, daß der Betrachter sich vor der Malerei immer veranlasst sieht, seinen Blick zu senken ..." (Lacan 1964, S. 79). Mit Blickzähmung ist gemeint, dass die jedem Blick unterliegende Absicht in der und durch die Malerei eingedämmt wird. Grundlage des Anschauens eines Gemäldes ist: „... daß das Werk die Leute befriedet, die Leute erquickt, indem es ihnen zeigt, daß es andere Leute gibt, die von der Ausbeutung ihres Begehrens leben. Damit es aber zu einer solchen Befriedigung kommt, muß der ... Umstand hinzutreten, daß ihr Begehren, ihr eigenes Begehren, zu schauen, hier einigermaßen sich befriedet sieht. Das hebt die Seelen, wie man sagt, das heißt, es ermutigt sie ihrerseits zur Entsagung." (Lacan 1964, S. 81)

Erhebung der Seelen also kann Lacan an seinem Demonstrations-Bild vorführen und jene Verschränkung von Blick und Auge, bei der das Begehren ein eigenes, vom Bild geformtes und Bild gewordenes Schicksal erfährt: „Wir sehen also ... , daß der Blick in einer gewissen Absicht tätig ist, einer Begehrensabsicht ohne Zweifel ... Das Subjekt ist nicht voll da, es ist ferngesteuert. In Abänderung meiner Formel für das Begehren als unbewußtes – , das Begehren des Menschen ist das Begehren des Andern' – möchte ich sagen, daß es sich hier um eine Art Begehren nach dem Andern / désir à l'Autre handelt, an dessen Ende das Zu-sehen-Geben / le donner-à-voir steht." (Lacan 1964, S. 85)

Das Begehren des Anderen wird also in der Auseinandersetzung mit dem Bild zu einem Begehren nach dem Anderen, es enthält eine Art vorbewusstes Wissen über all die Brechungen, Spiegelungen und Schirm-Verzerrungen, denen das Bild und unser Sehen unterliegen.

Zugrunde aber liegt auch hier ein deutlich erkennbares Wollen und Begehren: „Wodurch befriedet dieses Zu-Sehen-Geben überhaupt etwas – wenn nicht dadurch, daß es einen Appetit des Auges gibt bei einem, der schaut! Dieser Appetit des Auges, den es zu speisen gilt, macht den zauberischen Wert der Malerei aus. Wir suchen diesen auf einer viel niedrigeren Ebene, als man annehmen könnte: in dem nämlich, was es mit der wahren Funktion des Augorgans auf sich hat: das Auge voll Gefräßigkeit, das der böse Blick ist." (Lacan 1964, S. 85; Mattenklott 1982)

Damit bekommt nun die kalligraphisch-ornamentale Abdeckung André Massons noch einmal eine neue Funktion: Sie soll nicht nur die Putzfrau vor dem verstörenden Anblick des Courbet'schen Bildes schützen, soll auch nicht nur den Besitzer Lacan vor dummem Gerede in der Nachbarschaft behüten, sie soll vor allem das Bild selbst vor der von invidia getriebenen Gefräßigkeit der bösen Blicke schützen, die ihm von Seiten der Betrachter entgegenkommen.

Aber Masson, der Schwager Sylvias, leistet mit seiner Deck-Platte noch mehr. Denn es ist ja – drittens – keineswegs eine leere Fläche, die er da bastelt, auch kein gänzlich unverfängliches Landschaftsstück, sondern eine Art Kondensation oder Verdichtung dessen, was darunter ist. Auf braunem Grund zeichnet das Bild die Umrisse des Courbet'schen Torso in weißen Linien nach, das Ganze wirkt irgendwie asiatisch, die seit den 1870er Jahren virulente Wirkung von Hokusais „Woge" klingt hier noch deutlich erkennbar nach. Vermittelt wird der Eindruck einer hoch artifiziellen, ornamental verschnörkelten Kalligraphie, Masson liefert so etwas wie eine Schön- und Kunstschrift-Ausgabe des darunter liegenden Bildes. Dessen entscheidende Gehalte: das viele Fleisch, die Wülste, das klaffende Genital, die wuchernde Behaarung, die Farb-Nuancen und die Fleischpolster sind alle verschwunden zugunsten einer Kalligraphie des Geschlechtes, einer Schönschrift des Begehrens.

Zur Schriftsprache geronnen, ist – jedenfalls im abgedeckten Zustand – vom Ursprung der Welt nur noch eine Art strukturales Grundmuster zu erkennen. Aus dem Überborden des Leiblichen bei Courbet ist eine schriftnahe Feinstruktur geworden, das überwältigende des Begehrens ist auf quasi-sprachliche Grundelemente zurückgeführt und verdichtet, damit sind aber auch die entscheidenden Linien und Grenzziehungen herausgearbeitet – es entsteht, auf der Oberfläche, so etwas wie eine Grammatik des im Courbet'schen Bild enthaltenen Begehrens. Dass das Unbewusste wie eine Sprache funktioniert – diese Grund-These zumindest des späten Lacan, (Lang 1973, bes. S. 234-304) ist hier auf paradoxe Weise zum Bild geworden: die grammatikalisch-sprachlichen Strukturen liegen nicht unter dem Bild, sondern über ihm. Letztlich hat Masson mit seiner Camouflage den unbewusst-sprachlichen Aufbau von l'origine du monde herausgearbeitet, um damit die primär sichtbaren Erscheinungen des Begehrens zu verhüllen. Der Titel-Anspruch des Bildes, „Ursprung" in Szene zu setzen, wird im gegenseitigen Kommentar von Bild und Abdeckung in die Paradoxie geführt: der sprachlich strukturierte Ursprung des Unbewussten legt sich über das vom Begehren geprägte Bild des lebendigen Fleisches – ein vielfältig gebrochener und zurückgespiegelter Wettstreit um Originalität.

Aber – viertens – mehr noch: Was Masson hier zustande bringt, ist ja keine direkte und bruchlose Übersetzung der Courbet'schen Arbeit. Schaut man die beiden Bilder im Vergleich genauer an, dann erkennt man bald, dass da auch Verzerrungen und Verschiebungen stattgefunden haben. Es ist, als ob in der surrealistischen Camouflage-Arbeit Massons der Frauenleib Courbets irgendwie auseinandergeflossen wäre, als wären nicht nur die fleischlichen Inhalte ins Abstrakt-Ornamentale verdünnt worden, sondern als hätten sich auch die Perspektiven verschoben – hin zum Kommentar einer Perspektive. Wo Courbet – seinerseits eine lange Akt-Tradition zitierend – eine ganz bestimmte Blickrichtung auf das Weibliche ins Bild setzt, da führt Masson den Blick auf diesen Blick vor: es entsteht eine subtile Verzerrung, eine demonstrativ feine Anamorphose von wissenschafts- und denkgeschichtlich hoher Valenz. „Von Anfang an erscheint die Anamorphose als malerische Begleitung – und Gegenstimme zur – Entstehung des neuzeitlichen Cogito; mit der Wahrheit des Bewußtseins erwacht im gleichen Akt die Gefahr der Täuschung. ... Die Anamorphose scheint zunächst nur darauf aufmerksam machen zu wollen, daß man durch die Perspektive der Perspektive jedes Ding nicht nur in seinem So-Sein unmittelbar darstellen kann, sondern ein zweites mal, indem man einen anderen Sichtwinkel wählt, der einen solch neuen und unerwarteten Blick auf die Dinge gewährt, daß sie, weil verfremdet, zunächst kaum erkennbar scheinen." (Gekle 1995, S. 717)

In der Tat spielt die Anamorphose in der Lacan'schen Theorie des Imaginären eine entscheidende Rolle. Aus Bild- und Theoriematerial der Surrealisten übernommen, bietet ihm dieses manieristische Grundprinzip der Verzerrung nicht nur ein Formprinzip, das die Kunst mit den Psychosen verbindet, sondern auch ein Grundmuster für das Verständnis dessen, was seiner Ansicht nach dem Imaginären zugrunde liegt: das Bild. Gelenkt von der Grundüberzeugung, dass es einen anthropologisch universell nachweisbaren festen Bildbestand der menschlichen Seele gibt, die Imagines, wirken die Bilder bei Lacan auf weite Strecken als erste und letzte psychische Entitäten. Ob man diesen primordialen Charakter des Bildes bei Lacan nun gegen seine – theoriegeschichtlich wohl spätere – These von der sprachlichen Strukturierung des Unbewussten ins Feld führen kann, sei dahingestellt.[15] Auf jeden Fall gewinnt er damit einen Zugang für die Interpretation seelischer Vorgänge, der ihn einerseits für die zeitgenössischen Surrealisten zum höchst attraktiven Gesprächs- und Denkpartner macht, der ihn aber auch in die Aporie tendenziell unendlicher Ketten von sich immer weiter selbst zitierenden und kommentierenden Bildern treibt. Damit kann man sein theoretisches Bemühen deutlich von demjenigen Freuds abgrenzen. „Freud zielt ... auf eine Dimension, die noch vor dem Bild bzw. der Vorstellungsrepräsentanz liegt: auf das, was das Bild hervorbringt oder auch zerstört." (Gekle 1995, S. 719) Bekanntlich landete Freud damit seinerseits in den Aporien einer Theorie des Unbewussten – in Ausweglosigkeiten, die er dann letztlich immer wieder mit dem Rückgriff auf die Logik des biologischen Substrats zu lösen versuchte. Lacan dagegen, nicht zuletzt sicherlich von Merleau-Ponty beeinflusst – bleibt auf der Ebene einer Phänomenologie des Bildes, bereichert damit den Gegenstandsbereich der Malerei, verzichtet aber zugleich auf eine theoretisch konkretere Benennung dessen, was dem Imaginären zugrunde liegen könnte. Auch dies interpretiert und inszeniert das Gesamt-Arrangement Courbet-Masson. Das Deckbild liefert so etwas wie die Imagination einer Imagination, das Bild eines Bildes und bindet sich damit ein in ein Spiel von Kommentar und Zitat, das keine Grundlage jenseits des Bildes mehr kennt.

Oder doch? Man muss die Primordialität des Bildes und den Schrift-Charakter des Unbewussten ja nicht gegeneinander führen – schon Freud versteht all die Bilder, die zum Beispiel in den Träumen auftauchen, zugleich als Bilder und als Schrift: als Hieroglyphen des Unbewussten, die sowohl einer grammatikalisch geordneten Zeichen-Logik unterliegen als auch ihren eigenen bildlichen Charakter behalten – wie in einem Rebus, das die Bilder unter Beibehaltung ihrer ursprünglichen Bedeutung in einen neuen Zeichen-Kontext versetzt. „Der Trauminhalt ist gleichsam in einer Bilderschrift gegeben, deren Zeichen einzeln in die Sprache der Traumgedanken zu übertragen sind. Man würde offenbar in die Irre geführt, wenn

---

15 So, nicht ohne Freud-apologetische Polemik; Gekle 1995.

man diese Zeichen nach ihrem Bilderwert anstatt nach ihrer Zeichenbeziehung lesen würde." (Freud 1900, S. 280)

Wenn man dagegen – wie bei der Lösung eines Bilderrätsels – den Signifikatenwert des Bildes von seiner Bedeutung trennt, wenn man sie wie Hieroglyphen eines unbewussten und aus Bildern zusammengesetzten Alphabetes liest – dann ergibt sich der darunter liegende Sinn. Der ist dann für Lacan sicherlich noch einmal widersprüchlicher und in sich zerrissener, als Freud sich das vorstellen konnte: auch bei den Bildern vertraut der Wiener Nervenarzt denn doch wesentlich mehr auf die Sicherheit des cogito als das der französische Surrealisten-Freund Lacan konnte. Wo der ältere letztlich auf die Vernunft einer in sich widerspruchslosen, biologisch fundierten Struktur vertraut, bewegt sich der jüngere in einem Universum von Bildern und Sprach-Zeichen, das zwar nach grammatikalischen Formen geordnet ist, dessen Inhalte aber einer eigenen, nicht der Identität verpflichteten Struktur folgen. „Nichtsdestoweniger ist das philosophische Cogito im Brennpunkt jener Täuschung, die den modernen Menschen so sicher macht, er selber zu sein in seinen Ungewissheiten über sich selbst, sogar durch jenes Misstrauen hindurch, das er seit langem ... zu hegen gelernt hat." (Lacan 1957, S. 42f)

Diese Täuschung ist es, die Lacan mehr interessiert als Freud, und die ihn den Bildern eine größere und eigene Valenz zuschreiben lässt. Sie halten Erinnerungen und Rück-Wege zu früheren Wunden und Wünschen offen, erlauben interpretative Rückgriffe in das Arsenal der Erfahrungen und den Fundus stets wechselnder, oft anamorphotisch verzerrter Strukturen – wie in einem Rebus.[16]

Und so kann man sich Lacans Putzfrau gut vorstellen. Alleine im Landhaus arbeitend, wird sie natürlich den sinnvollen Schiebe-Mechanismus des Courbet-Masson-Ensembles schnell begriffen und schnell ausprobiert haben. Vielleicht war sie wirklich entrüstet, war sie wirklich moralisch erschüttert, vielleicht hat sie auch gerade die Versteck- und Abdeck-Spielereien nicht verstanden. Vielleicht aber hat sie auch gelacht über so viel kompliziertes Getue, vielleicht hat sie sich in einer zugleich anti-intellektualistischen und anti-imaginären habituellen Tradition lustig gemacht über die Verirrungen und Verwirrungen der Blicke, die Lacan da inszeniert und angerichtet hat: „Wie auch den Thales ... als er, um die Sterne zu beschauen, den Blick nach oben gerichtet in den Brunnen fiel, eine artige und witzige thrakische Magd soll verspottet haben, daß er, was am

---

16 Tragfähiger Integrationsversuch der Freud'schen und der Lacan'schen Traum-Interpretation: Tholen 1999.

Himmel wäre, wohl strebte zu erfahren, was aber vor ihm läge und zu seinen Füßen, ihm unbekannt bliebe."[17]

Diese Geschichte ist nicht zuletzt eine bildkritische. Platon erzählt sie im Kontext einer Reflexion auf scheinhaftes und wahres Wissen, auf die Fassadenhaftigkeit die er den Rhetorikern unterstellt und das Ungeschick der wahren Philosophen, sich in der Welt zu behaupten. Deren Leistung dagegen besteht gerade darin: hinter die Fassade der Bilder zu schauen und dort die Wahrheit der Ideen zu erblicken. Die thrakische Magd wird so zum Sprachrohr eines antiphilosophischen Affektes, der sich zu allererst auf die Täuschung in bezug auf Erdendinge bezieht und sich in tiefer Skepsis gegen alles, was Bild ist, richtet. Sylvia Lacans Begründung für den Masson'schen Deckel: die Putzfrau würde das Bild nicht verstehen, bringt die arme Haushaltshilfe unter genau diesen Verdacht. Auch sie könnte sich in weiblich-borniertem Pragmatismus über die in die Weite der Ursprungssuche gerichteten Blicke der Lacan-Freunde amüsieren. Letztlich folgt so Sylvias Putzfrauen-Argument einer bemerkenswert platonischen Logik: Man muss, will man Schäden und Missverständnisse vermeiden, die Bilder verbergen – und sei es durch andere Bilder. (Bilstein 1999)

Und dabei könnte man sich die Szene doch auch ganz anders vorstellen. Alleine im Landhaus arbeitend, versenkt sich die Putzfrau in den Anblick des Courbet-Masson-Ensembles. Als französische Bedienstete ist sie eingeübt in die lakonische Diskretion und die selbstbewusste Distanz der Kammerzofen, ist sie habituell gewöhnt an die auch bildliche Präsenz aller möglichen Courtisanen. Ihres eigenen Geschlechtes bewusst, betrachtet sie das, was da an der Wand hängt, mit Neugierde, Amüsement und Bewunderung, mit Faszination und Schrecken, vielleicht mit ein wenig Entrüstung vielleicht aber auch mit Erleichterung. Was sie da sieht, schiebt sich als eine Art Schirm zwischen die quasi-feudale Welt der Intellektuellen und ihr eigenes Leben – ein Schirm, der zu vielen Deutungs-Spielen bereit steht, der aber auch Schutz bietet, weil er sich vor das Begehren legt.

In paternalistischer Sorge will die Hausherrin Sylvia der armen Putzfrau die Nöte Susannas ersparen: dass die Begierde der Hohen Herren auch auf sie überschwappt.[18] In Gang gesetzt ist damit aber eine tendenziell endlose Kette von Täuschungen, Verkleidungen und Intrigen, die letztlich nur durch die Gnade der Verzeihung zu durchbrechen ist.

---

17 Platon, Theaitet., 174 AB; umfassende Rekonstruktion des terrestrisch-realistischen Gestus der Magd: Blumenberg 1987, bes. S. 129-145; feministische Interpretation: Cavarero 1992, bes. S. 53-89; zum Bezug auf gegenwärtige ästhetische Erfahrung: Schuhmacher-Chilla 1998.
18 Umfassend zu gender trouble bei Beaumarchais und Mozart: Höllerer 1995.

Literatur

Assmann, A. (1991): Zur Metaphorik der Erinnerung. In: A. Assmann und Dietrich Harth (Hrsg.): Mnemosyne. Franfurt am Main, S. 13-35.

Baader, M. (2001): Heilige Körper im deutschen Jugendstil: Fidus' Lichtgebet. In: Johannes Bilstein, Matthias Winzen (Hrsg.): Big Nothing. Die jenseitigen Ebenbilder des Menschen. Köln, S. 171-188

Bilstein, J. (1999): Bilder-Hygiene. In: Gerd Schäfer und Christoph Wulf (Hrsg.): Bild - Bilder - Bildung. Weinheim, S. 89-115

Bilstein, J. (2000): Ursprung. In: Christoph Wulf (Hrsg.): Metaphern des Unmöglichen. Paragrana Bd. 9. Heft 1. S. 46-62

Bilstein, J. (2001): Gier, Geiz und Eroberungslust. Zur Ontogenese der Sinnes-Tätigkeit. In: Bildung und Erziehung. 54. Jg., S. 167-178

Blumenberg, H. (1987): Das Lachen der Thrakerin. Frankfurt am Main.

Brumlik, M. (1993): C G Jung zur Einführung. Hamburg

Brumlik, M. (1994): Bild, Schrift, Ikone. Frankfurt am Main

Cavarero, Ad. (1992): Platon zum Trotz. Berlin

Chasseguet-Smirgel, J. (1984): Kreativität und Perversion. Franfurt am Main 1986

Danckwart, J. F.: (1999) „Ich muss dereinst auf dem Farbklavier der nebeneinanderstehenden Aquarellnäpfe frei phantasieren können". In: Gerhard Schneider (Hrsg.): Psychoanalyse und bildende Kunst. Tübingen, S. 249-287

Freud, S. (1900): Die Traumdeutung. (Studienausgabe Bd. II), Franfurt am Main 1972

Freud, S. (1908): Der Dichter und das Phantasieren. In: S. Freud: Bildende Kunst und Literatur. (Studienausgabe Bd. X). Franfurt am Main 1969, S. 169-179

Freud, S. (1909): Der Familienroman der Neurotiker. In: S. Freud. Psychologische Schriften. (Studienausgabe Bd. IV) Franfurt am Main 1970, S. 221-226.

Freud, S. (1912 a): Über die allgemeinste Erniedrigung des Liebeslebens. In: S. Freud: Sexualleben. Franfurt am Main 1972. (Studienausgabe Bd. V) S. 197-209

Freud, S. (1912 b): Zur Dynamik der Übertragung. In: S. Freud: Schriften zur Behandlungstechnik. (Studienausgabe Ergänzungsband). Franfurt am Main 1975, S. 157-168

Freud, S. (1914 a): Der Moses des Michelangelo. In: S. Freud: Bildende Kunst und Literatur. (Studienausgabe Bd. X). Franfurt am Main 1969, S. 195-222.

Freud, S. (1914 b): Zur Psychologie des Gymnasiasten. In: S. Freud: Psychologische Schriften. (Studienausgabe. Bd. IV.) Franfurt am Main 1970, S. 235-240

Freud, S. (1916/1917): Vorlesungen zur Einführung in die Psychoanalyse. In: S. Freud: Vorlesungen zur Einführung in die Psychoanalyse und Neue Folge. (Studienausgabe Bd. I) Frankfurt am Main 1969, S. 34-445

Freud, S. (1925): Notiz über den „Wunderblock". In: S. Freud: Psychologie des Unbewußten. Frankfurt am Main 1975. (Studienausgabe. Bd. III), S. 365-369

Gay, P. (1995): Freud. Frankfurt am Main

Gay, P. (1997): Die Macht des Herzens. München

Gekle, H. (1995): Spiegel-Bilder des Ich. Zu Jacques Lacans Theorie des Imaginären. In: Psyche 49. Jg., S. 705-726

Giampieri-Deutsch, P. (1998): Zur Psychoanalyse des schöpferischen Prozesses. In: Karl Stockreiter (Hrsg.): Schöner Wahnsinn. Beiträge zu Psychoanalyse und Kunst. Wien. S. 62-82

Habermas, J. (1968): Erkenntnis und Interesse. Frankfurt am Main

Heubach, F. W. (1997): Ein Bild und sein Schatten. Bonn

Höllerer, E. (1995): Die Hochzeit der Susanna. Die Frauenfiguren in Mozarts „Le nozze di Figaro". Hamburg

Jain, A. K. (2001): Theoretische Ver-dichtungen. Zur ‚imaginativen' Methode einer reflexiven Hermeneutik und metaphorischen Heuristik. In: Johannes Angermüller u. a. (Hrsg.): Diskursanalyse – Theorien, Methoden, Anwendungen. Hamburg., S. 49-61

Jung, C. G. (1940): Psychologie und Religion. In: C. G. Jung: Zur Psychologie westlicher und östlicher Religion. (Grundwerk. Bd. 11). Olten 1973. S. 3-105

Jung, C. G. (1911): Der Schöpferhymnus. In: C. G. Jung: Symbol und Libido. (Grundwerk. Bd. 7). Olten 1985, S. 47-83

Jung, C. G. (1938): Die psychologischen Aspekte des Mutterarchetypus. In: C. G. Jung: Archetyp und Unbewußtes. (Grundwerk. Bd. 2). Olten 1984, S. 143-175

Käser, R. (1995): Aspekte der Fremdheit. Alienität bei Spitteler und C. G. Jung. In: Quarto, S. 74-81

Kofman, S. (1985): Die Kindheit der Kunst. München 1993

Kuhn, H. (1995): Imago: Lektüre vor 50 Jahren. In: Quarto, S. 100-103

Lacan, J. (1964): Was ist ein Bild / Tableau? In: Gottfried Boehm (Hrsg.): Was ist ein Bild? München 1995. S. 75-89

Lacan, J. (1957): Das Drängen des Buchstabens im Unbewußten oder die Vernunft seit Freud. In: J. Lacan: Schriften II. Berlin 1975. S. 15-55

Lang, H. (1973): Die Sprache und das Unbewußte. Frankfurt am Main

Laplanche J. und J.-B. Pontalis (1972): Das Vokabular der Psychoanalyse. Frankfurt am Main

Leuner, B. (1976): Psychoanalyse und Kunst. Köln

Lohmann, H.-M. (1998): Sigmund Freud. Reinbek

Mattenklott, G. (1982): Das gefräßige Auge. In: G. Mattenklott: Der übersinnliche Leib. Reinbek, S. 78-102

Metken, G. (1997): Gustave Courbet: Der Ursprung der Welt. München

Rapaport, D. (1960): Die Struktur der psychoanalytischen Theorie. Stuttgart 1970

Rech, P. (1982): Abwesenheit und Verwandlung. Das Kunstwerk als Übergangsobjekt. Frankfurt am Main

Reik, Th. (1976): Hören mit dem dritten Ohr. Frankfurt am Main 1983

Roudinescou, E. (1996): Jacques Lacan. Köln

Schäfer, G. E. (1999): Imagination und Täuschung. In: G. E. Schäfer / Ch. Wulf (Hrsg.): Bild – Bilder – Bildung. Weinheim, S. 311-330

Schneider, G. (1999): Zum psychoanalytischen Verstehen bildender Kunst. In: G. Schneider (Hrsg.): Psychoanalyse und bildende Kunst. Tübingen, S. 11-31

Schuhmacher-Chilla, D. (1998): Das Lachen der thrakischen Magd. In. Heidi Richter und Adelheid Sievert-Staudte (Hrsg.). Eine Tulpe ist eine Tulpe ist eine Tulpe. Königstein, S. 97-112

Spies, W. (1998): Max Ernst und die Psychoanalyse. In: Jean Clair u. a. (Hrsg.): Wunderblock. Eine Geschichte der modernen Seele. Wien, S. 727-729

Spitteler, C. (1906): Imago. In: C. Spitteler: Prometheus der Dulder und Imago. Zürich o. J., S. 227-372

Stockreiter, K. (1998): Traumrhetorik – Rhetorik der Kunst – Kunst der Rhetorik. In: K. Stockreiter (Hrsg.): Schöner Wahnsinn. Beiträge zu Psychoanalyse und Kunst. Wien. S. 13-36

Tholen, Ch. (1999): Die Sprache des Traums: Verschiebung und Verdichtung. Der Ort des Unbewußten bei Freud und Lacan. In: Riss. 46. Jg. Heft 3, S. 35-62

Tisseron, S. (1997): Psychanalyse de l'Image. De l'imago aux images virtuelles. Paris

Wulf, Ch. (1999): Bild und Phantasie. In: Gerd Schäfer und Christoph Wulf (Hrsg.): Bild – Bilder – Bildung. Weinheim und Basel, S. 331-344

Brigitte Boothe

Psychoanalyse und das Verstehen von Bildern und Geschichten

Das Bild und die Evokation des Erlebens

In einem Cartoon des amerikanischen Malers Ad Reinhardt gibt es ein Strichmännchen, das auf ein abstraktes Gemälde in einer Ausstellung deutet und lachend sagt: „What does this represent?" Da fährt das Bild gleichsam aus der Haut und entgegnet zornig: „And what do you represent?"

Was stellt dieses Bild dar?, ist die Frage des Betrachters oder: *Was bedeutet dieses Bild? Das* Bild kontert: *Was stellst du denn (schon) dar? Was bedeutest du? Wer bist du denn überhaupt (,dass du solche Fragen stellst)?* Das witzige Wortspiel macht auf einen zweifachen Gebrauch des Wortes „represent" – *repräsentieren, darstellen, bedeuten* – aufmerksam. Erste Verwendungsweise (R1): Ein Bild stellt etwas dar, beispielsweise eine Landschaft, ein Porträt, eine häusliche Szene. Zweite Verwendungsweise (R2): Eine Person stellt etwas dar, das heißt, sie ist wichtig und beeindruckt andere.

Ein Bild bedeutet etwas (R1), eine Szene zeigt zum Beispiel Trauer, Liebe, Verführung, Eifersucht, Vergänglichkeit. Eine Person bedeutet etwas (R2), das heißt, sie ist bedeutend. Sie ist wichtig und hat etwas zu sagen. Sie hat Gewicht, man kann sie nicht beiseite schieben.

Darstellen, repräsentieren, bedeuten haben also zweifachen Gebrauch. *Ein Gegenstand stellt etwas dar oder bedeutet etwas,* heißt, global formuliert: Der Gegenstand hat einen Sinn, den man verstehen soll (R1). *Eine Person stellt etwas dar oder hat Bedeutung*, heißt: Sie ist wichtig, sie macht Eindruck (R2).

Dieser im Sprachgebrauch gegebene Unterschied der Verwendungsweisen R1 und R2 trägt das Wortspiel des Cartoons. Das Gemälde verweist nicht (R1) auf etwas Gegenständliches. Darüber macht sich der Betrachter lustig. Das Bild, plötzlich als Dialogpartner lebendig, macht aufmerksam auf *repräsentieren, bedeuten* im R2-Sinn: *Bist du denn bedeutend? Bist du wichtig? Hast du Gewicht in dieser Welt? Kann man von dir beeindruckt sein?*

Das Wortspiel ist witzig, weil es mit diesen beiden Bedeutungen spielt. Ein Bild soll lächerlich sein, weil es nichts darstellt. Dieser Spott aus der Perspektive eines Laienpublikums, das die Spur des Gegenstands im Bilde sucht, ist uns noch heute vertraut. *Mit welchem Recht sagst du das? Wer bist du schon?,* ist die Erwiderung des plötzlich sprachmächtigen Gegenübers, eine Antwort, die sowohl in bezug auf das Bild wie in bezug auf die Person das gleiche Wort „represent" verwendet, auch wenn das Urteil bezüglich des Bildes ein ganz anderes ist als das, welches der Person gilt.

Wenn es in der Entgegnung des zornigen Gemäldes heißt: „And what do you represent?" – *Was stellst du eigentlich dar? Was stellst du eigentlich vor?* -, dann tut das Bild gerade so, als gebrauche der Ausstellungsbesucher das Wort „represent" gemäss R2, genau so, wie das Bild es in seiner Erwiderung tut, das heisst, so, als habe der Ausstellungsbesucher gefragt: *Wieso ist dieses Bild wichtig? Wieso ist es bedeutend? Wieso soll es Eindruck auf mich machen?* Wenn der Betrachter in der Tat die Perspektive wechseln und genau diese Frage stellen würde, dann erschlösse sich ihm das Bild. Abstrakte oder nicht-gegenständliche oder den Gegenstand auflösende Malerei bildet nicht ab. Sie fordert nicht zum Entschlüsseln auf. Sie erschafft vielmehr den Vorgang des Sehens in der Beziehung zwischen Tableau und Betrachter. Farbe, Form, Rhythmus, Strich, Fläche, Stoff evozieren das Blicken und Schauen und Berührt- und Bewegtwerden. Sie machen den zum Sehenden, der den Kontakt mit dem Bild aufnimmt. Das Bild verweist nicht, sondern fordert die Gegenwart der Rezeption. Indem sich der Betrachter auf den Vorgang des Sehens einlässt, lässt er sich affizieren, wird das Bild ihm zum Eindruck, es wird ihm bedeutend oder wichtig in jenem ursprünglichen Sinn, den wir als R2 – *beeindrucken, Eindruck machen, affizieren* - herausgestellt haben.

„represent" – *repräsentieren, darstellen, bedeuten* – hat demnach einerseits einen prozessualen (R2) und andererseits einen verweisenden (R1) Verwendungsmodus. Der prozessuale Verwendungsmodus ist für die Theorie des Bildes und die Theorie des Sehens, wie die Psychoanalyse sie entwirft, von fundamentaler Bedeutung. Die Pionierzeit der nicht-gegenständlichen Malerei und die Pionierzeit der Psychoanalyse fallen zusammen. Der Blick auf die Person und der Blick auf das Bild geraten in den Fokus der Aufmerksamkeit. Sehen wird zum Ereignis. Sehen wird zum Erleben, zur Erfahrung. Eine Beziehung stellt sich her. Das Bild evoziert Reaktionen, der Sehende antwortet als einer, dem sich im Dialog mit dem Bild eine Erfahrung erschließt und bedeutend wird. Nicht-gegenständliche Malerei verlangt, dass der Betrachter sein Affiziertsein, das Sehen und Empfangen und Sich-Führen-Lassen von dem, was das Bild in ihm evoziert, lebendig werden lässt und sich vergegenwärtigt. Der Wahrnehmungsprozess, das Sehen selbst wird zum Programm der Bildaneignung. Im Vorgang des Sehens offenbart sich das Bild (R2). Genauer gesagt können wir noch einen Schritt weitergehen und sagen: Im Vorgang des Sehens wird der Gegenstand zum

Bild, stellt der Betrachter den Gegenstand als Bild, das heißt als evokative Gestalt, überhaupt erst her. Im Verwendungsspektrum R2 ist Darstellen ein kreativ-produktiver Vorgang, in dem etwas zum Bild wird und sich als evokative Bildlichkeit *offenbart*. In psychoanalytischer Formulierung ist dies die Programmatik der Gegenübertragung: Die Person als Gegenüber erschließt sich dem Psychoanalytiker als teilnehmendem und reflektierendem Partner im Beziehungsgeschehen, indem der Analytiker sich in rezeptive Position begibt, sich affizieren und führen lässt.

Darstellen, Repräsentieren, Bedeuten ist uns im Verwendungsspektrum R1 im Alltag vertrauter und geläufiger. In dieser Perspektive hat das Bild *Verweis*charakter. Es zeigt von sich weg. Es deutet auf etwas hin. Es ist Zeichen oder Symbol. Der Betrachter hat die Aufgabe, es zu entschlüsseln, zu entziffern, zu enträtseln, seiner Botschaft auf die Spur zu kommen. Das Verwendungsspektrum R1 behandelt das Bild nicht anders als einen Text, genauer gesagt, der Gegenstand wird in dieser Perspektive zum Text, zum lesbaren Zeichen. Der Begriff Zeichen kann intentional oder kausal bestimmt sein. Das Bild des Herzens als Symbol der Liebe ist eine intentionale, der Rauch als Zeichen des Feuers eine kausale Bestimmung. Für die Psychoanalyse ist sowohl die intentionale als auch die kausale Bestimmung wichtig. Ein Traumbericht verweist gemäss der Theorie der Traumgenese im Schlafzustand auf eine Ursache, aber auch auf eine Darstellungsintention.

Die Betrachtung eines abstrakten Bildes evoziert im Beschauer einen Prozess des Sehens, der ihm zur aktuellen ästhetisch-emotionalen Erfahrung wird. R1 und R2 sind verschiedene Modi dessen, was wir Darstellen, Repräsentieren, Bedeuten eines Bildes nennen. Es ist wichtig, sie sorgfältig voneinander abzugrenzen. Beide Modi können sich verknüpfen, im Bereich der künstlerischen Bildproduktion, aber auch im Bereich des psychoanalytischen Zugangs zu Bildern des psychischen Lebens.

Im Modus R2 lässt sich der Betrachter erfassen und ergreifen von dem, wie ihm sein lebendiges Gegenüber begegnet, wie er von ihm affiziert und beeindruckt wird. Dieses Gegenüber wird ihm im Übertragungsprozess zur evokativen Gestalt. Im Beispiel vom Traumbericht ist der Zuhörer als teilnehmender Partner im Beziehungsgeschehen einer, der den aktuellen Prozess der Traumkommunikation als Bild-Gestalt erlebt, die Gefühle und Eindrücke in ihm evoziert. Auch die Bildlichkeit des Traumes weckt Gefühle und Eindrücke in ihm. Er geht jedoch auch dem Verweischarakter der Traummitteilung nach, verfolgt ihre Spur zurück in Tagesreste, die der Träumer mitteilt, zurück zu Konfliktmustern, die der Traum als Text anzeigen kann, zu Kindheitserinnerungen, die er aufgreifen mag.

Der R2-Modus der Bildpräsentation und Bildaneignung ist für gewisse Entdeckungen der psychoanalytischen Entwicklungs- und Konfliktpsychologie entscheidend. Die Brust und der Mund, der Kot und der Phallus sind

Bilder, die primäre Erfahrung herstellen. Die Form des Genährt- und Gehaltenseins ist die Brust, die Form des strömenden, nährenden Kontakts ist der Mund. Autonome Produktivität hat die Ursprungsform des Kots, die Form des Schönen, Wahren und Guten, der Lust und der Pracht ist der Phallus. Diese basalen Leiberfahrungen entstehen als Bilder in der Unmittelbarkeit des Erlebens und werden zu evokativen Gestalten, zu Grundgestalten der Anschauung, die im Lauf des Lebens zu Variation und Differenzierung gelangen. Wo immer sie sich vergegenwärtigen, werden sie dem Anschauenden wichtig, ob man will oder nicht. Man sieht sich von ihnen bewegt, ob man will oder nicht. Und das Affiziertsein vollzieht sich gewöhnlich auf einer Basis jenseits der Bewusstwerdung.

Das Kind kommt auf die Welt und lebt in der Fülle des Sehens und Riechens und Tastens und Schmeckens, der Kälte und Wärme, der Raum- und Lageorientierung, des Schwerseins und Leichtseins. Es empfängt Eindrücke, aversive und willkommene. Sie gewinnen Farbe, Form, Kontur. Sie werden zur Gestalt. Manche werden im Lauf der Triebschicksale zum Bild einer elementaren Erfahrung, eben Brust, Mund, Kot, Phallus wie auch ihre Ergänzungsreihe im Zeichen von Furcht und Schauder: die Leere, das verschlingende Maul, die Kloake, die Wunde. Diese Bilder entwerfen eine basale Ästhetik der Erfahrung. Sie affizieren oder sie schrecken. Wir fliehen Bilder des Schreckens, wir suchen sie nicht. Wir wehren sie ab, sperren sie von der Wahrnehmung aus, sehen sie nicht. Aber sie drängen und bedrängen uns, lassen sich nicht aus der Fülle des Gegebenen ausschließen. Sie lassen sich nicht beseitigen. Das Maul und die Wunde, die Kloake und die Leere finden bekanntlich regulär Eingang in die individuelle Traumwelt. Die Traumanalyse kann den Entstehungszusammenhang aus Tagesresten, aktueller Bedrängnis, aktuellem Anliegen und infantilen Konfliktschicksalen rekonstruieren.

Sehen als evokativer Prozess der Bildwerdung

Als Freud die Sage von König Ödipus und seinem tragischen Schicksal aufgriff, um eine unbewusste Konfliktdynamik zu erläutern, machte er konsequent ernst mit einer Haltung des Sehens als evokativem Prozess der Bildwerdung. Freud als Zuschauer im Theater fragt nicht: „What does this represent?", sondern eröffnet einen Prozess des Sehens wie Ad Reinhardts zorniges Gemälde: *Was ergreift mich? Was macht mir Eindruck? Was wird mir wichtig? Was berührt mich und wie berührt es mich?*

Davon ausgehend gewinnt Freud Zugang zum Kern der Tragödie. Er sieht diesen Kern auf der Ebene psychischer Grundverfassungen, er sieht ihn im Verlangen nach der nährenden und erregenden Mutter, in der Angst vor der mächtigen Vaterautorität, die kastrieren kann, und dem Impuls, sie zu beseitigen.

Freud analysiert das Drama aus der Perspektive des Rezipienten. Er setzt sich an die Stelle des Zuschauers oder Lesers und fragt: *Was affiziert mich? Was bewegt mich? Was macht mir Eindruck? Was geht mir nach?* Er argumentiert aus der Erfahrung emotionaler Partizipation. Das Publikum ist in Freuds Sicht emotional beteiligt, weil das Schicksal des Helden sein Innerstes anrührt und aufwühlt. Freud sieht im Schicksal des Ödipus eine sonst stumme Bild-Dynamik gestaltet, verankert in Kernelementen des Drehbuchs: Ödipus beseitigt den eigenen Vater durch Mord und nimmt die eigene Mutter zur Frau. Er ist sich weder darüber im klaren, daß die Person, die er heiratet, seine Mutter, noch, daß der Mann, den er erschlägt, sein Vater ist. Ödipus, von den leiblichen Eltern einst ausgesetzt und in fremder königlicher Obhut aufgewachsen, handelt ohne Kenntnis der Verwandtschaftsverhältnisse. Er handelt aufgrund eines falschen Bildes. Er ist geschlagen mit Blindheit. Die Blindheit des Helden erschüttert das Publikum.

Ödipus in seiner Blindheit und die Dramaturgie des Nicht-Sehens

Freud interpretiert diese Dramaturgie der Blindheit oder des Nicht-Sehens aus dem Blickwinkel eines engagierten Zuschauers. Das Schicksal des König Ödipus involviere das Publikum seit Anbeginn, a) weil jeder Sohn den Vater einst beseitigen und die Mutter habe erobern wollen, b) weil für jeden diese mächtigen Wünsche der Kindheit obsolet und doch unbesiegbar sind, c) weil jeder den machtvollen Einfluß unbewußt gewordenen Wünsche kennt, die freies und verantwortliches Handeln gefährden.

Die Dramaturgie der Blindheit ist zur Erzeugung positiver Publikumsresonanz für die Ödipus-Figur unverzichtbar. Der Umstand, dass Ödipus im Labyrinth eines falschen Bildes gefangen ist, erlaubt, ihn als positiven Charakter zu zeichnen. Nur als positiver Charakter ist die Figur geeignet, das Publikum zu affizieren und aufzuwühlen. Wissentliches Handeln würde den Protagonisten zum Schurken machen. Die Dramaturgie der Blindheit ist aber lediglich eine unspezifische Technik der Sympathieerzeugung (wie Aristoteles sie auch in seiner „Poetik" darlegt; Fuhrmann, 1996, S. 39). Sie erklärt nicht die besondere Substanz der tragischen Verwicklung. Das Schicksal des Ödipus ergreife, so Freud, weil diese Figur ein zentrales menschliches Anliegen vertritt, das allgemein der sittlichen Ächtung unterliegt: Ödipus nimmt die Position des Vaters ein und ist Gatte der Mutter. Das Publikum ist vor Einbruch der Katastrophe eingenommen für dieses wunscherfüllende Bild und ergreife Partei für Ödipus als einen durch Verhängnis aus der Siegesbahn Geworfenen (Freud 1900, S. 267ff.). Dieses Ergriffensein kommt durch die Dichte der Bilder zustande. Wir sehen den König auf der Höhe seiner Macht und seines Glücks. Hinter diesem Bild erschließt sich ein anderes. Und dieses zweite Bild des Schreckens zehrt das erste auf, wie die sieben fetten Kühe aus dem Traum des Pharao aufgezehrt werden von den mageren.

Die ästhetisch-emotionale Aneignung

Das kommunikative Angebot einer Sequenz vitaler Bilder voll dramatischer Dynamik lädt zur ästhetisch-emotionalen Aneignung ein. Wenn Freud dem Stoff, sozusagen durch alle Verkleidungen hindurch (Freud 1900, S. 166), die anhaltende Publikumswirkung des „König Ödipus" zuschreibt, so offenbar auf der Grundlage des Gedankens, dieser Stoff sei als Drehbuch – oder als „Vorstellungskomplex" – in der Psyche des Rezipienten vorbereitet und könne sich jederzeit in eine volle ästhetisch affizierende – im Sinn von R2 wirksame - Bildgestalt verwandeln, die so evokativ ist, dass sie unmittelbar Publikumsresonanz findet. In dieser Sicht bildet die Dramaturgie oder der „Vorstellungskomplex" den kausal wirksamen Kern, die kommunikative Gestaltung das ersetz- und austauschbare öffentlichkeitsfähige Transportmittel.

Die Dramaturgie ist dann aufzufassen als Modell einer psychischen Dynamik. Wo immer sich thematisch affine Konfigurationen, „Umarbeitungen in der Phantasie" (Freud 1918, S. 155) in der Welt der Individuen finden, entzündet sich psychische Dynamik, und das Individuum reagiert emotional, ist affiziert, beeindruckt (R2). Damit postuliert Freud einen psychischen Kern als motivierte Konfiguration von Wunsch- und Angstvorstellungen in bezug auf eine liebes- und hasserfüllte Eltern-Kind-Triade. Diese motivierte Konfiguration bleibt in der seelischen Latenz erhalten und macht sich spurenhaft oder indirekt bemerkbar, sobald sie thematisch affine Konfigurationen antrifft.

Freud als Dramenkritiker – das Drama als lebendiges Bild des Unbewussten

Freud war ein Dramenkritiker, der den Blick des Zuschauers als Ausgangspunkt seiner Hypothesen zu Aufstieg und Fall des Helden Ödipus wählte.

Dieser Zuschauerblick – dem gilt Freuds besonderes Interesse – auf die Bilder von Größe, Verfehlung und Verlust ist offen und blind zugleich. Er ist offen für das Zwingende der Bildabfolge. Er ist blind für das innere Band, das sie verknüpft. Der Rezipient der Sophokleischen Tragödie ist schlechthin ergriffen. Der Zuschauer ist identifikatorisch involviert, er ist zugleich blind für die eigene konstruktive innere Verknüpfungsarbeit, die von emotionalem Engagement unterhalten wird. Dieses Engagement begründet sich in der unbewussten Evokation infantiler Liebeswünsche und Hassregungen, die einer frühen Tabuierung verfallen, aber für die Sehnsucht nach Glück und die Furcht vor Unglück zentral geblieben sind.

Motivierte Konfigurationen und die psychoanalytische Idee der Wunscherfüllung

Hier wird die psychoanalytische Idee des Wünschens und der Wunscherfüllung wichtig. Wunscherfüllende Vorstellungen gelten in der Psychoanalyse als hedonisches Spannungsregulativ mit begrenzter Wirkung in einer Mangellage. Ihr Prinzip ist die vorübergehende Überdeckung einer unangenehmen Befindlichkeit durch eine hedonische „Tonart". Die durch die hedonische Korrektur der Wunscherfüllung ermöglichte vorübergehende positive Befindlichkeitsänderung tritt nicht nur in konkreter Aussicht auf Realbefriedigung auf, sondern auch kompensatorisch, in Ermangelung der Aussicht auf Realbefriedigung (Freud 1900, S. 555ff).

Die Situation der Wunscherfüllung stellt eine psychische Leistung der Evokation hedonischen Erlebens dar, und zwar so, daß die Person ein Szenario der Erfüllung mit den Mitteln der Phantasie ausgestaltet und genießt. Die „Ausgestaltung des wunscherfüllenden Szenarios in der Phantasie" ist die Urform des erregenden Bildes, ist der Ursprungsort evokativer Bildkultur auf individueller, vielleicht auch auf kollektiver Ebene. Die wunscherfüllende Bildkultur schafft ein Fest der Anschauung (Freud 1928, S. 425). Diese Konzeption der Eindrucksbildung (R2), evokativer Bildgestaltung, aus dem hedonischen Regulativ des Wunsches und der Wunscherfüllung ist für psychoanalytisches Bildverstehen von großer Bedeutung.

Szenische Arrangements

Psychoanalytische Entwicklungspsychologie thematisiert die Schicksale kindlicher Sozialisierungsaufgaben auf der Basis vitaler, im Körperlichen wurzelnder Aktivitäten: des Abwehrens wie des Wünschens. Beide besitzen eine enorme psychische und soziale Gestaltungskraft. Beide Konzepte sind geeignet, Körperliches, Psychisches und Soziales zusammenzufügen, in eine integrative Darstellung zu bringen.

Das Wünschen hat eine psychische und eine soziale Dimension. In der Perspektive des Psychischen ist das Wünschen die nachträgliche Evokation eines lustbringenden Erlebens im imaginären Raum, ausgehend von spezifischen Formen des Triebgenusses und der narzißtischen Bestätigung in Interaktion mit einem hochgeschätzten Objekt. Die vom Wunsch getragene Beglückungsszene wird in ihrem Beglückungswert in charakteristischer Weise überschätzt. Das Wünschen realisiert sich im Sehnsuchtsruf und im Lockruf, der an das Objekt als Freudenspender appelliert. Resignation bedeutet in Opposition dazu, radikal gesehen, psychisch abzusterben. Es handelt sich um eine psychische Verfassung, die hoffnungslosen Verlust, ohne Brücke zum Wiederfinden, zum Ausdruck bringt.

Wünsche kleiden sich im Alltag in narrative Neugestaltungen ein. Oft gibt es dabei eine explizite Referenz an vergangene Realvorfälle. Diese jedoch werden nicht um ihrer selbst willen ins Leben zurückgerufen, sondern stehen im Dienst eines persönlichen Anliegens. Die narrative Darbietung eines Anliegens, die Anlockung des begehrten oder ersehnten Objekts, schließlich ganz besonders das gemeinsame Fest einer wunscherfüllenden Episode sind dramaturgisch organisierte Gestaltungen oder *szenische Arrangements*. „Szenisch" verweist auf den Charakter der Aufführung, „Arrangement" auf eine ordnende Tätigkeit. Szenische Arrangements sind Episoden im sozialen Leben, in denen Personen handelnd oder in der Darbietungsform des Erzählens Geschehen dramaturgisch organisiert zur Aufführung bringen. Dabei sind die Aspekte Rollenübernahme, Rollenzuweisung publikumsrelevant, ebenso Evokation von emotionaler Beteiligung, Suggestion und Parteilichkeit für ein Anliegen. Szenische Arrangements sind das Lebenselement emotionalen Zusammenlebens, im öffentlichen wie im privaten Bereich. Von ihrer Existenz her gedacht ist das Konzept der provokativen Episode künstlich, und zwar wenn man es so verstehen wollte, als gestalte es sich nicht selbst zum szenischen Arrangement. Szenische Arrangements stellen Bezogenheit her.

Erzähldynamik und Psychodynamik

Wir wissen von König Ödipus, weil diese Sage als Erzählung überliefert ist. Die Sage von König Ödipus gehört zu den besonders berühmten Erzählungen. Die Dramaturgie des Ödipus bewegt und berührt. Sie hat viele Dichter, Dramatiker und Erzähler, bis heute inspiriert. Sie steht im Herzen der psychoanalytischen Konflikt- und Entwicklungspsychologie und hat Freud eine psychoanalytische Theorie des Erzählens und der narrativen Dramaturgien begründet, die im Folgenden erläutert werden soll.

Das Gefühlsleben kleidet sich in die Form des Erzählens. Das Erzählen verschafft der emotionalen Bewegung Ausdruck. Erzählen ist dramatisch und evokativ. Das gibt dem Gegenüber Gelegenheit zur empathischen Teilnahme. Die Vermittlung eigenen Erlebens im narrativen Modus ist eine grundlegende „Lebensform", mit Wittgenstein (1967) gesprochen. Das narrative Paradigma ist inzwischen auf philosophischem Hintergrund (z.B. Taylor 1994) ausformuliert. Es findet Interesse im Rahmen der „linguistischen Wende der Sozialwissenschaften" (Flick 1995, S. 44) in Soziologie wie Sozialpsychologie (z.B. Gergen & Gergen 1984), Geschichtswissenschaft (White 1991) und zunehmend auch in der allgemeinen Psychologie (z.B. Bruner 1990; Straub 1997) wie im klinischen Bereich (z.B. Kohler Riessman 1993; Spence 1982a, 1982b, 1983). Young (1997, S. 18) argumentiert mit White, die Aneignung der Welt- und Lebensereignisse vollziehe sich als eine grundlegende Praxis des „Poetisierens" und damit als eine Form des Sprechens, in der sich ein Individuum oder ein Kollektiv selbst zum Ausdruck bringt, auf sich selbst verweist und das, was erzählend zur Darstellung kommt, im Licht der eigenen Bewertung als bedeutsam erscheinen läßt.

Was wir als Erfahrung wiedergeben, unterliegt Gesetzen der Gestaltung (Schafer 1970). Die Formulierung von Erfahrung vermittelt eine Poetik der Faktizität (Young 1997). Die Darstellung von Erlebtem wirbt für die Rezeption dieser Sicht im Sinne eines Anliegens, für das man engagiert ist.

Die Analyse von Alltagserzählungen ist in psychodynamischer Perspektive klinisch und psychodiagnostisch relevant (z.B. Boothe 1994; Eisenmann 1995). Das gilt insbesondere dann, wenn man die psychoanalytische Situation insgesamt als Bühnenmodell konzipiert (Thomä & Kächele 1985). In diesem Fall erwartet man, daß sich auf der Bühne des kommunikativen Geschehens Inszenierungen unbewußter Konflikte vollziehen. Die dramaturgische oder Reinszenierungsleistung der Erzählung findet sich außerhalb der Psychoanalyse in Soziologie und Linguistik ausführlich thematisiert.

Die „Perspektive der Reinszenierung des Ereignisses in der Erzählsituation" (Wiedemann 1986, S. 63) ist für die psychotherapeutische Praxis wie für die psychotherapeutische Forschung von programmatischer Bedeutung. Patienten erzählen im psychotherapeutischen Alltag; und in diesen Erzählungen re-inszenieren und „neu-inszenieren" sich Erfahrungen, und zwar so, dass sowohl die deklarative Welt- und Selbstsicht wie auch die verborgene Konfliktlage zum Ausdruck kommt.

Erzählen und die Darstellungsfunktion der Sprache

Das narrative Sprechen ist emphatisch und suggestiv. Es zielt auf Wirkung. Es mobilisiert Erregung. Das Erzählen fordert beim Hörer den emotionalen Mitvollzug. Dies gelingt, in Bühlers „Axiomatik" (Bühler 1976) formuliert, über die „Darstellungsfunktion der Sprache" (Bühler 1978). Wer erzählt, stellt etwas dar. Er präsentiert eine Begebenheit als ein Ereignis von subjektivem Belang und von emotionalem Interesse. Das ist möglich durch den dramatischen Gestus, der dem Erzählen eignet. Erzähler lassen Figuren auftreten, miteinander in Dialog kommen und in ein dynamisches Zusammenspiel eintreten, das zu einer Entwicklung und zu einem Abschluß führt. Wer eine narrative Darbietung in ihrer dramatischen Gestaltung bietet und wer sie versteht, identifiziert sich mit mindestens einer der Figuren der Erzählung und tritt auf der Ebene der Phantasie in das dynamische Geschehen ein. Er reagiert auf die spezifische Entwicklung wie auf deren Abschluß, nicht nur innerlich, sondern gewöhnlich auch im Sinne expliziter Hörerresonanz, er reagiert körperlich und psychisch. Die Alltagserzählung macht Eindruck, wird gehört, weitererzählt und ausgeschmückt, ohne daß der jeweilige Erzähler und Wiedererzähler sich über diesen sorglosen Aneignungsprozeß Rechenschaft ablegte. Der Hörer nimmt die Haltung gläubiger und affirmativer Rezeption ein. Er glaubt dem Erzähler, vollzieht mit und arrangiert das Gehörte neu.

Ich und erzähltes Ich, Welt und erzählte Welt

Zwischen Erzähler und erzähltem Ich (bzw. zwischen „Ich" und „Ich-Figur") ist sorgfältig zu unterscheiden. Erzähler und erzähltes Ich sind nicht identisch und somit nicht austauschbar. Der Erzähler verhält sich in bezug auf die Ich-Figur oder das erzählte Ich produktiv. Die narrative Produktion macht somit die Person, die das erzählte Ich entwirft, zur Schöpferin ihrer selbst.

Die Diskrepanz zwischen Erzähler und erzähltem Ich ist auch im praktischen Alltag von Bedeutung. Im allgemeinen berücksichtigt man diesen Unterschied intuitiv. Er kommt aber selten ausdrücklich zur Sprache. Denn oft lässt man das erzählte Ich als Vertreter des Erzählers gelten. Das Publikum anerkennt in solchen Fällen das Selbstkonzept des Erzählers als authentischen Ausdruck seiner Person. Das gilt jedoch nicht für jeden beliebigen Kontext. Die Bereitschaft zu gläubiger Resonanz (Boothe & Heigl-Evers 1996, S. 125ff.) ist nicht beliebig dehnbar. Man nimmt ihre Ausbeutung übel. Skandal- und Erfolgsgeschichten sind zwar attraktiv, gelten aber als wenig glaubhaft.

Zwischen Erzähler und erzähltem Ich besteht ein systematischer Unterschied. Dies gilt analog für eine weitere Unterscheidung: zwischen Welt und erzählter Welt. „Welt" gelangt in der Erzählung nicht im dokumentarischen Sinne zur Darstellung, sondern als persönliches Ambiente, als Gesamt von Ausstattungselementen, von Requisiten und Kulissen. Dabei gibt es allerdings Grenzen der Gestaltungsfreiheit. Dies gilt auch für den – im psychotherapeutischen Kontext relevanten und häufigen – Typus der „rätselhaften" Geschichte, Geschichten mit „unerklärlichen Wendungen" (Boothe 1994, S. 26), denen nach erzählwissenschaftlichem Befund ein fester Platz in der Alltagskommunikation zukommt. Der Zuhörer fordert für nicht-professionelle Geschichten den Verzicht aufs Erfinden und reagiert auf Verstöße mit dem Ärger dessen, der sich in seinem Hörerengagement düpiert und manipuliert sieht. Er nimmt es ausgesprochen übel, wenn seine Bereitschaft, affirmativen Kredit zu geben, ausgenutzt wird.

Wer erzählt, geht die Verpflichtung ein, nicht zu betrügen. Der Manipulationsverzicht gehört zur Moral des Erzählens. Auch wenn man ehrlich erzählt und doch nur schlecht beobachtet hat und auch wenn der Aufbau der erzählten Welt als dargestellte Sequenz mit Kulissen, Requisiten und Personal eine Schöpfungstat des Erzählers ist, die nicht den Idealen der kritischen Sichtung und der Selbstkenntnis unterliegt, ist es ein ungeschriebenes Gesetz, dass der Erzähler die gläubige Rezeptionsbereitschaft des Hörers nicht ausbeuten soll.

Erzählungen als sprachliche Szenen

Erzählungen sind nicht aus einem Guß, sondern verbinden verschiedene Ebenen des Sprechens miteinander: Dialogwiedergaben wechseln mit Darstellungen von Handlungsverläufen, Beschreibungen und Kommentare werden eingefügt, der Sprecher verlässt den Raum des Erzählten, um sich ans Publikum zu wenden. Diese sprachliche Gestalt der mehrfachen Ebenen bedarf einer angemessenen Rekonstruktion in der Auswertung.

Ein Erzähler muss in die erzählte Welt einführen. Er deklariert Eingangsbedingungen. Mit situativen Merkmalen wie Raum, Zeit, Akteure, Requisiten und Konstellationen richtet er die evozierte Bühne ein. Das ist notwendig für die Versetzungsregie: Der Zuhörer muss sich im imaginären Raum orientieren können. Der Erzähler gibt zu verstehen: *„Davon kannst du ausgehen. Das sind die wichtigsten Elemente der Geschichte, die in bestimmten Konstellationen zueinander stehen, aufgrund derer die folgende Handlung zu verstehen ist, und an die ich mich als Erzähler zu halten habe.''* Positionierung und Konstellierung schaffen für die dramaturgische Logik der Erzählung den verbindlichen Rahmen. Dieser legt die Perspektiven der sich entwickelnden Handlung fest. Durch die Versetzungsregie allein ist aber noch nicht konfliktäre und somit spannungsgeladene Bewegung ausgelöst. Dazu muss mindestens ein Handlungsimpuls gesetzt werden, wodurch mögliche Handlungen bzw. Handlungsstränge vorgegeben sind. Der Handlungsimpuls auf dem Hintergrund der Versetzungen provoziert eine spannungsgeladene, konfliktäre, zielorientierte Bewegung. Das „Drama" entwickelt sich zwangsläufig innerhalb der Möglichkeiten dieser Setzung weiter. Der mitvollziehende Hörer ist in Identifikation mit dem Held der Erzählung daran interessiert, dass die optimale Lösung der Spannung gelingt. Er antizipiert einen bestmöglichen oder schlechtest möglichen Ausgang. Der Erzähler entwickelt einen Handlungsablauf als eine mögliche Lösung der Erzählaufforderung. Die Lösung kann sowohl mit der best- wie auch der schlechtest möglichen Entwicklung zusammenfallen, in Alltag und Psychotherapie finden wir aber gewöhnlich Varianten vor, die zwischen Optimum und Desaster liegen.

Es handelt sich hier um die bereits in Freuds Ödipus-Analyse implizit gegebene Annahme, dass eine narrative Inszenierung Wunsch, Abwehr und Kompromiss auf einer Phantasiebühne so zur Darstellung bringt, dass sie sich als dynamische Sequenz sprachlich artikuliert und als emotionales Beziehungsangebot evokativ wirksam ist. Sie versteht das Erzählen als öffentliche Artikulation einer psychodynamischen Kompromissleistung - oder kurz und plakativ formuliert: eines emotionalen Anliegens. Diese emotionale Artikulation hat dramaturgischen Charakter. Sie entfaltet dynamische Konflikthaftigkeit und evoziert involvierte Partizipation beim Gegenüber (das Drehmoment der Aristotelischen Poetik, Aristoteles 1994).

Bestandsaufnahme

Geschichten sind sprachliche Inszenierungen, sprachliche Szenen. Szenen sind episodische Verläufe, zusammengehalten durch eine Dramaturgie. Die narrative Konstruktion des Erlebten kann sich grundsätzlich auf zweierlei Weise realisieren: als offene oder als verdeckte Erzähltätigkeit. Als offene Erzähltätigkeit bedeutet sie die Herstellung einer formulierten Story im Nachhinein, die dem Erlebten nachträglich eine artikulierte Kontur verleiht. Als verdeckte Erzähltätigkeit hat man es mit nicht ausformulierten Stories oder nicht ausformulierten Story-Entwürfen im Kopf des Akteurs zu tun, die den Einstieg ins Realgeschehen oder/und dessen Verlauf mitregieren. Die Konstruktion narrativer Modelle wird als die Wiege des Erlebens (Eisenmann 1995) verstanden. Erleben hat grundsätzlich selbstbezüglichen wie episodischen Charakter.

Die Selbstbezüglichkeit des Erzählens verdient gerade in psychoanalytischer Hinsicht Aufmerksamkeit. Erzählen ist die Konstruktion von Erfahrung als Modellierung des Gegebenen in bezug auf das erlebende Ich (Brooks 1984; Bruner 1990; Schelling 1983; Sloterdijk 1978; Wiedemann 1986). Das Gegebene wird im Erzählvorgang gestaltet und subjektiv angeeignet. Das erlebende Ich entwirft sich im narrativen Prozeß als Gestalt oder wird, sofern es in den narrativen Prozeß nur passiv einbezogen ist, als Gestalt entworfen (Stern 1993).

Narrative Modellierungen sind thematisch bestimmt (Böhme 1990; Luborsky 1977; Luborsky & Kächele 1988). Das narrative Thema wird im psychologischen Interesse faßbar als subjektives Anliegen, das sich im narrativen Prozeß entwirft. Im Erzählprozeß kommt ein subjektiv Begehrtes zur Darstellung, gewöhnlich in eher verdeckter Form. Die Perspektive auf die narrative Tätigkeit als Artikulation eines Verlangens, gerichtet an eine Welt der Objekte, die der Vorstellungswelt einverleibt wird, diese Perspektive knüpft an Freuds Bestimmung der Wunschtätigkeit (Freud 1900) an: als jenem - inhaltlich schwer zu bestimmenden - kreativen Vermögen, das psychische Spannung vorübergehend lustvoll reguliert (Freud 1900, 1908).

Erzählen steht nicht im Dienst des Faktischen

Alltagserzählungen verweisen auf Vorgefallenes. Sie referieren auf Vorfälle und Begebenheiten der Vergangenheit. Die Tätigkeit des Erzählens steht aber nicht im Dienst des Faktischen. Wer erzählt, präsentiert nicht Sachverhalte auf der Ebene der Information, sondern persönliches Erleben. Er tut das suggestiv. Er wirbt um emotionales Engagement beim Hörer. Der Erzähler verweist auf Vorgefallenes, um auszudrücken und vorzuführen, in welcher Weise er darin verstrickt ist. In diesem Sinne ist das Erzählen ein Mittel egozentrischer Artikulation. Man erzählt, was als konflikthafter

Gegenstand des persönlichen Interesses im Sinne negativer oder positiver Erregung destabilisierend wirksam ist und im Dienst einer Integration soziale Resonanz fordert. Gefordert ist die emotionale Beteiligung eines empathischen Publikums für das subjektive Anliegen des Sprechers. Erzählen im Alltag ist eine sprachliche Inszenierung. Der Erzähler führt Regie und gibt dramatische Rollenzuweisungen und Rollenengagements für die Sprecher-Hörer-Gemeinschaft vor. Konflikthaftes Erleben wird so im Rahmen der Erzählung artikulierbar und findet emotionale Akzeptanz im sozialen Raum. Geht man von einer psychodynamischen Konzeption der Inszenierung aus, so läßt sich dieser Befund erstens psychodiagnostisch ausformulieren und zweitens psychotherapeutisch umsetzen: Erzählungen, die Ratsuchende und Patienten in der psychotherapeutischen Situation vorbringen, lassen sich systematisch als sprachliche Inszenierungen von Konfliktkonstellationen und subjektiven Anliegen darstellen; diese Inszenierungsmodelle sind interaktiv relevant.

Was Patienten ihren Therapeuten erzählen, ist nicht die Faktizität ihres Lebens. Sie verwickeln ihn vielmehr suggestiv in ihr psychisches Anliegen. In der narrativen Kunst der Verführung genießt der Erzähler das Privileg, sein psychisches Anliegen vor einem Hörer, der in gläubiger Haltung emotional beteiligt ist, in den Mittelpunkt zu stellen. Wer erzählen kann, ist seinen Wünschen nah und genießt das Glück sozialer Resonanz. Wer freilich nur erzählen kann und sich dem Untersuchen und Infragestellen, vor allem der Reorganisation von Beziehungen verweigert, bleibt angewiesen auf immer die gleichen Geschichten und gestattet dem Gegenüber kein Wirksamwerden als neues und fremdes Objekt.

Sehen, Blindsein, Blendung:
Schlüsselfiguren des Verstehens

Sehen und Nicht-Sehen, Erkennen und Nicht-Erkennen, Erleuchtung und Blendung sind Schlüsselelemente des psychoanalytischen Denkens.

Wir haben Bilder, aber wir sehen nicht. Wir zeigen Bilder und verstehen sie nicht. Wir werden andern zum Bild und wissen es nicht. Wir leben in Geschichten und wissen es nicht. Wir inszenieren uns in bestimmten Dramaturgien und reflektieren es nicht. Davon handelt die Psychoanalyse. Die Herstellung des Bildes und die Rezeption des Bildes, das Gestalten der Szene und das sprachliche und handelnde Vollziehen der Szene gehören für die Psychoanalyse zur Herstellung und Aneignung einer inneren Welt. Das Bild ist in dieser Perspektive kein Abbild, sondern eine Erfahrung. Das Bild ist ein Zeigen und Vorführen und ein In-Beziehung-Treten. Die Szene - das bewegte Bild – ist eine von Wunsch- und Angstbewegungen getragene Erregungsfigur.

Sehen, Blindsein und Blendung sind in der Modellierung der ödipalen Beziehungskonstellation entlang der Dramaturgie der Ödipustragödie Schlüsselfiguren des Verstehens. Sehen als die Wahrnehmung von und die Orientierung an äußeren Verhältnissen schafft Adaptation an jenes Äußere dieser Verhältnisse, kann aber einhergehen mit Blindheit für die dynamischen Konfigurationen, auf denen diese Verhältnisse sich organisieren. Blindheit entsteht als Selbstverfehlung und Selbstverlust. Sie findet ihre Grenze nicht notwendig in der Höhe aufklärender Helle. Selbstaneignung wird möglich durch einen Bildungsprozess – nicht etwa der Verinnerlichung oder des Rückzugs, sondern einer Erfahrung, die sich den inneren Verhältnissen öffnet.

Das Bild der Blendung ist vielschichtig determiniert. Es ist die Geste der Gewalt, des Schmerzes, der Verstümmelung, des Opfers. Es ist die Identifikation mit dem blinden Seher. Es ist die Herstellung des Prekären, der sozialen Marginalität. Es ist die Geste des Angewiesenseins auf Geleit, des Sich Anvertrauens. Es ist die Wendung zur Nachtseite.

Es ist das Bild der Erinnerung, des Gedächtnisses, des Gedenkens. Denn indem Ödipus sich blendet, im Augenblick des Erkennens, ist eben dieser Augen-Blick der letzte, der sich ihm sehenden Auges bot. Es folgt ihm keiner mehr. Dieser bleibt und wird bewahrt, ertragen, getragen – und dann zu etwas anderem. Das ist dann Ödipus auf Kolonos.

Literatur

Freud, S. (1900): Die Traumdeutung. GW II/III, Frankfurt/M. 1900
Freud, S. (1918): Aus der Geschichte einer infantilen Neurose. GW XII. Frankfurt am Main 1918
Freud, S. (1928): Kurzer Abriss der Psychoanalyse. GW XIII., Frankfurt am Main 1928
Fuhrmann, M. (Hrsg.) (1996): Aristoteles. Die Poetik. Stuttgart 1996
Argelander, H. (1970): Das Erstinterview in der Psychotherapie. Darmstadt, 1970
Aristoteles (1994): Poetik. Herausgegeben von Manfred Fuhrmann. Stuttgart 1994
Boothe, B. & Heigl-Evers, A. (1996): Die Psychoanalyse der frühen weiblichen Entwicklung. München 1996
Boothe, B. (1994): Der Patient als Erzähler in der Psychotherapie. Göttingen 1994
Boothe, B. (1996): CCRT y relatos: Dos perspectivas relacionadas y non relacionadas (Core Conflictual Relationship Theme and stories: Two related and unrelated perspectives). Revista Argentina de Clinica Psicologica 1996, 5, 253-278.
Brooks, P. (1984): Reading for the plot: Design and intention in narrative. New York 1984
Bruner, J. (1990): Acts of meaning. Cambridge 1990

Bühler, K. (1976):. Die Axiomatik der Sprachwissenschaften. Franfurt am Main 1976

Bühler, K. (1978): Die Darstellungsfunktion der Sprache. Franfurt am Main 1978

Eisenmann, B. (1995): Erzählen in der Therapie. Eine handlungstheoretisch und psychoanalytisch orientierte Studie. Opladen 1995

Flader, D. & Giesecke, W. (1980): Erzählen im psychoanalytischen Erstinterview – eine Fallstudie. In K. Ehlich (Hrsg.), Erzählen im Alltag (S. 209-262). Franfurt am Main 1980

Flick, U. (1995): Qualitative Forschung. Reinbek 1995

Gergen, M. M. & Gergen, K. J. (1984): The social construction of narrative accounts. In K. J. Gergen & M. M. Gergen (Eds.), Historical social psychology. Hillsdale: London 1984

Gergen, K. J. & Gergen, M. M. (1988): Narrative and the self as relationship. In L. Berkowitz (Ed.), Advances in Experimental Social Psychology, Vol. 21 (p. 17-56). New York 1988

Goffman, E. (1959): The presentation of self in everday life. New York 1959

Grolnick, S. A. (1984): Play, myth, theater and psychoanalysis. Psychoanalytic Review 1984, 7, 247-262.

Gülich, E. & Quasthoff, U. M. (1986): Story-telling in conversation. Cognitive and interactive aspects. In S. J. Schmidt (Ed.), Poetics, Vol. 15, (p. 217-241).

Kohler Riessman, C. (1993): Narrative analysis. London: Sage.

Labov, W. & Fanshel, D. (1977): Therapeutic discourse: Psychotherapy as conversation. New York 1977

Lorenzer, A. (1977): Sprachspiel und Interaktionsform. Vorträge und Aufsätze zu Psychoanalyse, Sprache und Praxis. Franfurt am Main 1977

Quasthoff, V. M. (1980): Erzählen in Gesprächen. Tübingen 1980

Schafer, R. (1970): The psychoanalytic vision of reality. International Journal of Psycho-Analysis 1970, 51, 279-297.

Schelling, W. A. (1983): Erinnern und Erzählen. Wege zum Menschen, 1983, 35, 416-422.

Schütze, F. (1976): Zur soziologischen und linguistischen Analyse von Erzählungen. Internationales Jahrbuch für Wissens- und Religionssoziologie, 1976, 10, 7-41.

Schütze, F. (1982): Narrative Repräsentation kollektiver Schicksalsbetroffenheit. Erzählforschung, 1982, 7, 568-590.

Spence, D. (1982a): Narrative truth and theoretical truth. The Psychoanalytic Quarterly, 1982, 1, 43-69.

Spence, D. (1982b): Narrative truth and historical truth. Meaning and interpetation in psychoanalysis. Norton, New York 1982

Spence, D. (1983): Narrative persuasion. Psychoanalysis and Contemporary Thought, 1983, 6, 457-481.

Straub, J. (1997): Geschichten erzählen, Geschichte bilden: Grundzüge einer narrativen Psychologie historischer Sinnbildung. In J. Straub (Hrsg.), Erzählung, Identität und Geschichtsbewußtsein. Die psychologische Konstruktion von Zeit und Geschichte. Franfurt am Main 1997

Taylor, C. (1994): Die Quellen des Selbst. Die Entstehung der neuzeitlichen Identität. Frankfurt am Main 1994 (engl. Original: 1989).

Thomä, H. & Kächele, H. (1985): Lehrbuch der psychoanalytischen Therapie. Band 1: Grundlagen. Berlin 1985

White, H. (1991): Metahistory. Die historische Einbildungskraft im 19. Jahrhundert in Europa. Franfurt am Main 1991 (engl. Original: 1973)

Wiedemann, P. M. (1986): Erzählte Wirklichkeit. Zur Theorie und Auswertung narrativer Interviews. Weinheim 1986

Wittgenstein, L. (1967): Philosophische Untersuchungen. Franfurt am Main 1967

Wolfson, N. (1978): A Feature of performed narrative: The conversational historical present. Language in Society, 1978, 7, 215-237.

Young, J. (1997): Beschreiben des Holocaust. Franfurt am Main 1997 (engl. Original: 1988).

II. Selbstthematisierung durch Bilder und Geschichten

Günther Bittner

Metaphern des Ich

Zwei Bemerkungen vorweg als Hinführung zum Thema:
- über die defizitäre analytische Ich-Psychologie
- über die Verwandtschaft des Psychologen mit dem Dichter

1. Einer der mir wichtigsten Sätze Freuds steht an ziemlich abgelegener Stelle in einem Brief an den Schweizer Psychiater Binswanger. Dieser hatte Freud freundschaftlich kritisiert, dass er über seine Schüler Macht ausübe. Freud antwortet nachdenklich, er wisse nichts von dem, was Binswanger ihm da vorhalte, getraue sich aber auch nicht, den Vorhalt rundheraus abzuweisen, denn: „Ich vermute seit langem, daß nicht nur das Verdrängte unbewußt. ist, sondern auch das Herrschende unseres Wesens, das Eigentliche unseres Ich, unbewußt aber nicht bewußtseinsunfähig" (Binswanger 1956, S. 57f.). Mit anderen Worten: ich weiß nichts von solchem Machtwillen, aber trotzdem kann es sein, dass Sie Recht haben: das „Eigentliche unseres Ich", das „Herrschende unseres Wesens" ist uns meistens verborgen.

Auch Kohut ist der Gedanke wichtig, dass wir nicht abschließend hinter uns selber kommen können. Zwar spricht er nicht vom „Ich", sondern vom „Selbst", doch gibt es plausible Gründe anzunehmen, dass Kohut auf den Selbst-Begriff ausgewichen ist, weil er den Ich-Begriff von Freud bereits in anderer Bedeutung „besetzt" fand (vgl. Bittner 1981). Von diesem Selbst nun sagt Kohut, es sei das Verborgenste des Seelischen überhaupt, da „diese Struktur keine Objekt-Eigenschaften besitzt."

Freud und Kohut scheinen darin übereinzustimmen, dass uns das „Herrschende unseres Wesens" das Eigentliche unseres Ich bzw. unseres Selbst notwendigerweise verborgen ist. Beide geben auch ähnliche Gründe für diesen Sachverhalt an. Freud sagt an der zitierten Stelle, dass das Bw. „doch nur Sinnesorgan", „nach einem Außen gerichtet" sei (ebd.), während Kohut für die Verborgenheit des Selbst das Fehlen von Objekteigenschaften verantwortlich macht. Beide stimmen darin überein, dass dem unerkennbaren Inneren mit sinnlichen Qualitäten „aufgeholfen" werden muss, um es sichtbar und erkennbar zu machen.

Auch der zu Unrecht vergessene Schottlaender behandelt in seinem Buch „Das Ich und seine Welt" (1959) das „Rätsel des Ich". Dort schreibt er: die Frage „Wer bin ich?" sei die Grundfrage der Psychoanalyse. Wer sich auf diese Frage einlässt „erfährt, dass das Ich ein Rätsel ist, dessen Lösung Anstrengungen ganz anderer Art erfordert, als diese etwa in der Wissenschaft dem Lernenden auferlegt werden. Die Magnetnadel unseres Intellekts weist uns die Richtung unserer Forschung um so sicherer und genauer, je weniger der Forschungsgegenstand mit uns selber verwandt ist. ... Je mehr wir aber mit unserem Forschungsgegenstand an unseresgleichen herankommen, desto mehr wird die Magnetnadel des Intellekts zu zittern und schwanken beginnen" (Schottlaender 1959, S. 124f.). Das Ich als das uns Allernächste wäre demnach intellektuell unergründlich.

Nun, Schottlaender war eher ein Außenseiter. Die ältere mainstream-Psychoanalyse hat sich durch ihre Maschinen- und Apparate-Metaphorik verleiten lassen, das Ich vor allem unter dem Funktions- und Leistungsaspekt zu konzipieren. Triebabwehr, Realitätsanpassung z.B. wurden als Ich-Leistungen angegeben (A. Freud 1936, Hartmann 1939). Diese Leistungspsychologie erweist sich immer mehr als Irrweg. Eine neue psychoanalytische Ich-Psychologie müsste nicht bei der Leistung, sondern beim Phänomen, beim Erlebenstatbestand des Ich ansetzen um hinter dessen Rätselhaftigkeiten zukommen. Das Ich, suchte ich kürzlich zu belegen (Bittner 2001), ist in seinem Kernbestand ein Gefühl: mich gibt's; ich bin da. Dieses Ich-Gefühl ist nichts Festes. Es ist fluktuierend, multipel, wie Gefühle eben sind.

2. Freud hat immer wieder hervorgehoben, dass die Dichter ein besonderes Wissen von der Seele besäßen, das die Psychologen mit Mühe einholen müssten. Vielleicht haben sich die Psychoanalytiker über diesen Satz noch nicht hinreichend gewundert. Warum sollte ausgerechnet den Dichtern ein besonderes Wissen über die Seele zugänglich sein, das anderen Sterblichen verschlossen ist?

Psychoanalytiker und Dichter schöpften ihr Wissen letzten Endes aus derselben Quelle, sagt Freud: der Beobachtung der Regungen des Unbewussten. Der Psychoanalytiker widmet sich der „Beobachtung der abnormen seelischen Vorgänge bei anderen", der Dichter richtet „seine Aufmerksamkeit auf das Unbewußte in der eigenen Seele, lauscht der Entwicklungsmöglichkeit desselben und gestattet ihnen den künstlerischen Ausdruck" (Freud 1908e, S. 120f.).

Die kruden Regungen des Unbewussten seien von Natur aus eher abstoßend. Die Kunst des Dichters liege „in der Technik der Überwindung jener Abstoßung" (ebd., S. 223), welche sich zwischen jedem einzelnen Ich und den anderen erheben. Die Kunst, dies zu bewirken, so Freud, sei die „eigentliche Ars poetica" – „et psychoanalytica", würde ich hinzufügen. Die beiderseitige Kunst besteht darin, Metaphern innerer Vorgänge zu schöpfen, die „von Seele zu Seele sprechen" und die Schranken der Vereinzelung aufheben. Die zeitweise hohe Akzeptanz Freuds im 20. Jahrhundert hatte mit der Überzeugungs-Kraft, ich möchte fast sagen: mit der poetischen Kraft seiner Seelenmetaphern zu tun, und der Niedergang der Psychoanalyse mit dem Kraftlos-werden dieser Metaphern.

Damit bin ich bei meinem Thema: das Ich als Erlebenstatbestand lässt sich nicht mit wissenschaftlichen Begriffen festnageln, es lässt sich nur mit quasi-poetischen Metaphern umkreisen.

Eine Metapher ist lt. Brockhaus „uneigentliche und übertragene" Bezeichnung, bei der „zwischen dem eigentlichen und dem übertragenen Ausdruck eine Ähnlichkeit (lat. ‚tertium comparationis') besteht, z.B. ‚Hafen' statt ‚Zuflucht', ‚kalt' für ‚gefühllos'„ (12, S. 70). Metaphern sind seit alters her die Domäne des poetischen Ausdrucks, daher haben sich vor allem Literaturwissenschaftler für Metapherntheorie interessiert (Haverkamp 1996). Erst neuerdings gibt es auch ein wissenschaftliches Interesse für die ubiquitäre Metaphorik der Alltagssprache (Lakoff und Johnson 1998).

Meine Überlegungen wollen der defizienten Ich-Psychologie mit einer Art psychoanalytischer Poetik auf die Beine helfen. Ich fasse sie vorweg in Form einer These zusammen:

Wissen um das Ich, das Gefühl, das Seelische überhaupt stellt eine besondere Form des Wissens dar, die dem Wissen um die Dinge der äußeren Welt unvergleichbar ist. Dieses Wissen ist in seiner Darstellungsform metaphorisch, ebenso wie das Metaphorische die Darstellungsform der Dichtung ist. Diese Gemeinsamkeit der metaphorischen Artikulation rückt die Psychoanalyse in die Nähe der Dichtung.

Ich will diese These in drei Schritten entwickeln:

1. Ausgehend von der Wittgenstein-Aporie will ich aufweisen, *dass* die Erkenntnis des Inneren einer anderen Logik folgt als die Erkenntnis des Äußeren, dass die Rede über Inneres stets metaphorische Rede ist.

2. An einem aktuellen klinischen Phänomen, dem Multiple Personality Syndrome (MPS) will ich zeigen, wie es im klinischen Alltag zu Verständnisbarrieren kommt, wenn Metaphern nicht als Metaphern erkannt, sondern als Realitäten von quasi-dinglicher Kompaktheit sozusagen „wörtlich genommen" werden (die sog. „Literalisierung" der Metapher).

3. Wende ich mich wieder zurück ins Grundsätzliche: wenn die Rede über innere Zustände immer metaphorische Rede ist – wie müsste sich die Psychoanalyse verändern, um dieser Gegebenheit Rechnung zu tragen?

1. Die „Wittgenstein-Aporie" und mein Versuch, sie aufzulösen

Die erste Frage lautet: warum versagt das wissenschaftliche Denken bei dem Versuch, das Ich als Erlebenstatbestand zu erfassen? Eine plausible Begründung finden wir bei Wittgenstein. Über viele Seiten kreisen seine „Philosophische[n] Untersuchungen" (Wittgenstein 1918) um die Frage: „Wie beziehen sich Wörter auf Empfindungen?"

Zuerst spielt er ein ziemlich absurd anmutendes Gedankenspiel: „Ich will über das Wiederkehren einer gewissen Empfindung ein Tagebuch führen. Dazu assoziiere ich sie mit dem Zeichen ‚E' und schreibe in einem Kalender zu jedem Tag, an dem ich die Empfindung habe, dieses Zeichen." Aber es häufen sich die Schwierigkeiten: die Empfindung lässt sich nicht definieren, ich kann auch nicht auf sie zeigen und damit wenigstens sicherstellen, dass ich immer dieselbe Empfindung mit diesem „E" bezeichnet habe. Das ganze Unternehmen ist zum Scheitern verurteilt; ich werde nie wissen, ob ich mein Tagebuch „richtig" geführt habe: richtig wird immer das sein, „was immer mir als richtig erscheinen wird. Und das heißt nur, daß hier von ‚richtig' nicht geredet werden kann" (Wittgenstein 1918, S. 394). Der Versuch, über innere Geschehnisse sich zu verständigen, wie wir uns über Dinge der äußeren Welt problemlos verständigen, indem wir ihnen Sprachzeichen zuordnen (wie dieses „E") – dieser Versuch muss scheitern.

Wittgenstein gebraucht noch ein zweites, anschaulicheres Bild: „Stelle dir vor", schreibt er, „es hätte Jeder eine Schachtel, darin wäre etwas, was wir ‚Käfer' nennen. Niemand kann je in die Schachtel des Andern schaun; und Jeder sagt, er wisse nur vom Anblick *seines* Käfers, was ein Käfer ist. – Da könnte es ja sein, daß Jeder ein anderes Ding in seiner Schachtel hätte", das er „Käfer" nennt, „daß sich ein solches Ding fortwährend veränderte" oder schließlich könnte die Schachtel auch leer sein (ebd., S. 403).

Es mache keinen Sinn, „die Grammatik des Ausdrucks der Empfindung nach dem Muster von ‚Gegenstand und Bezeichnung'„ (ebd., S. 403) zu konstruieren, denn von der Empfindung, will Wittgenstein sagen, kennen wir nichts anderes als ihren (sprachlichen oder mimischen) Ausdruck. Das bedeutet anderseits nicht, dass es keinen Unterschied zwischen einer bloß behaupteten und einer tatsächlichen Empfindung, z.B. eine Schmerzempfindung gäbe. Die Empfindung selber ist kein Nichts: „Das Ergebnis war nur, daß ein Nichts die gleichen Dienste täte wie ein Etwas, worüber sich nichts aussagen läßt. Der psychoanalytische Diskurs handelt also von etwas, das „kein Etwas" ist, „aber auch nicht ein Nichts" (Wittgenstein 1918, S. 405); etwas, „worüber sich nichts aussagen läßt" – das „Ding in der Schachtel kann ‚gekürzt werden': es hebt sich weg, was immer es ist" (ebd., S. 403).

Ich gebe Wittgenstein Recht: Empfindungen, Gefühle lassen sich nicht bezeichnen, wie man Dinge in der äußeren Welt bezeichnet. Dennoch teile ich nicht seine Ansicht, Reden über innere Vorgänge sei beliebig, und vor allem teile ich nicht seine Konsequenz: „Worüber man nicht reden kann, darüber muß man schweigen."

Die Menschen machen fortwährend Mitteilungen über Ich-Zustände in Gesten, in Worten und in Bildern. Sie sagen z.B.: „Ich bin müde, oder traurig; ich fühle mich nicht gut", oder sie sagen: „Ich fühle mich wie eine ausgepresste Zitrone", „ich bin aufgelöst, bin außer mir" usw. usw. Weil die inneren Vorgänge so schwer fassbar sind, benutzen wir seit jeher den Kunstgriff, sie durch den Vergleich mit äußeren Vorgängen zu veranschaulichen – mit anderen Worten – über unsere inneren Vorgänge kommunizieren wir vorzugsweise in poetisch-metaphorischen Bildern. In Metaphern kommunizieren wir uns, in Metaphern verfehlen wir uns.

Die Metapher steht zu dem, was sie aussagt, in einem grundsätzlich anderen Verhältnis als dem von Ding und Zeichen, Signifikat und Signifikant. Wenn ich z.B. sage: „ich bin außer mir", dann heißt das keineswegs, dass sich mein Ich außerhalb meines Körpers befindet. Der größte Fehler ist es, metaphorische Aussagen wörtlich zu nehmen (die sog. „Literalisierung"). Metaphern bezeichnen nicht etwas, was unabhängig von ihnen da ist; sie sind selber Teil des Lebensvorgangs, den sie verbildlichen. Das Verhältnis ist hier nicht das von Signifikant und Signifikat, sondern von pars pro toto: Worte und Bilder spiegeln nichts ab, sondern sind Teil eines Lebensvorgangs, den sie pars pro toto repräsentieren.

2. Das „Multiple Personality Syndrome" (MPS) – eine literalisierte Ich-Metaphorik

Im Amerika der 70er Jahre etablierte sich ein neues psychisches Krankheitsbild, das sich lauffeuerartig ausbreitete und sogar Eingang in die offiziellen psychiatrischen Klassifikationssysteme fand: das Multiple Personality Syndrome (MPS). Es wird psychiatrisch folgendermaßen definiert:

Das DSM-III-R definiert MPS als das Bestehen von mindestens zwei Persönlichkeiten oder Persönlichkeitszuständen, die wiederholt die volle Kontrolle über das Verhalten des Individuums übernehmen (nach Huber 1995, S. 26).[1] Diese Definition zeigt das ganze Dilemma: Persönlichkeit oder Persönlichkeitszustände? Und wenn das Letztere: wie soll ein Zustand „die Kontrolle übernehmen"? Man sieht schon, das Problem verheddert sich in den Fallstricken der sprachlichen Metaphern.

---

1   Inzwischen hat die amerikanische Psychiater-Vereinigung im DSM-IV die Latte für die Anerkennung einer MPS-Störung anscheinend wieder höher gelegt (Wittchen u.a. 1998).

Seither ist ein Streit ausgebrochen, ob es dieses Krankheitsbild überhaupt „gibt". Aus meiner Sicht ist diese Frage ebenso falsch gestellt wie die, ob es all die Hysterien zu Freuds Zeit wirklich gegeben hat. Alle diese Erscheinungen „gibt" es – als Erzählmuster, in denen sich Betroffene wiederfinden können.

Flora Schreibers Bericht über „Sybil" beginnt mit einer Szene, wo diese in der Stadt herumirrt, mit einem Hotelschlüssel in der Handtasche, von dem sie nicht weiß, wie sie zu ihm gekommen ist. Die zurückliegenden 5 Tage sind aus ihrem Bewusstsein wie ausradiert.

Viele Jahre später wiederholt sich Ähnliches zu Beginn ihrer Psychoanalyse: sie will von ihrem Verlobten berichten, der soeben die Verlobung gelöst hat, aber den Brief von ihm, den sie der Analytikerin zeigen will, hat sie zerrissen, ohne es zu wissen. Gleich darauf erfolgt heftiger Ausbruch; sie schreit: „Männer sind doch alle gleich. Keinen Pfifferling wert. Man darf ihnen einfach nicht trauen." Bei dem Tobsuchtsanfall zerschlägt sie eine Fensterscheibe in der Praxis. Dann bildet sie sich ein, Blut an ihrer Hand zu sehen, obwohl keines da ist. Das führt zu einer Kindheitserinnerung an den gewaltsamen Tod eines Spielgefährten. (Schreiber 1974, S. 43).

Sybil kommt der Ärztin völlig verändert vor, klein und mit kindlicher Stimme, dann aber wieder mit den Worten einer erwachsenen Frau, die die Männer verurteilt. Die Ärztin fragt: „Wer sind Sie?" „Können Sie denn den Unterschied nicht erkennen?" Die Antwort wurde von einem energischen Zurückwerfen des Kopfes begleitet. „Ich bin Peggy." (ebd., S. 46).

Die Ärztin erklärt das Geschehen als „Fugue". Der heutige Pschyrembel kennt den Begriff nicht mehr; in einem alten Psychiatriebuch fand ich als Erläuterung: „ganz planloses oder von einer einzigen unklaren und unkontrollierten Idee beherrschtes Fortlaufen". Bleuler rechnet sie zu den Formen impulsiven Irreseins nach Kraepelin, er charakterisiert sie als „Primitivreaktionen", die bei einem „aufregenden Erlebnis, einer Versuchung, einer unerträglichen Situation" aktiviert werden (Bleuler 1916, S. 433).

Die Fugue wäre demnach ein Bewusstseinsloch, eine Absence, während der Zeit vergeht, von der Sybil nachher nicht weiß, was während dieser Zeit gewesen ist. Die Ärztin konfrontiert Sybil damit, dass während dieser Zeit, von der Sybil nichts weiß, ein „anderes Ich" von ihrem Körper Besitz ergriffen habe:

„ ... Während Sie das Bewußtsein verlieren, tritt eine andere Person an Ihre Stelle."

„Eine andere Person?" wiederholte Sybil verdutzt. ... „Dann bin ich ja wie der Dr. Jekyll und Mr. Hyde?" (Schreiber 1974, S. 85).

Mit diesem Dialog war die multiple Persönlichkeit der Sybil begrifflich festgeschrieben, die Rede von den multiplen Ichen war von einer metaphorischen zu einer realistischen geworden. „Sybil wurde zu einem Prototyp dessen, was künftig als Multipler gelten sollte".

Dazu kommt eine weitere Annahme, die im Lauf der Erzählung immer stärkeres Gewicht bekommt: „Die Ärztin glaubte ..., daß Sybils Zustand aus einem Kindheitstrauma herrührte ..." (Schreiber 1974, S. 82). „Welches war das ursprüngliche Trauma"? (ebd.) ... „Sybil war als Kind tatsächlich mißbraucht worden. ‚Sybil', die Hauptpersönlichkeit hatte keine Erinnerung an diese traurigen Erlebnisse. Aber ihre alten Persönlichkeiten erinnerten sich. Sie pflegten sich von der Hauptpersönlichkeit abzuspalten, damit Sybil sich selber dieser Narben nicht bewußt zu werden brauchte" (ebd., S. 61).

Einiges wenige nun aus einer eigenen Therapie mit einer 35-jährigen Frau. Es war dies meine erste Begegnung mit einer Multiplen im klinischen Sinn. Ich erklärte ihr gleich im ersten Gespräch, ich glaubte nicht, dass es Multiplizität wirklich gäbe: das seien nur die unterschiedlichen Zustände und Stimmungslagen, in denen wir alle uns immer wieder befinden. Multiple würden das eben so ausdrücken, dass sie jede dieser Stimmungen einer bestimmten Person zuordneten, der sie einen eigenen Namen gäben.

In die zweite Stunde brachte sie zwei Bilder mit. Das erste zeigt in der Mitte einen Mann mit einem auffällig gemalten Stopp-Schild in einer, einer Gießkanne in der anderen Hand, mit der er ein Samenkorn im Boden begießt. Links davon diverse bedrohliche Figuren, in der Luft schwebende Gesichter, offenbar Bilder der Multiplizität, ein winzig kleines Kind, rechts eine große Gestalt, die größte auf dem ganzen Bild, die sich offenbar anschickt, das wachsende Pflänzchen zu zertrampeln.

Sie hatte schriftliche Erläuterungen zu ihrer Zeichnung mitgebracht:

> Wer Sie auf dem Bild sind, können Sie wohl erahnen. Wo wir sind, ist wohl auch klar. Einmal sind wir das Samenkorn, das sich in Ihrer „Obhut" befindet. Aber wir sind auch das kleine Mädchen, das Sie nicht schützen können. Es ist eigentlich schon tot.

> Der Mann mit dem Messer und die „Gesichter" – das hat mit dem sexuellen Missbrauch zu tun. Sie sind aber auch Teile von „mir". Der Mann dazwischen ist die blasse Umwelt (die nicht eingeschritten ist, um den Missbrauch zu verhindern – G.B.).

> Sie sollen unser Helfer sein, aber Sie sehen die Gefahr nicht: diese hat auch mit dem Missbrauch zu tun, sie ist aber auch ein Teil von uns und lässt sich durch ein Stopp-Schild nicht bremsen. Dies ist die größte Gefahr für die „Blume", die sich nicht entfalten kann. Diese Gefahr könnte auch Sie bedrohen. Sie sollen wissen, worauf Sie sich einlassen.

Wichtiger als die Beziehungsmetaphorik ist im gegenwärtigen Zusammenhang die Ich-Metaphorik des Bildes. Sie ist das winzig kleine Mädchen, von dem man nicht weiß, ob es nicht vielleicht schon tot ist, und sie ist das

Samenkorn, das zur „Blume" erblühen will. Dann gibt es die Figuren der Außenwelt, die mit dem sexuellen Missbrauch zusammenhängen, die aber auch irgendwie zu Teilen von ihr geworden sind: links der Mann mit dem Messer und den blutroten Augen, rechts diese große Gestalt, die sich anschickt, das zarte Pflänzchen zu zertrampeln.

Diese letztere scheint mir die Schlüsselfigur des Ganzen zu sein! Sie ist als „die Gefahr" bezeichnet. Das Problem ist, dass ich in die falsche Richtung schaue, mein Stopp-Schild den multiplen Schattengestalten entgegenhalte und nicht sehe, dass die „Gefahr", die alles zertrampelt, aus genau der entgegengesetzten Richtung kommt.

Ein flüchtiger Blick noch auf ein zweites Bild, das sie mir wenig später bringt: es besteht einfach nur aus farbigen Kreisen, die sich teils überschneiden. Wieder ihr eigener Kommentar dazu:

Ich möchte das „Kreisebild" erklären ... Die ganzen Kreise stellen die einzelnen Persönlichkeiten dar. Nicht erschrecken!

In der dargestellten Konstellation waren sie jedoch nur am Zeichentag.

Die Kreise am Zeichenrand bedeuten, dass diese Persönlichkeiten sich nicht ganz zeigen. Sie kommen entweder gerade auf das Bild, oder sie verschwinden wieder. Die mit gleicher Farbe wie der Kreisrand ausgemalten Kreise bedeuten, dass diese Persönlichkeiten nichts von sich zeigen, teils aus Schutzgründen. Teilweise, bei den Hellen, sind sie in einen anderen Kreis eingebettet, der weiß, dass es sie gibt und vielleicht auch einen Teil ihrer Geschichte kennt. Die Dunklen hingegen wollen teilweise nicht erkannt werden. Ein Teil davon vor allem, weil sie glauben, dass sie die Mächtigsten sind. Das bekommen wir oft genug zu spüren.

Wir sehen eine metaphorische Topographie des seelischen Binnenraums – Kreise, die sich berühren, überschneiden, ineinander aufgehen usw. Das Ganze ist nicht statisch, sondern in ständiger Bewegung – ein inneres geometrisches Universum.

Was eine solche Geschichte an Wahrheit über das Ich zu transportieren vermag, hängt von der Art ihrer Ver-Bilderung ab. Meine Patientin erlebt mich als einen, der ihr ein massives Stopp-Zeichen vor Augen hält, und der zugleich das Samenkorn, das sie ist, begießt.

Im Lauf der Zeit lernte ich die Wahrheit ihrer Seelen- und Beziehungsmetaphorik achten und schätzen: z.B. die Aufrichtigkeit ihrer Warnung vor den „dunklen Mächten" in ihr, die auch mich in Gefahr bringen könnten. Ich habe schon manches von dunklen, zerstörerischen Seiten der weiblichen Psyche zu spüren bekommen – aber so klar und aufrichtig, auch fürsorglich für mich habe ich noch keine Frau von ihren dunklen Anteilen reden hören. Um das ausdrücken zu können, muss man wohl multipel sein.

Bei der MPS lassen sich zwei Ebenen von Metaphorik und ihrer Literalisierung aufzeigen. Die erste Ebene ist die der Patientin selbst, ihre „Primärmetaphorik" sozusagen: sie erlebt „sich", d.h. ihre Befindlichkeit mit sich und mit mir in einer Weise, die in diesen Bildern ihren Ausdruck findet: viele Gesichter, das kleine Mädchen, das schon so gut wie tot ist, die „Gefahr" von rechts. Was „in" ihr vorgeht, ist primär gestaltlos: es gewinnt erst in diesen Bildern eine anschaubare Gestalt, eine Quasi-Faktizität – aber eben nur „quasi". Nähme man die Bilder als graphische Abbildung eines Faktums, dann wäre dies „Literalisierung", d.h. Wörtlichnehmen eines bildhaften Ausdrucks.

Dasselbe wiederholt sich in der „Sekundärmetaphorik" auf der Theorieebene. Das Problem der ganzen MPS-Literatur liegt darin, dass sie ihre Metaphern („Ich bin viele", die Rede von den „inneren Kindern", den „männlichen Innenpersonen" usw. usw.) buchstäblich nimmt.

In einem „Selbsthilfebuch für Frauen mit multipler Persönlichkeit" lese ich den folgenden Satz:

„Als Innenmann im Frauenkörper seid ihr einer schwierigen Situation ausgesetzt: Ihr spürt eure Männlichkeit, seid ein Mann – und trotzdem müßt ihr in einem Frauenkörper leben, euch damit und mit den andern weiblichen Innenpersonen arrangieren ... Wie ist das für dich, als Mann in einem Frauenkörper zu leben?" (Marya 1999, S. 128).

Das hoch komplexe Problem der Androgynie (vgl. Meesmann/Sill 1994, Pröschel 2001) wird damit zu einer schieren Faktizität stilisiert. Die ganze MPS-Literatur, scheint mir, gewinnt ihre Faszinationskraft für manche Frauen daraus, dass sie durch Literalisierung ihrer Metaphern einen inneren Quasi-Kosmos erschafft, der als Spiegelbild des äußeren zu funktionieren und Ordnung und Übersicht zu verheißen scheint, wo in Wirklichkeit die Dinge verfließen.

Im konkreten Fall der beiden beschriebenen multiplen Persönlichkeiten, Schreibers Sybil und meiner Patientin, stelle ich mir den Prozess der Metaphernbildung so vor: Sybil hatte diesen Blackout zu Beginn, dass sie nicht wusste, wo sie die letzten Tage gewesen war. Ähnlich bei meiner Patientin: bestimmte Erlebnisse, die mit dem Missbrauch zusammenhängen, waren total aus dem Bewusstsein ausgeblendet. Dieser Blackout, das „Bewusstseinsloch" ist sozusagen das Kernsymptom der MPS. An solchen Erfahrungen eines Bruchs, einer Unstimmigkeit entzündet sich das imaginative Moment: die Psyche bildert sich einen Zusammenhang herbei, der das „Erinnerungsloch" stimmig ausfüllt mit einer poetischen Geschichte: in dieser Zeit, von der ich nichts weiß, in der ich nicht „ich" war – da war ich eben eine andere, die von meinem Körper Besitz genommen hat.

Ich meine, die Krankheit MPS im klinischen Sinn unterscheidet sich vom alltäglichen Multipelsein dadurch, dass sie ihre Metaphorik nicht metaphorisch, sondern buchstäblich wörtlich nimmt. Das ist der Grund, warum ich gerade das Beispiel MPS zur Illustration ausgewählt habe: mich beschäftigt seit langem die Frage nach der Einheit bzw. Multiplizität des Ich. Das kompakte, mit sich identische Ich erschien mir seit jeher als eine Illusion; die Aufgabe der Analyse ist es weniger, irgendwelche ominösen Es-Regungen, sondern verborgene und sozusagen eingefrorene Ich-Facetten ans Licht zu bringen und ins Leben treten zu lassen (vgl. 1998, S. 223 ff.). Vor Jahren schon habe ich dazu geschrieben (1974, 1977, 1988); mein jüngster Versuch in dieser Richtung trägt den (Unter-) Titel: „Multiples Ich in multipler Welt" (2001).

Auf diesem Hintergrund musste mich die amerikanische Multiplen-Bewegung (vgl. Hacking 1996) mitsamt ihren deutschen Ausläufern (Orban 1996, Huber 1995) lebhaft interessieren. Irgendwie handeln diese Leute vom selben Phänomen, das auch mich beschäftigt – aber sie tun es auf eine charakteristisch unterschiedliche Weise. Sie nehmen die Aussage „Ich bin viele" als eine kompakte, quasi-dingliche Realität (vgl. das Zitat von Marya); ich nehme sie als eine Metapher, die das diffuse Multipelsein unseres Gefühlsgrundes in einer Art Rollenspiel bildhaft gestaltet.

3. Für eine „neue" Psychoanalyse

Die Rede von inneren Vorgängen, suchte ich zu zeigen, kann nur eine metaphorisch-poetische sein. Daraus folgt ein neues Verständnis von Psychoanalyse: insofern sie Bilder innerer Zustände beschreibt, ist sie Poesie, insofern sie die „Poesie" der erlebenden Subjekte kommentiert, wird sie zur Poetik.

3.1 Der italienische Schriftsteller und Philosoph Papini berichtete 1934 über ein denkwürdiges Interview mit Freud. „Alle glauben," soll Freud dort gesagt haben, „daß ich meinem Werk naturwissenschaftlichen Charakter zuschreibe ... Dies ist ein schrecklicher Irrtum ... In Wirklichkeit habe ich die Natur eines Künstlers ... Meine Bücher gleichen in der Tat eher Werken der Phantasie als Abhandlungen über Pathologie ... Es ist mir gelungen, auf indirektem Weg meiner Bestimmung zu folgen und meinen Traum zu verwirklichen: ein homme de lettres zu bleiben, obwohl dem Erscheinen nach ein Arzt" (zit. nach Hillman 1986, S. 7).

Mit diesem Zitat leitet der bekannte jungianische Analytiker Hillman seinen Versuch einer „psychotherapeutischen Poetik" (1986) ein. Psychoanalyse, führt er dort aus, sei „schöpferische Erzählkunst". Sie gehöre damit „in den Bereich von poiesis", sei einem poetischen und rhetorischen Kosmos zugeordnet: „eine Schöpfung, eine poetische Fiktion, die sich vor dem Erzähler wie vor seinem Zuhörer maskiert – mit der Sprache der medizinischen Wissenschaft".

Folgen wir Hillman, können wir sagen: die Psychoanalyse mitsamt ihren Ablegern ist eine Art von Poesie, d.h. von Vergegenwärtigung der Seele in poetischen Metaphern. Hinzufügen müssen wir freilich: insofern Wissenschaft, ist sie nicht nur Poesie, sondern zugleich Poetologie, d.h. sie reflektiert ihre poetischen Ausdrucksmittel – so wie es Hillman in seinem Buch tut.

3.2 Metapherntheorie ist zu einem zentralen Thema der Sprach- und Literaturwissenschaften vor allem im angelsächsischen Bereich geworden (vgl. Haverkamp 1996, Lakoff und Johnson 1998). In den USA hat sich im Kontext der „narrativen" Psychoanalyse eine Metapherndiskussion entwickelt, die von Buchholz (1993, 1996) bei uns bekannt gemacht und mit eigenen Beiträgen weitergeführt worden ist.

Bahnbrechend war vor allem der Aufsatz von Carveth (1993, 1984 dt.): die Aussagen der Psychoanalyse stecken voll von Metaphern. Bei Freud selbst sind es die technischen und medizinischen Metaphern (die Psyche als Dampfmaschine oder ein elektrischer Apparat, der Analytiker als „Chirurg"). Kohut und seine Schüler hingegen scheinen das Selbst mit seiner Fragmentierungsgefährdung „gleich einem delikaten keramischen Kunstwerk zu verstehen, das im Brennofen der frühen Selbstobjekte nicht ausreichend gehärtet wurde" (zitiert nach Carveth 1993, S. 25). Heutzutage werden die suggestivsten Metaphern sicherlich von den Kleinianern produziert.

Es geht Carveth nicht darum, die Metaphern zu eliminieren. Aus den Metaphern komme man nicht heraus; man kann sie immer „nur anhand anderer Metaphern hinterfragen" (Lakoff und Johnson; zit. nach Carveth 1993, S. 28). „Das Problem ist somit nicht das metaphorische Denken, sondern seine Degenerierung durch Literalisierung, wodurch erhellende Vergleiche auf Identitäten reduziert und ‚lebendige' Metaphern in ‚tote' verwandelt werden" (ebd.).

Carveth und die anderen psychoanalytischen Metapherntheoretiker sehen die Aufgabe darin, die Metaphern des Patienten ebenso wie die des psychoanalytischen Diskurses zu dekonstruieren, d.h. vor allem zu entliteralisieren. Bei manchen radikalen De-Konstruktivisten besteht die Gefahr, „die Kampagne gegen die Literalisierung in einen Kreuzzug gegen die Metapher umzuwandeln" (ebd., S. 29).

Dem hält Carveth mit Lakoff und Johnson entgegen: „Metaphern sind nicht nur Figuren, die man hinterfragen muß – man kann sie ohnehin nur anhand anderer Metaphern hinterfragen" (ebd., S. 28). Das heißt, bei allem Dekonstruktivismus: wir kommen aus den Metaphern nicht heraus; es gibt keinen Standpunkt jenseits der Metaphern.

Wenn das so ist, dann ist für die Psychoanalyse zugleich die erkenntnistheoretische Frage aufgeworfen, die in der Metapherntheorie, soweit ich sehe, noch kaum diskutiert wurde: was ist die Wahrheit der Metaphern – was eröffnen und was verhüllen sie von den innerseelischen Vorgängen?

3.3 Freud hat bereits gesehen, dass das Unbewusste „etwas ist, was man wirklich nicht weiß" (Freud 1905c, S. 185) und dass es zu etwas Wissbarem, d.h. zunächst einmal sinnlich Wahrnehmbaren erst wird, wenn es sich visuell oder sprachlich-akustisch „einkleidet". In der „Traumdeutung" beschreibt er die Prozedur der Verbildlichung und Versprachlichung unanschaulicher Traumgedanken im Prozess der Traumarbeit; denn vor allem „das Bildliche ist für den Traum darstellungsfähig", aber auch an der sprachlichen Darstellbarkeit entlang verläuft der Prozess der Traumbildung (Freud 1900a, S. 345).

Später in „Das Ich und das Es" erörtert er ausführlich die Bedeutung von Bild und Sprache für das Bewusst- und Wahrnehmbarwerden seelischer Vorgänge. Durch die Anlagerung an Wort- und Bildvorstellungen werden „die inneren Denkvorgänge zu Wahrnehmungen gebracht. Es ist, als sollte der Satz erwiesen werden: alles Wissen stammt aus der äußeren Wahrnehmung". Durch diese Anlagerung an Wort- und Bildvorstellungen werden die inneren Prozesse „wie von außen ... wahrgenommen und darum für wahr gehalten" (Freud 1923b, S. 250).

Das Seelische ist unfassbar, unanschaulich, fluktuierend – indem wir für Wörter und Sätze anschauliche Bilder bereitstellen, verhelfen wir dem Unsichtbaren zur sinnlichen Wahrnehmbarkeit. Thema der Psychoanalyse sind die vielfältigen Ausdrucksformen, die Ver-Bildlichungen des Seelischen: in Träumen und neurotischen Symptomen, aber auch in der offenen, sprachlich-bildlichen Kommunikation. Seelisches will sich offenbaren, es drängt zur (Selbst-) Inszenierung, zur Selbst-Darstellung.

In der Psychoanalyse waren diese Phänomene meist unter den Stichworten „Symbolisierung", „Symbolbildung" behandelt worden, vor allem in der Schule Melanie Kleins (Klein 1928, Segal 1974). Symbol und Metapher lassen sich nicht scharf abgrenzen (vgl. Buchholz 1996), dennoch scheint mir der metapherntheoretische Zugang der breitere und umfassendere zu sein:

- während die Symbolisierungstheorie unterstellt, es könnte auch nicht-symbolisierte seelische Ereignisse geben, ist für die Metapherntheorie von vornherein „alles", was sich seelisch ereignet, „in ein Sprachbad getaucht", um mit Lacan zu reden.

- während die Symbolisierungstheorie meint, über Symbole theoretisch-diskursiv, also nicht-symbolisch i.S. einer archaischen Symbolik kommunizieren zu können, sieht die Metapherntheorie auch den Theoriediskurs als durch und durch metaphorisch an: als Metaphorik zweiter Ordnung, sozusagen als „Metaphern über Metaphern".

Das ist nämlich der springende Punkt: auch die psychoanalytischen Theoreme, der wissenschaftliche Diskurs über die metaphorischen Hervorbringungen der unbewussten Psyche – auch dieser Diskurs seinerseits ist wieder metaphorisch – was ich vorhin als den Unterschied zwischen Primär- und Sekundärmetaphorik am Beispiel der MPS darzustellen suchte. Auch die Theorie ist eine Hervorbringung des Unbewussten, ein Nachbilden unsichtbarer innerseelischer Prozesse – wenn auch auf einem höheren Abstraktionsniveau.

In einem der souveränsten und hellsichtigsten Sätze seines Werkes hat Freud es selber benannt: in den Schlusssätzen seiner Abhandlung über das Wahnsystem des Senatspräsidenten Schreber, das dieser in seinen „Denkwürdigkeiten eines Nervenkranken" (1911c) autobiographisch geschildert hatte. Dort war von einer Weltkatastrophe die Rede, die dadurch entstanden sei, dass er, Schreber, alle „Gottes-Strahlen" (die zugleich „Nervenfasern" und „Samenfäden" sind), in sich hineingezogen habe. Freud interpretiert diese Phantasie als die Projektion einer inneren Katastrophe, die durch den narzisstischen Rückzug der Libido entstanden ist.

Und nun folgen Freuds für den gegenwärtigen Zusammenhang entscheidende Sätze:

„Da ich weder die Kritik fürchte noch die Selbstkritik scheue, habe ich kein Motiv, die Erwähnung einer Ähnlichkeit, die vielleicht unsere Libidotheorie im Urteile vieler Leser schädigen wird. Die durch Verdichtung von Sonnenstrahlen, Nervenfasern und Samenfäden komponierten ‚Gottesstrahlen' Schrebers sind eigentlich nichts anderes als die dinglich dargestellten, nach außen projizierten Libidobesetzungen und verleihen seinem Wahn eine auffällige Übereinstimmung mit unserer Theorie" (Freud 1911c, S. 315).

Was die rationalen Konstruktionen des Seelischen von denen der äußeren Weltdinge unterscheidet, ist der Umstand, dass diese ersteren aus der selben Materie gewissermaßen gebildet sind wie ihr Erkenntnisgegenstand: es sind psychische Hervorbringungen, die ihrerseits psychische Hervorbringungen zum Gegenstand haben.

Was durch Freuds Äußerung nahe gelegt wird, ist die Vorstellung einer *Isomorphie* seelischer Hervorbringungen: die Theorie, die Freud über Schrebers Wahn expliziert, hat eine gewisse Strukturähnlichkeit mit dem Wahn selbst – was Freud unberechtigterweise irritierte, weil er nur den denkbaren Vorwurf vor Augen hatte, die Psychoanalytiker seien in ihren Theorien ebenso verrückt wie der alte Schreber. Aber dass Theorien über Psychisches als ihrerseits psychische Hervorbringungen den ursprünglichen Hervorbringungen, von denen sie handeln, irgendwie strukturähnlich, isomorph sein müssen, dass aus der Struktur der Aussage ein Analogieschluss auf die zu Grunde liegende Empfindung, Phantasie etc. erlaubt ist – das erschiene mir weder allzu spekulativ noch wissenschaftlich ehrenrührig.

Psychoanalyse ist demnach die unmögliche Wissenschaft von etwas, das man schlechterdings nicht wissen, sondern allenfalls isomorph abbilden kann; sie besteht aus solchen mehr oder weniger isomorphen Interpretationen, Konnotationen, Konstruktionen als metaphorische Umkreisungen eines X, das als solches unanschaulich und ungreifbar ist. Nur in den metaphorischen Spuren, die es hinterlässt, ist es vorhanden.

Literatur

Binswanger, L. (1956): Erinnerungen an Sigmund Freud, Bern u.a.

Bittner, G. (1974): Das andere Ich. Rekonstruktionen zu Freud, München

Bittner, G. (1977): Tarnungen des Ich. Studien zu einer subjektorientierten Abwehrlehre, Stuttgart

Bittner, G. (1981): Die Selbst-Symbolisierung des Kindes im pädagogischen Kontext, in: G. Bittner: Selbstwerden des Kindes. Ein neues tiefenpsychologisches Konzept, Fellbach

Bittner, G. (1988): Das Unbewußte - ein Mensch im Menschen?, Würzburg

Bittner, G. (1998): Metaphern des Unbewussten. Eine kritische Einführung in die Psychoanalyse, Stuttgart

Bittner, G. (2001): Der Erwachsene. Multiples Ich in multipler Welt, Stuttgart

Bleuler, E. (1916): Lehrbuch der Psychiatrie, Berlin

Buchholz, M. (1993): Metaphernanalyse, Göttingen

Buchholz, M. (1996): Metaphern der „Kur". Eine qualitative Studie zum psychoanalytischen Prozeß, Opladen

Carveth, D.L. (1993): Die Metaphern des Analytikers. Eine dekonstruktionistische Perspektive, in: Buchholz, M. (Hrsg.): Metaphernanalyse, Göttingen

Freud, S. (1900a): Die Traumdeutung, GW II/III, Frankfurt am Main

Freud, S. (1905c): Der Witz und seine Beziehung zum Unbewußten, GW VI, Frankfurt am Main

Freud, S. (1908e): Der Dichter und das Phantasieren, GW VII, Frankfurt am Main

Freud, S. (1911c): Psychoanalytische Bemerkungen über einen autobiographisch beschriebenen Fall von Paranoia, GW VIII, Frankfurt am Main

Freud, S. (1923b): Das Ich und das Es, GW XIII, Frankfurt am Main

Hacking, J. (1996): Multiple Persönlichkeit. Zur Geschichte der Seele in der Moderne, München u.a.

Hartmann, H. (1939): Ich-Psychologie und Anpassungsproblem, Stuttgart 1975[3], Psyche-Sonderheft

Haverkamp, A. (1996): Theorie der Metapher, Darmstadt

Hegener, W. (1997): Zur Grammatik psychischer Schrift. Systematische und historische Untersuchungen zum Schriftgedanken im Werk Sigmund Freuds, Tübingen

Hillman, J. (1986): Die Heilung erfinden. Eine psychotherapeutische Poetik, Zürich

Huber, M. (1995): Multiple Persönlichkeiten. Überlebende extremer Gewalt, Reinbek 1999[6]

Kimmerle, G. (1997): Der Fall des Bewußtseins. Zur Dekonstruktion des Unbewußten in der Logik der Wahrheit bei Freud, Tübingen

Klein, M. (1928): Frühstadien des Ödipuskonfliktes, in: M. Klein, Gesammelte Schriften I/1, Stuttgart / Bad Cannstatt

Kohut, H. (1966): Formen und Umformungen des Narzißmus, in: Psyche (20), S. 561-587

Lakoff, G./Johnson, M. (1998): Leben in Metaphern. Konstruktion und Gebrauch von Sprachbildern, Heidelberg

Loch, W. (1976): Die Krankheitslehre der Psychoanalyse. Eine Einführung, Stuttgart 1989[5]

Marya, S. (1999): Schmetterlingsfrauen. Ein Selbsthilfebuch für Frauen mit multipler Persönlichkeit, München

Orban, P. (1996): Der multiple Mensch, Frankfurt am Main

Pröschel, C. (2001): Probleme der Androgynie. Diplomarbeit, Würzburg

Schottlaender, F. (1959): Das Ich und seine Welt, Stuttgart

Schreiber, F.R. (1974): Sybil. Eine Frau mit vielen Gesichtern, Bern u.a.

Segal, H. (1974): Melanie Klein. Eine Einführung in ihr Werk, München

Tress, W. (1985): Psychoanalyse als Wissenschaft, in: Psyche (39), S. 385-412

Wittchen, H.-U. u.a. (1998): Diagnostische Kriterien des Diagnostischen und Statistischen Manuals Psychischer Störungen DSM-IV, Göttingen u.a.

Wittgenstein, L. (1918): Philosophische Untersuchungen, Schriften 1, Frankfurt am Main

Theodor Schulze

Bild und Biographie

Untersuchungen zur Selbstkonstitution durch Bilder und
Geschichten am Beispiel des jungen Marc Chagall

Mich beschäftigt seit einiger Zeit der Zusammenhang von Bild und Biographie. Dabei geht es zum einen um das Leben der Bilder, um ihr Auftauchen und Entstehen, ihr Hervortreten, Anwachsen und Sichverändern oder auch Verblassen und Verschwinden im Leben eines einzelnen Menschen. Und es geht um die Gestaltung einer Biographie, um die Mitwirkung von Bildern in der Ausrichtung und Ausformung einer Lebensgeschichte. Das ist eine Problematik im Schnittfeld des Umkreises einer pädagogischen Ikonologie (Schulze 1999a) und dem Bereich der erziehungswissenschaftlichen Biographieforschung (Schulze 1999b und 2002). Mit dieser Ausrichtung fügt sich die folgende Untersuchung gut ein in die Thematik, insofern es um die im Untertitel dieses Buches vorgegebene Selbstkonstitution durch Bilder und Geschichten geht. Das bedeutet in diesem Kontext vor allem Selbstkonstitution durch Selbstbildnisse und autobiographische Erzählungen.

Ich will diesen Zusammenhang von Bild und Biographie, von Selbstporträt und Autobiographie hier an einem einzelnen Fall untersuchen - am Beispiel eines Menschen, der nicht nur Bilder wahrnimmt und sich mit ihnen umgibt, sondern der auch produktiv mit Bildern umgeht und neue Bilder hervorbringt. Viele Maler und Malerinnen kommen in Betracht. Ich habe mich für Marc Chagall entschieden. Diese Entscheidung war zunächst ein Zufall; sie hat sich nachträglich in vieler Hinsicht als ein Glücksfall erwiesen.

Marc Chagall hat schon in jüngeren Jahren, mit etwa 35, eine sehr lesenswerte, ausführliche und aufschlussreiche Autobiographie geschrieben, die 1931 unter dem Titel „Ma vie" (dt. „Mein Leben" 1959a[1]) veröffentlicht wurde. Bis zu diesem Zeitpunkt hatte er ebenfalls bereits über 50 Selbstbildnisse gezeichnet oder gemalt. Außerdem hat er seine Autobiographie 1923 in einer Reihe von Radierungen illustriert, und darüber hinaus gibt es noch sehr viel mehr Bilder, die sich unmittelbar oder in Abwandlungen seiner Autobiographie

---

1 Alle Zitate, zu denen in der Klammer nur eine Seitenzahl angegeben ist, stammen aus diesem Buch.

zuordnen lassen. Das ist ein Materialensemble, das besonders geeignet erscheint für eine Untersuchung zum Zusammenhang von Bild und Biographie.

Ich beschränke mich auf den Zeitraum im Leben Chagalls, der durch dieses Material begrenzt wird. Und ich halte mich vornehmlich an die originalen Quellen, die mir zugänglich sind.[2] Ich analysiere nicht die Bilder, sondern die Arbeit an ihnen, und ich ordne sie auch nicht ein in das Panorama der Kunstgeschichte, sondern in die Welt der Bilder. Dies ist auch keine tiefenpsychologische Analyse, sondern eine biographische Untersuchung. Sie versucht nicht den Hinweisen auf unbewusste Beweggründe und Konflikt nachzugehen. Sie konzentriert sich gleichsam auf die Oberfläche der Vorgänge, auf unmittelbar in Erscheinung tretenden Zusammenhänge von Bild und Biographie.

Die Untersuchung folgt vier unterschiedlichen Spuren. Die erste betrifft den Weg zu den Bildern oder den biographischen Prozess, die zweite das Selbst im Bild oder das biographische Subjekt, die dritte die Herkunft der Bilder oder das biographische Potential und die vierte die Verwandlung der Bilder oder die biographische Arbeit.

1. Der Weg zu den Bildern

Selbstkonstitution wird konkret in der Gestaltung einer individuellen Lebensgeschichte. Eine Biographie ist von außen betrachtet die Bewegung eines einzelnen Menschen im geographischen und sozialen Raum (Bourdieu 1992) - ausgehend vom Ort und Status der Geburt. In einer autobiographischen Erzählung in ihrer Gesamtheit versucht der Autor diese Bewegung aus der Position heraus, die er inzwischen erreicht hat, zu rekonstruieren.

So Marc Chagall in „Mein Leben": Genau genommen sind es nicht eine, sondern mehrere nebeneinander und durcheinander verlaufende Bewegungen. Da ist die Geschichte eines Kindes, das erwachsen wird, indem es sich von seinen Eltern trennt und in die Fremde geht, dann die Geschichte des Sohnes eines Handlungsgehilfen oder, wie er selbst oft sagt, „eines einfachen Arbeiters" (S. 63), der in höhere soziale Schichten aufsteigt, dann die Geschichte eines Jungen aus einer frommen jüdischen Familie, der sich aus dieser Tradition löst, aber seinen Glauben mitnimmt, dann die Geschichte eines Jungen aus einem dörflichen Schtetl, den es in die großen Städte zieht, dann die Geschichte eines

---

2 Natürlich greife ich auch auf Sekundärliteratur zurück und auf Bildbände, In der Sekundärliteratur waren mir besonders wichtig Franz Meyer: „Marc Chagall. Leben und Werk" (1961), Jean Cassou: „Chagall" (1965), Werner Haftmann: „Marc Chagall" (1972/ 1978) und Horst Keller: „Marc Chagall. Leben und Werk" (1980). Für die Besprechung einzelner Bilder habe ich darüber hinaus den Katalog der Ausstellung 1959 in Hamburg (Chagall 1959b) und den der Ausstellung 1985 in der Kestner-Gesellschaft in Hannover (Chagall 1985) herangezogen. Doch diese Studie ist keine Chagall-Studie im kunsthistorischen Sinne, obschon sie sich eingehend mit Chagall beschäftigt und auch einiges zum besseren Verständnis seiner Bilder beiträgt.

jungen Juden im zaristischen und dann im sowjetischen Rußland, der dort vielen Behinderungen und Anfeindungen ausgesetzt ist und der schließlich nach Frankreich emigriert, dann die Geschichte eines jungen Mannes, der seinen Körper, seine Sexualität, seine Männlichkeit entdeckt und der einer Frau begegnet, mit der er glücklich ist, und schließlich die Geschichte eines Malers, der zu sich selbst findet. Vor allem diese Geschichte. Auf sie werde ich mich im Folgenden konzentrieren.

Aus der Sicht der Biographieforschung stellt sich hier ganz allgemein die Frage: Wie wird man ein bildender Künstler und wie kommt der bildende Künstler zu seinen Bildern? Oder spezieller auf Chagall bezogen: Wie wird man ein bildender Künstler, wenn man gegen Ende des 19. Jahrhunderts in einer russischen Kleinstadt als Sohn eines jüdischen Arbeiters geboren wird? Und: Wie kommt Chagall zu den Bilder, die heute in zahlreichen Museen der Welt gezeigt und auf vielen Postkarten in die Welt verschickt werden?

Der Weg Chagalls zu seinen Bildern ist ein weiter Weg. Er ist alles andere als eine voraussehbare, sozial gesicherte Laufbahn, eher unwahrscheinlich und erstaunlich. Drei große Etappen zeichnen sich ab: 1887-1906, 1906-1910, 1910-1914.

Am unwahrscheinlichsten ist die erste Etappe. Er wird in eine Umwelt geboren, in der es nur wenige Bilder gibt und in der man den Bildern misstraut oder sie missachtet. Seine Schwestern benutzen seine ersten farbigen Studien, auf grobes Leinen gemalt und zum Trocknen ausgehängt, als Abtreter und Wischlappen (S. 59). Sein Onkel Isaak mag ihm die Hand nicht hinstrecken, weil er ein Maler sei - „Gott erlaubt es nicht. Sünde." (S. 21) Auch sein Onkel Sussi weigert sich, sein Porträt von ihm anzunehmen (S. 22). Und sein Großvater wendet sich erschrocken ab, als er bei ihm auf die Zeichnung einer nackten Frau stößt. „Und da begriff ich, daß mein Großvater und mein runzliges Großmütterchen und alle die Meinen ganz und gar nichts für meine Kunst übrig hatten." (S. 16) - Ob er schon als kleines Kind zeichnete und wie seine Eltern darauf reagierten, wissen wir nicht. In der Schule dann zeichnet er „wie wild ... Ohne zu wissen, was das bedeutet." (S. 50) Aber er weiß weder was Kunst, noch was ein Künstler ist. Erst als eines Tages einer seiner Mitschüler über seinem Bett eine Zeichnung entdeckt, die er nach einem Porträt des Komponisten Rubinstein in der Zeitschrift „Niwa" angefertigt hat, fällt das Stichwort, das sein weiteres Leben bestimmen wird: „Hör mal Du bist ja ein richtiger Künstler!", sagt der Mitschüler. „Was ist denn das, Künstler? ... Sollte ich etwa auch ...?" (S. 52). Da beschließt er, ein Künstler zu werden (S. 53) und besucht gegen den Widerstand der Eltern, aber schließlich doch mit ihrer Zustimmung eine Malschule.

Auch die zweite Etappe, obschon er sich jetzt im Umfeld einer institutionalisierten Karriere fortbewegt, verläuft erstaunlich. Zwar besucht er mehrer Malschulen - erst in Witebsk, dann in Petersburg. Aber immer wieder verlässt er sie vorzeitig. Natürlich lernt er dort, mit Stift, Feder, Pinsel und Farbe umzugehen, aber er lernt nicht, was die Lehrer erwarten: „Ich bin also nicht fähig zu lernen. Oder man kann mir nichts beibringen. ... Ich begreife nichts, es sei denn durch Instinkt. Versteht ihr?" (S. 91) Und natürlich lernt er auch viele russischen Künstler und Kunstrichtungen kennen, aber nicht die, die er bewundert und anstrebt. Sie erscheinen ihm fremd, düster, erstarrt, gekünstelt oder plump (vgl. S. 99f.). Er suchte „eine Malerei, die ganz anders ist, als alle Welt sie macht." (S. 65) - Erst durch seinen Lehrer Leon Bakst und durch die Ausstellung „Das Goldene Vlies" im Jahre 1908 lernt er die neue französische Malerei kennen. Da wittert er Morgenluft und Leben. Er verlässt Petersburg und geht mit einem kleinen Stipendium nach Paris. Hier findet er die Umwelt und die Anregungen, die er braucht, um sich zu entfalten. „Keine Akademie hätte mir das alles geben können, was ich entdeckte, als ich mich in die Ausstellungen von Paris verbiß, in die Schaufester, Museen. ..." (S. 101) So war er, von weither kommend, eher instinktiv als überlegt und doch zielsicher, im Zentrum der Neuerungen angekommen. „Ich stieß bis ins Herz der französischen Malerei vor."

Auch die dritte Etappe - sein erster Aufenthalt in Paris - ist erstaunlich: Er stürzt sich leidenschaftlich in das Gewühl der avantgardistischen Kunst, setzt sich mit ihren Herausforderungen intensiv auseinander. Er experimentiert mit den neu gewonnen Möglichkeiten. Seine Formen gewinnen schärfere Konturen und eine freiere Beweglichkeit und seine Farben beginnen zu „singen" (S. 105). Aber er arbeitet an Themen und inneren Bildern, an alltäglichen Szenen und befremdlichen Visionen, die er aus Rußland mitgebracht hat. Er verweigert sich der vorherrschenden Tendenz zur Formalisierung und Abstraktion, zur Zerlegung der Gegenstände und zur Ironisierung der Wirklichkeit. So bleibt er in der Pariser Szene ein Außenseiter und Fremder, anerkannt aber schwer einzuordnen. Als Apollinaire ihn in seinem Atelier besucht, sagt er: „Ich weiß, Sie sind der Anreger des Kubismus. Aber ich möchte etwas ganz anderes." (S. 112) Doch da ist Chagall bereits bei seinen Bildern angekommen. Sie lehnen an den Atelierwänden: „Meiner Braut gewidmet", „Ich und das Dorf", „Rußland, den Eseln und den Anderen", „Der heilige Droschkenkutscher", „Der Geiger", „Golgatha" und „Hommage à Apollinaire". -

Wenn wir diesen Weg, auf die ihm zugrundeliegende Prozessstruktur hin betrachten, so kommen wir zu einem interessanten Befund: Keine der seinerzeit von Fritz Schütze herausgearbeiteten „Prozeßstrukturen des Lebenslaufs" (Schütze 1984, S.91 ff.) wollen recht zu diesem Weg passen. Natürlich sind Momente eines „Institutionellen Ablaufmusters" und von „Wandlungsprozessen" erkennbar. Aber sie bestimmen nicht Chagalls Einstellung. Am ehesten könnte man an ein „Biographisches Handlungsschema" denken: „...dann werde ich Künstler." (S. 53) Doch dieser Entschluss ist nicht das Ergebnis planender Überlegungen, eher ein Durchbruch, und ihm folgt auch kein planmäßiges Handeln, sondern eine Folge fast zwanghafter Schritt, wie in einer „Verlaufskurve", nur mit umgekehrter Tendenz.

Ein anderes Muster zeichnet sich ab, eine Art Suchprozess, in vielen Windungen und Wendungen sich vollziehend, vergleichbar einem Wasserlauf, der aus einer Quelle hervorbricht und sich, der Schwerkraft folgend, einen ständig sich verstärkenden Weg zum Meer sucht. Man könnte dieses Muster als „Emanzipationsstruktur" charakterisieren oder besser noch als „Emergenzstruktur". Emanzipation meint eine Bewegung „heraus aus", eine Bewegung, die sich aus Bindungen, Zwängen und Vorurteilen befreit, Emergenz eine Bewegung „hin zu", eine Bewegung, die etwas unvorhersehbar Neues hervorbringt. Die Struktur dieses Prozesses ist, wie wir gesehen haben, durch eine Reihe von Merkmalen bestimmt: Ein hoher Grad an Unwahrscheinlichkeit, eine große Leidenschaft, die „Lust zu Malen" (S. 96), verbunden mit Ichstärke, Willenskraft und Durchhaltevermögen, die allen Widerwärtigkeiten trotzen, Eigensinn und eine Art innere Kompass oder ein „Instinkt", der die Richtung zu den fruchtbaren Orten und Bedingungen weist, eine ziellose Zielstrebigkeit, die sich zunächst nur negativ zu artikulieren vermag - „ ... ich möchte etwas ganz anderes" - und eine unerschütterliche Gewissheit anzukommen. Aber woher stammt diese Zielstrebigkeit und diese Gewissheit? Man wird sagen: das ist angeboren, das ist Begabung. Aber was ist das? Eine gute Augen-Hand-Koordination und ein starkes visuelles Gedächtnis? Damit könnte man vielleicht erklären, warum er unbedingt ein Maler werden will, aber nicht warum er darauf beharrt, andere Bilder malen zu wollen - „etwas ganz anderes". Es ist als trüge er bereits etwas in sich, von dem er noch nicht weiß, was es ist. Oft erscheint in seinen Bildern ein alter jüdischer Mann mit einem Sack auf dem Rücken (z.B. S. 41), und man fragt sich: Was ist in dem Sack?

2. Das Selbst im Bild

Ein Selbstbildnis wird oft als bildhafte Entsprechung zu einer autobiographischen Äußerung angesehen. So ist der Betrachter versucht in dem Gesicht des Malers nach Spuren einer Lebensgeschichte zu suchen. Aber was er dort heraus zu lesen meint, weiß er aus anderen Quellen oder projiziert er aus eigenem Erleben in das Gesicht hinein. Zwar lässt sich aus der zeitlichen Folge von Selbstporträts auch so etwas wie eine Entwicklung erschließen - Veränderungen in der äußeren Erscheinung, im Selbstbewusstsein, in der darstellerischen Fähigkeit, im Stil. Aber die Folge ergibt noch keine Lebensgeschichte.

Das Selbstporträt verweist auf eine andere Form der Selbstkonstitution als die Autobiographie. Es verweist auf die Selbstkonstitution in der Gestaltung einer individuellen Persönlichkeit. Damit ist hier gemeint die Art und Weise, wie der einzelne Mensch sich den anderen zeigt und darstellt, wie er sich sieht, kleidet, einrichtet, inszeniert und zuordnet, wie er sich selbst versteht und preisgibt.

Das Selbstporträt setzt an bei der äußeren Erscheinung. Es verdankt sich dem Blick in den Spiegel (Schulze 1996). Im Spiegel sieht sich der Betrachter von außen, so wie andere ihn betrachten, als ein bekanntes oder fremdes Gegenüber, oder auch wie er ein Ding betrachtet, als ein Objekt. Zugleich aber sieht er sich selbst. Er weiß um sein Innen-sein, seine Gefühle und Gedanken, während er sich von außen sieht. Und er weiß um sein Ich-sein, seine Möglichkeiten und Erwartungen und seine Fähigkeit zur Reflexion. Er sieht sich als Objekt und Subjekt der Betrachtung zugleich. Das ist das Problem, mit dem es der Maler im Selbstporträt zu tun hat. (siehe Boehm 1993). So stellt sich hier die Frage: Wie sieht sich der Maler selbst und wie zeigt er das im Bild? Wie zeigt er im Äußeren sein Inneres? Wie bringt er sich als Subjekt und als Maler, als der, der sieht und malt, im Feld objekthafter Gestaltung zur Geltung?

Es beginnt mit dem bewussten Blick in den Spiegel. Chagall erinnert sich daran. Da ist er dreizehn (S. 46). Und dann immer wieder. „ Ihr werdet sagen, ich hätte mich selbst bewundert. ... Um die Wahrheit zu sagen, ich beobachtete mich mit dem Gedanken, wie schwierig es sein würde, wenn ich eines Tages mein Portrait machen wollte..." (S. 69).

Da geht es zunächst um das Erfassen der äußeren Erscheinung, insbesondere der charakteristischen Gesichtszüge. Die äußere Erscheinung und Physiognomie gehören zu den objektiven Vorgaben eines Selbstporträts. Immer wieder hat man versucht aus der äußeren Erscheinung des Menschen etwas über seinen Charakter abzulesen. Doch die groß angelegten Versuche zu einer wissenschaftlich begründeten Physiognomik sind bis heute weitgehend gescheitert. Das eigentlich Bedeutsame an dem Erfassen der Physiognomie im Selbstporträt ist für den Maler die Feststellung, dass er sich in ihm als ein unverwechselbares Individuum und als ein durch alle Verkleidungen und Verwandlungen sich durchhaltendes, real existierendes und identisches Subjekt seiner Malerei zu erkennen gibt: Das bin ich, Marc Chagall.

Die Fähigkeit, seine äußere Erscheinung zu erfassen und darzustellen, ergibt sich nicht von selbst. Sie setzt Ausbildung und Übung voraus, besonders wenn es sich um ein Gemälde handelt. Insofern ist das Selbstporträt eines Malers zunächst auch immer ein Beweis des erreichten Könnens. Zugleich aber ist das eigene Bild im Spiegel für den Maler auch ein jederzeit und ohne Aufwand oder Kosten verfügbares Modell, an dem er seine Fähigkeit eine hochkomplexe äußere Wirklichkeit zu erfassen und zu durchdringen immer neu erproben und entfalten kann. Die frühen Selbstporträts in Öl - das Selbstbildnis mit der Maske von 1908 (Chagall 1959b, Nr.5) und das Selbstporträt mit den Pinseln von 1909 (Haftmann 1978, S.66/67) - zeigen, dass Chagall sein Pensum gelernt hat: er kann malen.

In der Darstellung seiner äußeren Erscheinung wird der Maler nicht nur als „dieser", sondern auch als „jemand" erkennbar. Er erscheint in einer konventionellen Haltung und Aufmachung, die die Zuordnung zu einer bestimmten

Position in der eigenen Kultur und Gesellschaft ermöglichen, nahe legen oder einfordern. Das Selbstporträt bringt einen bestimmten sozialen Habitus zum Ausdruck (Bourdieu 1992, S. 115 ff.) So zeigt Chagall sich in den genannten Selbstporträts in einer selbstbewussten Pose, voller Anspruch und Arroganz, mit undurchsichtigem Pokerface, oder in der eitlen Attitüde eines alten Meisters, der sich mit Rubens und Rembrandt vergleicht. Er beansprucht für sich den Habitus des erfolgreichen Künstlers. Doch er erscheint uns in dieser Haltung fremd, als würde er sich hinter der Maske, die er in der Hand hält, verstecken oder unter dem Barett und Umhang der großen Maler verbergen. Noch hat er nicht zu sich selbst gefunden.

Aber in Paris - hier findet er zu der ihm eigenen Malweise, in den Selbstporträts die jetzt entstehen, tritt an die Stelle einer konventionellen eine persönliche Haltung, an die Stelle des Habitus der Ausdruck einer Erfahrung. Er löst sich von der äußeren Erscheinung - die charakteristischen Gesichtszüge sind unabhängig vom Spiegelbild zur kennzeichnenden Signatur geworden - und zeichnet ein inneres Bild sein Person. Er erfindet mimische Gesten, die seine Haltung als Maler ausdrücken - seine Haltung gegenüber der Gesellschaft, in der er lebt, seine Haltung, gegenüber den Menschen und Dingen, die er ansieht, seine Haltung gegenüber sich selbst, der eben diese Menschen und Dinge sieht und malt, und gegenüber dem Betrachter, der die von ihm gemalten Bilder und damit auch ihn anschaut.

Es sind vor allem zwei auffallende Haltungen, die auf mehreren seiner Bilder wiederkehren. Da ist zum einen das Gesicht mit dem zur lachenden oder schreienden Grimasse verzogenen Mund (Chagall 1985, S. 122/123). Dieses Motiv ist in mehrfacher Hinsicht bedeutsam: Chagall wählt es aus als Titelbild für die Erstausgabe von „Ma vie", in der Fassung von 1917 (Abb. 1 - in: Keller 1980, S. 7). Es repräsentiert offenbar die Haltung, die er in seiner Autobiographie gegenüber seinem bisherigen Leben, aber auch gegenüber dem Leser einnimmt. Zugleich erinnert das Motiv unverkennbar an Selbstbildnisse von Rembrandt, besonders an seine Versuche vor dem Spiegel und an die Studie als Bettler aus dem Jahre 1630 (Rembrandt 1987, S. 30-37) oder an das Doppelbildnis mit Saskia als „verlorener Sohn" (1634). In diesem Kontext füllt sich das Motiv mit Assoziationen. Chagall sieht sich als Narr oder Clown, auch als verlorener Sohn, der in die Fremde gezogen ist, und als Bettler und Ausgestoßener, der in der Asche der Erinnerung seine Nahrung sucht. Seine Autobiographie endet mit dem Satz: „Ich bin sicher, daß Rembrandt mich liebt." (172).

Da ist zum anderen die Haltung des auf dem Kopf stehenden oder durch die Luft fliegenden Artisten. Auch dieses Motiv hat ihn oftmals beschäftigt. So findet sich unter den Illustrationen zu „Ma vie" ein Selbstporträt, in dem er umgekehrt, mit verdrehtem Kopf vor seiner Staffelei schwebt (Abb. 2 - in: ebd. S. 101). Diese Bilder scheinen zu sagen: Ich sehe die Welt ganz anders - von unten, von oben, auf dem Kopf stehend. Ich bin verrückt. Und: Ich fliege.

Wie ein Artist im Sprung vom Trapez überwinde ich für einen Moment die Schwere der Wirklichkeit in meiner Fantasie und fliege. Chagall gibt sich und der Welt die „Leichtigkeit des Seins".

Doch ein Maler zeigt sich selbst nicht nur in seiner äußeren Erscheinung, der er im Spiegel begegnet, oder in einem Habitus, der ihn als Künstler ausweist, oder in einer persönlichen Haltung, die er als Maler einnimmt. Er hat noch eine ganz andere Möglichkeit, sich selbst als tätiges Subjekt hervorzubringen - nicht am Dargestellten, sondern im Stil seiner Darstellung, in seiner Malweise.

In dieser Hinsicht verdient vor allem ein Selbstbildnis Chagalls unsere Aufmerksamkeit: das 1911 entstandene Selbstbildnis mit den sieben Fingern (Abb. 3 - in: Chagall 1959 b, Nr. 21). Es zeigt den Maler in seinem Atelier - nicht nur in seiner äußeren Erscheinung als individuelle Person und nicht nur in seinem Status als Maler, angetan mit den Attributen seines Geschäfts, sondern in seiner Tätigkeit, malend vor der Staffelei. Aber es zeigt nicht nur, dass er malt, sondern auch was er malt. Vor ihm auf der Staffelei steht eines der Haupt- und Schlüsselwerke jener Zeit: „Rußland, den Eseln und den anderen" (Haftmann 1978, S. 75). Mehr noch, es gibt auch zu erkennen, wie er malt. Zu dem komplexen Gemälde gibt es eine Reihe von Vorstudien, die uns einen Einblick in den mehrstufigen Gestaltungsprozess gewähren.

Da ist zunächst eine Entwurfsskizze in Bleistift und schwarzer Tusche (Abb. 4 - in: Chagall 1985 S. 93). Grobe Bleistift- und Pinselstriche umreißen eine reale Situation, wie man sie hätte sehen können, wenn man seinerzeit in seinem Atelier gewesen wäre, wie sie beispielsweise auf einem Foto aus dem Jahre 1920/21 festgehalten ist (Abb. 5 - Haftmann 1978, S. 8): der Maler in seinem Pariser Atelier bei der Arbeit an der Staffelei. Im Hintergrund ist auf der linken Seite ein Fenster angedeutet - ein Blick auf Paris mit dem Eifelturm - und auf der Seite eine Art Wolke mit einem Ausblick auf die Kuppel von Witebsk. Die Skizze ist großflächig koloriert - vorwiegend in dunklem Rot und hellem Rosa, die Ausblicke Blau und Grün. Die unterschiedlichen Farbflächen markieren Kraftzentren, die zueinander in Beziehung treten könnten. Wesentliche Elemente einer komplexen Komposition sind angedeutet, darunter auch einige irritierende: die Wolke mit den Dächern von Witebsk, die Umrisse einer roten Kuh auf der Leinwand und eine siebenfingrige Hand, die den Pinsel führt.

Und da gibt es einen zweiten Entwurf (Abb. 6 - in: Chagall 1985, S. 92). In ihm ist der erste überzogen mit einem dichten Netz sich kreuzender Linien. Es ist, als wenn man in einen zertrümmerten Spiegel blickt. Geraden, Bögen, Kreise und Trapezformen zerschneiden die im Entwurf umrissenen Bildzentren und verbinden sie zugleich; neben den alten Zentren werden neue umrissen. Einzelne Elemente tauchen in dem Gewirr der Linien auf - ein Auge, ein Finger, Knöpfe auf der Jacke, vor dem Eifelturm ein Baum. Leere Partien werden ausgefüllt mit gebogenen, dreieckigen und viereckigen Bildsegmenten. Der Raum wölbt sich nach vorn, gewinnt eine neue Tiefe. Der Einfluss der Kubisten ist offensichtlich.

In dem endgültigen Gemälde ist das geometrische Liniennetz wieder verschwunden; aber es hat Spuren hinterlassen. Die Formen sind zusammengefasst und vereinfacht und zugleich innerhalb viel stärker ausgestaltet und detailliert. Statt der Kreise in der ersten Überarbeitung dominieren jetzt die viereckigen Formen. Rechte Winkel stoßen scharfkantig ins Bild. Ein neuer Bildraum entsteht: nicht mehr der geschlossene, perspektivische - obschon in Ansätzen und Andeutungen noch erhalten -, sondern ein durchlässiger, imaginärer, in dem die Vorstellungen, Erinnerungen und Fantasien aufsteigen, sich frei bewegen und mit der wahrgenommenen Wirklichkeit verbinden können. In ihm gewinnen auch die Farben eine neu eigenständige Bedeutung. Sie sind nicht mehr Lokal- oder Gegenstandsfarben und auch nicht Farben der Lichteinwirkungen, sondern selbständige Farbkräfte, die ihr eigenes Licht hervorbringen und das Gefühl auf eine eigentümliche Weise ansprechen. Und es sind nicht mehr gebrochene Farben, sondern vorherrschend die intensiven Grundfarben: rot, gelb, blau. Die Bekanntschaft mit den Fauvisten und Orphisten und die Freundschaft mit Robert Delaunay wirkt sich aus. Die Palette ist nicht mehr nur Requisit und Statussymbol, sondern Quelle der Farbigkeit, die in dem angefangenen Bild auf der Staffelei und dann in den Locken und dem punktierten Hemd des Malers aufgenommen wird, die sich über das gesamte Bild ausbreitet, an einzelnen Stellen konzentriert, in einzelne Farbfelder und Farbklänge zerteilt oder in einem erhellenden Weiß sich auflöst. Die Farben bilden zusammen mit den Formen Kraftzentren, die aufeinander einwirken, sich anziehen oder abstoßen, und so eine intensive, energiegeladene Bewegtheit erzeugen. Das Selbstporträts gewinnt in seiner Struktur und Farbigkeit eine neue Qualität. Die Oberfläche der äußeren Erscheinung ist durchlässig geworden für innere Bilder, für Erinnerungen und Fantasien. Werner Haftmann nennt diese Durchsichtigkeit „evokativ" (Haftmann 1978, S. 16ff.).

Entsprechenden „evokativen" Strukturen begegnen wir auch in dem Text der Autobiographie. Eingefügt oder auch unvermittelt eingesprengt in die ausführlicheren Passagen des Berichtens und Erzählens, die normalerweise in Autobiographien und autobiographischen Stegreiferzählungen vorherrschen, finden sich ungewöhnlich viele und vielgestaltige, kognitive Figuren, in denen sich das Ich unmittelbar oder reflektierend zu Wort meldet: Unterbrechungen, zweifelnde Fragen, expressive Ausrufe, direkte Anrede, kühne Assoziationen, unerwarteter Wechsel in der Zeit- oder Wirklichkeitsebene, So entsteht ein außerordentlich dichter, poetischer Text, vielfach gebrochen, durchlässig für Emotionen und Imaginationen. So gedenkt er am Grab seiner Mutter: „Hier ist meine Seele. Sucht mich hier, hier bin ich, hier sind meine Bilder, meine Geburt. Trauer, Trauer! Hier ist ihr Bild. Einerlei. Bin ich es nicht selbst? Wer bin ich? Du wirst lächeln, du wirst erstaunt sein, du wirst lachen, wenn du vorbeigehst. See der Leiden, vorzeitig ergrautes Haar, Augen - eine Tränenstadt,

Seele, die fast nicht mehr da ist, Gehirn, das nicht mehr ist. Was bleibt?" (S. 11).

Eine Autobiographie ist nicht nur die Erzählung einer Lebensgeschichte, sondern immer auch eine Form der Selbstdarstellung. Darin gleichen sich Autobiographie und Selbstporträt.

3. Die Herkunft der Bilder

Eine Autobiographie ist nicht nur die Erzählung einer Lebensgeschichte und nicht nur eine Form der Selbstdarstellung. Sie ist auch eine bedeutsame Ansammlung von Erinnerungen. Sie reproduziert eine Auswahl von im Gedächtnis gespeicherten Eindrücken, Mitteilungen, Szenen, Beziehungen, Begegnungen und Ereignissen aus dem bisherigen Leben. In fast allen autobiographischen Erzählungen - in Stegreiferzählungen eher weniger und nur angedeutet, in schriftlichen Darstellungen häufiger und ausführlicher - finden sich eingestreut Erinnerungen an Erlebnisse irgendeiner Art. Meistens nehmen sie die Gestalt einer Geschichte an, einer dramatisch oder anekdotisch erzählten Episode. Aber oft sind sie auch nur eingesprengt in die Beschreibung einer Person, einer Beziehung, eines Ortes oder eines Gegenstandes - in einem wertendem Adjektiv, einer gefühlsbesetzten Beifügung oder einer wiederkehrenden Redewendung. Häufig entsteht der Eindruck, als seien sie nur zufällig im Strom des biographischen Erinnerns mitgeschleppt wie Geröll oder Treibholz in einem Fluss. Doch eine genauere Betrachtung erweist in vielen Fällen, dass diese Erlebnisse für den Erzähler und seine Lebensgeschichte bedeutsam sind. Der Erzähler erinnert sich nicht nur an äußerlich wahrnehmbare Eindrücke oder Ereignisse, sondern auch an die Gefühle, die sich im Erleben mit ihnen verbunden haben. Und das Erlebte bleibt in der Erinnerung aktiv. Es schließt sich mit anderen Erlebnisinhalten zusammen. Es verdichtet sich zum Kern einer evaluierenden Lebenserfahrung und wird zum Träger eines motivierenden Impulses. So wächst dem einzelnen Menschen ein Schatz an Erfahrungen und Motiven zu, der den Verlauf seines Lebens - bewusst oder unbewusst - wesentlich mitbestimmt. In der Literatur ist die Rede vom „Erlebniszusammenhang" (Dilthey), von „Erfahrungsaufschichtung" (Schütze, Marotzki), von „generativen Strukturen" (Alheit). Ich nenne diese Ansammlung von im Gedächtnis gespeicherten Erfahrungen und Impulsen das „biographische Potential" eines Menschen.

In dem „biographischen Potential" eines bildenden Künstlers sind auch innere Bilder versammelt. Woher stammen sie? Das ist die generelle Frage nach der Herkunft der Bilder. Oder spezieller auf Chagall bezogen: Woher nimmt er die Anregungen zu seinen Bildern, die so anders sind als die der anderen?

Wir gehen normalerweise davon aus, dass die Bilder bekannter Maler und Malerinnen originale Schöpfungen sind. Sie entstehen neu im Malen - so scheint es. Aber Bilder - auch originale Bilder - werden nicht aus dem Nichts erschaffen. Sie verdanken sich immer der Auseinandersetzung mit einem Ausschnitt der Wirklichkeit oder mit einer Vorgabe aus der kulturellen Umwelt oder auch mit den Bedingungen der bildnerischen Mittel und ihrer Verwendung. Das können unmittelbar wahrgenommene Landschaften, Dinge, Personen oder Strukturen sein oder Fotographien oder vorgestellte Szenen und Figuren aus Mythen, Legenden und Geschichten oder auch die Effekte der eigenen Tätigkeit. In jedem Fall spielen Anregungen und Einflüsse von bereits existierenden Bildern anderer Künstler eine wichtige Rolle. Dies ist die Spur, die die Kunsthistoriker in erster Linie verfolgen, wenn sie ein Bild interpretieren. Im Folgenden werde ich Chagalls Autobiographie auf Hinweise untersuchen, die er selbst zur Herkunft seiner Bilder gibt.

Chagall ist offensichtlich in einer Umwelt aufgewachsen, in der es kaum Bilder gab. So stellt er es dar - mit aus Ausnahmen: Zum einen erwähnt er einmal die Bilder der Haggada: „ ... nichts ergreift mich so sehr wie die Haggada, ihre Linien, ihre Bilder ..." (S. 39). Es ist merkwürdig, dass dieser Hinweis von den Kunsthistorikern übersehen wurde. Denn zwischen den Bildern der Haggada und Chagalls eigentümlichem Erzählstil, wie er in seinen spontanen Zeichnungen und besonders in den Illustrationen zu „Gogols tote Seelen" und zu „Ma vie" in Erscheinung tritt, besteht ein signifikanter Zusammenhang, wie man leicht in einem Strukturvergleich nachweisen könnte. - An anderer Stelle berichtet er von einem verunglückten Familienfoto. Der Fotograf hatte es wütend zerrissen, weil man sich nicht über den Preis einigen konnte. „Verduzt, wie ich war, habe ich dann doch die Schnipsel aufgelesen und sie zu Hause zusammengeklebt" (64) . Er war damals fünf oder sechs. Doch diese wenigen Hinweise machen uns noch nicht die Eigenart und Intensität seiner inneren Bilder verständlich.

Später, in Petersburg und Paris begegnet er dann natürlich einer großen Fülle von Bildern - ihn überwältigend vor allem die Besuche im Lovre (S. 99), im Salon des Indépendants (S. 100) und in den Gallerien von Durand-Ruel, Vollard und Bernheim (S. 105). Viele Bilder bleiben im fremd, vor allem die seiner Lehrer (S. 56 und 89) und die der russischen Kunst insgesamt (S. 99 f.). Andere Maler haben ihn außerordentlich fasziniert - unter den älteren besonders Veronese (99), El Greco (102) und Rembrandt (106 und 172), dann die französischen Wegbereiter der Modere Pissaro und Monet (S. 99), Cézanne (S. 94, 102, 105 und 172), van Gogh (S. 94 und 105) und Gauguin (S. 105) und schließlich die unmittelbaren Zeitgenossen (S. 106 ff.). Viele regen ihn an, einige hinterlassen tiefgreifende Spuren in seinen Pariser Gemälden - Matisse, die Kubisten, Delaunay. Sie verändern die Gestaltung seiner Bilder, aber nicht ihre Thematik und Intention. Er folgt nicht den Programmen seiner Anreger. Er setzt sich vielmehr entschieden von ihnen ab (S. 100, 108 und 113).

Doch es gibt Hinweise ganz anderer Art in seiner Autobiographie. Sie gelten nicht Bildern, sondern lebenden Menschen und von Leben erfüllten Orten. Als er sich anschickt Witebsk zu verlassen, um nach Paris zu gehen, schreibt er:

„Irgendwo dahinten sitzen sie und warten auf mich: Rabbis in Grün, badende Bauern, Juden, rothaarig, gut und klug, ihre Stöcke, ihre Tragetaschen, auf den Straßen, in den Häusern und sogar auf den Dächern." (S. 96) Und er nimmt sie mit sich. Es ist die Welt seiner Kindheit, die Welt seiner Eltern, die seine Bilder bestimmen: „Wenn meine Kunst auch im Leben meiner Eltern keine Rolle gespielt hat, so hat dafür ihr Leben und ihr Schaffen meine Kunst stark beeinflußt." (S. 17)

Chagall thematisiert diese Welt in vielen seiner Bilder, aber nicht in der unmittelbaren Wahrnehmung, sondern aus der Erinnerung. Er hat vieles life vor Ort gemalt, impressionistische Blicke aus dem Fenster oder realistische Porträts seiner Eltern und Geschwister. Doch die für ihn charakteristischen Bilder malt er fern von Witebsk und seinen Menschen in Paris. Chagall ist ein Maler der Erinnerung. Darin stimmen Jean Cassou (1965, S. 7 ff.) und Werner Haftmann (1978, S. 18), zwei seiner überzeugendsten Interpreten, überein. Und er selbst betont den engen Zusammenhang seiner Erinnerungen mit seinen Bildern. So schreibt er im Nachwort zu „Mein Leben": „Diese Seiten haben dieselbe Bedeutung wie eine bemalte Leinwand. Wenn es in den Bildern ein Versteck gäbe, könnte ich sie dort hineinschieben ... Oder soll ich sie lieber irgendeiner Figur von mir auf den Rücken kleben oder gar dem 'Musikanten' meiner Wandmalerei auf die Hosen? ... Wer kann wissen, was auf seinem Rücken geschrieben steht?" (S. 173). Chagalls Autobiographie ist ungewöhnlich reich an bildhaften Eindrücken. Über weite Strecken gleicht sie einem Skizzenbuch, in dem er ungemalte Bilder notiert. Nicht nur die Illustrationen zu „Ma vie", sondern viele seiner gemalten Bilder beziehen sich ganz unmittelbar auf die beschriebenen Erinnerungen, und manche der Erinnerungen erwecken den Eindruck, als beschrieben sie ein schon gemaltes Bild. Beschriebenes und Gemaltes scheint aus derselben Quelle zu schöpfen. Auf dem „Selbstportrait" am Ende seiner Autobiographie (Abb. 7 - in: S. 173) sieht man auf seinem Lockenkopf wie eine Krone das Haus seiner Kindheit und um seinen Hals hängend wie ein Kragen seine Eltern und Bella mit der Tochter Ida in ihren Armen.

Es ist ungewöhnlich, dass ein Maler seine Bilder aus seinen Kindheitserinnerungen schöpft. Viele Maler haben das, was ihnen als Erwachsene widerfährt - Szenen aus ihrer Umwelt, Reisen, Schauspiele, Liebe, Krieg, Tod - in erinnernden Bildern verarbeitet. Aber ich kenne keinen, der sich in diesem Ausmaß und in dieser Intensität auf die Welt seiner Kindheit und Jugend bezieht. Doch diese Welt ist auch - und das erklärt einiges - eine besondere Welt. Es ist die Welt des Schtetls, der jüdischen Gemeinde in einer russischen Kleinstadt um 1900. Was ist an dieser Welt so besonders? Die Welt des Schtetls ist noch eine vorindustrielle Welt: Holzhäuser, Petroleumlampe, Tiere im Stall, Geburt zu Hause. Sie ist zugleich eine Eigenwelt in einem fremden Land: selbstbewusst, respektiert, geduldet, verachtet, bedroht. Sie ist eine expressive Welt: man lacht und weint, man redet, streitet und tanzt miteinander und macht Mu-

sik. Sie ist eine von Frömmigkeit durchleuchtete Welt, die von weit her
kommt, geordnet und gedeutet in religiösen Ritualen und Geschichten, in
uralte Geschichte, voller Zerstörungen und Verheißungen - die Geschichte des
auserwählten Volkes. Und es ist eine untergehende Welt, eine Welt, die inzwischen untergegangen ist, zerstört durch Industrialisierung, Revolution und
zwei Weltkriege, durch Judenverfolgung und Judenvernichtung, eine Welt
voller Trauer. Auf einem der Bilder mit dem alten Juden trägt der nicht einen
Sack, sondern ein Haus auf dem Rücken. Es heißt: „Erinnerung" (Chagall
1985, S. 141). Es gibt gleichsam ikonogene Landschaften, die darauf warten,
in Bilder verwandelt zu werden.

4. Die Verwandlung der Bilder

Wir sind geneigt, uns Erinnerung als einen passiven Vorgang vorzustellen wie
das Abrufen von Daten aus einem Informationsspeicher oder das Vorführen
einer Videoaufzeichnung aus vergangenen Tagen. Doch das ist eine unzutref-
fende Vorstellung. Erinnerung ist schon vom Augenblick des Einprägens an
bis zur Mitteilung in einem Text oder einem Bild ein aktiver Vorgang - hoch
selektiv, dynamisch und produktiv (Schulze 1998). Das wird besonders deutlich, wenn die künstlerische Einbildungskraft wie bei Marc Chagall die Arbeit
der Erinnerung aufnimmt und fortführt. Die Frage, die ich hier im letzten Abschnitt meiner Untersuchung verfolge, betrifft die Arbeitsweise des Erinnerungsvermögens und der Einbildungskraft und den Wandel der erinnerten
Bilder: Was sind das für Bilder, die aus der Erinnerung hervorgehen, und wohin treibt sie die bildnerische Fantasie?

Wir wissen wenig über die Arbeitsweise des Erinnerungsvermögens und ebenso wenig über die der Einbildungskraft, weil ihre Arbeit weitgehend unbewusst vor sich geht, gleichsam im Rücken der Aufmerksamkeit, und unsichtbar für einen Beobachter. Ja, schon die Rede von Erinnerungsvermögen und
Einbildungskraft ist eine sprachliche Hilfskonstruktion, von der wir nicht wissen, was ihr entspricht. Doch aus den Ergebnissen ihrer Arbeit, aus den Erzählungen und Bildgestaltungen ziehen wir Schlüsse. Ich erhoffe mir aus einem
detaillierten Vergleich zwischen den im autobiographischen Text beschriebenen Erinnerungen und den Bildern, die sich auf jene Textstellen direkt oder
indirekt beziehen, Aufschlüsse über den Gestaltungsprozess. Im Vergleich der
unterschiedlichen Fassungen des „Selbstporträts mit den sieben Fingern" ging
es um den Gestaltungsprozess in einem einzelnen Bild, vor allem um die Veränderung der formalen Bildstruktur und ihre Aussagekraft. Hier geht es um
den übergreifenden Zusammenhang künstlerischer Produktionsvorgänge im
Gesamtwerk, vor allem um die Veränderung der Sichtweisen und der Sinnbe-
züge.

Chagall erinnert sich an mehreren Stellen in seiner Autobiographie an die
abendliche Runde um den Familientisch: „Abends, wenn der Laden ge-

schlossen wurde und alle Kinder heimgekehrt waren, schlief Papa bei Tisch ein, ging die Lampe zur Ruh, langweilten sich die Stühle; und draußen wußte man nicht mehr, wo der Himmel war oder wohin sich die Nacht geflüchtet hatte ..." (S. 11). Oder; „Winter. Meine Beine bleiben stehen, aber mein Kopf geht auf Reisen. Ich stehe vor dem schwarzen gußeisernen Ofen und wärme mich. Auf dem Stuhl davor sitzt meine Mutter - füllig, dickbäuchig - königlich. Papa hat den Samowar aufgestellt und fängt an, Zigaretten zu drehen..." (S. 27, auch S. 26f. und S. 39f.). Mehrere Bilder beziehen sich auf diese Situation.

Es gibt eine aquarellierte Federzeichnung „Das Eßzimmer" aus dem Jahre 1910 (Abb. 8 - in: Keller 1980, S. 27). Da sieht man die Familienrunde an irgend einem Abend, wie Chagall sie unmittelbar wahrnehmen konnte, wenn er, aus Petersburg heimgekehrt, am Leben der Familie teilnahm oder gerade die Stube betrat. Ich nenne das Bild daher ein „Wahrnehmungsbild" - noch keine Erinnerung. Der inhaltliche Kern ist eine offene Kommunikationssituation - da wird am Tisch gegessen, geraucht, gelesen, geredet und zugehört. Mehrere der Personen werden vom Bildrand geschnitten, ein Ausschnitt. Der Raum ist der reale Nahraum. Die Zeit ist die des gegenwärtigen Augenblicks. Die Beleuchtung geht von der realen Lichtquelle, der Lampe, aus. Die Sicht ist eine Nahsicht, von einem nahen Standpunkt aus perspektivisch geordnet. Der Maler beobachtet. Er steht nah am Tisch im Vordergrund, aber außerhalb der Szene.

Dann gibt es da die Radierung „Speisezimmer" zu „Mein Leben" aus dem Jahre 1922 (Abb. 9 - in: S. 29): Man sieht die abendliche Familienrunde, wie sie Chagall aus der Vorstellung erinnernd erzählt. Ich nenne das Bild daher ein „Erinnerungsbild". Die Situation ist dieselbe, aber sie hat einen völlig anderen Charakter. Die Personen sind weiter auseinander gerückt. Sie sitzen in voller Größe nebeneinander, jede für sich an ihrem Platz, in der Haltung, die sie in Chagalls Erinnerung einnehmen. Man sieht nicht was sie tun, sondern eher wie sie sind. Als inhaltlicher Kern zeigt sich eine vielseitige Beziehungskonstellation, der Beginn einer Geschichte. Der Raum ist ein vorgestellter Raum; er sieht aus wie ein Bühnenraum, wenn der Vorhang aufgeht. Die Zeit ist die Zeit der inneren Dauer, eine gedrängte Zusammenschau zahlloser Abende. Der Raum wird nicht von der Lampe und den Kerzen erleuchtet, sondern von der gleichmäßigen Helligkeit des Papiergrundes wie von Scheinwerfern. Die Sicht ist eine Sicht aus größerer Entfernung, als blickte man durch ein Loch in der Decke. Das ist die Sicht der Erinnerung. Die angedeutete Perspektive ist vielfach gebrochen. Viele Blickpunkte konkurrieren miteinander um die Aufmerksamkeit. Der Maler erinnert sich. Er ist zweifach anwesend, als der, der sich erinnert, und als der, an den er sich erinnert.

Und da ist ein drittes Bild zwischen 1909 und 1910 - wohl kurz nach dem ersten und lange vor dem zweiten - entstanden: „Sabbath" - ein farbiges Gemälde (Abb.10 - in: Chagall 1959 b, Nr.13): Auch hier sieht man die Menschen abends um den Tisch versammelt, aber in einer anderen Konstellation und in einer gänzlich anderen Stimmung. Die Personen sind hier nicht ganz die gleichen, ein alter Mann ist dabei und eine Frau im Bett, und die Tür steht offen. Vielleicht ist es Chagalls Familie, aber vielleicht auch irgendeine. Alle bis auf die Frau im Bett starren ins Bild, auf etwas, das da geschieht oder auf sie zukommt. Es ist als würde sich gleich etwas Ungewöhnliches ereignen. Der inhaltliche Kern ist bestimmt durch ein starkes Gefühl der Erwartung. Eine entscheidende Rolle spielen die Beleuchtung und die Farbigkeit. Die Lampe wirft einen Schein auf den Fußboden, und die Kerzenflammen haben eine Aureole um sich. Aber ihr Licht wird überblendet von einem grelleren Licht auf der Wand - wie von einem Blitz. Die Farbkontraste zwischen gelb, rot und grün erzeugen eine intensive Spannung. Der Raum ist ein erlebter Raum, angefüllt mit nervöser Energie. Er ist noch ein wirklicher Raum, diese Stube, aber zugleich geöffnet für eine andere Wirklichkeit. Die Zeit ist angespannt, gleichsam zugespitzt auf eine Entladung hin, noch vergangene Gegenwart und zugleich Zukunft. Der Maler fühlt etwas. Er ist gleichsam an die Stelle des erwarteten Ereignisses getreten, ins Zentrum der Gefühlsballung, als ginge das, was jetzt geschieht, von ihm aus. Ich nenne diese Art Bild ein „Erwartungsbild". Chagall hat aus dem Vorrat seiner Erinnerungen eine Reihe solcher emotional aufgeladener „Erwartungsbilder" gestaltet - zum Beispiel „Der Tote" (1908), „Die Hochzeit" (1910) oder „Die Geburt" (1910, 1911, 1912). Sie gehören zu seinen besten Bildern. Als Apolloinair, da er sie zum ersten Mal sieht, nennt er sie: „Surnaturel!" Übernatürlich! (S. 113)

Es gibt andere Bilder, da treibt Chagall die Verwandlung der persönlichen Erinnerung ins „Übernatürliche", ins Irreale und zugleich ins allgemein Menschliche noch weiter. Da löst er die Erinnerung aus ihrem ursprünglichen Kontext und versetzt sie in einen imaginären Raum. Auch dafür ein Beispiel: Chagall erinnert sich daran, wie sein Großvater in Lyosno, zugleich Rabbi und Fleischer, eine Kuh schlachtet. Das ist an sich etwas Alltägliches in aller Welt. Und doch für die Menschen, insbesondere für Kinder, etwas Entsetzliches. Der kleine Marc will die Kuh trösten: „Ich streckte die Arme aus, um ihr Maul zu streichel und ihr ein paar Worte zuzuflüstern, daß sie ruhig sein soll, daß ich kein Fleisch essen will..." (S. 14). Als die Kuh geschlachtet wird, begleitet er sie in Gedanken: „Und du, kleine Kuh, nackt und gekreuzigt, du träumst im Himmel. Das glitzernde Messer hat dich in die Lüfte gehoben." (S. 15) Doch dann, als ihr Fleisch im Kessel kocht, sind alle Beteuerungen vergessen: „Ich habe Lust, Fleisch zu essen." (S. 15)

Mehrfach zeichnet Chagall 1910 den „Großvater" oder den „Schlächter" (Meyer 1961, Kat. Nr. 36,37), und 1925/26 malt er ein Ölbild „Metzger" (Keller 1980, S. 84). Sie alle verweisen auf die geschilderte Situation in der Art eines Erinnerungsbildes. Aber zwanzig Jahre später verwandelt er das „Erinnerungsbild" in ein „Sinnbild". 1947 entsteht das Gemälde der „Der gehäutete Ochse" (Abb. 11 - in: Haftmann 1978, S. 131f). Über der beschneiten Stadt

Witebsk hängt im nächtlichen Himmel groß der gehäutete und geöffnete Körper des Ochsen. Der nach unten hängende Kopf schlürft begierig aus einem Holztrog das eigene Blut. Schräg über ihm schwebt der Schlächter, der Großvater, das Schlachtmesser in der Hand. Es könnte aber ebenso gut Abraham sein in dem Augenblick, in dem er sich überwindet, Isaak zu opfern. Der Raum ist ein imaginärer Raum, in dem sich voneinander geschiedene Seinsbereiche und Seinszustände durchdringen: Himmel und Erde, Tier und Mensch, Wirklichkeit und Mythos, Tod und Leben. Die Zeit ist die Zeitlosigkeit der angeschauten Idee. Der Maler deutet. Sein individuelles Ich wird zum kollektiven Ich; es setzt sich an die Stelle des Allgemeinen in der Gattung. So verwandelt Chagall seine Erinnerung in eine „Metapher", wie Andrée Breton sagt (Keller 1980 S. 82/83). Er verwandelt, was die Geschichte sagen will, in ein visuelles Gleichnis für Opfer und Verwandlung: Um des Lebens willen töten und getötet werden.

In einigen wenigen großen Gemälden drängt die Einbildungskraft die Erinnerung noch zu einer weitergehenden Verwandlung im Bild. In ihnen verliert die einzelne Erinnerung ihren besonderen Ort und ihre besondere Kontur. Sie vereinigt sich mit vielen anderen Erinnerungen und verschmilzt zugleich mit der Landschaft der Gegenwart in einem bedeutsamen historischen Augenblick. Ein visionäres „Welt- und Zeitbild" entsteht. In den dreißiger und vierziger Jahren gelingen Chagall im Andrang der gewaltsamen gesellschaftlichen Einbrüche und Umwälzungen einige solcher umfassenden Deutungsbilder. Unter ihnen im Jahre 1938 „Die weiße Kreuzigung" (Abb. 12 - in: Haftmann 1978, S. 118/119). Ganz von Ferne klingt die Erinnerung an die geschlachtete kleine Kuh an - „... du ... nackt und gekreuzigt ... im Himmel..." Aber das Opfer ist jetzt nicht mehr die tierische Kreatur, sondern das jüdische Volk. An der Stelle des geschlachteten Ochsen hängt jetzt der gekreuzigte „König der Juden" in der Mitte des Bildes. Die verschneite Straße von Witebsk ist zur Winterlandschaft geöffnet. Andere Erinnerungen mischen sich ein: die Erinnerung an die dramatischen Umstände seiner Geburt (vgl. S. 5 und S. 9), die brennende Synagoge (S. 33), der gebeugte Bettler (S. 40). Sie durchdringen sich mit Nachrichten aus den Zeitungen und Symbolen der aufeinander prallenden Kräfte. Chagall fügt sie zusammen zu einem vorausschauenden und gedenkenden Gleichnis für die Zerstörung des Schtetls und die Vernichtung der russischen Juden - vergleichbar dem Gleichnis für faschistischen Terror und Bombenkrieg, das Picasso in seinem Bild „Guernica" gefunden hat.

In den Bildern Chagalls erweist sich die Erinnerung als eine synthetische und verallgemeinernde, deutende Kraft.

Schlussbemerkungen

Was die allgemeine Intention meiner Untersuchung angeht - den Zusammenhang von Bild und Biographie zu verstehen -, ist Marc Chagall zweifellos ein, wenn auch sehr ergiebiger, Sonderfall. Viele vergleichbare und vergleichende Untersuchungen müssten sich anschließen - zu anderen Bildenden Künstlern und Künstlerinnen, aber auch zu Kunstsammlern, Kunstlehrern und Museumsbesuchern und auch zu kunstfernen Laien wie Chagalls Eltern und Verwandten.

Trotzdem wage ich einige Folgerungen: Im Hinblick auf das Vorhaben einer bildungstheoretisch orientierten Ikonologie wurde deutlich, wie notwendig es ist, die Beziehungen zwischen äußeren und inneren Bilder, zwischen gezeichneten oder gemalten und beschriebenen, erinnerten und wahrgenommenen Bildern aufzuklären und den Zusammenhang von thematisch oder strukturell vergleichbaren Bildern mit ihrem Wirklichkeitshintergrund zu erschließen. Diese Einsicht hat eine wichtige methodische Konsequenz: Man muss das einzelne Bild in einen benennbaren Diskurs verwickeln, um es zum Sprechen zu bringen - in einen Diskurs mit anderen gleichsinnigen oder kontrastierenden Bildern, mit autobiographischen Texten oder entsprechenden Fotografien, in einem narrativen Interview oder in einem therapeutischen Gespräch. Das einzelne Bild bleibt für sich betrachtet vieldeutig. Erst im Zusammenhang mit anderen Bildern wird es aussagekräftig; erst verbunden mit einer Lebensgeschichte, einer Lebenswelt oder einer Motivgeschichte werden die Wandlungen der Bildvorstellungen und ihre Bedeutung für Bildungsprozesse erkennbar.

Im Hinblick auf die Biographieforschung gibt die Untersuchung die Anregung, sich eingehender mit ungewöhnlichen Lebensläufen zu befassen, insbesondere mit solchen, die in ihrer Ausrichtung über individuelle Bedürfnisse und bestehende Verhältnisse hinausgehen, Lebensläufe, in denen emergente Prozessstrukturen sichtbar werden. Das bedeutet unter anderem auch, dass der Aufgabenhorizont einer Lebensgeschichte deutlicher in Erscheinung tritt und das der biographische Prozess sich als ein komplexer Problemlösungsvorgang erweist.

Abbildungen

Abb. 1

Abb. 2

Abb. 3

Abb. 4

Abb. 5   Abb. 6

Abb. 7   Abb. 8

121

Abb. 9   Abb. 10

Abb. 11   Abb. 12

Literatur

Boehm, Gottfried (1993): Zentrum oder Peripherie? Zu den Selbstbildnissen
  von Paul Cézanne. In: Herrlitz, H.-G./Rittelmeyer, Chr. (Hrsg.): Exakte
  Phantasie. Weinheim und München 1993, S. 17-36
Bourdieu, Pierre (1992): Rede und Antworten. Frankfurt am Main 1992
Cassou, Jean (1965): Chagall. London 1965
Chagall, Marc (1959a): Mein Leben. Stuttgart 1959
Chagall, Marc (1959b): Ausstellungskatalog. Hamburg 1959
Chagall, Marc (1985): Ausstellungskatalog. Kestner-Gesellschaft. Hannover
  1985

Haftmann, Werner (1978): Marc Chagall. Köln 1978

Keller, Horst (1980): Marc Chagall. Leben und Werk. Köln 1980

Meyer, Franz (1961): Marc Chagall - Leben und Werk (mit Bilderkatalog). Köln 1961

Rembrandt. Hundert Radierungen (1987) Hrsg. von Eckhard Schaar. Hamburg 1987

Schulze, Theodor (1996): Das gemalte Bild des Malers. Ein Beitrag zur Geschichte des Sehens. In: Mollenhauer, K./ Wulf, Chr. (Hg.): Aisthesis/Ästhetik. Zwischen Wahrnehmung und Bewußtsein. Weinheim 1996, S. 42-84

Schulze, Theodor (1998): Leo Tolstoi: „Erste Erinnerungen". Eine Untersuchung zum biographischen Gedächtnis. In: Diekmann, B./ Sting, St./ Zirfas (Hrsg.): Gedächtnis und Bildung. Weinheim und Basel 1998, S. 43-64

Schulze, Theodor (1999a): Erziehungswissenschaftliche Biographieforschung. Anfänge - Fortschritte - Ausblicke. In: Krüger, H.-H./ Marotzki, W. (Hrsg.): Handbuch der erziehungswissenschaftlichen Biographieforschung. Opladen 1999a

Schulze, Theodor (1999b): Bilder zur Erziehung. Annäherungen an eine Pädagogische Ikonologie. In: Schäfer, G./ Wulf, Chr. (Hrsg.): Bild - Bilder - Bildung. Weinheim und Basel 1999b, S. 59-87

Schulze, Theodor (2002): Allgemeine Erziehungswissenschaft und erziehungswissenschaftliche Biographieforschung. In: Z. f. Erziehungswissenschaft, 5.Jg., Beiheft 1, Opladen 2002, S. 129-146

Schütze, Fritz (1984): Kognitive Figuren des autobiographischen Stegreiferzählens. In: Kohli, Martin/ Robert, Günther (Hrsg.): Biographie und soziale Wirklichkeit: Neue Beiträge und Forschungsperspektiven. Stuttgart 1984, S. 78-117

Dorle Klika

Bildlicher und sprachlicher Selbstentwurf bei Käthe Kollwitz

Sieht man davon ab, dass künstlerische Selbstportraits im menschlichen Leben einen Platz haben und in der Lebensgeschichte des Künstlers reflektiert werden können, scheinen Selbstbildnisse und Lebensgeschichten etwas völlig differentes zu sein, was nicht nur kaum etwas miteinander zu tun hat, sondern sich geradezu diametral gegenüber zu stehen scheint.

Den Gedanken, das figurative Material von Selbstportraits und die Versprachlichung einer Lebensgeschichte in der Autobiographie könnten dennoch etwas Gemeinsames haben, fand ich beim erneuten Lesen Diltheys. In seiner „Kritik der Historischen Vernunft" nimmt Dilthey mehrfach Bezug auf die Ästhetik. Er verwendet Vergleiche und Metaphern aus dem Bereich der Musik und bildenden Kunst und Poesie, um seine Theorie zur Konstruktion des Lebensverlaufs und des Verstehens zu verdeutlichen (1927, S. 202f, 205ff). Auch Schulze greift in seinen biographietheoretischen Überlegungen die Metapher des Bildes auf: Das biographische Subjekt, das sein Leben erzählt und/oder aufschreibt, ist „nicht nur das Selbst, das sich erinnert und seine Erinnerungen deutend aufschreibt", sondern „es ist zugleich auch das Ich, das sich im Laufe seines Lebens ein Bild oder auch viele Bilder von sich macht" (Schulze 1999, S. 39; vgl. Mollenhauer 1983, S. 158ff). Die folgenden Überlegungen gehen der Frage nach, ob und in welcher Form es Übergänge zwischen bildlichen und sprachlichen Selbstthematisierungen geben kann.

Als Beispiel wähle ich Käthe Kollwitz. Das hat verschiedene Gründe. (1) Das Selbstportrait spielt im Werk der Kollwitz, wie etwa bei Rembrandt, eine große Rolle. Von der Studienzeit an bis ins hohe Alter widmete sie sich durchgehend diesem Genre und schuf weit über 100 Selbstbildnisse. Übertroffen wurde sie wohl nur von Frida Kahlo, die ausschließlich die eigene Person zum Medium ihrer Kunst wählte. Neben den expliziten Selbstportraits finden sich in den übrigen Arbeiten zahlreiche verborgene Selbstbildnisse, Götte nennt sie Rollenbilder (1997), z.B. enthält die 1903 geschaffene Radierung „Mutter mit totem Sohn" die Physiognomie ihrer eigenen Züge und die ihres Sohnes Peter. Die Selbstthematisierungen der

Käthe Kollwitz können als eine Art „visuelle Autobiographie" interpretiert werden (vgl. Parmentier 1998).

(2) Außer dem graphischen und plastischen Werk hinterließ Käthe Kollwitz zahlreiche schriftliche Dokumente. Sie verfasste auf Drängen des Sohnes Hans 1922 eine Autobiographie, die 1948 publiziert wurde, und sie führte mehr oder weniger regelmäßig Tagebuch. Für Kunsthistoriker ist deren Vorliegen meistens ein Glücksfall. Autobiographie, Briefe oder Tagebücher werden zur Erklärung des künstlerischen Werks verwendet, der Künstler/die Künstlerin liefert eine Erläuterung zur Interpretation des eigenen Werks gleich mit. Das birgt jedoch die Gefahr, dass das Kunstwerk auf eine illustrative Funktion reduziert und degradiert wird. Die sprachliche Äußerung, die uns eingängiger ist als die figurative, verführt dazu, die Biographie als kausale Grundlage des Werkes zu betrachten.

(3) Käthe Kollwitz gilt als eine der bedeutenden Frauen der jüngeren Kunstgeschichte, die auch internationale Resonanz gefunden hat. 1907 erhielt sie den Villa-Romana-Preis (Florenz), 1929 wurde ihr der Orden Pour le mérite (der Friedensklasse der Wissenschaft und Künste) verliehen. Von 1903 bis ins Jahr 2000 verzeichnet die ifa-Künstlerdatenbank 45 Ausstellungen zu ihrem Werk. Durch ihre Serie „Ein Weberaufstand", die 1898 in der Großen Berliner Kunstausstellung nachhaltigen Erfolg erzielte, wurde sie schlagartig berühmt. Sie war Lehrerin an der Künstlerinnenschule in Berlin (Mädchen waren an den Kunstakademien noch nicht zugelassen) und wurde 1919 als erste Frau unter Verleihung des Professorentitels Mitglied der Akademie der Künste, allerdings blieb sie in der Männerdomäne der bildenden Künste an der Akademie ohne Lehrauftrag (vgl. Krahmer 1981). Aus soziologischer Sicht ist das eine brillante Aufstiegsgeschichte, mehr konnte eine Tochter aus bürgerlichen Kreisen zu jener Zeit nicht erreichen. Dass diese Sicht (fast) nichts mit den biographischen Bildungsbewegungen und Selbstthematisierungen eines Subjekts zu tun hat, wird uns im Folgenden beschäftigen.

1. Das Material: Differenzen und Gemeinsamkeiten

Die größte Differenz zwischen Selbstbildnis und Autobiographie betrifft die Art des Materials. Der Bereich des Ästhetischen ist durch eine eigentümliche „Sprachlosigkeit", gekennzeichnet (vgl. Mollenhauer 1990a,b, 1988). Unter Rückgriff auf Pothast verwendet Mollenhauer den Begriff des „Spürens", das in Verbindung mit einem äußeren Reiz „irgendwie" und nirgendwo genau lokalisierbar leiblich im Subjekt bemerkt werden kann. Pothast nennt das im Abgrenzung zu äußerlich Lokalisierbarem den „Innengrund" (Pothast 1988, S. 21ff). Bei der Beschreibung von Bildern, vor allem deren Wirkungen kommen wir schnell in Sprachschwierigkeiten, Pothast konstatiert eine „notorische Spracharmut" für den Bereich der Kunst, Boehm

(1978) eine eigentümliche „Abwesenheit von Sagbarkeit" (S. 463). Diese „Schwäche unserer Vokabularien" hat Mollenhauer zufolge ihren Grund in der Schwierigkeit, die „Gewissheitsempfindungen, die wir im Hinblick auf das haben, was wir selbst im Moment der ästhetischen Wahrnehmung sind, zur Sprache zu bringen" (Mollenhauer 1990b, S. 14f). Die Darstellung von Lebensgeschichten lebt dagegen im Medium der Sprachlichkeit. Die Biographie ist eine narrative Konstruktion, sie erscheint als Text, so dass sich für deren Analyse, d.h. die der Autobiographie[1], lange Zeit ausschließlich die Germanistik zuständig sah (vgl. Schulze 1999). Ohne Erzählung, d.h. Sprachlichkeit ist die Konstituierung einer Lebens*geschichte* kaum denkbar, wenn auch die qualitativen Differenzen von einfachen, knappen mündlichen Erzählungen bis hin zu komplexen literarischen Werken erheblich sind.

Unabhängig von der figurativen vs. diskursiven Struktur des Material, die, folgt man Kofmann, allenfalls in geschwätzigen oder leeren Diskursen erschlagen, aber nicht überbrückt werden kann (1990, S. 233ff), gibt es weitere Schwierigkeiten: Die Produktion eines Kunstwerks ist gebunden an die aktuelle Sinneswahrnehmung, bei der Herstellung von Selbstportraits verwenden Künstler den Spiegel. Die Erstellung einer Autobiographie dagegen ist zwar zum Schreiben auf Hand und Auge angewiesen, doch der niedergeschriebene Text bezieht sich nicht auf aktuelle Sinneswahrnehmungen, sondern auf die Erinnerung. Damit hängt eine weiter Differenz zusammen: Die Selbstbildnisse bergen eine *genetische Perspektive*, in der diskontinuierlich, aber chronologisch „Aussagen" über das eigene Denken und Empfinden getätigt werden. Entwicklung, Veränderung, Wandel können hier vom Betrachter, Leser oder Forscher chronologisch nachvollzogen werden. Die Autobiographie dagegen konstruiert einen in die *Retrospektive* blickenden einmaligen Entwurf. Aus biographietheoretischer Sicht erlauben die Selbstbildnisse eine historisch-genetische Perspektive auf den Prozesscharakter der mit dem Lebenslauf bzw. der Lebensgeschichte verknüpften Selbstvergewisserungen. Mit Dilthey gesprochen, „das Auffassen und Deuten des eigenen Lebens durchläuft eine lange Reihe von Stufen", das in der Explikation einer Autobiographie münden kann, aber nicht muss (Dilthey 1927, S. 204). Im Gegensatz zur Autobiographie thematisiert das Bildmaterial genau diese Stufen. In der Autobiographie dagegen erhalten wir ein einmaliges in sich geschlossenes Lebensbild.

Dieser Differenz korrespondiert die je unterschiedliche Thematisierung des gelebten Lebens: Die Autobiographie, in diesem Fall geschrieben 1922, beschreibt die Lebensgeschichte, von der Kindheit, Jugend, Ausbildungs-

---

1 Auch nahezu alle übrigen autobiographischen Materialien sind (bis auf Fotos, Audio- und Videomaterial) Texte: etwa „offizielle" Lebensläufe, Briefe, Tagebücher und andere expressive Äußerungen wie Schulaufsätze zum Thema „Mein schönstes Ferienerlebnis" sowie narrative Interviews.

zeit idealiter bis zum Schreibzeitpunkt. Vom aktuellen Schreibzeitpunkt aus wird das vergangene erinnerte Leben bilanziert. Den Selbstbildnissen dagegen fehlt dieser Gesamtcharakter. Ja, er wird durch ihre Existenz geradezu relativiert. Die figurative Selbstvergewisserung wird „stückweise" in der jeweiligen Gegenwart weiter geführt, bei Kollwitz umfasst sie die Jahre 1889 bis 1943, d.h. sie bezieht sich überwiegend auf *andere* Lebensabschnitte und führt weit über die Autobiographie hinaus.

Trotz der erheblichen Differenzen gibt es m.E. auch Gemeinsamkeiten zwischen Autobiographie und Selbstportraits. Auf einige sei hier (unsystematisch und keineswegs vollständig) hingewiesen, ohne dass sie an dieser Stelle ausführlich entfaltet werden können: (1) Beide verhandeln Imaginationen, die gleichwohl an die Sinneswahrnehmung gebunden sind (im Gegensatz etwa zum Traum). Wie Klang*welten* Ton*räume* der Imagination schaffen, schaffen Bilder visuelle Imaginationen, Bild*räume*, die leibhaftig wahrgenommen werden können, und schaffen autobiographische Erzählungen die Imagination einer Lebensgeschichte, also Zeit*räume*. (2) Die Imaginationen betreffen das „Selbst", die subjektive, reflektierende Sicht auf das was ein „Ich" ausmacht, sei es vermittelt durch den Sehsinn beim aktuellen Blick in den Spiegel, sei es vermittelt durch die Erinnerung beim Wiederbeleben von Vergangenem. Es handelt sich in beiden Fällen um expressive Akte der Selbstdarstellung. (3) Die Kategorie des „non-konfrontierten Spürens", mit deren Hilfe Mollenhauer die ästhetische Empfindung kennzeichnet, beschreibt er als „schwer zu kennzeichnendes Ereignis" (Mollenhauer 1988, S. 449), das im Leibinnern spürbar ist. Das betrifft nicht nur Empfindungen, die sich auf „Kunstobjekte" beziehen, sondern auf allgemein menschliche Empfindungen wie Angst, Freude, Wohlgefallen u.ä. Derartige Empfindungen wiederum sind mit der Erinnerung an Lebensgeschichten zentral verknüpft. Vor allem szenischen biographische Erinnerungen an leib-seelische Erfahrungen scheinen an das „Wiedererleben" von Empfindungen gekoppelt zu sein (Schulze 1979). In der reflektierenden Erinnerung können die ErzählerInnen „aufmerken" auf diese früheren Empfindungen, ihnen nachspüren, über sie nachdenken und versuchen sie zu beschreiben. (4) Beschreibungen ästhetischer Wirkungen verweisen Mollenhauer zufolge auf kein Etwas, das auch außerhalb dieser Beschreibung da wäre. Sie haben „*kein empirisches Äquivalent*" (1990a, 484). „Das außerhalb dieser Beschreibung vielleicht zu unterstellende ,Gefühl' ist auf keine andere Weise mitteilbar, und das heißt, es ist nichts, als *in* dieser Beschreibung" (ebd). Solche Wirkungen entstehen nicht nur bei der Rezeption, sondern auch bei der Produktion eines Kunstwerks. Sieht man ab von Laufbahnen, äußeren Lebensstationen etc. gilt das gewissermaßen auch für die Lebensgeschichte mit ihren mehr oder minder ausgefalteten Teilgeschichten. Solche Geschichten sind mit Wirkungsempfindungen verbunden, auch wenn dies nicht im strengen Sinn ästhetische sondern eher aisthetische Wirkungen, Empfindungen die sich auf den Raum, die Atmosphäre, den eigenen Körper u.a.m. beziehen.[2] Für beide gilt m.E., dass es sich um eine „Art von Vergewisserung" handelt, „die nach herrschendem Wissenschaftsverständnis auf schwierige Weise exterritorial zu sein scheint" (ebenda). (5) Während der Lebensverlauf selbst an „jedem Menschen eine beständige Determination [vollzieht]", eröffnet das Verstehen „ein weites Reich von Möglichkeiten, die in der Determination seines wirklichen Lebens nicht vorhanden sind" (Dilthey 1927, S. 215). Daher zieht Dilthey eine weitere Parallele: „Der durch die Realität gebundene und bestimmte Mensch wird nicht nur durch die Kunst – was öfter entwickelt ist –, sondern auch durch das Geschehen des Geschichtlichen [auch Lebensgeschichten; DK] in Freiheit versetzt" (S. 216).[3]

Um der Gefahr der illustrativen Verwendung des Bildmaterials zu entgehen und das Werk nicht monokausal aus frühkindlichen Deprivationen abzuleiten, was bei Kollwitz (angesichts ihrer immer wiederkehrenden Depressionen) leicht möglich wäre, betrachte ich zuerst die Selbstbildnisse: Wie thematisiert sich Käthe Kollwitz in den Jahren von 1889 bis 1943? Was „sagen" uns diese Bilder? Wo gibt es Veränderungen, wie werden sie sichtbar? Wo Gleichbleibendes? Was treibt eine Künstlerin/ einen Künstler zu so vielen Selbstportraits? Wie können wir die Entwürfe deuten? (2) Anschließend wende ich mich der Autobiographie zu: Was erzählt die Autorin aus ihrem Leben? Wie entwirft sich Käthe Kollwitz in ihrer Autobiographie?[4] Auf welche Art von Suche begibt sie sich dort? Welche Symbole, Metaphern, Bilder sind erkennbar? (3) Aus ihnen entsteht die Frage nach möglichen Übergängen: Spiegelt sich etwas von dem, was wir in den Bildern sehen können im Text? Gibt es Übergänge zwischen figurativem und diskursivem Material? Wie schaut das „Ich" begleitend auf sein Leben? Worin könnten solche Transformationen bestehen? Und solche zwischen chronologischem und diachronischem? Kann da angesichts der Sprachlosigkeit des Ästhetischen und der Notwendigkeit der Sprache in der autobiographischen Lebensbeschreibung und/oder im Tagebuch etwas zur „Deckung" gebracht werden? (4)

---

2 Zu der Bedeutung der Sinnesempfindungen im Bildungsprozess vgl. Müller 2001b, zu ästhetischen Gefühlen auch Müller 2001a.

3 Schon bei Dilthey ist die Autobiographie eine Konstruktion, die unter der Kategorie der „Bedeutung" im Verlauf des Lebens jeweils neu konturiert wird (s.o. Stufenprozess).

4 Der Vergleich zwischen Tagebuch und graphischem Werk kann hier nicht geleistet werden. Interessant etwa ist die Notiz zur B-Dur Sonate Opus 106 von Beethoven: „Die bildende Kunst ist konkret, man steht vor konkretem. Aber hier im Adagio ist die Seele bloß. Das was mir immer vorschwebt, wenn ich eine Frau machen wollte, die das Leid der Welt sieht" (Kollwitz 1979, S. 177).

2. Selbstbilder

Zwischen den über 100 Selbstbildnissen der Käthe Kollwitz liegen etwa 40 Lebensjahre. Unter ihnen ist ein Einziges, ein frühes, das sie lachend zeigt. Die meisten Arbeiten sind Studien des Gesichts, Köpfe im Profil oder Halbprofil nach links oder rechts und Studien en face. Häufig ist eine Hand dabei, wir sehen sie als rechte, im Spiegel ist's die linke. Das Kinn ist in die Innenhandfläche gestützt, oder die Hand stützt den Kopf in der melancholischen Gebärde Dürers und verdeckt dabei eine Gesichtshälfte. Der Hintergrund wird nicht gegenständlich ausgestaltet, Kleidung und Schmuck fehlen. Selbst das Haar als „natürlicher" Schmuck des Menschen ist nur knapp ausgearbeitet. Bei den Halbbrustbildern wird Kleidung zwar angedeutet, verschmilzt aber so mit dem Hintergrund, dass sie unwesentlich erscheint. Käthe Kollwitz inszeniert sich nicht vor einem Hintergrund in verschiedenen Rollen oder Posen, wie noch in einigen frühen Selbstportraits zu sehen ist. Was interessiert, ist allein das Gesicht und sein Ausdruck. In den Profilbildern ist stets nur eine Gesichtshälfte sichtbar, die andere bleibt im Dunkeln, bei den Werken en face ist ein Teil des Gesichts häufig durch die Hand schattiert oder verdeckt. D.h. bei der Prüfung des „Selbst" sehen wir immer nur einen Teil, das „Ganze" des Selbst, des „Ich" gibt es nicht zu fassen.

Kollwitz zeigt uns den Facettenreichtum eines Gesichts. Mit sparsamen Mitteln, als experimentiere sie, variiert sie dessen Ausdrucksmöglichkeiten. Die Bilder begleiten den biologischen Alterungsprozess des Körpers, halten fest, was das Leben aus einem Gesicht macht, wie es sich dort niederschlägt, zeigen Wandel des Gesichts und damit des menschlichen „Wesens": Es gibt Gleichbleibendes und sehr Verschiedenes in der Physiognomie und im Ausdruck. Die Abstinenz von der Farbe, angesichts der Verbreitung der Photographie gerade in Portraitstudien eine herausfordernde Provokation, ermöglicht die Konzentration auf Wesentliches: Licht, Schatten, Fläche, Linie, die ästhetische Verdichtung der Grauskala.

Durchgängig sind die Gesichter streng, ernst, nachdenklich (darin unterscheiden sie sich nicht von den Selbstportraits Beckmanns oder Picassos). Der Blick, scheinbar auf den Betrachter gerichtet, ist nicht fokussiert, d.h. wenn wir die Bilder betrachten, bekommen wir keinen Blickkontakt und bleiben ohne Kontakt. Kollwitz bleibt in Distanz zu sich selbst in ihrem Spiegelbild und zu uns, ihren Betrachtern. Viele Bilder wirken geradezu abweisend. Die in den frühen Bildern sichtbare herausfordernde Haltung verschwindet in den Studien ab 1900.

Die Augen verfolgen eine Linie schräg nach unten aus dem Bild heraus und verweisen symbolisch auf etwas, was außerhalb unseres Blickfeldes liegt. Während wir uns dem Portrait zuwenden, sieht die Betrachtete zugleich durch uns hindurch und nach innen. Die Person im Bild nimmt etwas wahr, was der betrachtenden Person vor dem Bild, also uns und der Zeichnenden selbst verborgen bleibt. Dieses Wahrgenommene ist zugleich in und außerhalb der Dargestellten, und es ist, obwohl verborgen, zu einem Wissen verdichtet. Diese Gesichter wissen um etwas und verweisen uns auf das Verborgene ohne es zu zeigen. Sie sind von starker Ausdruckskraft, symbolisieren eine Mischung verschiedener düsterer Stimmungen und Empfindungen: von Versunkenheit und Nachdenklichkeit, über Leid, Furcht, Mitleid, Hilflosigkeit, Zweifel, Sprachlosigkeit, Versteinerung und Klage bis zu Anklage, Unverständnis, Aggression und Verachtung. Zumindest einige der Bilder sind angelegt wie ein Vexierspiegel. Sie verändern den Ausdruck, je nach dem, ob man sie von rechts oder links betrachtet, werden strenger oder weicher, offener oder geschlossener.

Wonach suchte Käthe Kollwitz in den Selbstbefragungen? Was wird thematisiert außer dem „minutiös" festgehaltenen Alterungsprozess?

Sind die Bilder für uns überhaupt als Selbstbilder erkennbar oder dominiert unser Wissen, es handelt sich um Käthe Kollwitz unser Auge und betrügt es? Manche frühen und späten Werke tragen die „gleiche" Physiognomie, die Gesichtszüge der Käthe Kollwitz stimmen mit denen von Fotografien überein und sie sind auch in den sog. Rollenbildern, also den verborgenen Selbstbildern zu finden. Bei anderen wiederum scheint das nicht ausgemacht. Manche, frühe als auch späte, wirken ausgesprochen männlich. (Woran identifizieren wir also ein weibliches oder männliches Gesicht?) Manche, aus dem gleichen Jahr stammend, suggerieren einen großen Altersunterschied.

Ist Kollwitz auf der Suche nach dem eigenen Selbst, dem „Wesenskern", der verlorenen Zeit, oder sind die Selbstbilder nicht Portraits der eigenen Person, sondern „Psychogramme Ihrer Umwelt"? (Timm 1980, S. 20) Identifizierte sich Käthe Kollwitz mit dem als genial geltenden „homo melancholicus"? (Buschhoff 1999, S. 5) Sind diese „Selbstbilder", ein eigens von Kollwitz geschaffener Terminus, Projektionen der jeweiligen eigenen psychischen und damit „realen Befindlichkeit"? (Götte 1997, S. 12) Kann man Kollwitz angesichts des Melancholia-Gestus und der vielen Bildnisse, gar Serien zum Tod, in denen sich die Künstlerin seit 1903 selbst versteckte (Götte 1997), (romantisierte) Regressionswünsche und Todessehnsucht attestieren? War der Tod des Sohnes Peter *der* biographische Bruch, der sich in den Selbstbildern spiegelt, wie so häufig zu lesen ist? Oder war die „säuerliche Käthe" (George Grosz) trotz dieser Bilder auch eine „lebensbejahende und verliebte, leidenschaftliche und aufmüpfige Frau"? (Fecht 1987, S. 5)

Ich habe den Eindruck, die Bilder suchen nicht das „Ich", wie vielleicht Rembrandts vergebliche Suche interpretiert werden könnte (vgl. Parmentier 1998); jedenfalls nicht das persönliche „Ich" eines Subjekts, das ich zu sich sagt; Kollwitz fragt also nicht, „wer bin ich". Die Fragen zielen m.E. auf etwas Allgemeineres, eher: Was ist der Mensch? Oder was ist ein Mensch? Was erhält einen Menschen am Leben angesichts von Trostlosigkeit, Leid und Elend? Beim Erleben von Schönem, Angenehmem, Lustvollem stellen wir solche Fragen nicht, sie scheinen sich von selbst zu erledigen. Im Erleben von Schmerz und Leid, im Empfinden von Unaussprechlichem werden sie jedoch zentral: Warum leben wir trotzdem? Was erhält uns „aufrecht"? Was ist das, das „Leben"? Was macht es aus einem Menschen? Mir scheint, Kollwitz' Suche zielt auf die Schicht der menschlichen Existenz, der lebendigen Vitalität, des „Lebenstriebes", der den „Todestrieb" trotz allem besiegt. Diese Frage richtet sie an sich, an das „Leben" und an uns. Was ist es, das Leben? Käthe Kollwitz klagt an und lebt weiter, sie lebt „dennoch", beobachtet sich dabei und sucht nach Gründen.

3. Die Autobiographie

Der autobiographische Text enthält zwei denkbar knappe Teile: Die „Erinnerungen" (1922) beschreiben Kindheit und Schulzeit auf 20 Seiten, der zweite Teil „Rückblick auf frühere Zeit" (1941) umfasst hauptsächlich die Ausbildungszeit und enthält einige Reflexionen über bzw. Kommentare eigenen künstlerischen Arbeiten. 1948 wurden beide Teile ergänzt durch eine Auswahl von Tagebuchnotizen und Briefen und eingeleitet durch ein Vorwort des Sohnes, unter dem Titel „Aus meinem Leben" publiziert.

Der Text, sachlich und nüchtern geschrieben, ist chronologisch geordnet. Ausgangspunkt für die dargestellten Erinnerungen sind die Räume, die Wohnungen und deren Umgebung, in denen Kindheit und Jugend der Heranwachsenden in Königsberg angesiedelt waren. Bis zum 9. Lebensjahr der Autorin wohnte die Familie in einem Haus, das am Pregel lag, wenige Minuten entfernt von der großelterlichen Wohnung. 1876 zog die Familie in einen Neubau, der vom Vater errichtet worden war, kurze Zeit später zog die Familie ein letztes Mal um.

> „Ich bin als fünftes Kind der Eltern geboren. Wir lebten damals auf dem Weidendamm Nr. 9 in Königsberg. Ich erinnere mich dunkel an eine Stube, in der ich tuschte, deutlich aber besinne ich mich auf Höfe und Gärten." (Kollwitz 1958, S. 19)

So lauten die ersten drei Sätze der Autobiographie. Es folgen sachliche Beschreibungen der Lage und Gestaltung der Höfe, knappe Benennung der sich bietenden Spielmöglichkeiten. Zum Auftakt des Schreibens erscheint Vergangenheit in Form von Erinnerungsfetzen, die lediglich genannt, keinen Bezug zur erinnernden Person zu haben scheinen. Wir finden Sequenzen über die Sommerferien an der Ostsee, das Verhältnis zur jüngeren Schwester Lise, die eigene körperliche und geistige Entwicklung. Über die Schule gibt es einen kurzen Abschnitt, länger sind Charakteristiken der Großeltern und anderer Personen in der Umwelt des Kindes sowie Passagen über den Religionsunterricht. Sie habe „ein Bild" davon geben wollen, „wie der Mutterboden beschaffen war, auf dem wir Kinder aufwuchsen," (S. 42) so wird die ausführlichere Darstellung der Personen gerechtfertigt.

Auch der zweite nur 12 Seiten umfassende Teil ist im Berichtsstil angefertigt. Beschrieben wird, was in jeder biographischen Skizze über die Künstlerin nachzulesen ist, die Ausbildung in Berlin und München, die Engadin-Reise mit Mutter und Schwester, das beeindruckende Erlebnis der Weberaufführung von Hauptmann, die Reisen nach Italien – anlässlich der Villa Romana Preisverleihung – und nach Paris. Der Text ist orientiert an Beschreibungen eines Lebenslaufs und nicht als Lebensgeschichte konzipiert. Aufbau, Inhalt und Stil folgen Standardmustern von Lebenslaufbeschreibungen; sie entsprechen der Norm, die bei Bewerbungen und ähnlichen Anlässen gefordert ist. Wichtige Fakten werden als solche genannt und bezeichnet, dem erinnerten Erleben bleiben sie äußerlich. Was hat das alles mit dem Bildmaterial zu tun? Nichts. Es mag beim Einordnen und Zuordnen helfen, wenn man einige biographische Details von Personen öffentlichen Interesses kennt: aha, sie stammt aus Königsberg, usw. usw. Man gewinnt den Eindruck, man „weiß" etwas über diese Person, ihren Hintergrund, ihre Herkunft. Aber dieses Wissen ist ohne Belang für die Interpretation des Werks und mit den Selbstbildnissen hat es nichts zu tun. Eine Absage also auf die Frage nach möglichen Übergängen? Nicht ganz. Es gibt in dem kurzen Text einige wenige Passagen, in der die Autorin die berichtende Distanz nicht durchgehalten hat, – im übrigen ein Phänomen, das sich häufiger in Lebensbeschreibungen findet: Das erinnerte „Ich" scheint dem erinnernden „Ich", das da auswählt, ordnet, Zusammenhänge herstellt und kommentiert, einen Streich zu spielen. Es bricht in die gewählte Ordnung ein und führt über sie hinaus.

Da sind zum einen Sequenzen über die Begegnung mit dem Tod und zum anderen die Erinnerung an einen eigenen Gemütszustand und das darin geäußerte Verhalten. Reflexionen zum Tod gibt es zwei: Die erste bezieht sich auf den Tod des jüngsten Bruders Benjamin, der als Säugling an Meningitis starb. Im Gegensatz zum übrigen Berichtsstil wird hier eine beeindruckende Szene geschildert:

> „Lise und ich waren aus der Kinderstube geschickt; was Lise vorhatte weiß ich nicht, ich saß auf dem Boden, hatte mir mit Klötzchen einen Tempel gebaut und war dabei, der Venus zu opfern. Da ging die Tür auf und der Vater und die Mutter kamen herein. Der Vater hatte die Mutter mit dem Arm umfasst, sie kamen zu uns, und der Vater sagte, dass unser kleiner Bruder gestorben sei. (Wahrscheinlich sagte er, dass Gott ihn zu sich genommen hätte.) Sofort wusste ich: Das ist die Strafe für meine Ungläubigkeit, jetzt rächt sich Gott dafür, dass ich der Venus opfere" (Kollwitz 1958, S. 23).

Die zweite schildert die eigene Angst und Sorge um die Mutter:

„Meine Liebe für die Mutter war in jenen Jahren besorgt und zärtlich. Immer fürchtete ich, sie könnte verunglücken. Badete sie, auch nur in der Wanne, so fürchtete ich, sie könnte ertrinken. Einmal stand ich am Fenster, es war die Zeit als die Mutter zurückkommen sollte, ich sah sie auf jener Seite der Strasse kommen, aber ohne nach unserem Haus hinzusehen, mit dem ferngerichteten Blick, den sie hatte, ruhig weitergehen, die Königsstrasse herunter. Wieder diese schwere Angst im Innern, sie könnte sich verirrt haben, die Mutter könnte wahnsinnig werden. Vor allem aber Angst um den Schmerz, den ich haben würde, *wenn* Vater und Mutter stürben. Manchmal war die so groß, das ich wünschte, sie wären erst tot und ich hätte es hinter mir. Für diesen Fall hatte ich vorgesorgt. Ich wollte dann zu Prengels gehen und ganz bei ihnen bleiben" (1958, S. 24).

Die Schilderung des eigenen Gemütszustandes ist geknüpft an eine Szene mit der älteren Schwester Julie:

„Die Mutter schickte sie und mich einmal zu Ernestine Castell. Als sie mit mir fortging, steckte sie aus der Dose ein Stück Zucker zu sich. „Warum?" fragte Tante Tina. „Es der Käthe in den Mund zu werfen, wenn sie brüllen will." Dies bockige Brüllen war gefürchtet. Ich konnte brüllen, dass es unerträglich war. Einmal muss es auch nachts gewesen sein, denn der Nachtwächter, kam, um nachzusehen, was los war. Ging die Mutter mit mir aus, so war sie froh, wenn ich nicht auf der Straße den Bock bekam und durch nichts zu bewegen war weiterzugehen.
Später traten an Stelle dieser Anfälle von Eigensinn, die sich in Gestrampel und Gebrüll äußerten, Verstimmungen, die Stunden und Tage anhalten konnten. Ich konnte es dann nicht über mich bringen, mit Worten die Verbindung mit anderen aufrecht zu erhalten" (Kollwitz 1958, S. 21).

4. Suche nach Transformationen

Gibt es „Übergänge" zwischen den autobiographischen Szenen und den Selbstbildern? Oder zumindest jenseits der Unmöglichkeit den diskursiven und den figurativen Diskurs zu überführen, etwas Gemeinsames in Form eines „sowohl hier als auch dort"? Es wurde versucht, die Wirkungen der Bilder der Versprachlichung zu unterziehen und umgekehrt in der Autobiographie nach Bildern, Metaphern u.ä. zu suchen. Ich will versuchen, beide in einem tentativen Prozess einander näher zu bringen. Die größte Gefahr besteht m.E. darin, sich zu einer vorschnellen Übereinstimmung (im Sinn eines schnellen Identifizierens) verführen zu lassen, die dann aber an der Oberfläche stehen bleibt, ohne in tiefere Schichten vorzudringen. Es käme jedoch darauf an, den Suchprozess des aufeinander Zubewegens so zu gestalten, dass jedem der Medien der Selbstthematisierung seine Eigengesetz-lichkeit/Eigentümlichkeit belassen wird.

Auf den ersten Blick scheint es eine naheliegenden Spur zu geben, die sich geradezu aufzudrängen scheint – die Auseinandersetzung mit dem Tod. Sie findet sich zentral im Werk, und wird an bedeutsamen Szenen in der Autobiographie sichtbar. Auch zu den (hier vernachlässigten) Reflexionen im Tagebuch lassen sich vielfach Bezüge herstellen, nicht nur in Bezug auf den Tod des eigenen Sohnes. Die Depressionen, an denen Käthe Kollwitz wiederholt litt, wären ein weiterer Hinweis auf diese Lesart.

Die autobiographischen Sequenzen über den Tod ließen sich aus psycho-analytischer Perspektive leicht als unbewusste aggressive Bestrebungen interpretieren. Die Schuldgefühle beim Tod des Bruders waren immerhin dem Bewusstsein zugänglich, wenn auch über eine Verlagerung. Nicht der eigene eifersüchtige Wunsch, der Bruder möge sterben, sondern die Opfe-rung der Venus, im religiösen Hause Schmidt ebenfalls ein starker Unge-horsam, erscheinen als Auslöser. In den Erinnerungen an die Mutter wären die aggressiven Strebungen völlig verdeckt. In ihrem Werk hätte sich die Künstlerin dann mit diesem Schuldbewusstsein, den eigenen verdeckten Todeswünschen und dem daraus resultierenden Schuldbewusstsein, eben-falls verdeckt auseinandergesetzt und die Schuld bearbeitet.

Dennoch scheint mir diese Spur falsch, zumindest stark verkürzt und da-durch verfälschend zu sein. Zweifellos war der „Tod" eines der „großen künstlerischen Themen" von Käthe Kollwitz, allerdings nicht vorrangig in den Selbstportraits. „Sie wollte möglichst viel erfahren über den Tod, sie wollte erkennen und wissen" (Kleberger 1998, S. 119). Darin verbergen sich aber nicht notwendig Depression und Schuldgefühl. Bei der Frage nach dem Leben (meine Spur bei der Deutung der Selbstbilder) kann die über den Tod nicht ausgeklammert bleiben. Unser alltägliches Verhältnis zum Tod ist jedoch gestört, schreibt Freud, nur Kindern und Künstlern gestatten wir den Umgang mit ihm. Die Aussperrung des Todes hat fatale Folgen für das Leben: Es wird umgekehrt eingesperrt, gelähmt und verarmt. Doch „das Leben zu ertragen, bleibt ja doch die erste Pflicht aller Lebenden". Deshalb empfahl Freud: „Si vis vitam, para mortem" (Freud 1974, S. 60).

Erfolgversprechender für mögliche Transformationen zwischen Selbstpor-traits und Autobiographie erscheint mir die Szene über das Brüllen. Über die Gründe des kindlichen Brüllens erfährt der Leser nichts. Vielleicht wa-ren sie der Autorin nicht mehr detailliert im Gedächtnis. Aber Kollwitz konturiert sich in dieser Passage als ein starkes machtvolles Kind, das die Familie das Fürchten lehrte. Zu Hause konnte sie zwar eingesperrt werden, (auch in den Selbstbildern scheint etwas eingesperrt zu sein), aber in der Öffentlichkeit dennoch wirksame Auftritte inszenieren. Auf dem Eigenen beharren, wenn nicht brüllend, dann verstimmt schweigend; den anderen kraftvoll durchhaltend begegnen – ein lebender Vorwurf sein.

Brüllen und Schweigen markieren gewissermaßen Grenzpunkte sprachlichen Ausdrucks, Kommunikationsabbrüche. Beide nehmen Distanz zu dem, was „geschieht". Sie verweisen auf Nicht-Darstellbares, auf die Unaussprechlichkeit des Geschehenen, Erlebten (vgl. Lyotard 1989). Brüllen und Schweigen nehmen auch Distanz zum eigenen Erleben und stellen sich ihm entgegen. Sie verweisen auf Paradoxien, ohne sie sprachlich zu bezeichnen: Diese Paradoxien lassen sich umschreiben durch die Pole Ohnmacht – Macht, Abhängigkeit – Unabhängigkeit, Nähe – Distanz. Die Sprache als Möglichkeit, etwas zu bezeichnen und zu thematisieren versagt. Verständigung ist sprachlich nicht mehr möglich, was bleibt, ist das Bild: machtvoll, ausdrucksstark, aber wortlos.

Abbildungen

Abb. 1
1912 Radierung 14x10

Abb. 2
1904 Lithographie 41x32

Abb. 3
1911 schwarze kreide 36x31

Abb. 4
Kohle auf braunem Transparent

Abb. 5
1923 Kohle auf Bütten 38x45

Abb. 6
1933 Kohle auf Bütten 48x64

Abb. 7
1938 Kohle auf Bütten 63x48

Literatur

Adolphs, V. (1993): Der Künstler und der Tod: Selbstdarstellungen in der Kunst des 19. und 20. Jahrhunderts, Köln

Billeter, E. 1985): Das Selbstportrait als Selbstschutz (Käthe Kollwitz, Paula Modersohn-Becker, Imogen Cunningham, Charley Toorop, Frida Kahlo). In: Billeter, Erika(Hrsg.): Das Selbstportrait im Zeitalter der Photographie. Maler und Photographen im Dialog mit sich selbst. Stuttgart

Boehm, G. (1978): Die Hermeneutik und die Wissenschaft. Frankfurt am Main

Buschhoff, P. (1999): Die autonomen Portraits. Selbstbeobachtung - Selbstbehauptung - Selbsterforschung. In: Einblicke 2. Aspekte der Selbstbefragung: Käthe Kollwitz in ihren Selbstbildnissen, hrsg, von Käthe Kollwitz Museum Köln. Köln

Dilthey, W. (1927): Gesammelte Schriften. Bd. VII. Göttingen 1979[7]

Fecht, T. (1987): Werkskizze. In: Käthe Kollwitz. Das farbige Werk, hrsg. v. Tom Fecht. Berlin

Freud, S. (1974): Unser Verhältnis zum Tode. In: Ders.: Studienausgabe Bd. IX, Fragen der Gesellschaft. Ursprünge der Religion. Frankfurt am Main

Freud, S. (1975): Trauer und Melancholie. In: Ders.: Studienausgabe Bd. III, Psychologie des Unbewussten. Frankfurt am Main

Fröhlich, V. (1997): Lebensgeschichten verstehen In: Bittner, G./Fröhlich, Volker (Hrsg.): Lebens-Geschichten. Über das Autobiographische im pädagogischen Denken. Kusterdingen

Götte, G. (1997): „Gesehenes und Ausgedachtes". Handzeichnungen von Käthe Kollwitz in der Kölner Sammlung. In. Käthe Kollwitz Museum Köln. Zeichnungen - Druckgraphik - Skulpturen. Kölner -Museums-Bulletin. Hrsg. v. Peter Noelke. Köln

Hellekamps, St. (1998): Ästhetik und Bildung. Das Selbst im Medium von Musik, Bildender Kunst, Literatur und Fotografie. Weinheim

Hodurek, J. (1976): Die Selbstbildnisse der nord- und mitteldeutschen Expressionisten. München

Kleberger, I. (1998): Käthe Kollwitz . Eine Biographie. Leipzig

Kofmann, S. (1990): Die Melancholie der Kunst. In: Engelmann, Peter: (Hrsg.): Postmoderne und Dekonstruktion. Texte Französischer Philosophen der Gegenwart. Stuttgart

Knipper, R. (1999): Die verborgenen Portraits. Modell - Akteur - Exempel. In: In: Einblicke 2. Aspekte der Selbstbefragung: Käthe Kollwitz in ihren Selbstbildnissen, hrsg, von Käthe Kollwitz Museum Köln. Köln

Kollwitz, K. (1949): Tagebuchblätter und Briefe, herausgegeben von Hans Kollwitz. Berlin

Kollwitz, K. (1958): Aus meinem Leben. München

Kollwitz, K. (1979): Ich sah die Welt mit liebevollen Blicken. Käthe Kollwitz. Ein Leben in Selbstzeugnissen", herausgegeben von Hans Kollwitz 1. Auflage. Wiesbaden

Kollwitz, K. (1980): Die Handzeichnungen, hrsg. v. Otto Nagel u.a. Stuttgart

Kollwitz, K. (1982): Bekenntnisse. Nachwort von Volker Tann. Frankfurt am Main

Kollwitz, K. (1987): Das farbige Werk, hrsg. v. Tom Fecht. Berlin

Krahmer, C. (1981): Käthe Kollwitz in Selbstzeugnissen und Bilddokumenten. Reinbek

Lyotard, J.-F. (1989): Das Erhabene und die Avantgarde. In: Ders.: Das Inhumane. Plaudereinen über die Zeit. Wien

Mollenhauer, K. (1983): Vergessene Zusammenhänge über Kultur und Erziehung. München

Mollenhauer, K. (1988): Ist ästhetische Bildung möglich?, In ZfP 34/1988

Mollenhauer, K. (1990a): Ästhetische Bildung zwischen Kritik und Selbstgewissheit. In ZfP 36/1990

Mollenhauer K. (1990b): Die vergessene Dimension des Ästhetischen in der Erziehungs- und Bildungstheorie. In: Lenzen, Dieter (Hrsg.): Kunst und Pädagogik. Erziehungswissenschaft auf dem Weg zur Ästhetik? Darmstadt

Müller, H.-R. (2001a): Ästhetische Bildung. In: Otto, Hans-Uwe/Thiersch, Hans (Hrsg.): Handbuch Sozialarbeit/ Sozialpädagogik, 2. überarbeitete Aufl., Neuwied

Müller, H.-R. (2001b): Bildung der Sinne. In: Bildung und Erziehung 54/2001

Nagel, O. (1965): Die Selbstbildnisse der Käthe Kollwitz. Berlin 1965

Parmentier, M. (1998): Die Selbstbildnisse Rembrandts - eine visuelle Autobiographie? In: Hellekamps, St.: Ästhetik und Bildung. Das Selbst im Medium von Musik, Bildender Kunst, Literatur und Fotografie. Weinheim

Pothast, U. (1988): Philosophisches Buch. Schrift unter der aus der Entfernung leitenden Frage, auf menschliche Weise lebendig zu sein. Frankfurt am Main

Schulze, Th. (1979): Autobiographie und Lebensgeschichte. In: Baacke, D./Schulze, Th. (Hrsg.): Aus Geschichten lernen. Zur Einübung pädagogischen Verstehens. München

Schulze, Th. (1999): Erziehungswissenschaftliche Biographieforschung. Anfänge – Fortschritte – Ausblicke. In: Marotzki, W./Krüger, H.-H. (Hrsg.): Handbuch Erziehungswissenschaftlich Biographieforschung. Opladen

Schulze, Th. (1998): Selbstbildnis und Bildung. In: Hellekamps, S.: Ästhetik und Bildung. Das Selbst im Medium von Musik, Bildender Kunst, Literatur und Fotografie. Weinheim

Timm, W.: Zu den Zeichnungen von Käthe Kollwitz. In: Kollwitz, Handzeichnungen. A.a.O

Helga Peskoller

Wand-Bild

„.... dass es schließlich notwendig ist, die Grenzen der Wissenschaft zu
ziehen und eine Erkenntnis der unerklärlichen Differenz zu begründen,
die den unmittelbaren Zugang der Intelligenz zur Materie erfordert, vor
aller intellektuellen Reduktion."
Georges Bataille

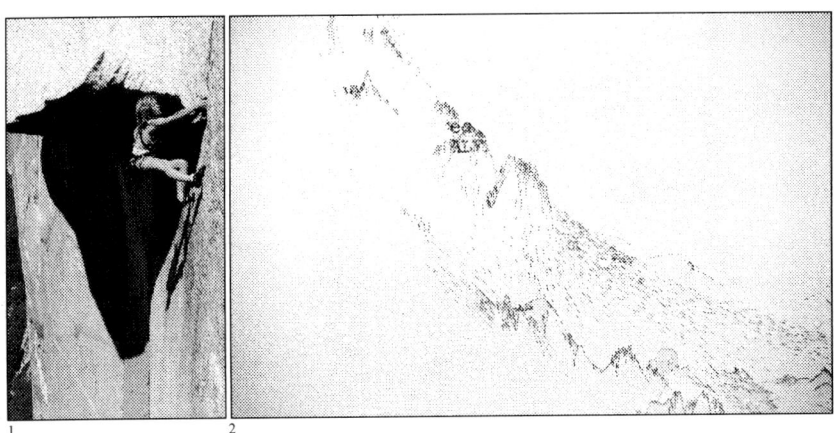

Der hermetischen Wirkung des Gegenstandes antworte ich in einer skizzenhaft offenen Darstellung. Sie gewährt Einblick in den Forschungspro-
zess und wiederholt im Abbruch, was meinem Denken unzugänglich und
worin sein Einsatz besteht.

Der erste Schritt entfaltet eine Fülle sinnlicher Daten, macht mit der Vorgeschichte und dem Material vertraut, indem Extremsport mit Kunst vergli-
chen wird. Der zweite Schritt steht im Horizont der Grenzerfahrung und

---

1 Die amerikanische Kletterin Lynn Hill befindet sich im Quergang von „the Nose" am
  El Capitan, September 1994; in Zak 1995, 18
2 Die Tackerzeichnung des Frankfurter Künstlers Nicolaj Dudek in der Kunsthalle Tirol, November 2000; Foto Helmut Eberhöfer

arbeitet das Bild in ein Relief um.[3] Der dritte erinnert die körperliche Bewegung und entfaltet die Begriffe Gleichgewicht und Wirksamkeit. Der vierte und letzte Schritt resümiert Elemente eines lebendigen Bildungsprozesses auf der Grundlage der Selbstverschwendung.

1. Vorgeschichte und Material [4]

Am 1. Dezember 2000 wurde in der Kunsthalle Tirol die Ausstellung „HOCHLEISTUNG - Going to the Extremes" eröffnet; beteiligt haben sich sieben KünstlerInnen aus fünf verschiedenen Ländern.[5] Ihnen kam die Aufgabe zu, die über 10 Meter hohen Wände der 1.2000 qm großen Halle als Bildträger zu nutzen.

6

Im Raum hat man 4 kunstvolle Boulderblöcke aufgestellt – die in der Folge von mehr als tausend Kindern, Jugendlichen und Erwachsenen in Gebrauch genommen wurden. Tag für Tag kamen sie hierher und studierten stundenlang knifflige Passagen ein. Ungewöhnlich, dass die Stahlkonstruktion, an

---

3 Im Relief wendet sich die Einbildungskraft vom Vorgang des Vorstellens ab und geht über in ein Erinnern, das ungefragt zu einem kommt. Da das Relief körpergebunden streng körpergebunden ist und sich in die Wahrnehmung einprägt, drängt sich die Vermutung auf, dass ein Zusammenhang besteht zwischen dem Relief und dem Trauma.

4 Das vorgelegte Material ist ungewohnt, unterschiedlich und widerständig. Bezieht man Extremsport und Kunst, in diesem konkreten Fall Klettern und Tackern aufeinander, steht man in keiner Tradition, wodurch man sich und diejenigen, die zuhören, der Gefahr aussetzt, in der Unzugänglichkeit beider irre zu gehen. Dieser Gefahr begegne ich mit einer obsessiven Verwendung von Medien, sie sollen den Zugang zum Phänomen erleichtern. Diese Erleichterung ist allerdings zweischneidig und könnte selbst zu einer Gefahrenquelle der besonderen Art werden, da die Datenmenge derart ansteigt, dass es allein vom Zufall abzuhängen scheint, welche Art von Zusammenhang hier zur Sprache kommt.

5 Das waren: Pia Dehne, New York; Nikolaj Dudek, Frankfurt; Cornelius Hofmeister, München; Balz Kloeti, Zürich; Dirk Krecker, Frankfurt; Edwin Schäfer, Offenbach; Ernst Trawöger, Innsbruck, ZDEN Hlinka & Jan SICHo/SATORI, Bratislava

6 Sämtliche Fotografien sind von Helmut Eberhöfer im Dezember 2000/Jänner 2001 in der Kunsthalle Tirol gemacht worden, er hat sie dankenswerterweise für diesen Beitrag zur Verfügung gestellt.

der man die bis zu 4 Meter hohen Kletterflächen aus Beton befestigt hatte, sichtbar hielt.[7]

Zwischen den Kletterwänden gab es Durchblicke auf neun Wandbilder, einem davon wende ich mich zu. Es befindet sich an der Ostwand der Halle und nimmt eine Fläche von ca. 30 qm ein. Aus der Ferne ist eine zarte Zeichnung zu sehen, die in einem doppelten Schwung von rechts unten nach links oben zieht.

Tritt man näher an das Bild heran, tauchen Berge auf, die ein Panorama bilden mit der Eigenart, dass man ein- und denselben Berg sowohl von seiner Vorder- als auch von der Rückseite zu Gesicht bekommt.

---

7 Konstruiert und installiert wurden die Kletterwände vom Münchner Künstler und Sportkletterer Cornelius Hofmeister

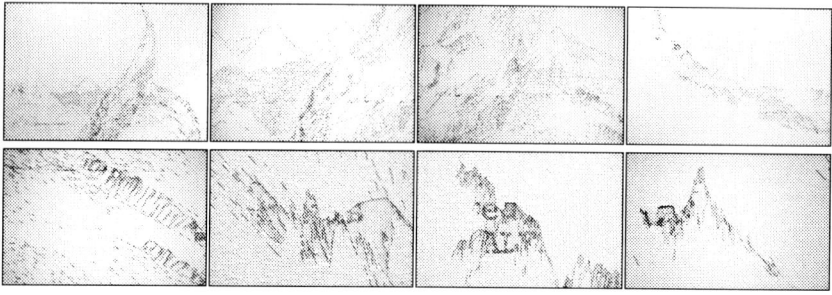

Dort, wo sich beide Bergketten kreuzen, löst sich deren Gestalt zugunsten einer unbestimmbaren Struktur auf.

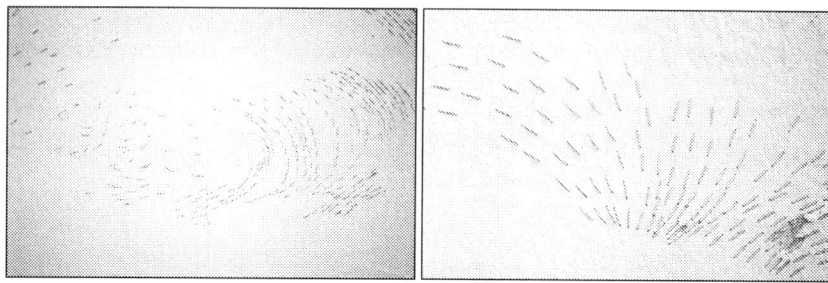

Für den Künstler aus Frankfurt sind Berge Kernformen der Landschaft, an denen die Menschen nicht vorbeikommen. Sie sind Projektionsflächen für starke emotionale Erinnerungen und fordern zu einer poetischen Wahrnehmung heraus, die das Gefühl des Umherirrens mit einschliesst.

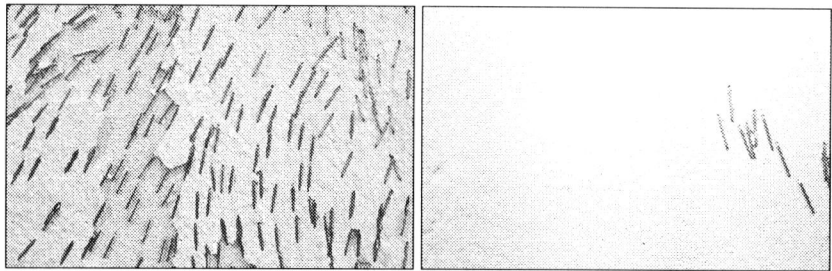

Die letzte dieser Aussagen hat mich beschäftigt.

Kann es sein, habe ich mich gefragt, dass das Gefühl des Umherirrens damit zu tun hat, zu wenig darin geübt zu sein, eine derart grosse Masse, wie es Berge nun einmal sind, zu gliedern? Wenn dem so ist, müsste angegeben

144

werden, welche Art des Ordnens und Gliederns die Senkrechte bedarf. Anzunehmen ist, dass die Senkrechte andere Bilder als die Horizontale erzeugt und zwar deshalb, weil sie dem Bildermachen ganz besondere Schwierigkeiten bereitet. Folglich muss man sich als erstes der Besonderheit dieser Schwierigkeiten nähern.

Annäherung 1: Genese

Das Entstehen der Wandbilder habe ich mitverfolgt. Sie sind vor Ort gemacht und wurden innerhalb einer Woche fertiggestellt. Auffällig war, dass bei aller Unterschiedlichkeit im Konzept und Verfahren, jeder Künstler bis zum Schluss mit einem Problem gerungen hat - dem Untergrund. Die einfachste Erklärung: Die Kunsthalle war vormals ein Salzlager. Das Salz und die Feuchtigkeit nagen an den Wänden. Greift man sie an und das war für das Herstellen der Wandbilder unumgänglich, werden die Finger in kurzer Zeit aufgeweicht und wund. Die Wände verhalten sich aber nicht nur gegen die Haut aggressiv, an ihnen hält auch sonst kaum etwas wirklich fest, weder ein Kleber,[8] noch der Verputz.

Nicolaj Dudek antwortet der Abweisung dieser Wand mit 8000 Heftklammern. Das Morbide, sagt er, reize ihn, beim Verklammern trete hervor, was

---

8 So hatte beispielsweise der Schweizer Künstler Balz Kloeti an der nordseitigen Innenwand der Kunsthalle tagelang damit gerungen, eine Technik zu entwickeln, die es erlaubt, seine filigranen Körperschnittmuster zu befestigen.

in der Wand liegt. Unter der maschinellen Wucht des Presslufttackers fängt es in der Wand an zu bröckeln, mitunter kippt der Untergrund leicht nach außen und in diesen labilen Zustand hinein verspanne er sein Bild. Das Bild ist eine unsichtbare Haut und überzieht die in Aufruhr versetzte Wand.[9] Die Stellen, in denen das Unsichtbare am Untergrund klammert, fügen sich zu einer naturgetreuen Bergdarstellung.[10]

Annäherung 2: Unterschied

Das Rahmenprogramm zur Ausstellung hat ein Symposium mit einer ExpertInnendiskussion vor Publikum vorgesehen. In ihr kamen Extrembergsteiger[11] mit den Wandkünstlern ins Gespräch und sollten in einer ersten Runde beschreiben, was sie konkret machen, wenn sie das tun, was sie so sehr lieben.[12]

Der Extremkletterer Beat Kammerlander beschreibt sich in der Schlüsselstelle von „Mordillo". Das ist eine über 40 Meter lange Route im X. Schwierigkeitsgrad, die er im September 1999 als erster Mensch, allein und ohne Seil, geklettert ist, während der ORF filmte; ein Sturz wäre tödlich ausgegangen.

13

---

9 Vgl. Dudek 1999
10 Sie erinnern an Albrecht Dürers Felswand um 1494/95, vor allem aber an Leonardo da Vincis Bergkette um 1511 und an seine Felsstudien um 1508/11; vgl. Wozniakowski 1987, Abb. 23, 21 und 22.
11 Das waren: Robert Peroni, Grönlanddurchquerer und -forscher; Hans-Peter Eisendle, Bergführer und Expeditionsbergsteiger; Beat Kammerlander, Extremkletterer; Cornelius Hofmeister, Künstler und Sportkletterer und im Spannungsfeld von Extrembergsteigen, Wissenschaft und Kunst meine Person.
12 Diese Frage wurde, was zwar vorauszusehen war, aber dennoch erwähnenswert erscheint, bis auf wenige Ausnahmen (z.B. Beat Kammerlander), in der Weise missverstanden, als man eine Antwort auf die übliche Frage nach dem Warum zu geben versuchten, indem angefangen wurde, das ungewöhnliches Tun zum x-ten Mal zu begründen, anstatt die Praktik selbst bis ins Detail beschreibend darzustellen.
13 Das Videostill ist der ORF-Produktion „Grenzgänger in Fels und Eis" von 1999 entnommen

Kammerlander sagt, dass es die grenzenlose Freiheit sei, die ihn antreibe und dass er auf das Können setzt und um die Wichtigkeit der Widerholung und des Nichtdenkens wisse; er behauptet, sich genau zu kennen und zu spüren und gewärtigt inmitten der Wand die Gefährlichkeit seines Spiels.[14]

Nicolaj Dudek bezieht sich auf Kammerlander, wenn er sagt, dass ihn auch, neben Lust und Neugier, ein Freiheitsgefühl bestimme, das, wie beim Klettern, von der Geübtheit abhängt. Sein Freiheitsgefühl ziele auf die Macht, Bilder herzustellen, um auszudrücken, was er denkt und fühlt. Dann kommt er auf die Bewegung zu sprechen und meint, dass man beim Zeichnen die Momente, in denen der Fuß abgleitet, im Gegensatz zum Bergsteigen, nicht korrigieren muss. Man darf ihnen nachgeben und sich fallen lassen. Das Fallenlassen ginge deshalb gut, da man auf Papier weich landet.

Dudek markiert den Unterschied zwischen Zeichnen und Klettern dort, wo es um die Konsequenz für den realen Körper geht. Ein Sturz in der Wand wirkt sich anders aus als der freie Fall der Phantasie auf einem Blatt Papier. Aber genau der, für das Leben entscheidender Unterschied war in diesem ExpertInnengespräch nicht wirklich zu vermitteln. Ich habe mich gefragt, weshalb sich die Künstler und Kletterer dann nicht mehr verständigen konnten, wenn es um das Ganze geht.

2. Zwischen Bild und Körper: das Relief

Klettern zielt, im Unterschied zum Zeichnen, auf ein Nullsummenspiel. Die Kraft der Einbildung, die nach oben will, spielt gegen die der Schwere, die nach unten zieht und zwar so, dass keine der beiden Kräfte die Oberhand gewinnt. Beim Klettern ohne Seil verschärft sich die Situation. Das Herstellen der empfindlichen Gleiche ist nicht nur eine Frage des Weitersteigens, sondern wird zu einer des Überlebens. Unter dem Vorzeichen einer radikalen Selbstgefährdung kommt man im Klettern anders zum Leben, was zur Folge hat, dass dem Umkehrweg der Selbstkonstitution nachzudenken ist. Im Horizont der Grenzerfahrung ist die Aufmerksamkeit auf die Momente des Versagens von Sprache und Bild zu richten.

Annäherung 3: Schock

Grenzerfahrungen sind solche, die jede Art von Rahmung sprengen, in Sprache und Bild einbrechen und diese um- und überformen.[15] Unter „Bild" verstehe ich ein Modell, oder besser einen Abdruck von der Weisheit des Körpers. In Grenznähe beginnt Sprache und Bild einzustürzen, während der Körper selbst zu sprechen anfängt. Dieses Geschehen kann als Schock vor-

---

14 Vgl. dazu Peskoller 2000
15 Vgl. Wackernagel 1994, 184f

gestellt werden, die Kontinuität der Erfahrung wird unterbrochen und man findet sich vor in einem setzungslosen Zustand, eingesunken in die materielle Struktur des Körpers. Im Schock besteht die Gefahr für das Selbst[16] darin, dass ein Mechanismus außer Kraft gesetzt ist, der gegen die Ohnmacht des Denkens seinen eigenen Voraussetzungen gegenüber Bilder produziert. Diese Bilder schützen davor, auf souveräne Weise mit dem in Kontakt zu bleiben, was uns unentwegt von uns selber trennt. Grenzerfahrungen entbinden von diesem Schutz und zwingen zu einer direkten Kontaktnahme mit dem Trennenden. Die Rede ist vom Trauma der Vernunft.[17] Es besteht in einem Wissen ohne Handlung. Man weiß, dass die Vernunft in einer Welt von Verboten gründet und die Verbote entstanden sind, weil der Autorität der Vernunft nicht vertraut wird. Man weiß, dass die Vernunft nicht imstande ist, die Grenzen des Entgleitens zu bestimmen,[18] tut aber im Normalfall trotzdem so, als könne sie es. Im Extrem misslingt diese Täuschung. Im Extremfall treten jene Regungen hervor, die immer schon stärker als die der Grenzsetzung der Vernunft waren. Das Verbot schlägt um in eine Leidenschaft der Übertretung. Klettern ist eine solche Leidenschaft. Sie antwortet dem Verbot, das eigene Leben freiwillig zu wagen,[19] mit einem perfekten Spiel. Gespielt wird mit der Schwäche der Vernunft und der Einsatz für dieses Spiel ist das Entsetzen über ihr Unvermögen. Stellt sich die Frage, wie Vernunft, Körper, Spiel und Einbildungskraft zusammenhängen.

Annäherung 4: Gedächtnis

Eines hat, ohne ins Detail zu gehen, die Diskussion in der Kunsthalle klar gezeigt. Der grundlegende Unterschied zwischen Extremsport und Kunst liegt im Umgang mit der Einbildungskraft und zwar in der Weise, dass Kletterer hart an ihrer Schließung arbeiten, während sich die Künstler um eine möglichst große Öffnung und Betriebsamkeit dieser Kraft bemühen. Die Erklärung des Unterschieds hat mit dem Ausmaß des Körpereinsatzes zu tun. Je stärker er in die jeweilige Praktik verwickelt ist, desto geringer die Eigenbewegung der Einbildungskraft. Die Nähe zum Körper bremst ihre Tätigkeit, ist aber zugleich Voraussetzung für die Bewegung. Je größer das Hindernis außen, desto mehr muss das inwendige Absteigen der Einbildungskraft gekonnt sein. In der Senkrechten kommt erschwerend der Kraftaufwand hinzu, eine perfekte Rhythmisierung und ein ausgeprägtes ästhetisches Vermögen zur Körperwahrnehmung. Letzteres besteht darin, Bilder,

---

16 Das Wort Selbst ist hier theoretisch, i.S. von Lacan als ein „Imaginäres",verwendet.
17 Vgl. dazu Peskoller 1998a und 2001b
18 Vgl. Wiechens 1995, 58
19 Vgl. Foucault 1984; Peskoller 1998b

die sich der Wahrnehmung schenken, laufend umzuwandeln in Reliefs.[20] Bevor man in eine Wand einsteigt, prüft man jede Unebenheiten, außen wie innen. Das Relief steht zwischen Bild und Körper und ist letztlich ein Ergebnis des Spiels der Einbildungskraft mit der Vernunft. Das Spiel kann so vorgestellt werden, dass die Einbildungskraft dort erodiert, wo die Vernunft am meisten Angriffsfläche bietet. Angegriffen werden zuallererst jene Bilder, die zum eigenen Schutz angelegt wurden. Wenn die Einbildungskraft auf diese Bilder einwirkt, entsteht Angst, die sich bis zur Bewegungslosigkeit steigert.

Die Bewegungslosigkeit wäre für die Kletterin in der Wand ein Verhängnis. Sie müsste schleunigst einen Weg aus den Bildern und hin zur Empfindung des Körpers finden, was normalerweise auch gelingt. Menschen, die klettern, sind daran gewöhnt, das Ende von Sprache und Bild zu erreichen und die Plastizität der Leere, die diesem Ende folgt und sich zwischen Höhe und Tiefe erstreckt, ist ihnen geläufig.

Kann es sein, dass der Umgang mit dieser Plastizität einen anderen Modus von Erfahrung hervorbringt? Wenn man davon ausgeht, dass die Reliefbildung vom Wissen um die Beweglichkeit, Verdichtung und Abtragung abhängt, dann ist anzunehmen, dass sich das Gedächtnis des Körpers genau über dieses Wissen ausformt und zwar reliefartig. Gesichert dabei scheint, dass diese Umformungsprozesse unablässig am Werk sind, ob jedoch die Reliefbildung in eine oder zwei Richtungen zugleich vor sich geht - vom Bild zum Körper und vom Körper zum Bild - bleibt zunächst unentschieden. Nahe liegt, dass ein Studium der Kletterbewegung hier weiterführt und zu Struktur und Wirkung des Körpergedächtnisses informiert.

3. Rätsel der Bewegung: Gleichgewicht und Wirksamkeit

Ohne zu stürzen gelingt Lynn Hill was bislang niemand zuwege brachte. Sie klettert rotpunkt in 24 Stunden non stop durch die äußerst schwierige „Nose" am El Capitan im Yosemite Valley. Was dabei auffällt ist der Kletterstil. Hills Bewegungen wirken leicht und schwungvoll, im Gegensatz zu denen von Beat Kammerlander, der am Fels zu haften scheint. Obwohl es sich auch hier um die Schlüsselpassage handelt, gewinnt man den Eindruck, dass Hill weniger nach dem Fels greift, als dass der Fels in Hills Rhythmus

---

20 Damit ist zweierlei zum Ausdruck gebracht: mein Form- und Verfahrensinteresse an der Einbildungskraft, die fortwährend in den Körpern vor- und zurückschreitend und selbst körperlich strukturiert ist; und der Versuch, den Begriff des Symbols und den der Metapher durch den des Reliefs zu ersetzen, um auf die unhintergehbare Kontext- und Körpergebundenheit jeder Erfahrung und dadurch auf die Widerständigkeit und Erschwernis der daraus resultierenden Übersetzungsleistungen hinzuweisen.

eingreift und zwar nur, um ihrem Höherschweben Widerstand zu bieten. War es bei Kammerlander die Gefahr für sein Leben, die beim Zusehen in Atem hält, ist es bei Lynn Hill die Leichtigkeit und Eleganz der Fortbewegung. Beide Male ist alles gut gegangen, niemand verunfallt und trotzdem hört man Laien sagen, dass das, was sie soeben zu sehen bekamen, ein Wahnsinn sei, schier unmöglich und unvorstellbar! Diese Empörung ist bis zu einem gewissen Grad verständlich, dennoch gibt es etwas in ihr, das mich immer schon irritiert. Als bei der Filmvorführung in der Kunsthalle nicht nur das Publikum, sondern auch die Künstler auf dieselbe Art reagierten, fasste ich den Entschluss, meiner Irritation nachzugehen.

Womit, fragte ich mich, hat die Paradoxie zu tun, dass jemand etwas sah und zugleich darüber erstaunt ist, dass er das soeben Gesehene nicht auch noch vorstellen kann? Welchen Sinn macht diese selbstverständliche Erwartung, sich vorstellen zu können, was man sieht?

Zuerst habe ich den Laien unterstellt, dass ihre Vorstellungskraft nur ungeübt sei und daher zuwenig weit reiche. Dasselbe Argument ist für Künstler nicht vorzubringen. Wenn sie Wandbilder anfertigen, stellen sie sich den Raum unter verschiedenen Perspektiven vor, sie gliedern und ordnen die senkrechten Flächen und arbeiten sie um. Das Problem muss also anderswo liegen.[21] Weder die Laien, noch die Künstler hatten Eigenerfahrungen mit dem Klettern, zumindest nicht in diesen hohen Schwierigkeitsgraden. Es muss daher ein direkter Zusammenhang angenommen werden zwischen Nichterfahrung und Unvorstellbarkeit, der im Akt des Sehens selbst nicht zu enträtseln ist. Woran aber scheitert das Sehen wirklich? Sollte das Sehen nur an der Geschwindigkeit scheitern, in der ihm Fernes und Fremdes vorgeführt wird, könnte Abhilfe geschaffen werden, indem der Bewegungsablauf der Bilder verzögert wird. In der Verlangsamung könnte sich der Blick nach und nach in die Besonderheit des taktilen Wahrnehmungsmodus einfinden,[22] eine der Voraussetzungen für geglückte Bildungsmomente.

---

21 In diese Feststellung war folgende Überlegung eingegangen: Unsere Kultur verdrängt Tod und Sterben, die Darstellung von Grenzerfahrungen erinnern zwangsläufig an diese Verdrängung, was einem Tabubruch gleichkommt, der obszön erlebt wird, sprich sich im Entsetzen bemerkbar macht, nichts mehr vorstellen zu können, da ausweglos alles gezeigt ist. Dennoch war ich mit dieser inhaltlichen Begründung allein nicht schon zufrieden, mein Interesse war in erster Linie erkenntnistheoretischer Art und darauf gerichtet, diesen Skandal der bzw. für die Wahrnehmung, der in einem radikalen Bruch von Sehen und Vorstellen zu liegen scheint, aus seiner Eigenlogik heraus, sprich über den Prozess des Wahrnehmens und Denkens selbst zu begreifen.

22 Im Aufeinandertreffen von Empfinden und Bewegen verändert sich das Zusammenspiel der Sinne und zwar durch die Haut, die als der gemeinsame Sinn allen anderen unterlegt ist und daher auch dem Sehen taktile Qualitäten des Wahrnehmens verleiht. Vgl. dazu Serres 1993, 88ff und Waldenfels 2000, insbes. 81ff

Hills Bewegungen folgen, das war zu erkennen, einer einfachen Gesetzmäßigkeit. Die Hände greifen, die Füße drücken und der Rumpf gleicht aus.
Um vom Fleck zu kommen, ist noch etwas nötig – der stete Wechsel von
Strecken und Beugen. In der Streckung wendet sich Hill ganz der Wand zu,
in der Beugung kommt sie auf ihren Körper zurück.[23] Sieht man genauer
hin, tut sich jene Achse hervor, die Greifen, Drücken, Strecken und Beugen
aufeinander bezieht. Sie verläuft von den Fuß- zu den Fingerspitzen der
gegenüberliegenden Hand, erfasst die eine Hälfte des verkreuzten Körpers
und verspannt sie in die Wand, während die andere Hälfte sich von der
Wand löst, um zum wiederholten Mal einen neuen Halt zu finden. In diesem Spiel der überkreuzten Fortbewegung wird jedes Mal ein Punkt über-
schritten. Der Punkt liegt jeweils dort, wo sich die Diagonalen schneiden.
Er ist eine Art Nullpunkt, eine Umkehrstelle.[24] In ihr geht stillschweigend

---

23 Vgl. Waldenfels 2000, 81
24 Ich vermute, dass dieser „Nullpunkt" mit jener Stelle zu tun hat, wo sich die Zustän-
digkeit und Wirksamkeit der zwei Gehirne überkreuzen, aber wo sie sich auch voneinander scheiden. Der Fuß scheint vom zweiten Gehirn, die Hand vom ersten Gehirn geregelt zu werden. Der Nachweis hierfür wäre erst noch zu erbringen, dasselbe gilt für
die Art der Verbindung, des Zusammenspiels und der Unverbundenheit beider Gehirne. Zu diesen Fragen hat mich die Geo-Ausgabe vom November 2000 veranlasst, in
der überzeugend behauptet wurde, dass Menschen nicht nur ein, sondern zwei Gehirne
haben und nutzen. Gesichert scheint, dass das zweite Gehirn einen starken Einfluss auf
die Seele nimmt, das Ersthirn im Schädel auf vielerlei Weise ernährt und von diesem
weitgehend unabhängig arbeitet. Der Ort dieses Binnenuniversums ist der Bauch, genauer, die Gedärme, aus denen laufend Energie gewonnen wird. Man spricht von einer
riesigen Chemiefabrik, das über ein hochkomplexes Geflecht verfügt, das aus mehr als
100 Millionen Nervenzellen besteht. Bereits im embryonalen Zustand sollen Nervenzellen in den Bauchraum auswandern, um dort jene Schaltzentrale auszubilden, welche
die grundlegenden Funktionen des Überlebens steuert und sichert. Unmittelbar nach
der Geburt muss sich der Säugling selbst Energie aus der Nahrung holen, er muss essen, trinken und verdauen und für all diese Vorgänge ist der lange Weg vom Kopf zum

eine Bewegung über in die andere, aber nicht ohne vorher, und sei es nur für den Augenblick, zur Ruhe, oder genauer, ins Gleichgewicht zu kommen. Gleichgewicht heißt, dass weder Zug noch Druck und auch nicht der Wille dem kontingenten Spiel der Materie gegenüber vorherrscht.[25] Hill bemüht sich nicht um die Herstellung des Gleichgewichts, sie zelebriert es, da der Nullpunkt trägt. Tragend meint, dass man sich, bei wiederholtem Erreichen des Nullpunktes, auf eine bestimmte Entwicklung verlassen kann.[26] Man kann sich auf das Potential stützen, das jeder Situation innewohnt. Das Potential reicht über das einfache Zusammentreffen der Umständen hinaus und lässt sich erfassen, wenn man sich in einem Zustand des Gleichgewichts befindet. Befindet man sich in so einem Zustand, entfaltet sich in einer rückhaltlosen Hingabe an den Ablauf das gesamte Potential. Darin liegt eines der Geheimnisse des Extremkletterns. Niemand wird ernstlich annehmen, dass das Fortkommen in einer mehr als 1000 Meter hohen Wand allein von der eigenen Initiative abhängt. Trotz Training bleibt eine Unzahl von Unsicherheiten. Die Aufgabe besteht nicht darin, all diese Unsicherheiten zu beherrschen, was ohnehin nicht gelingen kann, sondern sie besteht darin, sich ihnen von Beginn an anzuvertrauen und zwar über

---

Bauch völlig ungeeignet. Im zweiten Gehirn findet, neben dem Hautkontakt, die erste, und das ist entscheidend, intensive Berührung mit der Außenwelt statt. Der Bauch sichert nicht nur die Erstversorgung, er avanciert auch zum Innenraum des Sozialen der ersten Stunde. Die primäre Weise der Erfahrung sei demnach nicht fest, sondern flüssig und transitiv (vgl. Geo 11/ 2000, 136-162; auch Geo 8/1999, 14-34).
Dieses Wissen aus der Neurogastroenterologie verbindet sich mit einer Erkenntnis, die zwar so neu nicht ist, aber ähnlich grundlegend, und, wie ich meine, in ihrer Tragweite bislang zuwenig beachtet. Ludwig Wittgensteins letzte Überlegungen handeln von der Gewissheit des Erkennens. Diese liege nicht in den unbezweifelbaren Erfahrungssätzen, die auf Sinnesdaten beruhen, sondern in einer anderen Konzeption des Körpers. Der Tatsache, dass man im Körper ist, kommt keine andere Einsicht zuvor. Dieses sich von allem Anfang an sich im Körper vorfinden geht jeder Einsicht voran, es bedingt sie. Wissen in einem vollen Sinne wird daher erst möglich aufgrund der Akzeptanz des Vorgefundenen, einschließlich der Vorausgesetztheit der materiellen Struktur des Körpers, inbegriffen der der Organe. „Wenn du weißt", sagt Wittgenstein, „dass hier eine Hand ist, so geben wir dir alles übrige zu". Unnötig zu betonen, dass wir es hier allemal mit lebendigen Körpern zu tun haben, die gewohnt sind, sich zu bewegen. Erwähnenswert hingegen, dass die Art und Weise, wie wir Mund, Hand und Fuß in Gebrauch zu nehmen gelernt haben, jene Matrix schafft, auf die alles weitere, insbesondere die Fähigkeit zur Verbild- und Versprachlichung trifft. Sie hat man vor allen Repräsentationen zur Kenntnis zu nehmen und zu studieren. Wobei ich davon ausgehe, dass die materielle Struktur des Körpers mit den Regungen und Bewegungen wird, wie umgekehrter Weise die Regungen und Bewegungen aus der materiellen Struktur des Körpers hervorgehen. Diese elementare Bezogenheit von Körper, Empfindung, Regung und Bewegung erhält sich selbst in extremen Lagen und genau das kann gerade beim Klettern eindrücklich nachgewiesen werden.

25 Vgl. Wiechens 1995, 81
26 Vgl. Jullien 1999, 7 und 32f

die Radikalisierung der Kategorie des Prozesses.[27] Das Zufällige des ersten Zusammentreffens von Kletterin und Wand am Einstieg wird im Höhersteigen sukzessive verwandelt in eine Koinzidenz, die anstelle gewagter Aktionen das Eingreifen minimiert. Der strikte Einklang mit dem Ablauf spart Körperkraft und übersetzt das spektakuläre Ereignis in eine stillschweigende Transformation.[28] Die Übersetzung begleitet die diskrete Lust am Nullpunkt des Handelns[29] und die Fähigkeit zur Immanenz.[30]

4. Lebendige Bildungsprozesse: Zur Selbstverschwendung

Alles hat in einem maßlosen Energieüberschuss seinen Ausgang genommen. Wie sonst käme jemand auf die Idee, sich in derartige Wände zu wagen? Der Energieüberschuss ist die Ursache für jede Bewegung, Strukturveränderung und Geschichte, er steht aber auch für die Entfesselung, Gewalt und Zerstörung. Doch weder bei Beat Kammerlander, noch bei Lynn Hill und auch nicht bei Nicolaj Dudek ist letzteres eingetreten, wenngleich sich alle in einem entgrenzenden Zustand höchster Steigerung befunden haben. Was bei Lynn Hill in aller Langsamkeit zu studieren war, gilt mit Einschränkungen auch für Beat Kammerlander und annähernd für Nicolaj Dudek. Klettern und Tackern haben – entgegen die Sehgewohnheit – einiges gemein. Sie gehen von einem eklatanten Energieüberschuss aus und arbeiten mit ihm nicht, wie man meinen könnte, im Modus der Sensation, sondern im Modus des Faden. Dieser Modus ist über den Verlust geregelt, d.h. zuallererst muss in die Verschwendung und zwar in die Selbstverschwendung an das Monotone investiert werden, man denke nur an die unzähligen Wiederholungen, von denen Kammerlander und Dudek spricht oder an Lynn Hills penible Vorbereitungen; ganz zu schweigen vom beständig wiederkehrenden Zweifel und die nie ruhig zu stellende Angst, die eine bis zur Unerträglichkeit aufgeschobene Spannung hervorruft. All das im Zuwarten auf jenen Moment auszustehen, der sich einer merkwürdigen Wurzel des Werdens verdankt, die nichts ausschließt und daher unerschöpflich scheint.

Dudek, Kammerlander, Hill und vermutlich auch die Kinder und Jugendlichen an den Boulderblöcken in der Kunsthalle scheinen, wenn auch nicht

---

27 Vgl. ebd., 54
28 Vgl. ebd., 112f
29 Vgl. ebd., 119
30 Bei Jullien heißt es auf Seite 133: „Anders gesagt, die Kraft der Immanenz eignet sich nicht an, was sie zur Existenz bringt (sie ist interesselos), sie handelt durch ein handeln, das weder abhängig noch verdienstvoll ist, (...) sie sorgt dafür, dass sich etwas entwickelt – aber ohne Autorität auszuüben. Sie wirkt ohne zu transzendieren ...“

auf Dauer gestellt, aber dennoch, und das ist ihnen gemein, Anschluss an diesen grundlos-schöpferischen Moment gefunden zu haben. Er beinhaltet die Einwilligung in das Fade, ein Wissen um die zerstörende Wirkung des Energieüberschusses, das Bemeistern des Nullpunktes in einer Liebe zur Selbstverschwendung. Sie erlaubt, eine souveräne Haltung gegenüber den Gefahren einzunehmen, die man selbst ins Werk gesetzt hat. Die Kenntnis um die Grundstruktur dieser merkwürdigen Ökonomie der Körper schafft einen Handlungsspielraum, der Einblick in die innere Erfahrung der Grenzüberschreitung gewährt. Dieselbe so darzustellen, dass sie einer Analyse zugänglich wird, habe ich hier versucht in der Absicht, jene Voraussetzung zu schaffen, die über lebendige Bildungsprozesse erfahren sprechen lässt.

Das vorläufige Resümee dieser Bemühung: Geglückte sind lebendige Bildungsprozesse, die leiblich und daher in einer Kunst der Berührung verfahren. In der Berührung werden Empfindungen wach- und aufgerufen, die plastische Denkbewegungen nach sich ziehen. In diesen Bewegungen nähert sich das Denken der materiellen Struktur des Körpers, während es Abstand zur Vernunft gewinnt, um sich ihr gegenüber spielerisch zu verhalten. Das Spielerische bildet jenen Grenzsaum aus, in dem bloße Eindrücke zum Bild und zur Sprache kommen. Das Entstehen von Repräsentationen hängt ab vom Auf- und Untertauchen der Einbildungskraft. Folgt man dieser Grundbewegung innen - über das genaue Studium der körperlichen Bewegung außen - bis hin zur Grenze, die sich dort befindet, wo deren Beweglichkeit in Bewegungslosigkeit umschlägt bis hin zum freien Fall, dann legt sich für Augenblicke Form, Struktur und Wirkung jener Kraft frei, die überhaupt erst Prozesse des Bildens und der Selbstbildung ermöglicht.

Literatur

Das „Zweite Gehirn" – Wie der Bauch den Kopf bestimmt (2000), in: Geo. Das neue Bild der Erde. Nr. 11/November 2000

Dudek, N. (1999): Zeichnen. Ein Erkenntnisverfahren. Abschlussarbeit an der Hochschule für Gestaltung Offenbach am Main 1999

Foucault, M. (1986): Sexualität und Wahrheit. Bd. 1: der Wille zum Wissen. Suhrkamp: Frankfurt am Main

„Grenzgänger in Fels und Eis", eine Land der Berge Produktion des ORF (1999), ausgestrahlt in ‚Universum', 2.12.1999

Jullien, F. (1999): Über die Wirksamkeit, Berlin

Peskoller, H. (1998a): „...unfassbar und doch wirklich" – Grundzüge eines anderen Wissens von Menschen. in: Berg 99', Alpenvereinsjahrbuch, München.

Peskoller, H. (1998b): BergDenken. Eine Kulturgeschichte der Höhe. Wien

Peskoller, H. (2000): Risikotyp Das Genick brechen. IN: Du. Die Zeitschrift der Kultur. Heft Nr. 707, „Angstlust. Das Leben. Ein Thriller", Zürich

Peskoller, H. (2001a): Bergeinsamkeit. in: „Reinhold Messners Philosophie", hrg. von Wilhelm Schmid. (in Druck) Frankfurt am Main

Peskoller, H. (2001b): extrem. Böhlau: Wien.

- Serres, M. (1993): Die fünf Sinne. Eine Philosophie der Gemenge und Gemische. Frankfurt am Main

„The Nose – free Climbing" (1997), Video von und mit Lynn Hill, 25 Min., Farbe

Wackernagel, W. (1994): Subimaginale Versenkung. Meister Eckharts Ethik der bild-ergründenden Entbildung. in: „Was ist ein Bild?" Hrg. von Gottfried Boehm. München

Waldenfels, B. (2000): Das leibliche Selbst. Vorlesung zur Phänomenologie des Leibes. Frankfurt am Main

Wiechens, P. (1995): Bataille zur Einführung. Hamburg

„Wie klug unser Körper ist. Bewegungs-Genie Mensch" (1999), in: Geo. Das neue Bild der Erde. Nr.8/August

Wozniakowski, J. (1987): Die Wildnis. Zur Deutungsgeschichte des Berges in der europäischen Neuzeit. Wissenschaftliche Sonderausgabe. Frankfurt am Main

Zak, H. (1995): Rock Stars. Die weltbesten Freikletterer. München

III. Kindliche Subjektgenese durch Bilder und Geschichten

Reinhard Fatke

„Schöne Geschichten" und „Fortgesetzte Tagträume"

Rekonstruktion, Kritik und Weiterführung von Anna Freuds Theorie der kindlichen Phantasie

Im Mai 1922 führte sich Anna Freud in die „Wiener Psychoanalytische Vereinigung" mit einem – noch im selben Jahr publizierten – Vortrag mit dem Titel „Schlagephantasie und Tagtraum" ein. In diesem Vortrag knüpfte sie an den von ihrem Vater drei Jahre zuvor veröffentlichten Aufsatz „Ein Kind wird geschlagen" (S. Freud 1919) an. Hierbei handelte es sich um spezielle Phantasievorstellungen, die Sigmund Freud an insgesamt sechs erwachsenen Patienten untersuchte, welche überwiegend Zwangsneurotiker waren. Die Phantasie „Ein Kind wird geschlagen" war in allen Fällen mit intensiven Lustgefühlen verknüpft, auf deren Höhepunkt eine onanistische Befriedigung erfolgte. Sigmund Freud ging es in seinem Aufsatz vor allem um die Aufklärung des Entstehungszusammenhangs dieser eigentümlichen Phantasie sowie um eine Untersuchung von deren Wandlungen. Nach ausführlichen Analysen arbeitete er folgende Entwicklungsgeschichte heraus:

In der Anfangsphase, die in der frühen Kindheit liegt, lautet die Phantasie: „Der Vater schlägt das mir verhasste Kind" – zumeist ein Geschwisterkind, das Verlassenheitsängste und Rachegelüste ausgelöst hat. In der Phantasie liegt für das phantasierende Kind die Bestätigung: „Der Vater liebt dieses andere Kind nicht, sondern nur mich." – Sodann wandelt sich die Phantasie unter dem Einfluss der Schuldgefühle, die durch die Eifersucht und den Hass sowie die „inzestuöse Verliebtheit" der ersten Phantasie ausgelöst wurden, und nimmt einen masochistischen Charakter an. Jetzt lautet die Phantasie: „Ich werde vom Vater geschlagen." – „Diese zweite Phase ist die wichtigste und folgenschwerste von allen. Aber man kann in gewissem Sinne von ihr sagen, sie habe niemals eine reale Existenz gehabt. Sie wird in keinem Falle erinnert, sie hat es nie zum Bewußtwerden gebracht." (S. Freud 1919, S. 237) – Diese unbewusst bleibende Phantasie erfährt dann eine der typischen Verschiebungen und Entstellungen, die Voraussetzung für den Zugang zum Bewusstsein sind, und ersetzt sowohl das geschlagene Kind wie auch den Vater durch andere Personen, und zwar durch bekannte

Personen (zum Beispiel Lehrer und Schüler) wie auch durch unbekannte. „Die eigene Person des phantasierenden Kindes kommt in der Schlagephantasie nicht mehr zum Vorschein. Auf eindringliches Befragen äußern die Patienten nur ‚Ich schaue wahrscheinlich zu'.“ (ibid.) Aber die „libidinöse Erregung“ der ersten Phase bleibt, freilich verdrängt, auch in den nachfolgenden Phasen vorhanden. Schon in der zweiten Phase ist das Geschlagenwerden „ein Zusammentreffen von Schuldbewußtsein und Erotik; es ist nicht nur die Strafe für die verpönte genitale Beziehung, sondern auch der regressive Ersatz für sie, und aus dieser letzteren Quelle bezieht es die libidinöse Erregung, die ihm von nun an anhaften und in onanistischen Akten Abfuhr finden wird.“ (op. cit., S. 240f.)

Während Sigmund Freud diese Schlagephantasien nur zum Anlass nimmt, um anhand weiterer theoretischer Überlegungen einen „Beitrag zur Kenntnis der Entstehung sexueller Perversionen“ (so lautet der Untertitel des Aufsatzes) zu leisten, steht bei Anna Freud ein anderes Thema im Mittelpunkt. Sie knüpft an einen Nebengedanken in Sigmund Freuds Arbeit an, in welchem erwähnt wird, in zwei Fällen habe sich „über der masochistischen Schlagephantasie ein kunstvoller, für das Leben der Betreffenden sehr bedeutsamer Überbau von Tagträumen entwickelt, dem die Funktion zufiel, das Gefühl der befriedigten Erregung auch bei Verzicht auf den onanistischen Akt möglich zu machen.“ (op. cit., S. 241)

Anna Freud berichtet nun von einem fünfzehnjährigen Mädchen, bei dem sie in der Analyse zunächst die gleichen Entwicklungsphasen der Schlagephantasie, ebenfalls mit „autoerotischer Betätigung“ einhergehend, herausarbeitet. Aber etwa zwischen dem achten und zehnten Lebensjahr nimmt eine andere Art der Phantasietätigkeit „einen immer breiteren Raum im Leben des Kindes“ ein (A. Freud 1922, S. 146). Es erfindet nun eine ganze Reihe von Erzählungen, die zwar jeweils in sich abgeschlossen sind, aber dennoch von einem äußeren inhaltlichen Rahmen zusammengehalten werden. Das Kind nennt diese Erzählungen selbst „schöne Geschichten“, und es scheint, „als könne die Tagträumerin nicht genug vom Erzählen bekommen, als empfinde sie dabei ein ähnliches oder gar noch gesteigertes Vergnügen, wie beim Phantasieren selber“ (op. cit., S. 147). Inhaltlich gekennzeichnet sind diese Phantasiegeschichten – von Anna Freud auch „fortgesetzte Tagträume (continued stories)“ genannt (ibid.) – „von menschenfreundlichem, liebevollem und gütigem Verhalten“ (S. 146). Die Personen, die in den Geschichten auftreten, haben alle einen Namen, ihre äußere Erscheinung wird detailliert beschrieben, desgleichen ihre persönlichen Lebensgeschichten.

Leider aber wird keine solche konkrete „schöne Geschichte“ in diesem Zusammenhang von Anna Freud mitgeteilt, vermutlich, weil sie schon zu lange (rund vier Jahre) zurückliegen. Dagegen erfahren wir mehr über die Geschichten, die bei dem jetzt vierzehn-/fünfzehnjährigen Mädchen dominieren. Eingekleidet sind diese in den Rahmen einer mittelalterlichen Rittererzählung: „Ein mittelalterlicher Burggraf führt einen längeren Kampf mit einer Anzahl von Adeligen, die sich gegen ihn verbündet haben. Im Verlauf eines Handgemenges gerät ein fünfzehnjähriger Junker [...] in die Gewalt der Knechte des Grafen und wird auf die Burg gebracht. Er verbringt dort eine längere Zeit der Gefangenschaft, aus der er schließlich befreit wird." (op. cit., S. 148f.) Das ist der äußere Rahmen, in den nun verschieden lange, voneinander unabhängige Episoden eingebaut werden, „von denen jede einzelne wie eine wirkliche große Erzählung gebildet ist, also eine Einleitung, Entwicklung und Steigerung bis zum Höhepunkt besitzt." (op. cit., S. 149)

Inhaltlich durchzieht alle diese Episoden, die „scheinbar unversöhnliche Feindseligkeit eines Mächtigen, Starken, gegen einen Unterworfenen, Schwachen" (ibid.): „... ein Starker und ein Schwacher im Gegensatz zueinander; ein meist unfreiwilliges Vergehen des Schwachen, das ihn dem anderen ausliefert; dessen drohende Haltung, die zu den schlimmsten Befürchtungen berechtigt; ein langsames, oft mit raffinierten Mitteln geschildertes Steigen der Angst fast bis zur Unerträglichkeit; und dann als lustvollen Höhepunkt die Lösung, Verzeihung, Versöhnung und einen Augenblick des völligen Sicheinsfühlens der beiden Gegner." (op. cit., S. 151f.)

Hierfür ein – allerdings auch nur knapp berichtetes – Beispiel: „Der Graf treibt es tatsächlich fast bis zur Folterung des Gefangenen, lässt aber im letzten Augenblick von ihm ab: er richtet ihn durch eine lange Kerkerhaft fast zugrunde, lässt ihn aber dann, noch ehe es zu spät ist, pflegen und wieder gesunden, er bedrängt ihn nach seiner Genesung von neuem, nur um ihn, von seiner Standhaftigkeit bezwungen, wieder zu schonen, und er gewährt ihm, immer scheinbar im Begriff, ihm Übles zuzufügen, Begünstigung nach Begünstigung." (op. cit., S. 150)

Es geht in diesen Geschichten immer wieder um dies inhaltliche Grundmuster: ohne Schuld in Gefahr zu geraten, von einem Stärkeren bedroht zu werden, dann aber doch entweder zu einer Versöhnung zu gelangen oder siegreich aus einer Kampfhandlung hervorzugehen.

Statt aber den Unterschieden zwischen Tagträumen und solchen gestalteten Phantasiegeschichten nachzugehen und insbesondere die Funktion zu untersuchen, die in dem Gestaltungsprozess selbst liegt, sowie die Bedeutung, die dieser Gestaltungsprozess für die Verarbeitung von seelischem Geschehen hat, geht Anna Freud in ihrer Interpretation einen anderen Weg: Sie diskutiert lediglich die Frage nach den inhaltlichen und formalen Zusammenhängen zwischen der Schlagephantasie und den „schönen Geschichten" und gelangt dabei zu dem Ergebnis, dass es drei wichtige Beziehungen zwischen ihnen gebe: „erstens eine auffallende Analogie in der Struktur der Einzelstücke; zweitens eine Reihe inhaltlicher Übereinstimmungen und drittens die Möglichkeit eines direkten Umschlags. Als wichtiger prinzipieller Unterschied ist geblieben, daß die schöne Geschichte dort, wo in der Schlagephantasie die Schilderung eines Züchtigungsaktes steht, eine unerwartete Zärtlichkeitsszene eintreten läßt" (S. 154). Die „Zärtlichkeitsszene" versteht sie nun aber nicht als eine symbolische Darstellung der Lösung des Grundkonflikts, sondern – ganz und gar auf das Prinzip der Lustgewinnung konzentriert – als Rückgewinnung der in der Schlageszene verborgenen Liebessituation. So gelangt Anna Freud auch zu der Schlussfolgerung: „der angebliche Fortschritt von der Schlagephantasie zur schönen Geschichte scheint nichts anderes zu sein als die Rückkehr zu einer früheren Phase" (S. 155).

Das Mädchen macht dann noch einen weiteren Schritt in seiner Entwicklung, indem es diese Rittergeschichte aufzuschreiben beginnt. Es finden dabei einige Veränderungen statt, insbesondere eine gleichmäßigere Verteilung des Interesses auf alle Situationen und Gestalten, während es zuvor auf bestimmte Höhepunkte konzentriert war. Außerdem werden die kleinen Einzelszenen jetzt in einen größeren Geschehenszusammenhang hinein aufgelöst. – Auch hinsichtlich dieser Entwicklung scheint mir Anna Freud interessante Interpretationsmöglichkeiten zu verschenken, indem sie sich – im Anschluss an Sigmund Freuds Gedanken über die Befriedigung, die der Künstler aus der Anerkennung seines Kunstwerks durch andere zieht (siehe dazu oben; vergleiche auch Bernfeld 1924) – ausschließlich auf die „ehrgeizigen Tendenzen" konzentriert, die nach ihrer Meinung in diesem Schritt liegen: „Der direkte Lustbezug aus dem Inhalt der Niederschrift kann ausbleiben, weil die Niederschrift als solche der ehrgeizigen Strebung Befriedigung und dadurch der Verfasserin indirekt Lust verschafft." (S. 159)

Dabei übersieht Anna Freud meines Erachtens die Bedeutung zweier Gesichtspunkte, die sie zwar sogar selbst erwähnt, aber eben nicht für eine gehaltvollere Interpretation nutzbar macht: Zum einen wird berichtet, dass der Anlass der Niederschrift die „besondere Aufdringlichkeit des Rittertagtraums" gewesen sei. Dieses Bedrängt-Werden ist nach der Niederschrift „so gut wie erledigt". Dies spricht sehr dafür, dass die symbolischen Inhalte, die in den – noch nicht niedergeschriebenen (!) – Geschichten enthalten waren, das Mädchen so sehr beschäftigten, umtrieben, bedrängten, dass es damit nicht mehr anders umzugehen wusste, als sie zu formen und zu gestalten, das heißt, sie durch Bearbeitung zu „bannen". Anna Freud selbst berichtet von dem Mädchen, seine „Absicht sei dabei gewesen, seinen [des Rittertagtraums] allzu lebendig gewordenen Gestalten eine Art selbständige Existenz zu schaffen, damit sie keine Ansprüche mehr an ihre Phantasietätigkeit zu stellen brauchten" (S. 158). Die Niederschrift der Erzählung ist somit eine „höhere" Form der (ästhetischen) Bearbeitung und (seelischen) Verarbeitung des Grundkonflikts zwischen dem Starken und dem Schwachen – nicht nur als Personen, sondern als allgemeine Wirkkräfte (das Starke und das Schwache) verstanden.

Diesem Ziel dient, zum zweiten, auch die Veränderung in der Anlage der Niederschrift: nicht mehr ein ständiges Auf und Ab von Spannung und Entspannung, sondern eine über einen langen Bogen aufgebaute Spannung, die auf das Ziel (die Versöhnung der beiden Gegner) zustrebt. Im Sinne dieser zugrunde liegenden Absicht ist es dann nur konsequent, wenn einige Situationen und Personen aus den mündlichen Erzählungen in der Niederschrift nicht mehr auftauchen.

Dieser frühe – und in der psychoanalytischen Entwicklungspsychologie niemals herangezogene – Aufsatz von Anna Freud über die Phantasie zeigt, dass gerade in den Beispielen von den „schönen Geschichten" etwas enthalten war, das ein umfassenderes Verständnis von der Bedeutung der kindlichen Phantasie, der gestaltend-erzählten Tagträume und Bilder ermöglicht hätte: nämlich dass in den Phantasieprodukten von Kindern seelische Grundkonflikte in symbolischer Weise so bearbeitet werden, dass ihre Gestaltung auch Bedeutung für das eigene Selbst in der Zukunft haben können. Anna Freud jedoch hat diese Bedeutung der Phantasie nicht erfasst, weil ihr Denken zu sehr am Prinzip der Lustgewinnung und an der – auch in dieser frühen Arbeit schon in Umrissen skizzierten – Theorie von den Abwehrmechanismen haften bleibt.

Im Rahmen dieser Lehre von den Abwehrmechanismen (aus dem Jahr 1936: „Das Ich und die Abwehrmechanismen") ist dann diejenige Konzeption der kindlichen Phantasie entstanden, die in der Folgezeit den größten Einfluß in der psychoanalytischen und der psychoanalytisch-pädagogischen Diskussion gehabt hat: Phantasie als Flucht in die Innenwelt mit einhergehendem Realitätsverlust – für die Therapie zwar von großem diagnostischen und therapeutischen Wert, aber für die Pädagogik oder auch die Entwicklungspsychologie eher ein Grund zur Besorgnis. „Verleugnung der Realität" lautet Anna Freuds Formel zur Kennzeichnung dieses Abwehrmechanismus. Das kindliche Ich arbeitet zur Vermeidung von Unlust in direkter Gegenwehr gegen die Eindrücke aus der Außenwelt, und es bedient sich dabei der Phantasie, mit der die Realität für den eigenen Gebrauch nach den jeweiligen Wünschen umgestaltet wird und dadurch erst ihre Anerkennung ermöglicht.

Anna Freud veranschaulicht dies an folgendem Beispiel: „Ein siebenjähriger Knabe meiner Beobachtung zum Beispiel ist mit folgender Phantasie beschäftigt: Er ist der Besitzer eines zahmen Löwen. Der Löwe schreckt alle andern Menschen und liebt nur ihn, folgt ihm aufs Wort und begleitet ihn wie ein Hündchen auf allen seinen Wegen. Er pflegt den Löwen, sorgt für seine Nahrung und Bequemlichkeit, bereitet ihm abends in seinem eigenen Zimmer ein Lager. Wie es bei fortgesetzten Tagträumen üblich ist, entwickeln sich aus dieser Grundphantasie zahlreiche lustvolle Episoden. Er geht in einem solchen Einzeltagtraum zum Beispiel auf ein Kostümfest und verbreitet, dass der Löwe, den er mit sich bringt, nur ein verkleideter

Freund ist. Aber diese Mitteilung ist falsch, der angeblich Verkleidete ist sein wirklicher Löwe. Er genießt nun in der Vorstellung, wie sehr die Menschen sich fürchten würden, wenn sie hinter sein Geheimnis kämen. Gleichzeitig empfindet er ihre Angst als grundlos; der Löwe ist harmlos, solange er ihn in seiner Gewalt hält" (A. Freud 1936/1980, S. 261).

Anna Freud kommentiert dieses Beispiel – wobei sie einen Vergleich zur „Geschichte vom Kleinen Hans", also zu der von ihrem Vater veröffentlichten „Analyse der Phobie eines fünfjährigen Knaben" zieht – folgendermaßen: „Ich erfahre leicht aus der Analyse des Knaben, daß dieser Löwe ein Ersatz für den Vater ist, den er, nicht anders als der kleine Hans, als wirklichen Rivalen bei der Mutter haßt und fürchtet. Die Verwandlung der Aggression in Angst und die Verschiebung vom Vater auf das Tier gehen bei beiden Kindern in gleicher Weise vor sich. Danach aber trennen sich die Wege ihrer Verarbeitung. Hans bildet aus der Angst vor dem Pferd seine Neurose, d.h. er legt sich Triebverzicht auf, verinnerlicht den ganzen Konflikt und zieht sich phobisch von den Versuchungssituationen zurück. Mein Patient macht es sich bequemer. Er leugnet einfach [...] eine peinliche Tatsache der Wirklichkeit und verkehrt sie in der Löwenphantasie in ihr lustvolles Gegenteil. Das Angsttier wird zum Freund ernannt; seine Stärke dient jetzt dem Knaben, anstatt ihn zu erschrecken. Und nur die in den Episoden ausgemalte Angst der anderen Menschen verrät noch die Vergangenheit des Löwen als einstiges Angstobjekt." (op. cit., S. 261f.)

In diesem Licht erscheint das Phantasieren also im Wesentlichen als eine Methode, mit der sich insbesondere Kinder vor der Angst und gar Neurose schützen. „Das Ich des Kindes sträubt sich dagegen, ein Stück unliebsamer Wirklichkeit zur Kenntnis zu nehmen. So wendet es sich erst einmal von der Realität ab, verleugnet sie und ersetzt das Unerwünschte bei sich durch die Vorstellung vom umgekehrten Sachverhalt. So wird der böse Vater in der Phantasie zum schützenden Tier, das ohnmächtige Kind zum Beherrscher mächtiger Vaterfiguren. Wenn die Umwandlung gelingt, wenn das Kind durch die Phantasiebildung für das betreffende Stück der Wirklichkeit unempfindlich gemacht wird, so erspart sich das Kind die Angstentwicklung und alle Triebabwehr und Neurosenbildung." (op. cit., S. 266)

Anna Freud weist mehrmals ausdrücklich darauf hin, dass dieser „Mechanismus" einem normalen Stadium der kindlichen Ich-Entwicklung angehört (ibid.), dass es andererseits aber dennoch nötig ist, dass im Laufe der Kindheit die Realitätsprüfung erstarke, damit die Wirklichkeit ertragen und bewältigt werden könne und nicht mehr verleugnet zu werden brauche. Deswegen sei die Hochschätzung, die die Phantasie in den frühen Kindheitsjahren erfahren habe, nicht mehr möglich, wenn sie sich noch im Jugend- oder gar im Erwachsenenalter zeige. Aber auch, wenn schon in der Latenzperiode das Ich den Versuch macht, „sich durch Leugnungen Angst, Triebverzicht und Neurose zu ersparen", dann wird sich das Ich „eine Charakterverzerrung erwerben" (op. cit., S. 268; vgl. auch Sandler/Kennedy/Tyson 1982, S. 219f.; Sandler mit A. Freud 1989, S. 240f.).

Anknüpfend an diese von Anna Freud formulierte Bestimmung der Phantasie, erschien in der Folgezeit eine große Flut von Aufsätzen, die alle diese Position vor allem mit klinischen (und teilweise auch pädagogischen) Fallbeispielen zu untermauern versuchten (um nur einige zu nennen: Tamm 1932; Zulliger 1932; Burlingham 1932; Stern 1932; Strauss-Weigert 1932; Sterba 1936; Balint 1934; Wälder 1935; Morgenstern 1937a, 1937b).

Es kann und soll nicht bestritten werden, dass solche realitätsabwehrenden Tendenzen in den (von den genannten Autorinnen und Autoren mitgeteilten) Phantasien tatsächlich aufzufinden sind, zumal zu berücksichtigen ist, dass es sich in dieser Literatur vielfach um Patienten handelt, die ja zur Behandlung gekommen oder gebracht worden sind. Worum es mir hier geht, ist lediglich, dass die Phantasien in dieser Sichtweise einseitig gedeutet werden und deshalb ein erhebliches Potenzial, das außerdem in ihnen steckt, vernachlässigt bleibt.

Während der Mainstream des psychoanalytischen Diskurses zur Phantasie einerseits der Abwehrlehre von Anna Freud gefolgt ist und andererseits um die metapsychologische Unterscheidung zwischen bewussten und unbewussten Phantasien kreiste (so zum Beispiel 1959 auf dem 21. Kongress der Internationalen Psychoanalytischen Vereinigung in Kopenhagen, ferner auf dem Symposium „The Psychology of Imagination", das ebenfalls 1959 im Rahmen des Jahreskongresses der Amerikanischen Psychoanalytischen Vereinigung stattfand und im „Symposium on Fantasy" auf dem 23. Kongress der Internationalen Psychoanalytischen Vereinigung in Stockholm 1963), muss man mühsam nach solchen Positionen suchen, die eher in die Richtung weisen, die ich in diesen Ausführungen herauszuarbeiten versuche.

Eine solche Stimme findet sich überraschenderweise in einer frühen, dann aber ebenfalls weithin in Vergessenheit geratenen Arbeit von Alexander Mitscherlich aus dem Jahr 1952, erschienen in der „Psyche", in der ansonsten die Phantasiediskussion von der Frage nach dem Verhältnis von unbewussten und bewussten Phantasien dominiert wurde (z.B. in zahlreichen Aufsätzen von Hacker, de Boor, Sandler, Nagera, Arlow u.a.).

Bei Mitscherlich ging es, zunächst – noch mehr fragend als behauptend und nachweisend, – darum, „ob das Phantasieren einen Zugang zu Erfahrungsebenen mit Gesetzlichkeiten anderer Immanenz eröffnet, ob sie der vorgefundenen Realität und deren Prinzipien entspricht" (op. cit., S. 155). Damit siedelt Mitscherlich die Phantasie als eine vermittelnde Instanz zwischen dem rein Triebhaften und dem rein Rationalen als drittes Prinzip zwischen Lust- und Realitätsprinzip an und betont dadurch zugleich „das zu Aktivität stimulierende Wesen der Phantasie". Freilich stehen ihr die „anwachsenden kulturellen Regressionen, eine Kulturdeformation unter dem Druck eines immer härteren Realitätsprinzips" entgegen, in deren Folge die Phantasieprodukte nur allzu oft zu regressiven, passiven Träumen verkommen (ibid.).[1]

Statt dass der Mitscherlichsche Ansatz von dem „Aktivität stimulierenden Wesen der Phantasie" weiterverfolgt worden wäre, hat sich, wie erwähnt, die psychoanalytische Diskussion hierzulande und mehr noch auf internationaler Ebene hauptsächlich die Frage gestellt, wie man inhaltlich und strukturell die von Sigmund Freud genannten Ur-Phantasien (Verführung, Beobachtung des elterlichen Geschlechtsverkehrs, Kastrationsdrohung), andere unbewusst bleibende Phantasien, ehemals bewusste, aber dann verdrängte Phantasien und schließlich die bewussten Phantasien unterscheiden solle bzw. welche Verbindungen man zwischen ihnen herstellen könne. Resümierend muss man feststellen, dass die Diskussion nicht zu einem klaren Ergebnis geführt hat (siehe z.B. die Ausführungen zum Stichwort „Phantasie" bei Laplanche/Pontalis 1973, S. 388–394). Darüber hinaus scheint sie allenfalls für den Therapiezusammenhang – und darin vorwiegend für den Erwachsenenbereich – Geltung zu haben, denn beim Kind, zumal dem seelisch nicht „gestörten", tritt eine unterscheidbare Trennung von Bewusstem und Unbewusstem erst mit dem Auseinandertreten von Realität und Nicht-Realität in der Wahrnehmung und im Erleben auf.

Ähnlich fasst auch Bittner (1981a), der die unbewussten und bewussten Phantasien mit dem seelischen Geschehen „vor und nach der Ur-Verdrängung" (S. 98ff.) in Zusammenhang bringt, die bisherige, für ihn aporetische Diskussion zusammen, wobei er allerdings nur die Arbeiten von Laplanche/Pontalis (1973) und Sandler (1976) anführt – und beschreibt seine eigene Position folgendermaßen: Die bewusste Phantasie „kristallisiert sich [...] um einen wunscherfüllenden Gedanken, von dem *man weiß, daß er nicht wahr ist, – dessen Erfüllung aber vorstellbar ist.* Unbewußt bleiben hingegen Phantasien, welche die Repräsentationskapazität des vorstellenden, sekundärprozeßhaft organisierten Bewußtseins [...] überfordern, die gleichsam, in den Computer des Bewußtseins eingespeist, nur eine Leerkarte als Antwort evozieren." (S. 99; Hervorhebungen im Original)

Diese Sichtweise deckt sich weitgehend mit der hier vorgetragenen These: Bewusste Phantasien sind Gestaltungen mit einem hohen sekundärprozesshaften Anteil; gestaltet werden Themen, die aus dem Unbewussten stam-

---

1 Hier scheint bereits das vorgezeichnet, was von Herbert Marcuse [1955/1967] dann im größeren Rahmen einer psychoanalytisch begründeten Gesellschaftskritik – und ohne Rückgriff auf den Mitscherlich-Aufsatz – ausgeführt worden ist oder später auch von Mario Erdheim [1982] in seiner Untersuchung über Prozesse der gesellschaftlichen Produktion von Unbewusstheit dargelegt worden ist.

men und erst durch den Gestaltungsprozess Zugang zum Bewusstsein finden und auch erst dann für andere mitteilbar werden. Solange die mit diesen Themen verbundenen seelischen Spannungen, Ängste, Schuldgefühle oder ähnliches zu stark sind, überfordern sie die „Repräsentationskapazität des Bewußtseins", verbleiben also im Unbewussten – ob als unkonturierte Motive oder unbewusste Phantasien, scheint dabei relativ gleichgültig zu sein.

Von Belang dagegen ist die bewusste Phantasie selbst, ihr Thema und insbesondere ihre Gestaltung sowie ihre Bedeutung für den Betreffenden. Näheren Aufschluss darüber finden wir zum Beispiel bei der amerikanischen, psychoanalytisch orientierten Entwicklungspsychologin und praktisch tätigen Kinderpsychotherapeutin Selma Fraiberg. In ihrem Buch „The Magic Years" (1959; deutsch: Die magischen Jahre, 1972) hat sie sehr einfühlsam und detailliert die von allerlei seltsamen Gestalten bevölkerte und von geheimnisvollen Kräften durchwaltete Phantasiewelt des Kindes beschrieben. Bekannt geworden ist vor allem das Beispiel vom „Lachenden Tiger". Weil sich daran besonders gut die spezifische Sichtweise Selma Fraibergs veranschaulichen lässt, sei es im Folgenden ausführlich zitiert (S. 21f.): „Ich möchte Ihnen den ‚Lachenden Tiger' vorstellen. Ich begegnete ihm zuerst, als meine Nichte Jannie ungefähr zwei Jahre und acht Monate alt war. Als ich eines Nachmittags das Haus ihrer Großeltern betrat, war meine Nichte gerade dabei, mit ihrem Großonkel auszugehen. Jannie begrüßte mich nicht; sie sah etwas ärgerlich aus bei meinem Erscheinen – wie eine Schauspielerin, die während der Probe von einem ungeschickten Arbeiter gestört wird oder sonst jemand, der über die Bühne stolpert. Jannie ignorierte mich weiter, zog ihre weißen Handschuhe an und ergriff ihre Handtasche: eine hübsche Nachahmung einer Dame, die zu einer Nachmittagsverabredung weggeht. Plötzlich drehte sie sich um und betrachtete stirnrunzelnd etwas hinter ihr. ‚Nein!' sagte sie bestimmt. ‚Nein, lachender Tiger! Du kannst nicht zum Eisessen mit uns kommen. Du bleibst hier. Aber Jannie kann mit uns kommen. Komm mit, Jannie!' Und sie schritt mit ihrem Onkel aus der Tür und schwenkte eindrucksvoll ihre Handtasche.

Es schien mir, ich sähe ein schäbiges Tier wehmütig durch die Diele schleichen und im Schatten verschwinden. Als ich mich gefaßt hatte, ging ich zur Großmutter und fragte: ‚Wer ist der Lachende Tiger?' – ‚Das ist das Neueste', sagte die Großmutter. Wir verstanden einander. In diesem Haushalt und besonders in dem des Kindes hatte es immer einen ständigen Zustrom von Phantasiegefährten gegeben. Es gab Stühle, die Jannie und Tommy heilig waren, Plätze am Tisch, reserviert für Kaninchen, Hunde und Bären, und das leibhaftige Kind, das diese Menagerie beherrschte, antwortete oft nicht auf seinen eigenen Namen. Ich bemerkte jetzt, dass die Großmutter ein wenig verwirrt aussah, und voll Mitgefühl machte ich mir klar, dass sie den ganzen Nachmittag den Lachenden Tiger um die Beine hatte. ‚Warum *Lachender* Tiger?' fragte ich. – ‚Er brüllt nicht. Er jagt niemals Kindern Schrecken ein. Er beißt nicht. Er lacht nur.' – ‚Warum durfte er nicht zum

Eisessen mitgehen?' – ‚Er muss sich merken, dass er nicht alles haben kann, wie er will ... jedenfalls, so ist es mir erklärt worden.' – An jenem Abend bei Tisch beachtete meine Nichte mich nicht, so lange, bis ich mich gerade hinsetzen wollte. – ‚Pass auf!' rief sie. Ich sprang schnell auf – war da ein Nagel? – ‚Du hast dich auf den Lachenden Tiger gesetzt', sagte sie streng. ‚Oh, entschuldige, willst du ihm bitte sagen, er möchte von meinem Stuhl weggehen.' – ‚Du kannst jetzt gehen, Lachender Tiger', sagte Jannie. – Und dieses gelehrige und gehorsame Tier stand vom Tisch auf, ohne zu murren.

Der Lachende Tiger blieb einige Monate bei uns. Soweit ich sehen konnte, führte er ein feierliches und stilles Leben und hatte kaum je einen Grund zu lachen. Er zeigte niemals die Wildheit seiner Rasse und gab niemals Anlaß zur Beunruhigung während seines Daseins. Er duldete alle erzieherischen Lehren seiner Herrin ohne Empörung oder Nervenzusammenbrüche. Er gehorchte allen Befehlen, selbst wenn sie albern und gegen seine Interessen waren. Er war ein untadeliger Gast bei Tisch und ein sperriger, aber unaufdringlicher Insasse im Familienwagen. Wenige Monate nach Jannies drittem Geburtstag verschwand er, und niemand trauerte ihm nach."

Dies Beispiel erinnert stark an den von Anna Freud (1925) berichteten und oben zitierten Fall des siebenjährigen Jungen, der ebenfalls ein gezähmtes Wildtier, einen Löwen, als Phantasiegefährten hatte. Wie Anna Freud betont auch Selma Fraiberg, dass dieser zahme Tiger natürlich eine Umkehrung des in Wirklichkeit gefürchteten großen wilden Tieres darstellt. Aber anstatt diese Phantasie nun auf einen isolierten seelischen Konflikt (etwa Auseinandersetzung mit Vater/Mutter oder, was auch denkbar wäre, Kastrationsangst bzw. Penisneid) zurückzuführen und darin ein Symptom für die Verleugnung der Wirklichkeit und für die Abwendung von dem realen Konflikt zu erblicken, beschreitet Selma Fraiberg einen anderen Weg: Sie geht ganz allgemein davon aus, dass das kindliche Seelenleben zwar einerseits von Angenehmem, Befriedigendem und Beglückendem gekennzeichnet ist, aber andererseits in mindestens ebenso großem Ausmaß von Ängsten. Diese treten gleichsam zwangsläufig in der Auseinandersetzung des Kindes mit seinen Erlebnissen in der Realwelt auf und sind deshalb durchaus ‚normal'.

Selma Fraiberg schreibt der Angst ferner eine antizipierende Funktion zu, d.h. mit der Hilfe der Angst nimmt das Kind die ‚Gefahr' (z.B. die Trennung von der Mutter) vorweg – und dies hilft ihm, das gefürchtete Ereignis selbst besser zu ertragen. Ihre Hauptquelle haben die Ängste in der Dynamik der Beziehungen zwischen dem Kind und seinen Eltern. Für das Kind sind die Eltern einerseits wichtige Wesen, die „geheime Wünsche erraten, die tiefsten Sehnsüchte erfüllen und wunderbare Taten vollbringen", indem sie seine körperlichen und emotionalen Bedürfnisse befriedigen, es von

Spannungen befreien, vor Gefahr schützen und die Ursachen von Störungen beseitigen (Fraiberg 1972, S. 18).

Andererseits aber gebieten die Eltern/Erwachsenen dem Vergnügen des Kindes auch Einhalt, unterbrechen sein Spiel und andere „ergötzliche Tätigkeiten", fordern Aufschub von Befriedigungen, versagen die Erfüllung von Wünschen usw. (vgl. S. 19f.). In diesem „Wechselbad der Gefühle" schafft sich das Kind in seinem Phantasieleben einerseits „freundliche Geister, die (...) Tische, gefüllt mit Köstlichkeiten, herbeizaubern; Elfen, die die extravagantesten Wünsche erfüllen; magische, verzauberte Tiere, die ein Kind in weit entfernte Länder bringen; der Löwe als Gefährte, der alle Feinde besiegt; Könige und Königinnen, die Macht über Leben und Tod haben" (S. 18f.). Andererseits aber schafft das Kind auch Gestalten wie Hexen, Schreckgespenster, wilde Tiere und Ungeheuer aller Art.

So gesehen, ist die Phantasiewelt „ein Abbild des Zivilisationsprozesses" (S. 23), dem die Kinder unterliegen. Auf das Beispiel des „Lachenden Tigers" bezogen, heißt das: „Die Belohnungen und Strafen, die törichten Befehle für den Lachenden Tiger erscheinen uns, wenn wir diese Komödie sehen, ebenso sinnlos wie die Launen und Wünsche der Erwachsenenwelt dem kleinen Mädchen. Vermutlich ist der gebesserte Tiger auch ein Abbild des kleinen Mädchens, und die ursprünglichen Eigenschaften eines Tigers – das Unbeherrschte, Impulsive und Wilde – stellen die Neigungen im Inneren des Kindes dar, die allmählich umgewandelt werden." (S. 23)

Aus alledem folgert Selma Fraiberg: „Ein Kind, das seine Phantasie benutzt, um seine Probleme zu lösen, arbeitet an seiner eigenen geistigen Gesundheit. Es kann seine menschlichen Bindungen und seinen guten Kontakt mit der Wirklichkeit zugleich mit seiner Phantasiewelt aufrechterhalten. Mehr noch, es zeigt sich, daß der Kontakt des Kindes mit der richtigen Welt durch seine periodischen Ausflüge in die Phantasie gestärkt wird. Es wird leichter, die Enttäuschungen der Wirklichkeit zu ertragen und die Forderungen der Realität zu erfüllen, wenn man sich zwischendurch in eine Welt begeben kann, in der die tiefsten Wünsche Erfüllung finden." (S. 26) – Zwar klingt auch hier eine Trennung zwischen der Welt der Wirklichkeit und der Phantasiewelt an, aber entscheidend ist die Verbindung, die zwischen ihnen geschaffen wird, indem in der Phantasie Kräfte entwickelt werden, die der Bewältigung der Realität dienlich und förderlich sind – und dies, wenn man den Fraibergschen Gedanken etwas weiterführt, nicht ausschließlich im Sinne einer Anpassung an die Anforderungen der Realität, sondern auch im Sinne einer – nicht von Ängsten gelähmten oder von Falscheinschätzungen fehlgeleiteten – Umgestaltung der Realität.

Mit dieser Rekonstruktion des Ansatzes von Selma Fraiberg bin ich analytisch einen Schritt über ihre eigenen Ausführungen hinausgegangen. Sie selbst bleibt hauptsächlich beim Beschreiben der Szenarien, die die kindliche Phantasiewelt kennzeichnen und in Verbindung zwischen Phantasieinhalten und Ängsten stehen. Somit wird die positive Funktion der Phantasie im Wesentlichen damit erklärt, dass die Ängste in der Phantasie ‚unter Kontrolle gebracht‘ und ‚in Schach gehalten‘ und dadurch allmählich – also sozusagen im Lauf der weiteren Entwicklung – mehr oder weniger von selbst überwunden werden.

Dagegen ließe sich – wenn auch nicht im Gegensatz zu dieser Sichtweise, sondern durchaus in ihrer Fortführung – noch genauer die Dynamik bestimmen und dann eindeutiger angeben, worin die spezifische Funktion der Phantasie liegt: Das Thema, das aus den durch und durch ambivalenten Erfahrungen stammt, welche das Kind in seinen emotional determinierten Beziehungen in der Familie macht, lässt sich als solches vom Kind nicht erfassen. Das gleichzeitige ‚Gutsein‘ und ‚Bösesein‘ der Mutter beispielsweise lässt sich nicht ‚verstehen‘, aber es beschäftigt das Kind umso mehr, es beunruhigt, es verwirrt, es erzeugt Unsicherheit und Angst. Das Denken, die „Repräsentationskapazität des Bewußtseins" (Bittner 1981a, S. 99), ist hiervon überfordert – nicht aber der Bereich, in dem Primär- und Sekundärvorgänge sich verbinden und Szenarien gestalten, in denen ‚Gutes‘ und ‚Böses‘ klar auseinander gehalten werden und in eine Auseinandersetzung miteinander eintreten. Das ‚Böse‘ – zum Beispiel in Gestalt von Stiefmüttern, Hexen, Ungeheuern, wilden Tieren usw. – verstärkt dabei nicht die schon vorhandenen Ängste, sondern bannt sie, weil sie in der symbolischen Gestaltung ‚begriffen‘ werden: Sie können, Gestalt geworden, mit Hilfe der Phantasie beliebig manipuliert werden, bis sie am Ende (oftmals) triumphhaft besiegt werden. Das stärkt das Vertrauen in das Gute und stellt die emotionale Sicherheit wieder her (vgl. Fatke 1980; 1981).

Doch nicht nur der allgemeine Sieg des Guten über das Böse ist wichtig, sondern mehr noch die *Gestaltung* dieses Sieges, weil in ihr, symbolisch eingekleidet, ein in die Zukunft entworfenes Bild des Selbst und Modell des Verhaltens zum Ausdruck gelangt (vgl. Fatke 1997).

Also verleihen die Symbole, welche sich in der Phantasiegestaltung ausdrücken, einerseits „den Vorgängen eine gewisse Sichtbarkeit, die sonst ihrer ganzen Natur nach unmerklich, unsichtbar ablaufen müßten" (Bittner 1981b, S. 31), und andererseits machen sie – wie Bittner mit C. G. Jung und dessen Schülern argumentiert – „die Gestaltungen des werdenden Selbst sichtbar" (op. cit., S. 32). Damit ist die „Hinwendung zum Ich als dem Subjekt seiner Phantasien" (S. 16) erfolgt, d.h. zum schaffenden, seine eigene Gestalt aufbauenden Subjekt.

Bittner stellt diesen Gedanken in den Zusammenhang einer Theorie des Selbstwerdens, in der der Hauptakzent auf den Spontankräften und der eigenen Entwicklungsleistung des Kindes liegt, und er veranschaulicht anhand von Beispielen, dass sich das Selbstwerden des Kindes als ein aktiver Vorgang vollzieht, der von Phantasien geleitet wird (vgl. auch Bittner 1981c). Somit ist die kindliche Phantasie für Bittner „forttreibendes Moment der Entwicklung". (Bittner 1981b, S. 107; vgl. auch Schäfer 1986; 1989)

Zusammenfassend bleibt festzuhalten, dass in der psychoanalytischen Phantasiediskussion nach Sigmund Freud – neben der für pädagogische Fragestellungen im ganzen wenig ergiebigen Kontroverse um die bewussten und unbewussten Inhalte der Phantasie – (a) bei Anna Freud interessante Ansätze für ein umfassenderes Verständnis der kindlichen Phantasie entwickelt worden sind, die aber weder von ihr selbst und noch weniger von ihren Gefolgsleuten und Schülern in ihrer vollen Bedeutung erkannt und weitergeführt worden sind; (b) bei Selma Fraiberg der Zusammenhang zwischen den „aus den Konflikten seines jungen Lebens" resultierenden Ängsten des Kindes (1972, S. 20) und seinen Phantasien eine überzeugende Beziehung hergestellt wird, wobei jedoch die Bedeutung der symbolischen Gestaltungsarbeit für das Umgehen mit den Ängsten und deren Überwindung mittels in die Zukunft weisender Symbolisierungen des Selbst im Medium der Phantasie nicht hinreichend erfasst wird; (c) in neueren Ansätzen einer Theorie der kindlichen Phantasie der Aspekt der aktiven Gestaltung der eigenen Entwicklung, die auf Selbstwerdung zielt und von Phantasien gelenkt wird, in den Mittelpunkt gerückt wird.

Literatur

Balint, M. (1934): Der Onanie-Abgewöhnungskampf in der Pubertät. In: Zeitschrift für Psychoanalytische Pädagogik 8/1934, S. 374–391

Bittner, G. (1981a): Die imaginären Szenarien. In: A. Schöpf (Hrsg.): Phantasie als anthropologisches Problem. Würzburg, S. 95–113

Bittner, G. (1981b): Die analytische Kinderpsychologie auf der Suche nach einem neuen Orientierungsrahmen. In: G. Bittner (Hrsg.): Selbstwerden des Kindes. Ein neues tiefenpsychologisches Konzept. Fellbach, S. 13–39

Bittner, G. (1981c): Was bedeutet „kindgemäß"? Entwicklungs- und tiefenpsychologische Gesichtspunkte zur Erziehung im Kindergarten. In: Zeitschrift für Pädagogik 27/1981, S. 827–838

Burlingham, D. (1932): Ein Kind beim Spiel. In: Zeitschrift für Psychoanalytische Pädagogik 6/1932, S. 245–248

Erdheim, M. (1982): Die gesellschaftliche Produktion von Unbewußtheit. Eine Einführung in den ethnopsychoanalytischen Prozeß. Frankfurt am Main

Fatke, R. (1980): Heilende und erziehende Kräfte in der kindlichen Phantasie. In: Die Psychologie des 20. Jahrhunderts. Bd. XII: Konsequenzen für die Pädagogik (2. Halbband: Entwicklungsstörungen und therapeutische Modelle). Hrsg. v. W. Spiel. Zürich, S. 865–876

Fatke, R. (1981): Die Phantasie und das Selbst des Kindes. In: G. Bittner (Hrsg.): Selbstwerden des Kindes. Ein neues tiefenpsychologisches Konzept. Fellbach, S. 181–190

Fatke, R. (1972): Phantasiegeschichten. In: R. Fatke (Hrsg.): Was macht ihr für Geschichten? Ausdrucksformen des Kinder-Lebens. München, S. 11–28

Fraiberg, S. (1972): Die magischen Jahre in der Persönlichkeitsentwicklung des Vorschulkindes. Psychoanalytische Erziehungsberatung. Reinbek (Amerik. Orig. 1959)

Freud, A. (1936): Das Ich und die Abwehrmechanismen. München 1966

Freud, A. (1922): Schlagephantasie und Tagtraum (1922). In: Die Schriften der Anna Freud. München 1980, Bd. I, S. 141–159

Freud, S. (1919): „Ein Kind wird geschlagen". Beitrag zur Kenntnis der Entstehung sexueller Perversionen (1919). Studienangabe VII, S. 229–254

Laplanche, J./Pontalis, J.-B. (1973): Das Vokabular der Psychoanalyse. 2 Bde. Frankfurt am Main

Marcuse, H. (1955): Eros and Civilization. Boston 1955. (Dt.: Triebstruktur und Gesellschaft. Frankfurt am Main 1967)

Mitscherlich, A. (1969): Lust- und Realitätsprinzip in ihrer Beziehung zur Phantasie (1952). In: A. Mitscherlich: Krankheit als Konflikt. Studien zur Psychosomatischen Medizin. Bd. 1. Frankfurt a. M., S. 133–167

Morgenstern, S. (1937a): Das magische Denken beim Kinde. In: Zeitschrift für Psychoanalytische Pädagogik 11/1937, S. 102–118

Morgenstern, S. (1937b): Über das Traum- und Phantasieleben des Kindes. In: Zeitschrift für Psychoanalytische Pädagogik 11/1937, S. 181–211

Sandler, J. (1976): Träume, unbewußte Phantasien und „Wahrnehmungsidentität". In: Psyche 30/1976, S. 769–785

Sandler, J./Kennedy, H./Tyson, R.L. (1980): Kinderanalyse. Gespräche mit Anna Freud. Frankfurt am Main

Sandler, J., mit Anna Freud (1989): Die Analyse der Abwehr. Stuttgart

Schäfer, G.E. (1986): Spiel, Spielraum und Verständigung. Untersuchungen zur Entwicklung von Spiel und Phantasie im Kindes- und Jugendalter. Weinheim/München

Schäfer, G.E. (1989): Spielphantasie und Spielumwelt. Spielen, Bilden und Gestalten als Prozesse zwischen Innen und Außen. Weinheim/München

Sterba, E. (1936): Zwei Arten von Abwehr. In: Zeitschrift für Psychoanalytische Pädagogik 10/1936, S. 263–268

Stern, H. (1932): Sexualsymbolische Wunschphantasien in einem frei erfundenen Kinderspiel. In: Zeitschrift für Psychoanalytische Pädagogik 6/1932, S. 253–258

Strauss-Weigert, D. (1932): Kinderspiel und Fetischismus. In: Zeitschrift für Psychoanalytische Pädagogik 6/1932, S. 258–261

Tamm, A. (1932): Die geköpfte Puppe. In: Zeitschrift für Psychoanalytische Pädagogik 6/1932, S. 239 f.

Wälder, J. (1935): Analyse eines Falles von Pavor nocturnus. In: Zeitschrift für Psychoanalytische Pädagogik 9/1935, S. 5–70.

Zulliger, H. (1932): Magie im Kinderspiel. In: Zeitschrift für Psychoanalytische Pädagogik 6/1932, S. 240–245.

Ursula Stenger

Bild-Erfahrungen

Dieser Text befasst sich mit der Frage nach den Erfahrungen, die durch Bilder ermöglicht werden, nach solchen, die zu Bildern führen und denen, die wir mit Bildern machen.

Bilder stehen nicht im luftleeren Raum. Sie stehen in einer jeweiligen historisch-kulturell zu spezifizierenden Bildtradition, auf die sie antworten, die sie gegebenenfalls überschreiten, modifizieren, transformieren. Bilder stellen nach Hans Belting das „aktuelle Gedächtnis einer Kultur" dar, indem sie „elementare Welterfahrungen" jeweils anders zur Sprache bringen (Belting 2000, S.8). Auf einer Ebene geht es zunächst darum, Bilder zu verstehen, ihre Zeichen lesen und interpretieren zu können. Das hat vor mehr als 10 Jahren Klaus Mollenhauer veranlasst, von der Notwendigkeit einer „Alphabetisierung" zu sprechen. Einer, der lesen kann, spricht von Cy Twomblys Bildern nicht mehr von „Kritzelbildern" (vgl. Mollenhauer 1990, S.10f.). So vielversprechend dieses Anliegen ist, so problematisch ist es auch, was vor allem von Gottfried Boehm, Christoph Wulf u.a. seiner Zeit thematisiert worden ist.[1] Ein Alphabet legt leicht nahe von einem Zeichensystem mit Syntax und Grammatik auszugehen, das suggeriert, dass alle Bilder prinzipiell vergleichbar sind und auf dasselbe Repertoire zurückgreifen würden. Doch sie sind ja erst Kunstwerke von Rang, insofern sie nicht nur neue Dinge abbilden, sondern gerade die Möglichkeit das zu sagen was sie sagen wollen erst mithervorbringen. Der Maler etwa schafft erst den Stil als eine neue Bildsprache, die es zuvor nicht gibt.

Das weitaus größere Problem in bezug auf eine Alphabetisierung liegt meiner Ansicht nach nicht darin, dass wir nicht wissen, was etwas bedeutet, sondern, dass wir glauben zu wissen was etwas bedeutet. „Hier hat sich der Künstler selbst gemalt", damit ist die Frage erledigt und es kommt nicht mehr zu der „Reflexionszumutung", die Mollenhauer doch so wichtig war (Mollenhauer 1988, S.457). Jedoch handelt es sich hier nicht nur um eine Reflexion im Sinne eines kognitiven Vorganges, sondern eher um die inne-

---

1 Problematisiert wurde dies u.a. in einer Diskussion über den Topos der Alphabetisierung, die in dem von Lenzen 1990 herausgegebenen Band „Kunst und Pädagogik" dokumentiert ist (S. 189-210), an der auch Mollenhauer selbst teilgenommen hat.

re Bewegung sowie ihr Gewahr-Werden, die dem Subjekt in der ästhetischen Erfahrung zugemutet wird. Sich dem auszusetzen, bedeutet also in diesem Sinne eher eine „Erfahrungszumutung". Wie also kann der Weg aussehen zu den Bildern? Wie ist es möglich zu verstehen, was Bilder für uns bedeuten, wie sie funktionieren, worin ihre Macht und ihre Kraft besteht? Sind Bilder selbst gar Wege - noch unbegangene, noch nicht gesehene, noch stumm und schweigsam?

Bilder der bildenden Kunst wie auch lyrische Bilder stellen unsere Sehgewohnheiten in Frage. „Wirklichkeitszertrümmerung" ist ein Wort von Gottfried Benn (Benn 1959, S.243) hierfür, oder wie Paul Celan in seinen Reden und Prosastücken ausführt, geht es darum eine „Bresche in die Wände und Einwände der Wirklichkeit" zu schlagen (Celan 1988, S.7). Das alte Sehen, das die Dinge mit den Augen des Verstandes betrachtete, nur wieder erkannte was es schon wusste, gilt es zu verlassen. Stattdessen begibt er sich auf eine Wanderung, „allein und von niemanden geführt" (ebd.,S. 7), „zeltlos (…) und damit auf das Unheimlichste im Freien" (ebd., S.39). „Sie, die Sprache, blieb unverloren, ja, trotz allem. Aber sie musste nun hindurchgehen durch ihre eigenen Antwortlosigkeiten, hindurchgehen durch furchtbares Verstummen, hindurchgehen durch die tausend Finsternisse todbringender Rede." (ebd., S.38) Die todbringende Rede, die schon immer glaubt zu wissen, was ist, die die Dinge festlegt auf einen Sinn, den sie längst nicht mehr haben, diese gilt es zu verlassen. Das bedeutet zu akzeptieren, dass wir über das, was ist, in einer abbildenden Form nicht mehr sprechen und auch dies nicht mehr sprachlich und bildlich darstellen können. Was im linguistic turn bereits deutlich wurde, dass den einzelnen Zeichen an sich keine Bedeutung mehr zukommt, dass das Ich auch nicht mehr Grundlage, sondern Ergebnis eines Prozesses ist, der als Sprachspiel beschrieben werden kann, diese Einsicht gilt es nun für die Bilder umzusetzen.

Celan geht es um die Frage, wie neue Bilder gezeugt werden können, die nicht mehr abbilden, sondern angereichert sind von all den Erfahrungen durch die sie hindurchgingen.

Was bedeutet es von „Erfahrungszumutungen" zu sprechen, denen uns Bilder dieser Art aussetzen?

Nun, ich möchte im folgenden die Punkte benennen, die dem hier exemplarisch Dargelegten noch weiter auf den Grund gehen wollen. Zunächst werde ich dem Erfahrungspotential der Bilder noch weiter nachdenken. Im zweiten Punkt des ersten Teils geht es dann um die leibliche Dimension dieser „ästhetischen Erfahrung", die nicht als Sonderbereich der menschlichen Existenz angesehen werden soll, sondern mit Hilfe deren Untersuchung Erkenntnisse über Bildungsprozesse im allgemeinen gewonnen werden können. Zuletzt soll die Frage gestellt werden nach dem, was im Bild entsteht, sich konstituiert: Sinn, Wirklichkeit, Ich.

In einem zweiten Teil soll auf der Grundlage der im ersten Teil erarbeiteten Erkenntnisse über die fundamentale Bedeutung von Bildern der Frage nachgegangen werden, wie Bilder sich bilden, die für das einzelne Leben Kraft und Bedeutung haben. Hier sollen zunächst frühe Bilder und deren Entstehung untersucht werden, wie sie etwa im Alter von 1-3 Jahren entstehen. In einem zweiten Punkt geht es mir dann um die Ausdifferenzierung und Findung von Bildern, über die Kinder sich die Welt und ihr Leben deuten. Bilder, die Selbst-Bilder sind.

Teil I

1. Zum Erfahrungspotential von Bildern

Worin bestehen nun die Erfahrungszumutungen, auf die wir uns einlassen müssen, wollen wir dem Prozess der Sinnbildung beiwohnen, der sich im bildenden Gehalt des Bildes zeigt?

Das In-Beziehung-Treten zu Bildern, das sich Beziehen auf Bilder, das sich Bildern Aussetzen sowie das Bilder Hervorbringen sind nicht nur Formen kultureller Betätigung neben dem Alltagsgeschehen. Bilder erschließen, deuten, bestimmen und verändern unsere Sicht und damit unsere Erfahrungsmöglichkeiten von Wirklichkeit. Bilder können zu spezifischen Sensibilitäten führen, sie erschließen Möglichkeiten des Wahrnehmens und Handelns und der Beziehung. Obwohl ich hier nicht nur von Bildern in Form von bemalten Leinwänden sprechen möchte, so können die Erfahrungen, die wir im Zusammenhang mit Werken der Kunst machen, hier exemplarisch etwas zeigen. „Ein Maler wie Cézanne, ein Künstler oder ein Philosoph müssen nicht bloß einen Gedanken fassen und ausdrücken, sie müssen auch noch die Erfahrungen wachrufen (...)" (Merleau-Ponty 1995, S. 52). Um das deutlich zu machen, möchte ich an Erfahrungen anknüpfen, die möglicherweise gemacht werden können, wenn man mit Bildern in Berührung kommt.

Dabei interessiert mich nicht das Dargestellte und auch im Augenblick nicht der Kontext, auf den diese Bildsprache antwortet, sondern mich interessiert die Wirkung der Bilder, das was klassisch ästhetische Erfahrung genannt werden kann, also, wie Mollenhauer es umschreibt, ein Blicken auf und eine Auseinandersetzung mit den Empfindungen, die ein Bild oder ein bildnerischer Prozess bei mir auslöst, das Thematischwerden von Wahrnehmungen, Empfindungen, Erfahrungen, die im Bild präsent sind und derer ich mich vergewissern kann (vgl. Mollenhauer 1988, S.447f.). Tritt man etwa in einen Raum mit Bildern von Max Beckmann, so empfindet man sofort ein enormes Kraftfeld, von dem man umgeben ist, dem muss man erst einmal standhalten. So wie die Menschen auf seinen Bildern den Blicken der anderen standhalten, sich aus diesem Angeblicktsein geradezu konstituieren, so verlangen die Bilder eine andere Empfindsamkeit, andere

Bezüglichkeiten zur Umwelt, einen anderen Blick auf die Welt, als ein Raum mit Bildern von Monet. Geht man weiter zu Mark Rothkos Farbflächen, die einen wieder gänzlich anderen Raum erzeugen, so wird man wieder zu neuen Erfahrungsmöglichkeiten gelangen, als dies etwa bei Francis Bacon der Fall ist.

Dieses Phänomen zeigt sich auch etwa an der Empörung und Ablehnung der Menschen, die zum ersten Mal Picassos „Demoiselles d'Avignon" gesehen haben. Nicht etwa, dass man noch keine nackten Frauen gesehen hätte, sondern die Art *wie* er sie malte, führte zu den stark emotional geladenen ablehnenden Reaktionen. Eine bloß neue Darstellungsart hätte die Menschen vielleicht gleichgültig gelassen - was geht's mich an - doch sie scheinen gefühlt zu haben, dass der Mensch, also auch sie selbst, Erfahrungsmöglichkeiten hat und lebt, die in ihrer Zerrissenheit und Fremdartigkeit zunächst etwas Bestürzendes haben können. Das sich den Bildern Aussetzen kann unter Umständen von heftigen Affekten begleitet sein, insofern das Dargestellte eben kein bloß Abgebildetes, sondern eine lebendige Präsenz des Sichtbaren bedeutet. Die so wahrgenommenen Bilder stellen keine Sonderwelt neben der eigentlichen Realität (des Körpers oder der Alltagserfahrung dar), sondern sie lassen uns die Welt, den Menschen, insbesondere uns selbst anders sehen. Wie Bernhard Waldenfels sagt: „Ihre volle Produktivkraft erreicht sie (die Einbildungskraft) allerdings erst dort, wo sie nicht nur Unsichtiges sichtbar macht, sondern das Gefüge des Sichtbaren selbst noch verändert. Diese Einbildungskraft entführt uns nicht in eine *andere Welt*, sondern lässt uns *die Welt als andere* erscheinen. Insofern können wir mit Merleau-Ponty sagen. ,Das Imaginäre haust in der Welt.'*(PW 69)"* (Waldenfels 1989, S.333) Also wäre die Aufgabe der Kunst nicht, etwas Abwesendes anwesend zu machen, eine scheinbare Welt, neben der eigentlichen zu entwerfen, sondern die Erfahrungsmöglichkeiten, Sensibilitäten und Sichtweisen des Menschen zu erweitern, sich selbst neu und anders erfahren zu können. Das Imaginäre, die Phantasie sind keine Sonderbereiche, sondern die Fähigkeit neue Welten zu erschließen. Neue Welten, die nicht nur ein neues Denken, sondern ein verändertes Erfahrungspotential bedeuten, die im Bild zeigen, was durch es erst gebildet wird.

2. Leiblichkeit

Wie kommen die Bilder dazu ein solches Erfahrungspotential zu bergen? „Der Sinn des Bildes bildet sich sinnlich" (Wohlfahrt nach Boehm 1995, S.173). Diese sinnliche Ebene kann nicht übersprungen werden, ohne den Sinn preiszugeben. Bilder inszenieren uns, wie Mollenhauer sagt als Leibwesen. „Der Leib fungiert hier als Medium der Selbstreflexion, die Sinne als Erkenntnisorgane." Dieser spezifischen Weise des „Erkennens", soll nun im Folgenden weiter nachgedacht werden.

Bilder entstehen nicht im Gehirn, das wäre eine späte Ableitung und Verdinglichung, sondern beschreiben den Prozess einer Kontaktaufnahme des Menschen mit seiner Welt, mit den Dingen, mit der Tradition. Merleau-Ponty, auf den ich mich im Folgenden beziehen werde, würde auch nicht von Kontaktaufnahme sprechen, das ist noch zu sehr aus der Differenz von Subjekt und Objekt gesprochen, welche von der Wissenschaft konstatiert wird, die sich eben nicht auf die Dinge einlässt. Merleau-Ponty spricht in diesem Zusammenhang von einer Verflechtung, einem „Chiasmus" (Merleau-Ponty 1994, S. 172ff.). Doch wie kommt dieser zustande?

Dazu ist es nötig, zunächst das Sichtbare besser zu verstehen. Das Sichtbare ist nicht nur das Visuelle, dieses stellt gewissermaßen nur die „Oberfläche einer Tiefe" (ebd., S.179) dar. Diese Tiefe erschließt sich dem, der die Welt nicht als cogito im Sinne Descartes, als etwas außerhalb seiner selbst, wahrnimmt, sondern der über seinen Leib an der Welt teilhat, der über seinen Leib bereits vielfältige Beziehungen zur Welt eingegangen ist. Der Leib ist ein Kommunikationsmittel. Durch ihn gelangen wir zu den Dingen, indem wir uns ihnen öffnen, indem wir sie in vielfältiger Hinsicht abtasten, befragen, Antworten sinnlicher Art ausbilden. Insbesondere der Künstler ist als dieses leibhaftig suchende Wesen zu verstehen. Der Körper wird in den Prozess eingebracht, er ist Teil der Welt, hineingegeben in das Geschehen. Sinn entsteht als leibhaftiger aus der Begegnung heraus, aus einem Sehen und Tasten, das den Eindruck zu fassen sucht, aus dem Prozess des Austausches und der Verflechtung mit der Welt. Merleau-Ponty verwendet in diesem Zusammenhang für Leib den Begriff Fleisch (chair), der auch Momente des Begehrens, der Inkarnation und der sinnlichen Fülle konnotiert. Der Leib oder das Fleisch sind als eine Art Element zu verstehen, das strukturiert ist durch den gesamten Prozess des Austausches, in ihn haben sich sinnbildende Prozesse eingeschrieben, die so leibhaftig erfasst werden können. „Fleisch, das es mit einem Fleisch zu tun hat" (ebd., S.182), umschreibt ein sich Gestalten der Welt inmitten der Sichtbarkeit unseres Fleisches. Durch das sich Hineingeben und sich diesem Prozess einer „Vermählung mit den Dingen" (ebd., S.185) Aussetzen werde ich erst zum Sehenden. Die „oberflächliche Haut des Sichtbaren" (ebd., S.182) muss als solche wahrgenommen werden, damit die Tiefe der leiblichen Geschehnisse, durch die Sehen erst ermöglicht wird, wahrgenommen werden kann.

Es geht also darum, Sehen nicht nur als visuellen oder gar bloß kognitiv gesteuerten Akt zu verstehen, sondern als zutiefst leibliches Geschehen, das Bilder hervorbringt, welche, von dem Prozess abgelöst, keine Evidenz oder irgendeinen Wahrheitsgehalt mehr haben können. Oder wie Merleau-Ponty sagt: „Aber das Fragen der Malerei zielt in jedem Fall auf dieses verborgene und fieberhafte Entstehen der Gegenstände in unseren Körper." (Merleau-Ponty 1984, S.20). Bilder sind keine Abbildungen von Gegenständen, sondern zeichnen den Prozess des leiblichen Austausches des Malers mit einer Sache oder Sichtweise nach. Der Blick ist nicht auf etwas Äußerliches gerichtet, nimmt nicht nur einen Reiz auf, der mental repräsentiert wird. „Vielmehr ist es der Maler, der in den Dingen geboren wird, wie durch eine Konzentration und ein Zu-sich-Kommen des Sichtbaren (...)" (ebd., S. 34).

Darin liegt sicher auch die Macht der Bilder, dass sie im Körper entstehen, von ihm Besitz ergreifen und ihm jeweilige Empfindungs- und Gefühlslagen vermitteln. Der Betrachter geht gewissermaßen ins Bild ein, ein Phänomen, das beispielsweise die Suggestionskraft der elektronisch erzeugten Bilder erklärt, welche von der Theorie der Simulation beschrieben wird. Gegenüber dem sich aus der Rationalität definierenden Subjekt der Moderne erscheint der sich aus Bildern konstituierende Mensch somnambul, weil Bilder eben auf einer anderen Ebene ansetzen, leiblich, nah, überwältigend und komplex zugleich. Das kann beglückend aber auch beängstigend sein.

3. Konstitution von Ich und Wirklichkeit

Bilder, wie sie hier verstanden werden, sind keine Abbilder oder Nachbildungen der Wirklichkeit, welche dann als eigentliche primäre Lebensdimension gesehen wird. Bilder in diesem Sinne wären nachträgliche Veranschaulichungen von etwas, das zuvor und ohne diese Bilder bereits vorhanden ist. Bild und Wirklichkeit wären zwei differente Ebenen.

Ist man dem Gedankengang bis hierher gefolgt, so müsste deutlich sein, dass Bilder nicht im Sinne von Abbildern gesehen werden, sondern dass durch Bilder ja erst ein jeweiliger Blick auf Wirklichkeit eröffnet wird. Diese Interpretation stellt kein nachträgliches Geschehen dar. Dies gilt im Übrigen nicht nur für die moderne Kunst, sondern wie Heidegger in seinem Kunstwerkaufsatz gezeigt hat, für jedes Kunstwerk (Heidegger 1986, S. 37). „Das Werk gehört als Werk einzig in den Bereich, der durch es selbst eröffnet wird." (ebd.) Auch der griechische Tempel bildet, wie Heidegger (ebd.) sagt, nichts ab. Er eröffnet einen heiligen Bezirk inmitten einer Landschaft (erste Form der land art), in dem Götter in verschiedener Gestalt anwesend sind und in dem ein geschichtliches Volk durch die Gesamtgestalt der Anlage seine Welt gedeutet hat.

Was hier „Welt" genannt wird, thematisiert Waldenfels in ähnlicher Weise unter dem Begriff der Pluralisierung der „Ordnungen des Sichtbaren" (Waldenfels 1995, S. 233ff.). Ohne diese hätten wir nur einmalige Seheindrücke, die ohne Sinn in einem wahllosen Nacheinander auf uns einströmen würden. Die moderne Kunst insbesondere hat es sich zur Aufgabe gemacht, wie Waldenfels erläutert, diese Grenzen des Sichtbaren zu bearbeiten und neue Möglichkeiten von Sichtbarkeit entstehen zu lassen (vgl. ebd., S. 244). Die Zeichen, die in einem kulturellen Kontext stehen, sind nicht beliebig veränderbar, insofern sie nicht nur Zeichen sind, sondern wie Mollenhauer sagen würde, jeweilige „Interpretationen eines Innengrundes" (vgl. Mollenhauer 1988, S. 451). An anderer Stelle geht es Mollenhauer darum, dass das

Bild, das durch produktive oder reproduktive Tätigkeit erzeugt wird, nur dann einen bildenden Gehalt hat, wo die Bestände des Selbst erreicht und modifiziert werden (vgl. Mollenhauer 1996, S. 29). Stört man sich nicht an der etwas statischen Bezeichnung „Bestände", so lässt sich doch soviel daraus ableiten, dass das Bild nicht nur ein Zeichensystem, einen Code darstellt, sondern jeweils einen Versuch, das zu fassen, was wir meinen, wenn wir Ich sagen. Dieses Ich ist nicht der vorgängige Produzent eines Bildes, sondern das Bild stellt eine jeweilige Konstitution von Ich und Wirklichkeit dar, welche nur im sich Bilden des Bildes sichtbar wird. Deshalb ist es auch nur, wie Mollenhauer bemerkt, unter einem hohen existentiellen Risiko möglich, Zeichen zu transformieren, neue Zeichen (bzw. eine neue Sprache) hervorzubringen, insofern es eben Bilder des sich neu konstituierenden, sich neu verstehenden und neu erfahrenden Ich sind (vgl. Mollenhauer 1988, S. 451f). Dies ist auch das Anliegen von Paul Celan, mit dem ich begonnen habe. Der Dichter begibt sich ins Unheimliche, er setzt sich aus, um des nicht vorwegnehmbaren Schrittes willen, der möglich wird, wo Bilder auftauchen, die dem jeweiligen Ich Kontur und Richtung geben. Diese Kontur hat das Ich nicht, bevor es die Bilder findet, sondern indem es sich auf die Bilder zeugenden Bewegungen einlässt, die, wie oben beschrieben, auch leiblicher Natur sind. Bilder oder Gedichte, die so entstehen, können eine „Atemwende" (Celan 1988, S. 52) einen „Schritt" (ebd., S. 50) bedeuten. „Wirklichkeitswund und Wirklichkeitsuchend" begibt sich der Dichter in den Prozess des Bildens jener Bilder, die ihm erst etwas darüber sagen können, was jeweils als Ich gefasst werden könnte. Überflüssig zu sagen, dass diesem auf solchem Wege gewonnen Ich weder ewige Dauer noch Einheitlichkeit beschieden sein kann. „Wirklichkeit ist nicht, Wirklichkeit will gesucht und gewonnen sein." (ebd., S. 22) Ich und Wirklichkeit können nicht als gegeben vorausgesetzt werden, sondern entstehen in jeweiligen Bildungs-Prozessen, die über Bilder sichtbar werden.

Teil II

Im Anschluss an diese Überlegungen entstand bei mir die Frage, ob diese Erkenntnisse nicht auch für einen individualgeschichtlichen Zugang weiterführend sein könnte. Das heißt also ebenso im Anschluss an Bittners Selbstsymbolisierungen (Metaphern): Wie kommen Menschen zu den Bildern, über die sie etwas über sich sagen können? Wo sind Anfänge?

Diese Überlegungen sollen nun auf der Grundlage des oben Skizzierten geschehen. Die Bilder sind leibhaftige Strukturierungen von Wahrnehmungen und Erfahrungen. Sie erstellen jeweils eine Ordnung von Sichtbarkeit, und sind nicht abgelöst von ihrer Genese verstehbar. (Mollenhauer hat dies die Tätigkeitskomponente genannt, aber in „Grundfragen ästhetischer Bildung" letztlich diese Tätigkeitskomponente in den Analysen der Bilder nicht herausgearbeitet, weil er - so scheint es mir - zu sehr von den Produkten ausgegangen ist und den Prozess der Entstehung vernachlässigt hat). Wirklichkeit und Ich entstehen jeweilig. Es geht nicht um eine plumpe Identifikation von Bild und Wirklichkeit, sondern um das Sehen der wirklichkeitserzeugenden Dimension von Bildern, die keinen Sonderbereich neben dem Alltag darstellen, sondern eben solche Strukturierung von Alltagserfahrung allererst ermöglichen.

1. Frühe Bilder

Ich möchte mich nun den Anfängen dieser Bildungsbewegungen zuwenden, insbesondere zunächst der Altersgruppe der Kinder von 10 Monaten bis zum Kindergarteneintritt mit drei Jahren. Man könnte oder müsste vielleicht noch eher beginnen, aber ich kann hier nur zwei Punkte einer möglichen Entwicklungslinie fixieren und muss mich beschränken. Ich greife hier auf Beobachtungen, Dokumentationen und Aufzeichnungen zurück, die Claudia Wilhelm, (sie ist Erzieherin) und ich in einer Würzburger Krippe im Laufe eines Jahres gemacht haben. In enger Zusammenarbeit versuchen wir seit vielen Jahren begleitend herauszufinden, wie die Bildungsprozesse der Kinder in diesem Alter verstanden und unterstützt werden können.

Bilder spielen in diesem Alter eine fundamentale Rolle, Bilder in jeder Hinsicht.

Ich zitiere Johannes Bilstein: „Die Bilder (...) sind zugleich drinnen und draußen, sie sind das Draußen im Drinnen und das Drinnen im Draußen. Sie als Bilder zu identifizieren, macht den ersten Akt aus bei dem Unternehmen, die Welt zu ordnen und zu unterteilen, ihr Gestalten, Formen und eine Struktur zu verleihen"(Bilstein 1999, S. 97).

Das erste Bild von Stifter in seinen Rückerinnerungen, auf die sich Bilstein hier bezieht, ist das von der Mutter. Es folgen viele andere, das vom Vater und von anderen Personen, für Stifter Bilder von den Wäldern, für unsere Kinder das Bild vom Auto, vom Bus, vom Ball, vom Haus, das von der Brücke, der Schnecke, des Baumes, der Wiese, der Blume, der Rutsche ... Wie kommen Kinder zu diesen Bildern, die Welt für sie strukturieren, über die sie die Welt ganz verschieden erfahren können?

Kinder sind keine Beobachter, die der Welt gegenübersitzen und die Dinge nur in Schemata einordnen. Bilder bilden sich im Handlungsvollzug. Ich möchte dafür ein Beispiel geben.

Wer in Würzburg, wo ich herkomme, wohnt, kennt die Erfahrung, einen „Berg" hochzusteigen und auf die Stadt herunterzusehen, - nicht jede Stadt ermöglicht diese Erfahrung. Für die Kinder sind „Berge" hier überall erfahrbar. Insbesondere für die Kinder der Krippe gewann das Wort „Berg" in einer bestimmten Zeit einen verheißungsvollen Klang. Das ist ein erstaunliches Phänomen, wie aus einer ganz gewöhnlichen Erfahrung plötzlich etwas Zukünftiges, Wunderbares, Reiches und Vielversprechendes wird. Das geschah nun so mit dem Berg. Wir bemerkten, wie es den Kindern wichtig war, unter Schwierigkeiten hochzuklettern, oben zu sein, groß sein, Weite, Wind spüren, mit den Händen an den Himmel stoßen. Wir organisierten einen Erdhügel auf einer brachliegenden Wiese hinter der Krippe. Bauarbeiter einer nahen Baustelle brachten uns Erde, Laster für Laster, es war ein Fest. Die Erde war zunächst rutschig, locker, es war fast unmöglich auf allen Vieren nach oben zu kommen: Absturz, runter rollen, sich weh tun, wieder unten sein, es noch einmal versuchen, sich anstrengen und endlich wieder hoch, ganz oben sein mit einem großen Tuch, das im Wind weht und fast das Gefühl gibt abzuheben. Dann wieder runterrutschen, andere festhalten, unten sein, klein sein. Welterfahrung ist Raumerfahrung und wird in verschiedener Perspektive ermöglicht.

Berge jedweder Art entstehen, Berge aus Kissen und Bausteinen, Berge aus Matratzen und Berge aus Holz, solche aus Papier. Berge aus Reis beim Essen und immer wieder Berge aus Ton und Berge aus Sand.

Ein zweiter großer Berg wurde angeliefert, ein Steinberg, aufgeschüttet aus großen Steinblöcken. Jetzt gilt es: klettern und sich festhalten, abrutschen, weh tun, hart, gefährlich, einklemmen, endlich wieder oben sein, es geschafft haben, groß sein. In der Folge tun sich hier auf: Löcher, Höhlen, - die Frage entsteht: Was ist im Berg?

Auf der Wiese werden viele kleine Berge entdeckt. Ein Maulwurf. Schläft der im Berg?

An einem anderen Tag entdeckt eine 2-jährige noch einen Berg: ein weggeworfenes Schnittlauchstöckchen, - ein Berg zum Mitnehmen in die Krippe! Wir schauen ihn an, sehen viele weiße Wurzeln: Greifen rein, reißen raus: Loch entsteht. Loch wird entdeckt, wenn der Finger in die Erde fährt. Was ist da drin? Wieder ein neues Bild, das entsteht und vorweist auf viele Erfahrungen, die darin ihren Ort finden. Dunkel ist's im Loch, wer wohnt darin: der Maulwurf, der Bär, viele und viele mehr. Loch wird Haus, Höhle, Heimat, ist eingegraben sein, ist Schutz haben, zurückgezogen sein. Hineingehen, hinein graben, hinein kriechen. Alleine sein, mit anderen sein.

Ich zitiere die Aufzeichnungen von Claudia Wilhelm: „Wir tonen. Aus anfänglichem Materialerfahren wird innerstes Erleben, wird ein Geschichten-Erzählen, wird ein Ausdrücken im wahrsten Sinne des Wortes. Ein Berg entsteht, ein Loch wird erfahren, die Finger verschwinden. Erst jetzt weiß mein Körper, was dieses Verschwinden für ein Gefühl hinterlässt. Ist es ein Angsterleben, ist es ein Lust-erleben?"

Nun komme ich dazu, genauer verstehen zu wollen, was sich in derart bildender Tätigkeit vollzieht. Zu Recht hat Mollenhauer das „(…) pädagogische Wohlgefallen angesichts ästhetischer Äußerungsformen von Kindern" für eine Form der Beschwichtigung gehalten (Mollenhauer 1988, S. 457).

Nicht immer, wenn Kinder Farbe auf Papier auftragen, kann auch von ästhetischer Tätigkeit gesprochen werden. Das Kriterium für eine solche sieht er im Blicken auf die Empfindung, die eine solche Tätigkeit bei mir auslöst (s.o.). Diese Empfindung wird von den Kindern, die Berg und Loch tonen, durchaus wahrgenommen und ist uns über ihren Körperausdruck, der Lust oder Angst, Freude oder Unbehagen zeigt, ebenso zugänglich wie über die Prozesse der Gestaltung. Die Erfahrungen die in diesem Zusammenhang gemacht werden, können auch etwas Beunruhigendes gewinnen, etwa wenn in der Folgezeit aus dem Loch ein Maul wird, ein Maul, das als Krokodilmaul bildhaft ist im Fingerspiel, das unzählige Male nachgespielt wird, als Maul, das mit der Hand, dem Mund, den Augen und dem ganzen Körper das Bedrohtsein, Verschlucktwerden, nicht mehr da sein, ins Bild bringt. Angst darf zugelassen werden, wird greifbar im Bild.

Bilder strukturieren, verdichten Erfahrungen, die vielleicht untergehen würden, wenn sie nicht in dieser Intensität bildlich gefasst werden. Erfahrungen werden immer gemacht, Kinder steigen überall auf Hügel, die für sie Berge sind, überall werden Löcher in Sand und Erde gegraben. Doch über das Bild, das plötzlich Bedeutung und Sinn bildet, gestalten sie sich in besonderer Weise aus, erweitern sich die Selbsterfahrungsmöglichkeiten und die Wahrnehmungsmöglichkeiten des Kindes (groß klein dunkel gefährlich ...). Die Erfahrung gewinnt an Tiefe. Bilder bilden sich sinnlich, das kann man in der Arbeit mit den 1-3jährigen besonders gut sehen. Bilder bergen und verdichten ein ungeheures Erfahrungspotential, einen Reichtum, der im besonderen Klang der Stimme und dem Leuchten der Augen sichtbar wird. Dieser Sinn des Bildes entsteht für die Kinder, weil sie sich vor allem mit ihrem Leib als Kommunikationsmittel auf die Dinge einlassen. Sie wissen noch nicht, was ein Berg ist, sie wissen auch nicht was ein Loch oder ein Maul ist, sie wollen es erst herausfinden. Sie bringen ihren Körper ein und durchdringen die „Haut des Sichtbaren". Sie lassen die Dinge körperhaft entstehen, gehen wirkliche Verbindungen mit ihnen ein, wenn sie vom Berg erzählen und der ganze Körper Größe, Dichte und Fülle der Erfahrung beschreibt. So überschreiten sie die Grenzen dessen, was wir für das faktisch Sichtbare halten und kommen zu für sie neuen Ordnungen des Sichtbaren.

Bilder in dieser Art sind nicht Ausdruck eines bereits vorhandenen und durch sie nur noch gestalterisch zu fassenden Gehaltes. Die Wirklichkeit liegt nicht als vorhanden vor uns ausgebreitet, sondern die Wirklichkeit dieser Erfahrung wird vom Kind in der sich bildhaft formenden Gestalt erst mit erstellt. Natürlich gibt's hier „Berge", aber nicht jedem, der einen solchen hinaufgeht, erschließt sich der Berg als die Möglichkeit, von diesem Bild aus gewissermaßen alles auf diese Matrix hin zu betrachten, die Wirklichkeitserfahrung in einer spezifischen Weise ermöglicht. „Berg" ist eine Erfahrung, durch die das Kind sich selbst und seine Beziehung zur Welt in einer grundlegenden Weise neu und anders verstehen kann als etwa in der

Erfahrung „Loch". Andere Möglichkeiten, sich als Subjekt zu erfahren, sich erst zu konstituieren, bergen diese Bilder, wenn sie sich als Bilder öffnen. Sie reduzieren dabei keineswegs die Komplexität der Erfahrung, sondern beinhalten sie in einer reichen Form. Im Bild legt sich Welt aus, in der Schnecke, die im darauf folgenden Jahr zum Thema wurde, anders als im Auto fahren. Beide Bilder ermöglichen je eigene Begegnungen, Bewegungen, Handlungen, Wahrnehmungen.

Rombach beschreibt diese Dimension von Bildern, indem er von „Grundbildern" spricht (Rombach 1991, S. 125). Grundbilder sind es insofern von jedem Bild aus (wie ich es oben zu beschreiben versucht habe) Welt jeweils anders erfahren werden kann. „Die ursprüngliche Bedeutung von Bild deutet sich an, wenn wir einsehen, dass wir im Erleben der Wirklichkeit bestimmte ‚Grundbilder' voraussetzen, die zwar immer vergessen sind, aber doch das Verständnis der Wirklichkeit tragen." (ebd.). Das wäre nun eine eigene Diskussion, dem weiter nachzugehen, inwiefern Grundbilder eine Kultur, eine Zeit beschreiben können, aber auch einen Menschen, der etwa das Grundbild des Gebirges hat und sich von daher in einem anderen Erfahrungshorizont befindet als einer, der das Meer als Grundbild empfindet. Dabei ist auch das nicht immer eine Entscheidung für die Ewigkeit, was für uns Bild werden kann, ist offen.

2. Ausdifferenzierung der Bilder als Selbst- und Weltbilder

Bis ein Kind 3 Jahre alt wird, erwirbt es schon viele solcher elementaren Bilder, wie ich sie beschrieben habe. Diese differenzieren sich in der Vorschulzeit weiter aus. Im weiteren Verlauf der Entwicklung interessiert mich die Frage, wie Kinder zu ihren persönlichen Bildern und Geschichten kommen und was diese wiederum über sie und ihre Beziehung zur Welt erzählen können. Im Folgenden werde ich hierbei auf Kinderzeichnungen, und die dazu erzählten Geschichten zurückgreifen.

Wenn die Kinder, die nun im Alter von 3-6 Jahre alt sind, zeichnen oder malen, dann bilden sie nicht einfach die Welt ab. Oder wie Meyer-Drawe formuliert: „Kinder haben sich noch nicht aus der Ordnung der Dinge isoliert (...). Sie legen in ihren Darstellungen eher Zeugnis von ihrem Engagement in der Welt ab, als dass sie über die Dinge ‚an sich' informieren. Sie erfinden Embleme ihres Kontaktes zu den Dingen und notieren nicht, wie die Dinge als solche für alle sind (...)" (Meyer-Drawe 1993, S. 98).

Das heißt, im Malen erst entsteht ein Bild der Welt, das Wahrnehmungen, Erfahrungen wie auch Wünsche und Träume aufnimmt und gestaltet. Bildungsprozesse zu verstehen bedeutet, Prozesse des sich Bildens von Bildern mitzuvollziehen. Bilder in diesem Sinne sind nicht Abbilder einer fertigen Welt und ebenso wenig nur Ausdruck eines bereits vorhandenen Inneren, sondern Bilder stellen je neu die Frage nach dem, was die Welt und was das eigene Innere sein kann und versuchen diesen Prozess festzuhalten. Bilder stellen somit eine Arbeit am Selbst- wie am Welt-Bild des Kindes dar. Die Bilder, die für ein Kind von Bedeutung sein können, verändern sich im Laufe der Entwicklung.

Hier möchte ich nun ein Beispiel näher anschauen:

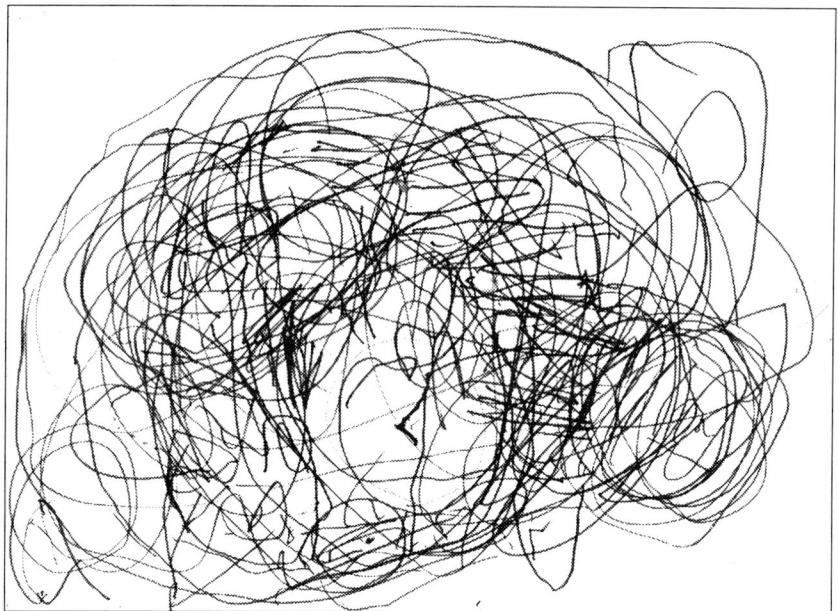

Sehen wir nur das Produkt der Kinderzeichnung, so handelt es sich hier wohl um eine Kritzelzeichnung eines 5-jährigen Jungen, der in seiner Entwicklung verzögert scheint. Wir stellen das Defizit fest und können nun Förderprogramme für ihn entwickeln. Doch halt! – Hören wir zuerst die Geschichte des Jungen:

Leo erzählt während des Malens (von innen nach außen):

"In der Hütte wohnt ein Mann. Darf keiner reinkommen. Darf niemand aufbrechen. Da oben sind alles Dächer. Und hier ist die Pistole von dem Mann."
Ich: "Warum braucht er sie?"
Leo: "Weil er sich wehren muss. Weil er nicht so viele Gesellen hat. Weil – der hat Gold - und das muss er beschützen. Der Mann wohnt ganz alleine. Da draußen ist nämlich der Böse. Der (der Mann innen) schießt hier durch – raus aus der Hütte – übers ganze Tal."

Einige Gedanken zu einer möglichen Interpretation:

Das Bild ist ganz mit blauem Filzstift gezeichnet. Einzig die Pistole im Kreisinneren fährt er in rot nach, um ihre zentrale Bedeutung für das Bild herauszustellen.

184

Der Junge identifiziert sich beim Zeichnen und Erzählen dieser Geschichte mit dem Mann in der Hütte. Er beschreibt sich nicht als Kind, sondern als Mann. Also, als jemand, der eigentlich schon erwachsen ist, älter jedenfalls als jetzt. Er zeichnet das Bild eines Menschen, der ganz allein ist, der „nicht so viele Gesellen" hat. Diese Einsamkeit ist nicht ganz trostlos. Er hat Gold, das er beschützen muss. Was ist Gold? Gold ist ein Bild für etwas von höchstem Wert. Anders als ein bloßer Geldwert ist der Wert des Goldes sinnlich erfahrbar. Doch dieses Gold muss er allein beschützen, denn außen ist der Böse. Der Böse ist vielleicht einer, der das Gold abnehmen will, der es nicht schätzt und nicht achtet, deshalb muss er sich verteidigen, sich wehren gegen die, die unberechtigt eindringen wollen, die ihn angreifen. Die Schusslinien legen sich wie ein Schutzwall um dieses Innen, das er allein mit seinem Gold bewohnt. Sie verhindern ein Eindringen des Bösen, wie auch eine positive Begegnung (er ist allein).

Das Bild ist auch ein Selbst-Bild, das etwas über ihn und die ihm möglichen Begegnungsformen mit anderen Menschen sagt. Kommunikations- und Beziehungsformen werden thematisiert. So begegnen ihm andere, bzw. wird er von anderen Kindern gesehen.

Von den weiteren Bildern von Leo möchte ich hier noch eines aufführen, das er direkt im Anschluss gemalt hat.

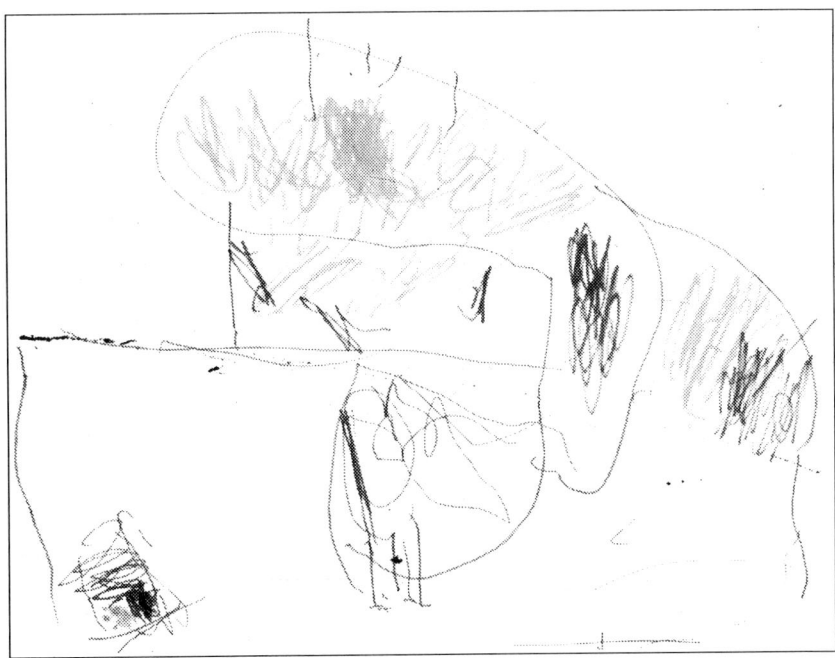

„Es gibt einen Geheimgang. *(Malt die Linie links nach unten:)* Da ist das Grab. *(Malt gelb)* Das ist das Gold. Das wird jetzt zugemalt. Das mal ich wieder zu. Jetzt mal ich noch die Männer. *(Mitte unten, doch während des Malens verändert es sich)* Das ist jetzt ein Monstervogel, der hat sich da rein gebuddelt.

(Malt oben weiter) Da ist ein Berg. Wenn einer hochklettert, weiß er nicht, dass da Gold drin ist. Im Berg ist alles Gold! *(malt gelb)*. – Goldgrab"

Die Grundfarbe des Bildes ist grün (Filzstift), gelb malt er dazu.

Wieder ist da das Bild vom Gold, zu dem nur ein Geheimweg führt, nach tief unten, in die Erde hinein. Auch im Berg ist Gold. Wenn einer käme (es ist aber keiner da), dann würde er nicht sehen, dass innen alles Gold ist. Was ist nach außen hin sichtbar, was ist innen erfahren? Bilder hier sind: Berg, Gold, Geheimgang, Grab. Das Gold muss hier nicht verteidigt werden, da es sehr versteckt ist.

Leos Geschichte erst macht für uns sichtbar, was eigentlich unsichtbar ist. Die Zeichnung allein zu interpretieren, wie dies in der Literatur zu Kinderzeichnungen üblich ist, hätte sicher zu anderen Interpretationen geführt (Kombination von Kritzelelementen, Bodenlinie, Entwicklungsstufe seien hier nur als Stichworte genannt.)

Wenn man den Bildern und Geschichten der Kinder aufmerksam zuhört und sich in ihre Bilderwelt hineinbegibt, dann kann man viel erfahren darüber, wie Kinder sich selbst und ihre Welt sehen. Im bildnerischen Prozess werden Motive aufgegriffen (allein sein, Gesellen haben, Schatz) und im Gesamtbild weiterentwickelt. Dies sind keine Phantasiebilder neben der eigentlichen Realität, sondern zeigen verschiedene Wahrnehmungs- und Erfahrungsmöglichkeiten von Realität. Es wäre nun sehr interessant zu sehen, wie man auf diese Bilder mit eigenen Impulsen antworten kann und wie Leo diese Impulse für sich aufgegriffen hat. So könnte man sehen, was sich aus der Wahrnehmung der Bilder der Kinder ergeben kann.

Aus Platzgründen muss ich dies hier überspringen und komme gleich zu Zeichnungen von Leo, die ein Jahr später entstanden sind und die etwas von der Weiterentwicklung der für ihn relevanten Bilder erzählen.

Die Bedeutung des Schatzmotivs bleibt für Leo zentral, das deutete sich bereits in den ersten Kritzelbildern in Gestalt des Goldes an. Der Schatz ist ein Bild für etwas kostbares, nicht näher zu bezeichnendes, zugleich oft verschlossen und entzogenes. In vielen von Leos Zeichnungen kann er nur unter enormem Einsatz, unter höchster Gefahr, Abwehr von Bösen, Finden von Geheimwegen (kein direkter Weg führt dorthin) errungen werden. So gibt es etwa gewaltige Burganlagen, die er zeichnet, mit hohen Mauern, einem Gewirr von Gängen mit Fallgittern, Klapptüren und Leitern. Böse sind als Gefangene im Kerker oder draußen vor der Mauer und müssen abgewehrt werden. Immer aber gibt es auch einen Geheimweg, der zum Schatz führt, und auch einen Ausguck. In anderen Bildern ist der Schatz durch Lavaströme geschützt – immer aber unendlich schwer zugänglich und nach außen unsichtbar, wie das Gold, das im Berg vergraben war.

Vielleicht kann man so weit gehen zu sagen, dass Leo sich selbst als Hüter eines solchen Schatzes sieht. Seine Umwelt nimmt vor allem die abwehrenden Kämpfe wahr, die er vollführen muss um „Räuber", solche die seinen Schatz nicht würdigen oder gar abnehmen wollen, fernzuhalten. Das Selbst-Bild und das Bild der anderen, die nicht zu seinen Schätzen vordringen können oder einfach vorübergehen, wird so gestaltet. Seine Selbsterfahrung findet ein Bild. Natürlich handelt es sich hier um eine Art Urbild. Nicht Leo ist der Erfinder des Bildes, es hat eine lange Geschichte und taucht in vielen Formen auf: Der Schatz im Acker, das goldene Fliess und der heilige Gral, sowie die Schätze in Märchen. Doch Leo bezieht sich nicht nachahmend auf diese Bilder, die er zum größten Teil nicht kennt, sondern überformt und gestaltet sein persönliches Erleben und Erfahren mit Hilfe dieser von ihm so gestalteten Bilder.

Hier nun ein Beispiel:

Seine Geschichte, die er während des Malens erzählt:

> „*(Links entsteht das große Schiff)* Da ist eine Leiter, die zum Mast hoch-führt, da kann man rein und Aussichten. *(malt nun ganz rechts weiter)*

Da ist die Tür die zum Schatz führt. Da ist ein Sandstrand. Das sind *(links)* ganz große Wellen. *(malt am linken Schiff weiter)* Da vorne am Schiff ist ein Kopf, dass die Angst kriegen. Das ist ein Gespensterschiff. *(seinem Tonfall entnehme ich, dass er für das auf dem Schiff stehende Gespenst Partei ergreift)* Daneben ist ein kleines Piratenschiff. Der Pirat will zuerst da sein. Und dann geht das Gespenst durch alles durch und ist zuerst am Schatz *(malt nun noch einmal das gleiche Gespenst, das zuvor auf seinem Schiff war, nun auf dem Weg zum Schatz, rechts).* Die Gespenster mögen nicht die Piraten, deswegen wollen sie sie fangen. Das Gespenst geht durch das Wasser zur Insel und geht durch die Tür. ... Beim Schatz kann man sich auch verstecken."

In dieser Zeichnung und Geschichte finden wir die gleiche Grundstruktur wie in den Kritzelbildern wieder. Ein Schatz, der vergraben ist und zu dem man vordringen möchte. Auch gibt es wieder Böse nun in Gestalt des Piraten. Der hat aber das kleinere Schiff, erscheint nicht übermächtig. Überhaupt kann man sehen, dass die Motive nun stärker in Bildtraditionen eingebunden sind, die Kindern unseres Kulturkreises geläufig sind. Es gibt nun nicht mehr nur oben und unten, innen und außen, sondern eine Landschaft, einen gestalteten Raum, der eine bestimmte Szene ermöglicht: Meer und Wellen, gefährliche Fahrt, an Land im Sand den Schatz. Der böse Pirat will Schätze rauben und sollte gefangen werden. Der eigentlich positive Held ist das Gespenst, das mit Hilfe des Ausgucks sich Überblick verschaffen kann und zudem mit Hilfe seines Schiffskopfes Angst verbreiten kann, aber nur gegenüber dem Pirat. Leo selbst genießt die Überlegenheit des Gespenstes. Das Gespenst verfügt über Fähigkeiten, die ihm das Erringen des Schatzes ermöglichen. Die Bilderwelt von Leo wird komplexer, indem sie sich auf Vor-bilder bezieht, die sich dann zu seiner Geschichte fügen. In diesem Bild ist er nicht nur in der Defensive, ausgeliefert und auf Verteidigung bedacht, sondern verfügt über Kräfte, die ihm das Sein bei dem Schatz ermöglicht. Dieser Schatz ist nicht nur ein hoher Wert, sondern bietet auch Schutz, falls die anderen Kräfte doch stärker sind als erwartet, kann man sich hier verstecken.

Deutlich erkennbar werden an diesem Beispiel die drei Dimensionen, die Schäfer für die in bildhaften Gestaltungen erzählten Geschichten von Kindern aufzeigt (vgl. im folgenden Schäfer 1995, bes. S. 204-208): Der Bezug zu einem realen Erlebnis ist ein Ausgangspunkt, der sicher in vielfältiger Form gegeben, jedoch nicht immer direkt erkennbar sein muss. Die Art und Weise der bildlichen Darstellung und Erzählung stellt eine Selbstdarstellung und Selbstdeutung dar, die durch Interpretation angedeutet werden kann. Auch die Dimension kollektiver Phantasiegestaltung ist im Motiv des Schatzes von Leo gegeben.

Die Frage, die mir in diesem Zusammenhang von besonderem Interesse zu sein scheint, ist: Wie kommen Kinder zu „ihren" Bildern und Geschichten, über die sie die Bilder entfalten, indem sie sie in Szenen oder im Spiel zur Aufführung bringen. Kein kognitiver Akt allein entwirft das Bild, - das Bild bildet sich als Antwort und Beschreibung von Erlebnissen und Erfahrungen. Aber das Bild ermöglicht auch selbst Erfahrungen und spezifische Wahrnehmungen (stark sein, gefährlich, angreifbar). Das Kind und auch wir können spüren, ob es treffend ist, sinnstiftend - oder nicht. Das Bild ist kein bloßes Phantasiebild des Subjektes, vielmehr konstituiert sich das Subjekt über die Bilder die es findet und gestaltet.

Bilder wissen etwas von der Welt des Kindes - auch Bilder, die Kindern angeboten werden, und mit denen sie sich identifizieren: Adler und Löwe, Hase oder Akrobatin, Rennauto und Flugzeug sind solche Bilder. Aber auch moderne Schöpfungen wie die Welt der Pokemonfiguren und Harry Potter sind Bilder, die epochal wechseln und viel über die Kinder erzählen können, über ihr Selbstbild, ihre Wünsche und Träume. Bilder und Geschichten entfalten nicht nur je individuelle Themen der Kinder. Über neue Bilder können Kinder ihre Erfahrungsformen von Welt erweitern, sich weiterentwickeln und verändern. Bittner spricht in diesem Zusammenhang von der Bildung von Selbst-Symbolen. Diesen kommt im Prozess des Selbstwerdens des Kindes eine entscheidende Bedeutung zu (vgl. Bittner 1981, S. 203).

So ist es etwa als große Bereicherung der Bilderwelt anzusehen, wenn Kinder Bilder aus der Kunst, Bilder aus andern Epochen wahrnehmen. Das war, denke ich, auch Mollenhauers Anliegen mit seinem Alphabetisierungsgedanken. „Kinder denken in Bildern", ist ein bekanntes Schlagwort. Über Bilder kommen sie zu pluralen Ordnungen und Möglichkeiten, sich selbst und Welt zu erfahren.

In Würzburg etwa bietet es sich an, mit den Kindern die Residenz zu besuchen, eine barocke Anlage mit Hofgarten. Sie machen hier die Erfahrung, dass es, wie schon die 2-jährigen sagen, hier ein Schloss gibt, in dem ein König wohnt, ein König der schon lange gestorben ist. Aber das Königliche ist immer noch da in den Gemächern, in den Gemälden etc. und verändert ihr Bild von der Stadt. Die Kinder nehmen leibhaftig wahr, was sie Dinge ihnen erzählen, sie verbinden sich mit ihnen, schöpfen aus dem Erfahrungspotential dieser Bilder. Welterfahrung und Selbsterfahrung können so anders sein, als sie es bis dahin geglaubt hatten.

Wichtig finde ich daran noch folgenden Aspekt: Über die Festung ist den Kindern der Kindertagesstätte, (in der ich einmal wöchentlich mitarbeite) das Mittelalter in einer bestimmten Form präsent. Sie haben alle schon Ritterrüstungen, Kanonen und entsprechende Räume gesehen. Diese Bilder sind äußerst komplex und bergen ein Wissen, das den Kindern auf diese Weise zugänglich ist. Anders als ein Computer, ein in letzter Zeit öfters begegnendes Bild für den Menschen, der jedoch in der Regel genau so funktioniert, wie er von uns programmiert wurde und auch nur das weiß, was man ihm zuvor gesagt hat, können Kinder Bilder komplex, wie Merleau–Ponty sagen würde, als „oberflächliche Haut einer unerschöpflichen Tiefe" (s.o.) wahrnehmen. Ich habe kürzlich mit einer Gruppe von 4-6 jährigen Kindern darüber gesprochen, wie es wohl „ganz früher" war. Sie wussten viel zu erzählen: Keine Steckdosen, keine Autos, Medizin sah anders aus, und es entstand die Frage, ob Ritter beim Tauchen nach Schätzen wohl Sauerstoffflaschen hatten? Natürlich nicht. Das weiß ein 5jähriges Kind. Niemand hatte das den Kindern zuvor gesagt, doch es ergibt sich aus dem Bild der Rüstung, zu der es einfach nicht passt. Das Bild erzählt uns mehr, als wir wissen können.

Kommen die Kinder dann in die Schule, dürfen sie all das nur noch als persönliche Erlebnisse zur Einleitung erzählen. Der Stoff ist bereits für sie häppchenweise aufbereitet und muss von ihnen, von denen man annimmt, dass sie das alles ja noch nicht wissen können, so gelernt und im Anschluss wiedergegeben werden. Den Bildern folgen, Erfahrungen mit Bildern ernst nehmen, die ästhetische Erfahrungen genannt werden können, aber nicht müssen, heißt nicht, eine vorhanden Welt zu reproduzieren, sondern dem Entstehungsprozess von Ich und Welt, der sich im Bilden der Bilder vollzieht, zu folgen.

Ich wollte zeigen, wie Kinder sich leibhaftig in diesen Entstehungsprozess hineingeben, denn für sie ist die Welt nicht fertig, ist noch nicht klar, wer sie sind. Wenn dies, was aus der Erfahrung mit den Bildern deutlich werden kann, aufgenommen werden würde und man Bilder nicht nur als Sonderbereich ansehen würde, sondern die fundamentale Bedeutung, die sie für unser Bild von der Wirklichkeit und uns selbst haben, sehen würde, dann würde das auch eine grundsätzliche Kritik am Bildungsbegriff beinhalten, dann müsste man ganz neu ansetzen. Das hat auch Mollenhauer schon gewusst, doch eine wirkliche Wende steht noch aus. Mein Anliegen war es, Bild-Erfahrungen zu thematisieren. Erfahrungen die durch Bilder strukturiert, ermöglicht, zum Vorschein gebracht werden. Es geht mir dabei nicht um Bildvorstellungen, sondern um Bilder, die zur Erfahrung kommen, Bilder, die Erfahren erst erfahren lassen. Bilder, die leiblich, nah und wirklichkeitsstiftend sind. Bilder, die Selbst- und Welt-Bilder sind.

Schließen möchte ich mit einem Satz von Gottfried Boehm: „Die Schöpfung liegt nicht hinter uns, sie geschieht soeben, vor unseren Augen." (Boehm 1995, S. 335)

Literatur

Belting, H. / Kamper, D. (Hrsg.) (2000): Der zweite Blick: Bildgeschichte und Bildreflexion. München
Belting, H.: Vorwort zu einer Anthropologie des Bildes. In: Belting, H. / Kamper, D. (Hrsg.) a.a.O. S. 7-11

Belting, H. (2001): Bild – Anthropologie. München

Benn, G. (1959): Gesammelte Werke in 4 Bd., Bd.1, hrsg. von v. Wellershoff, D. Wiesbaden 1959

Bilstein, J. (1999): Bilder-Hygiene. In: Schäfer, G. /Wulf, C. (Hrsg.) a.a.O. S. 89-117

Bittner, G. (1981): Die Selbst-Symbolisierung des Kindes im pädagogischen Kontext. In: Bittner, G.: Selbstwerden des Kindes. Ein neues tiefenpsychologisches Konzept. Fellbach

Boehm, G. (Hrsg.) (1994): Was ist ein Bild? München

Boehm, G.: Die Bilderfrage. In: Boehm, G. (Hrsg.) a.a.O. S.325-344

Celan, P. (1988): Der Meridian und andere Prosa. Frankfurt am Main

Heidegger, M. (1960): Der Ursprung des Kunstwerks. Stuttgart

Herrlitz, H.-G. / Rittelmeyer, C. (Hrsg.) (1993): Exakte Phantasie: Pädagogische Erkundungen bildender Wirkungen in Kunst und Kultur. Weinheim und München

Lenzen, D. (Hrsg.) (1990): Kunst und Pädagogik: Erziehungswissenschaft auf dem Weg zur Ästhetik? Darmstadt

Merleau-Ponty, M. (1984): Das Auge und der Geist. Hamburg

Merleau-Ponty, M. (1994): Das Sichtbare und das Unsichtbare. München 1994²

Merleau-Ponty, M.: Der Zweifel Cézannes. In: Boehm, G. a.a.O. S.39-60

Meyer-Drawe, K. (1993): „Die Welt betrachtet die Welt" oder: Phänomenologische Notizen zum Verständnis von Kinderbildern. In: Herrlitz, H.-G. / Rittelmeyer, C. (Hrsg.) a.a.O. S. 93-105

Mollenhauer, K. / Wulf, C. (Hrsg.) (1996): Aisthesis /Ästhetik: Zwischen Wahrnehmung und Bewußtsein. Weinheim

Mollenhauer, K. (1990): Die vergessene Dimension des Ästhetischen in der Erziehungs- und Bildungstheorie. In: Lenzen, D. (Hrsg.) a.a.O. S. 3-18

Mollenhauer, K. (1996): Grundfragen ästhetischer Bildung : Theoretische und empirische Befunde zur ästhetischen Erfahrung von Kindern, Weinheim u. München 1996

Mollenhauer, K. (1988): Ist ästhetische Bildung möglich? In: ZfPäd. 1988/4, Jg.34, S. 443-461

Rombach, H. (1991): Der kommende Gott: Hermetik - eine neue Weltsicht. Freiburg i. Brsg.

Schäfer, G.E. (1995): Bildungsprozesse im Kindesalter. Selbstbildung, Erfahrung und Lernen in der frühen Kindheit. Weinheim und München

Schäfer, G.E. / Wulf, C. (Hrsg.) (1999): Bild – Bilder - Bildung. Weinheim

Stenger, U. (2002): Schöpferische Prozesse. Phänomenologisch-anthropologische Analysen zur Konstitution von Ich und Welt. Weinheim u. München

Stenger, U. (1997): „Die Welt als ein sich selbst gebärendes Kunstwerk". Nietzsches Phänomen des Schöpferischen. Freiburg i. Brsg.

Stenger, U. (2002/2): Zur Bildungsfunktion von Bildern. In: Ethik und Unterricht 2/2002

Waldenfels, B. (1994): Ordnungen des Sichtbaren. In: Boehm, G. a.a.O. S.233-253

Waldenfels, B. (1989): Das Rätsel der Sichtbarkeit. In: Kunstforum 1989, Bd. 100, S. 331-341

Wohlfahrt, G. (1994) : Das Schweigen des Bildes. In: Boehm, G. a.a.O. S.163-184

Volker Fröhlich

Bild und Sprache

Die Bedeutung von Malen und Sprechen im Prozess der kindlichen Subjektgenese

Wenngleich es zur unausgesprochenen Selbstverständlichkeit der gegenwärtigen pädagogischen Bilderforschung zu gehören scheint, sich vor allem mit bildlichen Darstellungen aus der Geschichte und Gegenwart der bildenden Kunst auseinander zu setzen, möchte ich mit diesem Beitrag einen anderen Fokus setzen und in meinen Überlegungen einen Phänomenbereich aus der „Bilderwelt" ins Zentrum rücken, den vielleicht einige moderne und postmoderne Erziehungswissenschaftler lieber in die Disziplinen Entwicklungspsychologie, therapeutische Diagnostik oder Kunsterziehung verweisen möchten: den der Kinderzeichnung.

Diesen Phänomenbereich in einem möglichen pädagogischen Programm „aus Bildern lernen" hinreichend mit zu berücksichtigen, scheint mir deshalb besonders geboten, weil er uns in der Frage nach der Bedeutung von Bildern notwendigerweise auch mit einer genetischen Perspektive konfrontiert: Welche Bedeutung gewinnt die Entdeckung und die Entwicklung der Fähigkeit malen und bildnerisch gestalten zu können für das Kind als ein sich selbst konstituierendes Subjekt?

Was im Hinblick auf die Frage nach der pädagogischen Relevanz von erzählten Geschichten als selbstverständlich galt - Baacke und Schulzes Sammelband „Aus Geschichten lernen" (vgl. dies. 1979) enthielt in seiner Erstausgabe auch einen Artikel über das kindliche Erzählen: Fatkes Beitrag über selbsterfundene Erzählungen von Kindern, in welchem er deren symbolischen Selbstentwurfscharakter heraus gestellt hat (vgl. Fatke 1979, S. 263ff.) - möchte ich auch für die Vergegenwärtigung des Themas „Bild" in diesem Band in Anspruch nehmen.

Zeichnungen von Kindern sind neben dem Spiel und sprachlichen Gestaltungen wie Reime, Witze und Phantasieerzählungen zentraler Austragungsort ihrer Auseinandersetzung mit der Welt und Artikulationsmedium kindlicher Selbstsymbolisierung. Schäfer hat in seinen zurückliegenden Arbeiten (vgl. etwa Schäfer 1989, 1995) heraus gearbeitet, wie sich auch im und durch das kindliche Malen und Gestalten grundlegende Bildungsprozesse vollziehen.

Ich will mich im Folgenden auf Fragestellungen begrenzen, welche die Besonderheit der zeichnerischen Artikulation und Selbstgestaltung der sprachlichen gegenüberstellt und ihre Bedeutung für die kindliche Subjektgenese andeuten. Es geht mir also um die Frage, welche Erfahrung hinsichtlich einer Selbst- und Weltvergegenwärtigung einem Kind im Malen - in Abgrenzung zum Gebrach von Sprache - zuteil werden kann.

Drei Aspekte sollen dabei im Zentrum stehen:

1. ein struktureller Vergleich von sprachlichem Zeichen und graphischem Zeichen
2. ein Vergleich der inhaltlichen Gestaltungsmöglichkeiten von bildlicher und sprachlicher Darstellung
3. und drittens die Frage nach dem „Unsichtbaren", das eine Kinderzeichnung sichtbar machen kann.

1. Sprachliches Zeichen und graphisches Zeichen

Um eine grundlegende Differenz zwischen Sprache und bildhaftem Ausdruck zu markieren, unterscheidet Richter unter Rückgriff auf die sprachtheoretischen Arbeiten von de Saussure die Begriffe Zeichen und Symbol. „Wir ordnen dem Teil der semiotischen (d.h. zeichenbenutzender) Verständigung, der sich der Worte bedient, den Begriff des Zeichens zu und dem Teil, der sich im Medium des Bildes vollzieht, den des Symbols" (Richter 1987, S. 139). Als Differenzierungsmerkmal zwischen der verbalen und der bildhaften Ausdrucksweise dienen ihm dabei die de Saussureschen Begriffe von der „Beliebigkeit" bzw. der „Motiviertheit" der Zeichen. „Wir gehen also davon aus, dass in der Sprache die Beziehung zwischen der materiellen Realisation eines Wortes – ‚Lautbild', ‚Ausdruck' oder ‚Signifikant' [...] genannt – und seinem Inhalt – Bedeutung, Sinn oder Signifikat [...] genannt – beliebig ist. .... Die Verbindung zwischen der graphischen, malerischen oder plastischen Realisation eines Gegenstandes und seinem empirischen Korrelat kann dagegen nicht beliebig genannt werden, denn bei ihr „besteht bis zu einem gewissen Grade eine natürliche Beziehung zwischen Bezeichnung und Bezeichnetem" (de Saussure nach Richter 1987, S. 140). In bildhaften Systemen hat das bildhafte Realisat also Ähnlichkeit mit dem empirischen Gegenstand. Richter rückt mit der Unterscheidung von sprachlichem Zeichen und bildhaftem Symbol eine Sichtweise von Kinderzeichnungen in den Vordergrund, die ihre Abbildungsintention betont. Ihre Symbolhaltigkeit gewinnt sie durch ihre zeichnerische Eindrucksgestaltung, durch den Prozess von Verdichtung und der Bedeutungsübertragung. Dadurch zeige sie sich letztlich auch „mehrdeutig" und „interpretationsbedürftig" (vgl. ebd.).

Während Richter auf einer grundsätzlichen Differenz von sprachlichen und graphischen Zeichen besteht, stellt Widlöcher die zeichnerischen Darstellungen von Kindern - wie übrigens auch die bildlichen Entäußerungen von Erwachsenen, in ein engeres Äquivalenzverhältnis zur Schrift und zur Sprache. In ihnen vollziehe sich eine Übertragung von Gefühlen, ihrer Weltsicht, ihrer Interessen, und Neigungen (Widlöcher spricht in diesem Zusammenhang vom Ausdruckswert, vom Projektionswert und vom narrativen Wert einer Kinderzeichnung) in eine „Zeichenordnung", in ein „semiologisches System" (ebd. S. 95). In seinen zeichnerischen Darstellungsversuchen folge das Kind zunächst dem Grundprinzip von Sprache: Signifikanten werden Signifikaten zugeordnet und mit Bedeutung versehen. Die graphische Spur, die Linie oder andere Gestaltungsformen werden eingesetzt als Stellvertreter von etwas „anderem" (vgl. ebd. S. 80). Dabei erfolgt die Zuordnung der Zeichen - wie in der Sprache zunächst auch weitgehend beliebig. Kindern gehe es, wenn sie malen, nicht darum Dinge darzustellen wie sie sind sondern sie so zu gestalten, dass sie identifizierbar bleiben. „Die Kinderzeichnung ist", so formuliert es Widlöcher, „ebensowenig wie jedes andere Bildsystem das Spiegelbild der wahrnehmbaren Wirklichkeit" (ebd. S. 95) - auch nicht einer unmittelbaren „inneren Wirklichkeit" könnte man ergänzen. „In keinem Moment täuscht sich das Kind über den Illusionscharakter seines Bildes" (ebd.). Ein Kind, das malt, will nicht primär abbilden sondern Erfahrungen gestalten und in ein anderes Medium transponieren.

Welche Begründung erscheint plausibler, angemessener? Vergegenwärtigen wir uns zwei Beispiele:

Ein knapp dreijähriger Junge malt eine, uns als wirr erscheinende Linienfolge, eine „Kritzelei" auf ein Blatt Papier. „Da ist ein Walfisch und ein Taucher. Der hat eine Harpune ...", kommentiert er seine Gestaltung. Er kritzelt weiter, übermalt die Zeichnung bis von dem bisher dargestellten nichts mehr zu erkennen ist. „Und jetzt sind sie alle weg", ergänzt er.

Der selbe Junge als Achtjähriger setzt sich an seinen Schreibtisch mit dem Vorsatz ein Schiff zu malen. Es wird dem Betrachter als solches erkennbar durch eine trapezförmige Linienanordnung, auf die eine quadratische Linienanordnung aufgesetzt ist, die dann durch vielerlei graphische Anreicherungen noch ausgestaltet werden. Sein Malen wird durch wortreiche Kommentare begleitet.

An diesen kleinen Beispielen fällt zunächst auf, dass Malen und Sprechen nicht sich ausschließend gebraucht werden. Auch machen sie deutlich, dass der Gebrauch der graphischen Zeichen kein statischer ist, er scheint sich - letztlich eine banale Feststellung - im Laufe des kindlichen Entwicklungsprozesses zu verändern. Und sie können auch zeigen, dass nicht unbedingt eine Notwenigkeit besteht, theoretisch an einer Differenz von sprachlichen und graphischen Zeichen festzuhalten. Der arbiträre Zug der Zeichenwahl zeigt sich bei dem dreijährigen noch ganz ausgeprägt, als Achtjähriger ist er in einem viel stärkerem Maße um die Identifizierbarkeit der Zeichen bemüht. Er greift auf ihm bekannte und motorisch realisierbare Schemata zurück und „erfindet" neue. Ein persönlicher Stil zeigt sich. Es handelt sich auch bei diesem Bild um „Zeichen" - wie es Widlöcher formuliert -, „die eine Identifikation der Zeichnung in Abhängigkeit von dem, was wir durch das Sehen wahrnehmen, stützen können, aber weit davon entfernt, als eine Emanation der Wahrnehmung und eine natürliche Gegebenheit der äußeren Erscheinung des Objekts zu erscheinen." (S. 83)

Sowohl in der einen als auch in der anderen Situation werden selbst gewählte Zeichen mit Vorgestelltem, Gefühltem, Erinnertem in Zusammenhang gebracht, in dem das eine „für ein anderes" (vgl. dazu Widmer 1990, S. 73) gesetzt wird. Das Ergebnis beider Malsituationen ruft Zufriedenheit, teilweise Begeisterung bei dem Ausführenden hervor.

Auch das Sprechen lernende Kind ist zunächst fasziniert und euphorisiert durch das Erleben, dass jedes Ding einen Namen hat, nicht zuletzt auch es selbst. Und es sieht sich veranlasst sich der Gewissheit dieser Entdeckung durch unendlich erscheinendes Nachfragen: `Is des? `Is des? zu vergewissern. - Zumeist begnügen sich Kinder jedoch nicht mit dieser Erfahrung, sie nehmen sie vielmehr zum Anlass sich in diesem „Zuordnungsspiel" selbst zu versuchen. Sprechen lernende Kinder sehen sich quasi veranlasst Sprache neu erfinden zu wollen. Kindliche Wortschöpfungen, über deren Vielfalt und Vielgestaltigkeit die Untersuchungen von Clara und William Stern (vgl. dies. 1907) immer noch beeindruckend Einblick geben, sind letztlich das Ergebnis. Doch wird das Kind zunehmend die letzten Endes ernüchternde Erfahrungen machen müssen, das alle „Plätze" belegt sind. Spätestens wenn das Sprechen lernende Kind mit dem Signifikanten, der für es selbst reserviert ist - sein Namen oder das sprachliche Zeichen „ich", konfrontiert ist, so habe ich an anderer Stelle zu zeigen versucht (Fröhlich 1997, S. 188f.), wird das Kind auch der „Dimension des Verlusts" (Widmer, S. 57) gewahr, die mit dem Erwerb von Sprache einhergeht, Lacan (Schriften II, S. 218) spricht in diesem Zusammenhang von der entfremdenden Seite der Signifikanten. Die Entfremdung ist durch das Erleben der Kluft zwischen Wort und Sache bedingt (vgl. Widmer ebd.). Die Dominanz der Signifikanten hat letztlich zur Folge, dass das Kind in der Sprache nie das erreichen kann, was es in seinem Sprechen bedeuten möchte. Einmal in Sprache gekleidet, erfährt eine intendierte Aussageabsicht eine Entfremdung (Fröhlich 1997, S. 189). Das sprechende Individuum, welches anfänglich gewohnt ist eine lineare Zuordnung von Signifikat und Signifikant herzustellen, sieht sich durch das Gesetz der Sprache genötigt sich mit dem Ausgesagten identisch zusetzen, aber „um den Preis, darüber das zu verlieren, was es als Subjekt schon war oder sein könnte" (Mollenhauer 1986, S. 126).

Ich komme wieder zurück auf die Frage nach der Besonderheit des zeichnerischen Gestaltens gegenüber der Sprache und dem Sprechen des Kindes. Im Malen und im Gebrauch von graphischen Zeichen wiederholt bzw. variiert das Kind, so kann man unterstellen, eine elementare „Bildungserfahrung", die es bereits vollzogen hat, als es zum ersten Mal einen Stift oder anderes „spurenhinterlassendes" Werkzeug und Material in die Hand bekam: Löffel und Spinatbrei oder was immer auch, und die damit verbundene Handlung, den bedeutsamen Gedanke im Sinne eines Lacanschen „AHA-Erlebnisses" (vgl. Lacan 1949, S. 63) evozierte, der etwa lauten könnte: „Ich hinterlasse ein Spur also bin ich!"

Widlöcher spricht davon, dass das Kleinkind die Dauerhaftigkeit einer solchen graphischen Spur als eine „Quelle des Glücks" erlebe. „Sie ist das erste Produkt, das vor den Augen des kleinen menschlichen Wesens eine eigene, von ihm losgelöste Wirklichkeit, ein ‚Double' darstellt" (Widlöcher 1974, S. 32). Ich denke, diese Aussage kann jeder nachvollziehen, der es erlebt hat, mit welcher Freude, Inbrunst und Ausdauer Kinder ihre Spinat- oder sonstige Spuren auf dem Küchentisch, oder ihre, mit Kugelschreiber oder ähnlichen Geräten vollzogenen, „Eindrücke" auf elterlichen Möbelstücken hinterlassen haben.

Vielleicht ließe sich mit einiger Berechtigung diese Erfahrung in ihrer Bedeutsamkeit in der Tat in die Reihe der von Lacan beschriebenen Spiegelerfahrung und die der Einführung der (Wort-)Sprache stellen.

Den Fortschritt und den Vorteil den das Kind im Malen gegenüber dem Sprechen erfahren könnte wäre der, im System der Bilderzeichen ein Zeichensystem von umfassenderer Anwendbarkeit als das der Sprache entdeckt zu haben. „Ein großer Teil des Zaubers der Kinderzeichnung liegt in diesem Fehlen starrer Konventionen begründet, die der Zeichnung eine Freiheit des Ausdrucks verleihen, die der erzählerische Stil nur sehr unvollkommen realisieren kann", schreibt Widlöcher. Auch wenn die gewählten Ausdrucksmittel, um nicht Quelle von Missverständnissen zu werden, „in dem Maße, in dem das Zeichen nicht einem Standardmodell der Darstellung entspricht" (ebd. S. 89), sich zunehmend daran orientieren - wie wir es zuvor erwähnt haben „identifizierbar" zu bleiben, erweist sich das graphische Zeichen hinsichtlich dessen, was ein Kind zur Mitteilung bringen will, geeigneter als die Sprache, weil es der freien selbstvollzogenen Wahl der Zeichen größeren Spielraum lässt. Insofern könnte sich in der bevorzugten Wahl des Malens bei Kindern, so etwas wie ein Aufstand gegen die Eindeutigkeit der Sprache und ihre strenge, festgelegte Zuordnung von Zeichen und Bezeichnetem zeigen. Doch auch in diesem Feld werden dem Kind letztlich Enttäuschungen nicht erspart bleiben. Auch hier zeichnet sich früher oder später ein Sieg des strengen Gesetzes, analog dem der Sprache ab, welches lesbare und nachvollziehbare Modelle der Darstellung einfordert -

spätestens meist dann, wenn gutmeinende Eltern oder „Kunstpädagogen" glauben, Kindern beibringen zu müssen, wie man „richtig" malt.

2. Kinderzeichnungen als Erzählungen?

Neben dem Analogieverhältnis von graphischem Zeichen und Sprache betont Widlöcher an verschiedenen Stellen seiner Arbeit immer wieder den „Erzählcharakter" des kindlichen Zeichnens. „Die Zeichnung ist also ein echtes Äquivalent zur Erzählung. Die Sprache in Bildern ersetzt die Sprache in Worten, aber der Wunsch bleibt der gleiche: zu informieren, zu erzählen" (Widlöcher 1974, S. 51). Eine solche Parallelisierung erscheint auf einen ersten Blick plausibel. Viele Charakteristika von Erzählungen und des Erzählen-Könnens lassen sich in kindlichen Zeichnungen entdecken - zumal, wie bereits festgestellt, sie häufig ja auch begleitet werden von mehr oder weniger ausführlichen sprachlichen Kommentierungen. Die Fähigkeit, Geschichten erzählen zu können, schreibt D. Stern, „erfordert mehr, als nur Dinge beim Namen nennen zu können. ... Man muß dazu den ganzen Kosmos menschlicher Aktivitäten nicht nur wahrnehmen, sondern auch im Sinne von Handlungssträngen interpretieren können. Geschichten bestehen aus handelnden Personen mit zielgerichteten Wünschen und Motiven. Sie ereignen sich in einem ganz bestimmten materiellen, geographischen und historischen Kontext, der für das Verständnis der Handlung hilfreich ist. Außerdem hat jede Geschichte einen Anfang, eine Mitte und ein Ende. Die Spannung wird entweder auf einen dramatischen Höhepunkt zu aufgebaut oder flaut nach einem anfänglichen Kulminationspunkt allmählich ab" (Stern 1991, S. 135). Durch die Geschichten wird eine neue Realität geschaffen, eine Verdoppelung von Welt. „Die eine ist ... gelebte subjektive Erfahrung, die andere die in der jeweiligen Geschichte dargestellte. Diese beiden Wirklichkeiten sind nicht identisch, auch wenn sie verwandt sind. Sie sind parallel" (ebd. S. 139).

Dass es auch beim kindlichen Malen primär um Gestaltung und Deutung von Erlebtem - und damit ebenfalls um eine „Verdoppelung" von Wirklichkeit - geht, haben wir bereits beim Vergleich von sprachlichen und graphischen Zeichen herausgestellt. Auch ein weiteres von Stern genanntes Charakteristikum der Erzählung, das der Erzählkonzeptualisierung bzw. –dramaturgie, lässt sich in der Kinderzeichnung entdecken. Der scheinbare Vorzug einer Erzählung gegenüber einem Bild, Handlungsabfolgen in eine chronologische Abfolge bringen zu können, vermag das malende Kind auf unterschiedlichste Weise kreativ zu kompensieren. Widlöcher nennt hier drei verschiedene Wege: „Der erste besteht darin, einen symbolischen Augenblick einer Szene zu wählen. ... Die zweite Methode besteht darin, eine Reihe von Bildern zu zeichnen, die wie in den Bildergeschichten die aufeinanderfolgenden Szenen der Geschichte darstellen. ... Die letzte Methode besteht darin, auf demselben Bild in einer scheinbar einzigen Szene verschiedene Handlungsmomente zur Darstellung zu bringen" (Widlöcher 1974, S. 92f.).

Wie gesagt, die Parallelisierung von kindlichen Bildern und Geschichten erscheint weitgehend plausibel. Auch sie legt nahe, Bilder als eine Art Schrift zu verstehen, in der sich Vorstellungen und gedankliche Konzeptualisierungen als sichtbare gestaltete Zeichen Ausdruck verschaffen.

Doch ist eine solche „Schrift" immer eine Niederschrift, ein Sichtbar- und Verständlich machen einer „inneren Geschichte"?, fragt sich auch Schäfer in seiner Auseinandersetzung mit Kinderzeichnungen als Artikulation (vgl. Schäfer 1995, S. 220). Um auch in diesem Zusammenhang zu einer differenzierenden Betrachtungsweise zu gelangen, soll wiederum ein Beispiel aus dem eigenen Erfahrungsbereich herangezogen werden.

„Ich will einen Hubschrauber malen - ein Polizeihubschrauber soll es werden" , mit diesem Vorsatz macht sich ein Sechsjähriger daran, nachfolgendes Bild zu malen (Abb. 1). Die graphischen Schemata, die eingesetzt werden, lassen uns das Dargestellte als Hubschrauber erkennen, jedoch wird er nicht einfach in einer Abbild-Intention gestaltet. „Er soll alles können" sagt er, „deswegen hat er Räder, solche Luftkissen und, und ..." Es werden noch weitere - zunächst nicht kommentierte Details angebracht. „Der hat ja Auge und Mund", stellt er schließlich erstaunt fest. Und nun scheint das Dargestellte ganz die Führung zu übernehmen. Unter jeweils leichter Abänderung der Umriss-Schemata entsteht nun eine Bilderfolge, die man vielleicht als eine Geschichte einer Verwandlung lesen kann, aus der Maschine werden Variationen diverser Tier- und Menschenmonster, die schließlich in einer Darstellung eines als Karikatur wirkenden stark überzeichneten Gesichtsprofils ihren Abschluss findet.

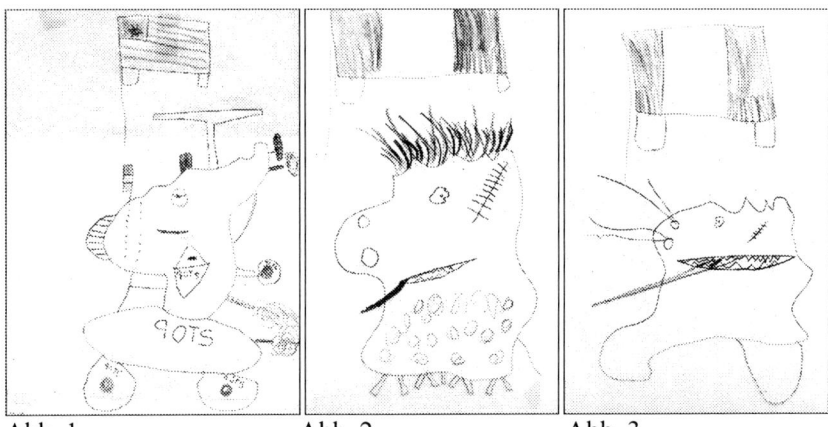

Abb. 1   Abb. 2   Abb. 3

Abb. 4   Abb. 5   Abb. 6

Abb. 7   Abb. 8   Abb. 9

Diese Bilderfolge kann zunächst nochmals gut anschaulich machen, dass es auch dem malenden Kind nicht vornehmlich darum geht, Wahrgenommenes abzubilden. Der kindliche Produzent überlässt sich hier vielmehr einem freien Spiel von Zeichen und Bezeichnetem, in welchem sowohl das Eine als auch das Andere die „Führung" übernehmen kann und sich zu einem Produkt eigener Qualität gestaltet. Es ist hier offensichtlich, dass ein inneres Konzept, eine Vorstellung ganz andere Wege als die einer unmittelbaren Artikulation genommen hat.

Es ist etwas völlig anderes als geplant entstanden. Die Frage was beim Malen zuerst vorhanden ist, der Gedanke oder das Zeichen (vgl. Schäfer 1995, S. 220) ist keinesfalls von vornherein entschieden und entscheidbar. Ein Wechselspiel einer Führungsübernahme von Zeichen und Gedanken scheint beim zeichnerischen Gestalten leichter realisierbar und damit konstitutiv als im Erzählen, wenngleich es sich hier ebenfalls vollziehen kann: Auch im Erzählen kann sich eine Geschichte, ihre Handlung, ihre Dramaturgie ändern und verselbständigen. Doch scheint im Prozess des Erzählens eine Vorgängigkeit der Gedanken vor den Zeichen näher zu liegen.

3. Was wird in Kinderzeichnungen sichtbar?

Ist eine Kinderzeichnung ein Ort an dem Unsichtbares sichtbar werden kann?

Wenn man diese Frage mit psychoanalytischer Hintergrund liest, so heißt sie wohl: kann in Kinderzeichnungen Unbewusstes zum Ausdruck gelangen?

Es ist gängige Praxis, dass Kinderzeichnungen in Kindertherapien und Erziehungsberatung als diagnostische Hilfsmittel herangezogen werden, um Einblick und Zugang zu unbewussten Konflikten von Kindern zu gewinnen. Dabei wird so verfahren, dass die von den Kindern vollzogene Themenauswahl, Gestaltungsmerkmale, Farbwahl etc. als „Signifikanten", als symbolische Ausdrucksweisen für spezifische Konfliktlagen identifiziert werden. Eine von einem 11-jährigen Mädchen in einer Therapie angefertigten Zeichnung kommentiert die Therapeutin folgendermaßen:

Abb. 10

„Wir sehen eine wilde Person, bekleidet mit grünem Pullover, einer blauen Hose und einem braunem Gürtel. Im Grün erleben wir eine Farbe, die an den wachsenden, fruchtbringenden Naturaspekt erinnert. Es werden mit dieser Farbe positive weibliche, weitgehend im Vegetativen verwandte Züge symbolisiert. Das Blau strahlt dagegen sehr viel mehr Kühle aus, es ist eine Farbe die in sich ruht. In ihr symbolisieren sich lebhafte Gegensätze. ... Blau kann die Reinheit der jungfräulichen Mütterlichkeit und der geistigen Klarheit verkörpern ..." (Lutz 1980, S. 46, obige Abbildung, ebd.)

Auch wenn man zugestehen kann, dass es gestützt auf analytische Erfahrung, so etwas wie „typische Zeichnungen" und Symbolwahlen geben mag, so scheint es doch offensichtlich zu sein, dass eine solche Interpretation Gefahr läuft, sich willkürlicher Interpretationsschemata zu bedienen und symbolische Entsprechung für gesichert zu halten, die den Deutern und Interpreten am vertrautesten sind (vgl. Widlöcher 1974, S. 161).

Die Aufgabe einer Interpretation von Kinderzeichnungen kann sich nicht darauf beschränken, ein Entschlüsselungsrepertoire spezifischer gestalterischer Merkmale zusammen zu tragen und ein Symbolregister zu erstellen, wie es weiland Freud in seiner berühmten, nachträglich eingefügten Passage in der Traumdeutung vorgeführt hat: „Alle in die Länge reichende Objekte, Stöcke, Baumstämme, Schirme (...), alle länglichen und scharfen Waffen, wollen ..." (Freud 1900, S. 359). - Ich setze das Zitat als bekannt voraus.

Wir sollten nicht vergessen, dass die eigentliche Interpretationsarbeit einer Kinderzeichnung in der Therapie - aber auch außerhalb - sich im Dialog (bestenfalls im Dialog von zwei Unbewussten) vollzieht. Dass sich ein solcher Dialog übrigens nicht nur ausschließlich sprachlich, sondern auch über einen Austausch „graphischer Zeichen" und der Verständigung darüber vollziehen kann, hat in beeindruckender Weise D. W. Winnicott (vgl. ders. 1974) mit seinem Squiggle-Spiel vorgeführt.

Bittner hat in seiner Arbeit über das „Kind als Künstler" (vgl. Bittner 1992) Skepsis anklingen lassen, ob die Kinderzeichnung ein Ort des Ausdrucks von Unbewusstem, von Verdrängtem sein kann. „Sie [Die Kinderzeichnungen] beeindrucken [...] durch ihre ‚unkomplizierte Pausbäckigkeit'. Da ist nichts ‚Verdrängtes', das zum Leben erweckt wird. [...] Kinder sind mit Mühe beschäftigt, ihre Gestalt einigermaßen in die Reihe zu bringen, die Selbstbegegnung - und damit auch das Künstlerische - bleibt aus" (Bittner 1992, S. 60). Wenngleich ich Bittners Skepsis, Kinderzeichnungen generell als „Kunst" zu bezeichnen, teilen kann, scheint mir seine Einschätzung, sie deshalb nicht als Darstellungsort von Unbewusstem gelten lassen zu wollen doch allzu streng. Ich kann ebenfalls seine Argumentation teilen, welche Kunst damit identifiziert, „das andere Subjekt" zum Vorschein bringen lassen zu können, in einem schöpferischen Akt, in welchem „der Hintergrund, der ‚Andere in mir etwas hervorbringt, und das bewußte ich es aufnimmt, es gleichsam adoptiert, wenn es sagt: ja, das kommt von mir, dazu kann ich stehen" (ebd.). Ein Künstler intendiert einen solchen Schöpfungsprozess, seine Bewusstheit, seine Möglichkeit zur Selbstdistanz und die

Beherrschung einer künstlerischen Technik, geben ihm das nötige Rüstzeug in die Hand, um sich darauf einzulassen „Anderes" sichtbar werden lassen zu können.

Das zur Sprache bringen eines „Anderen" beim Kind hingegen ist nicht unbedingt intendiert, es kann sich ereignen als Spontangeschehen, das zunächst so etwas wie Erstaunen hervorrufen kann: „Schau mal was ich gemalt habe, ich wollte es ganz anders machen und jetzt ist es so geworden" war der erste Kommentar des Schöpfers der vorhin gezeigten Bilderfolge, nachdem er sie abgeschlossen hatte. Auch er bekennt sich zu seinem Werk - setzt seinen Namen auf die Rückseite - nimmt es als seine Schöpfung an, auch wenn sie etwas anderes hervorgebracht hat als zunächst intendiert.

Bittners strenge Bewertung der Kinderzeichnung, ergibt sich durch den Vergleich mit dem künstlerischem Schaffen, dass sie dabei keine guten Karten hat, erscheint nachvollziehbar. Ich komme deshalb, um das Thema kindliches Zeichnen und sein Verhältnis zum Unbewussten in einen anderen Zusammenhang zu bringen nochmals auf Widlöcher zurück.

Er verweist, um dieses Verhältnis zu charakterisieren, wiederum auf einen Vergleich aus dem Bereich des Sprachlichen: er stellt den Prozess der Entstehung einer Kinderzeichnung in ein Analogieverhältnis zur Technik des Witzes. Wie der Witz ist die Kinderzeichnung zunächst eine soziale Tätigkeit, die dazu bestimmt ist, von Anderen gehört und verstanden zu werden (Widlöcher 1974, S. 151). Anlass für Kinder zu malen, ist zunächst sich selbst Vergnügen zu bereiten. Das heißt freilich nicht, dass bedrückende oder ängstigende Situationen nicht Mal-Anlass sein können. Der zeichnerische Ausdruck bedeutet nun jedoch nicht, dass es sich notwendigerweise mit dieser dargestellten Phantasie identifiziert. Widlöcher versucht dies an einem Beispiel deutlich zu machen:

> „Das Kind, das eine Szene des Schreckens, des Verschlingens zeichnet, kann bewußt die Furcht darstellen wollen, die sie in ihm erregt. Aber diese Furcht steht in Beziehung zu dem wichtigen Platz, den diese Szene oder ihr Verwandte Vorstellungen in seinen unbewußten Phantasien einnehmen. Auf dieser Ebene handelt es sich für das Kind nicht darum, zu wissen ob es zu verschlingen oder verschlungen zu werden wünscht, sondern vielmehr darum, einen Beziehungstyp auszudrücken, nämlich das Verschlingen, der in gewisser Weise für es eine Art des Wunsches symbolisiert. Sein Vergnügen hängt also im wesentlichen davon ab, dass es diese Szene darstellt, welches immer auch die Rolle sei, die es dann in ihr zu spielen behauptet." (S. 153)

Die zeichnerische Gestaltung vollzieht sich hier in einem Wechselspiel von Mitteilungsintention und Abwehr oder „Tarnung" (vgl. Bittner 1977). Die dem Witz analoge Technik im Prozess des Malen kommt letztlich auch dadurch zur Geltung, dass meist zwei gegensätzliche „Mechanismen" am

Werke sind - Widlöcher bringt hier nochmals in Erinnerung, dass die Zeichnung nicht einfach als Ausdruck einer psychischen Vorstellung zu einem gegebenen Zeitpunkt angenommen werden kann, denn „während das Kind zeichnet tauchen andere Gedanken auf, die in Beziehung zu anderen unbewußten Vorstellungen stehen" (Widlöcher 1974, S. 153). „Der eine versucht, das Ausgangsthema festzuhalten. Das Kind bleibt seiner leitenden Absicht strikt treu. Die Weiterarbeit an der Zeichnung hängt völlig von ihr ab". In unserem Beispiel will das Kind einen Hubschrauber malen. „Der andere Mechanismus dagegen ist ein Faktor der Verwandlung. Die skizzierte Zeichnung ist ihrerseits Quelle neuer Gedankenassoziationen, die den Ablauf ihrer Realisierung verändern ... In diesem Mechanismus kann man mühelos die Wirkung der Verschiebung wiederfinden ..." (ebd.). In unserem Beispiel des Hubschrauber-Monsters: ein zufällig gesetzter Strich , evoziert die Idee eines Gesichts, die dem dargestellten eine andere Richtung gibt, unter Beibehaltung des groben Umriss-Schemas wird das Thema variiert. Es entsteht eine Bildfolge, die Widlöcher in Anlehnung an die Filmtechnik „travelling" nennt.

„Auf einer ersten Zeichnung kündigt ein Detail das Hauptthema der folgenden Zeichnung an. Wir sind geneigt, darin eine Stilwirkung zu sehen, die mit der des Erzählers vergleichbar ist, nachdem er eine Landschaft beschrieben hat, von einer Person aus diesem Stück Welt erzählt, die dann der Held seiner Erzählung werden wird. Aber es ist unwahrscheinlich, daß das Kind auf einen so überlegten stilistischen Kunstgriff zurückgreifen kann. Viel wahrscheinlicher ist, daß im Verlauf der ersten Zeichnung ein zweites Thema eingedrungen ist und sich in einem oder mehreren überflüssigen Details ausgedrückt hat. Auf assoziativem Weg dient es dann bei der Ausarbeitung der neuen Zeichnung als erste Intention" (ebd. S. 156f)

Das „Witzige" daran vollzieht sich dadurch, dass „ die Zeichnung einen ... Konflikt zwischen dem Festhalten an einem ursprünglich logisch entwickelten Thema und dem Eindruck neuer Tendenzen aus[drückt]. ... Um über diesen Konflikt hinauszukommen, spielt das Kind mit der Anordnung der Details der Zeichnung und lässt mit graphischen Analogiewirkungen, mit dem Hinzufügen von Details oder der Verschiebung des Interessenpunkts der Zeichnung den neuen Phantasien freien Lauf, ohne die ursprüngliche Ordnung zu stören" (ebd. S. 155), wie beim Witz durch die Mehrdeutigkeit der Worte, kommt hier ein „doppelter Sinn" zur Darstellung, „der über psychische Tendenzen Rechenschaft ablegt, die keine Beziehung zur Ausgangssituation haben" (ebd.).

An dieser Stelle kehre ich nochmals zu der Aussage von Bittner zurück, der sich hinsichtlich des Zusammenhangs von Kinderzeichnung und Unbewusstem fragt: „Bricht da etwas durch aus einem Verdrängtem, einem anderen in mir, das vom Ich mit Erschrecken, Grauen oder Jubel aufgenommen wird?", und sich selbst beantwortet: „Doch wohl nicht ..." (Bittner 1992, S. 60). - Wie bereits gesagt, die „Strenge" dieser Aussage rührt wohl daher, dass er die alltäglichen Kinderzeichnungen solchen von „Künstler-kindern" - Dali als 11- oder 19jährigem - gegenübergestellt hat. Den hier gezeigten zeichnerischen Darstellungen eine solche existentielle Tiefe und Selbst-Infragestellen zu unterstellen wäre freilich unangebracht. Doch wir können ihnen immerhin einen spielerischen Selbstvergegenwärtigungs- und Selbstentwurfscharakter unterstellen, in der sich eine, durch den Prozess des Malens evozierte Frage, - bzw. unbewusste Phantasie - materialisierte, die sprachlich formuliert vielleicht so lauten könnte: „Was bin ich eigent-lich: Mensch, Maschine, Monster, Tier?" - Die Frage ist aus Sprache ge-baut. Die Antwort zeigt sich als Bild (vgl. Widmer 1990, S. 35). Die Wahl der graphischen Zeichen lässt eine Mehrdeutigkeit der Antwort zu und durch die Gewissheit der Virtualität seiner Schöpfung, kann sich das Kind die Antworten auf diese Fragen letztlich erträglich gestalten.

Wird hier Unsichtbares sichtbar? Ich denke schon.

Literatur

Baacke, D./Schulze, Th. (Hrsg.)(1979): Aus Geschichten lernen. Zur Einübung pädagogischen Verstehens. München
Bittner, G. (1977): Tarnungen des Ich. Studien zu einer subjektorientierten Abwehrlehre. Fellbach
Bittner, G. (1992): Das Kind als Künstler? In: Schäfer, G. E. (Hrsg.): Riss im Subjekt - pädagogisch-psychoanalytische Beiträge zum Bildungsgeschehen. Würzburg
Bittner, G. (1996): Das Psychoid - oder: Hat ein Kaktus Phantasie? In: Fauser, P./Madelung, E. (Hrsg.): Vorstellungen bilden. Beiträge zum imaginativen Lernen. Seelze
Fatke, R. (1979): Kinder erfinden Geschichten - und was man daraus lernen kann. In: Baacke, D./Schulze, Th. (Hrsg.): Aus Geschichten lernen. Zur Ein-übung pädagogischen Verstehens. München
Freud, S. (1900): Die Traumdeutung. GW II/III. Frankfurt 1999
Fröhlich, V. (1997): Anmerkungen zur Genese des Ich-Sagens - oder: Wer ist Fi? In: Fröhlich, V./Göppel, R. (Hrsg.): Paradoxien des Ich. Beiträge zur ei-ner subjektorientierten Pädagogik. Würzburg
Lacan, J. (1949): Das Spiegelstadium als Bildner der Ichfunktion, wie sie uns in der psychoanalytischen Erfahrung erscheint. In: ders: Schriften I. Frankfurt am Main 1975
Lacan, J. (1960/64): Die Stellung des Unbewußten. In: ders.: Schriften II. Olten 1975
Lutz, Ch. (1980): Kinder und das Böse. Stuttgart
Mollenhauer, K. (1986): Anmerkungen zu einer pädagogischen Hermeneutik. In: ders.: Umwege. Über Bildung, Kunst und Interaktion. Weinheim, Mün-chen

Richter, H.-G. (1987): Die Kinderzeichnung. Entwicklung, Interpretation, Äs-
thetik. Düsseldorf
Saussure, F. de (1967): Grundfragen der allgemeinen Sprachwissenschaft.
Berlin
Schäfer, G. E. (1989): Spielphantasie und Spielumwelt. München 1989
Schäfer, G. E. (1995): Bildungsprozesse im Kindesalter. München 1995
Schäfer, G. E./Wulf, Ch. (Hrsg.)(1999): Bild - Bilder - Bildung. Weinheim
Stern, D. (1991): Tagebuch eines Babys. Was ein Kind sieht, spürt, fühlt und
denkt. München
Stern, C./Stern, W.: (1907): Die Kindersprache. Leipzig 1927, 3.Aufl.
Widlöcher, D. (1974): Was eine Kinderzeichnung verrät. Methoden und Bei-
spiele psychoanalytischer Deutung. Frankfurt am Main 1984,
Widmer, P. (1990): Subversion des Begehrens. Jacques Lacan oder die zweite
Revolution der Psychoanalyse. Frankfurt am Main
Winnicott, D. W. (1973): Die therapeutische Arbeit mit Kindern. München

Gerd E. Schäfer

Mit Bildern denken

„Ich weiß wohl, dass so mancher eitle Fant, zumal ich kein Gelehrter bin, glauben wird, er könne mich mit Recht tadeln, indem er geltend macht, ich sei ein Mann ohne Gelehrsamkeit. Törichte Leute! Wissen Sie denn nicht, dass ich ihnen genau so antworten könnte, wie Marius den römischen Patriziern antwortete, nämlich mit den Worten: 'Diejenigen, die sich mit fremden Leistungen schmücken, wollen die meinigen nicht gelten lassen!' Sie werden behaupten, ich könne mangels Gelehrsamkeit das, was ich behandeln will, nicht richtig sagen. Nun wissen sie den nicht, dass meine Lehren nicht so sehr aus den Worten andrer gezogen werden als aus de Erfahrung, die doch die Lehrmeisterin derer war, die gut geschrieben haben?" (Codex Atlanticus, 119 v - a; LZ XXII, zit. nach Arasse, 1999, S. 36)

Wie man aus Erfahrungen Wissen macht

Wie man aus Erfahrungen Wissen macht, das ist die Frage, die meinen Überlegungen zugrunde liegt. Diese Frage interessiert mich als Pädagoge, weil ich davon ausgehe, dass es die Filterung, Destillation und denkende Durchdringung von Erfahrung ist, die Kindern Zugang zu einer sinnvollen Ordnung der Wirklichkeit ermöglicht. Das, was wir üblicherweise schulische Bildung nennen, ruht auf einem weitgehend unhinterfragten Fundament von Voraussetzungen, von stillschweigenden Regeln des Wahrnehmens, Handelns, Verarbeitens und Denkens, welche - in die Lebenspraxis eingebaut - die Grundlage für die Erkenntnisformen bildet, die es mehr oder weniger erfolgreich gestatten, den Sinnerzählungen der Schule - oder auch vor- und außerschulischer Einrichtungen - zu folgen. Das Verfahren, wie man Erfahrungen in unserer Kultur zu behandeln hat, bevor man sie im strengen Sinne denkt, ist bereits weitestgehend unbewusst vermittelt, bevor dieses Denken durch die Schule differenziert wird. Zu diesem Verfahren gehört der Umgang mit Bildern beim Denken.[1]

---

1 Diese Frage interessiert mich aber auch als Wissenschaftler, weil ich der Überzeugung bin, dass Wissenschaft Systeme von Einschränkungen vorschreibt, die rechtfertigen

Wie man aus Erfahrungen Wissen macht ist daher für mich nicht primär eine Frage nach den Kenntnissen, welche zum gegenwärtigen Zeitpunkt der Entwicklung unserer Kultur zur Verfügung stehen, um Wahrnehmungserfahrungen zu deuten. Vielmehr richtet sich diese Frage auf die grundlegenden Prozesse, mit denen ein Subjekt die zunächst stumme Erfahrung allmählich so zu strukturieren vermag, dass sie - sinnvoll - zu sprechen beginnt.[2] Mit ihr sind Detailfragen verknüpft, z.B.: Was darf ich wahrnehmen? Welche Weisen des Wahrnehmens und Verarbeitens darf, kann, soll und muss ich bevorzugt einsetzen, damit ich Anschluss an die Dialoge unserer Kultur finde? Diese Frage enthält gleichzeitig die Frage nach den Ausgrenzungen und Verboten, die jedes Mitglied einer kulturellen Gemeinschaft in seinem Wahrnehmungs- und Verarbeitungsspektrum vornehmen muss, um als Erzeuger und Denker relevanter Erfahrungen anerkannt zu werden.

Um letzteres für mein Thema zu konkretisieren: Das Denken mit Bildern hat in unserer kulturellen Entwicklung eine lange und bedeutende Geschichte. Im wissenschaftlichen Denken wurde seine Bedeutung jedoch immer mehr marginalisiert und auf Sonderwege wie Kunst und - heute insbesondere - Medien ausgelagert. Das Denken über Bilder gehört zwar in den Kanon anerkannter Erkenntnisformen. Das Denken mit Bildern hingegen erschient demgegenüber bis vor einiger Zeit als eine defizitäre Form, als konkretistisches Denken, welches möglichst bald dem formalen, logischen sprach- und zeichengebundenen Denken zu weichen hätte.

Wenn man kleine Kinder beobachtet, dann kann man nicht übersehen, dass ihr Denken von Bildern und bildhaften Szenen getränkt ist. Kinder als Gestalter ihrer Erfahrungen und ihres Weltbildes ernst zu nehmen verlangt daher, die Aufmerksamkeit der Frage zuzuwenden, wie es Kindern gelingt, mit visuellen (allgemein ästhetischen) Mitteln über Wirklichkeit nachzudenken.

Das Forschungsprogramm eines Denkens mit Bildern lässt sich nicht in einen Vortrag zusammenpressen. Zudem scheint mir dieses Programm in keiner Weise ausreichend wissenschaftlich behandelt. Ich zeichne daher

---

sollen, unter welchen Bedingungen Erfahrungen zu wissenschaftlichem Wissen werden. Als Begründung für solche Einschränkungen lassen sich kulturelle Gewohnheiten, Traditionen und Vorlieben angeben. Der "Erfolg" von Wissenschaft hingegen gibt keinen verlässlichen Grund für derartige einschränkende Bedingungen, weil er gleichzeitig mit einer Blindheit für die Misserfolge von Wissenschaft gekoppelt ist, die mit der spezifischen Struktur dieser grundsätzlichen Einstellungen zusammenhängen.

2 Und dies ist nicht in erster Linie ein Frage an die Natur des Kindes, sondern an die Kultur, in der es aufwächst, die ein Interesse daran hat, dass Kinder die Erkenntnistheorien verinnerlichen, die für den Umgang in dieser Kultur notwendig sind. Vgl. Schäfer 2001.

kurz die Perspektive eines solchen Programms, wie sie sich mir darstellt und greife dann daraus ein Partikelchen - nämlich Leonardo da Vincis bildgeprägte Erforschung der Welt - heraus, welches ich etwas näher darstellen möchte.

Zum Programm eines Denkens mit Bildern

Dazu gehören für mich:

1. Eine Geschichte des Blicks und seiner Kodifizierung im Bild.
2. Eine Semiotik der Bilder im 20. Jahrhundert.
3. Die Ergebnisse der Kognitionsforschung zum Bilderdenken.
4. Eine Philosophie der Ästhetik/Aisthesis (z.B.: Bateson, Welsch, Waldenfels, Ehrenspeck).[3]

Nun zu meinem vignettenartigen Beitrag zu einer Geschichte des Blicks:

Leonardo - Weltwahrnehmung als ästhetische Erfahrung

1. Leonardo, Maler der Erde

Prater (1999) deutet Leonardo als den Maler der Erde, im Vergleich zu Raffael, dem er die Sphäre des Himmels und Michelangelo, dem er den Bereich der Hölle zuordnet. Leonardo sieht selbst die Hölle erdhaft: „Die Hölle, die stets im Inneren der Erde angesiedelt worden war: das ist bei Leonardo die Entfesselung der Naturkräfte, die sich nun gegen die Erde selbst und ihre Bewohner richten". (ebenda, S. 64) Dazu gehören auch die Kräfte des Feuers und des Wassers. Kriege sind die menschliche Parallele zu den Erdkatastrophen. Durch Naturkatastrophen und Kriege wird die Hölle auf der Erde inszeniert.[4] In ähnlicher Weise wandeln sich auch der Himmel und das Paradies. Sie werden nicht mehr als Orte der Transzendenz, des Unirdischen entworfen, sondern auf der Erde angesiedelt.[5] Das

---

3 Dies sind nur Hinweise auf Zugänge, mit denen ich mich teilweise beschäftigt habe. Sie erfüllen nicht den Anspruch, den jeweiligen Forschungsaspekt umfassend zu repräsentieren.

4 „... das Höllische gibt es bei Leonardo nicht mehr in seinem ursprünglich theologischen Sinn, sondern nur noch in daraus abgeleiteten Transformationen irdischer Ereignisse. Leonardos Hölle ist eine weltimmanente". (Prater, 1999, S. 71)

5 Fliegen wird zum Mittel der Beherrschung der Erde, bleibt nicht länger Privileg der Geister, die dem Göttlichen - oder dem Teufel - nahestehen. Die Gottesebenbildlichkeit des Menschen wird „ersetzt durch die antike Theorie von der Entsprechung des Mikrokosmos Mensch und des Makrokosmos Erde". (ebenda, S. 71) Der Mensch ist nicht nur in seinen beweglichen Teilen, wie die Erde, aus Festem und Flüssigem zusammengesetzt; dem Blut entspricht auf der Ebene der Natur das Wasser. Umgekehrt aber wird auch die Natur als beseelt angesehen. Doch die „Seele, an die Leonardo glaubt, ist nicht Gegenstand der Theologie, sondern der Naturforschung". (ebd, S. 72)

Laubengeflecht des Paradiesesmotivs steig als ideale Ordnung aus dem chaotischen Bereich der Erde auf. „Nie zuvor hatte es ein Künstler unternommen zu zeigen, wie ein Paradies in der Erde wurzelt, in jenem terrestrischen und subterrestrischen Bereich, der Raffael nie interessierte, und der für Michelangelo nur als Sitz der Hölle darstellungswürdig war." (ebenda, S. 86) Auch bei den Bildhintergründen folgt Leonardo nicht mehr ikonologischen Mustern, sondern macht sie zum Ort seines Interesses an der Erde, um daraus Schauplätze der Heils- und Heiligengeschichte zu erschaffen.

In dieser Zuwendung zur irdischen Wirklichkeit erweist sich Leonardo als ein Repräsentant der geistesgeschichtlichen Linie, die unsere heutige Form von wissenschaftlichem Weltverständnis hervorgebracht hat.[6] Diese Hinwendung zur Natur der irdischen Wirklichkeit geht aber über deren bloße Widerspiegelung hinaus.[7] Leonardos Ziel war die Untersuchung des Sichtbaren, um Strukturen zu erfassen, die den Erscheinungsweisen zugrunde liegen. Sein bevorzugtes Forschungsinstrument dafür war die Malerei. Sie - nicht (Natur)Philosophie, nicht Theologie - war ihm vornehmstes Instrument der Welterkenntnis.

2. Wie geht Leonardo vor?

Der „Maler der Erde" setzt also die „Erfahrung" gegen die gelehrten philosophischen und theologischen Traditionen, in denen er selbst nicht aufgewachsen war.[8] Diese bildhafte Erfahrung baut er systematisch zu einem Erkenntnisinstrument aus, das sich durch sinnlich-ästhetische Wirklichkeitserforschung, simulierend-konstruktives Handeln und mathematischordnendes Denken auszeichnet. Er verbindet damit die bislang getrennten Traditionen des gelehrten Denkers und des (malenden) Handwerkers. Im Bereich des gelehrten Wissens bleibt er Autodidakt. Vielleicht ist das der Preis, den man zahlen muss, wenn man - ungläubiger Thomas - seine Wissen auf der eigenen Wahrnehmung und der eigenen Erfahrung begründet.

---

6 „Wollte ich Leonardos Neuzeitlichkeit bestimmten, so würde ich hier, an seiner Hinwendung zur Erde und zum Diesseits ansetzen. Denn weil er seinen Blick nicht mehr auf das Jenseits, auf die polaren Mächte richtet, die üblicherweise das Denken in seiner Zeit noch, wenngleich nicht unangefochten, regieren, wird ihm das Diesseits zu einem System erforschbarer und damit kalkulierbarer Kräfte." (ebenda, S. 88)

7 „Wie kein anderer hat er zwar die Phänomene beobachtet, sich ihnen aber nicht als Rezipierender genähert. Er wollte die Welt beschreiben, jedoch nicht, wie wir sie erfahren, sondern so, wie sie - unabhängig von unserem Dasein - ist." (Kauffmann, 1970, S. 24)

8 Vgl. das Zitat zum Eingang des Beitrags

3. Vernunft der Sinnlichkeit, sinnlich-ästhetische Wirklichkeitserfahrung

Der Zugang zur Wirklichkeit über das Sehen, die Zeichnung, die Malerei erdet einerseits das Denken in der vorgefundenen Wirklichkeit.[9] Andererseits reduziert Leonardo das Verständnis des Wahrgenommen nicht auf eine ausschließlich theoretisch-abstrakte Wirklichkeitskonstruktion, wie sie der Wissenschaft eigen ist. Vielmehr ist sein Abbilden zunächst ein Beschreiben. „Für ihn ist die *Sichtbarmachung der Welt*, wie sie wirklich, d.h. vor den Augen des zeichnenden Verstandes und des Künstlers, ist, die eigentliche Aufgabe, nicht die Erklärung der Welt in der Begrifflichkeit eines gelehrten Wissens. Leonardo ist ein erster Moderner, aber nicht, in der erkenntnistheoretischen Terminologie Kants, auf der Seite des Verstandes, sondern auf der Seite der Sinnlichkeit." (Mittelstrass, 1999, S. 104)

Kunst, Wissenschaft und Philosophie gehören bei Leonardo zusammen. Er vollzieht (noch?) nicht die neuzeitliche Trennung in ein wissenschaftliches Weltverständnis, welches den Mechanismus der Welt erklären will, und dem Bereich der Sinnfindung, der entweder ignoriert, oder in andere, nichtwissenschaftliche Bereiche verschoben wird; eine Trennung, die zur Folge hat, dass naturwissenschaftliche Erkenntnis für einen großen Teil, der in unserer Kultur aufwachsenden Menschen, bedeutungslos geworden ist.[10]

Wir benötigen ein Verständnis von den wissenschaftlichen Erkenntnissen, welches zur kulturellen Ordnung der Wirklichkeit und zu einem subjektiven Welt-Bild der Angehörigen einer Kultur beitragen, ein Verständnis, welches in die Alltagswirklichkeit zurückgebunden werden kann. Wenn wir das für uns und unsere Kinder wollen, dann müssen Brücken geschlagen werden können, zwischen dem, was wir von der Welt wahrnehmen und

---

9 „Tatsächlich begründet Leonardo das Erkennen im Sehen, womit nicht nur die Überlegenheit des Gesichtssinnes gegenüber den anderen Sinnen behauptet wird, sondern auch die Überlegenheit der Malerei gegenüber der Philosophie, weil sich das Auge weniger täusche als der Verstand. Der Verstand, so Leonardo, dringt in die Natur ein, findet aber nicht mehr in die Natur, wie sie sich der Wahrnehmung und der Erfahrung darstellt, zurück. Eben dies leistet die Malerei, indem sie sich des Verstandes bedient, aber dessen Endlichkeit, sein theoretisches Wesen, nicht teilt." (Mittelstrass, 1999, S. 102/103)

10 „Eine theoretische Wissenschaft, die sich nicht dessen bewusst ist, dass die Begriffe, die sie für relevant und wichtig hält, letztlich dazu bestimmt sind, in Begriffe und Worte gefaßt zu werden, die für die Gebildeten verständlich sind, und zu einem Bestandteil des allgemeinen Weltbildes zu werden - eine theoretische Wissenschaft, sage ich, in der dies vergessen wird und in der die Eingeweihten fortfahren, einander Ausdrücke zuzuraunen, die bestenfalls von einer kleinen Gruppe von Partnern verstanden werden, wird zwangsläufig von der übrigen Kulturgemeinschaft abgeschnitten sein; auf lange Sicht wird sie verkümmern und erstarren, so lebhaft das esoterische Geschwätz innerhalb ihrer fröhlich isolierten Expertenzirkel auch weitergehen mag." (Schrödinger, zit. nach Prigogine/Stengers 1986, S. 25/26)

dem, was die Wissenschaft aus diesen Wahrnehmungen gemacht hat. Dazu könnte gehörten, dass wir die Wahrnehmung von der Welt nicht reduzieren, sondern, wie Leonardo, intensivieren. Das hieße, Leonardo nicht lediglich als einen Vorläufer der Moderne zu betrachten, der jedoch den Schritt in die neuzeitliche Naturforschung noch nicht ganz vollzogen hat (vgl. Arasse 1999; Mittelstrass 1999). Was hier wie ein Zurückbleiben erscheint, könnte vielmehr eine spezifische Qualität enthalten, an der Leonardo festhält, eine sinnlich-subjektive Qualität, die vom modernen Wissenschaftsverständnis ignoriert wird, die jedoch für die subjektive Erfahrung und für die persönliche Bedeutungshaftigkeit von Wirklichkeit unverzichtbar sein könnte.

Wie kann ein solcher bildhafter Zugang zur Wirklichkeit aussehen?

4. Bildhafte Erfahrung als Morphologie lebendiger Zusammenhänge

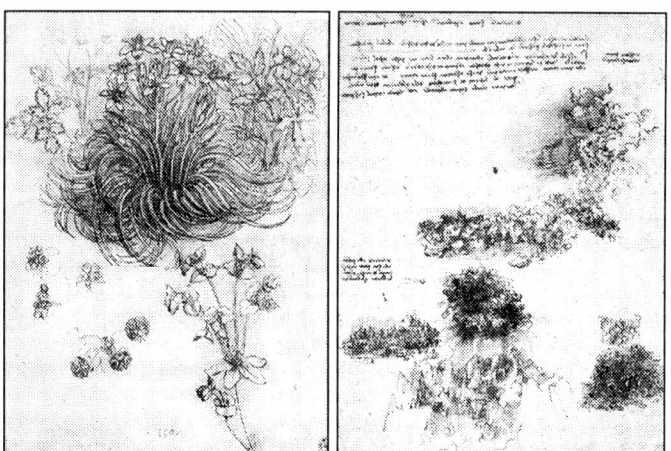

Bild 1 und 2. Vgl. Arasse 1999, S. 102, Stern von Bethlehem und 113, Weltuntergangstudie.

Morphologie der Dinge

Leonardo „nähert sich der Wirklichkeit morphologisch, interessiert sich für die Genese der Formen ..." (Valéry, zit. nach Arasse, 1999, S. 121) Das bedeutet, er untersucht zunächst die Strukturen und Formen der Dinge, die er wahrnimmt. In diesen Zeichnungen werden Pflanzen oder Landschafts-, Fels- und Pflanzenformationen genauestens in ihren Oberflächenstrukturen erfasst.

Bild 3 und 4, ebenda, S. 140 Studie zu Felsformation, S.141 Studie zu Felsformation

Innere Zusammenhänge

Gleichzeitig bilden sie einen inneren Zusammenhang, in dem die festen Strukturen der Erde, ihre „Knochen", mit ihren pflanzlichen Formen (Haut und Haaren) verbunden sind. Ihre Schichtung verweist gleichzeitig auf die erdgeschichtlichen Zusammenhänge, durch die sie auf der Basis einer gemeinsamen Entwicklung in der Zeit miteinander verbunden wurden. Sie geben nicht nur Draufblicke auf Oberflächen, sondern auch Einblicke in dahinter liegende Zusammenhänge. Sie erzählen schließlich die Geschichte ihrer Gegenwart, durch die sie einen Lebenszusammenhang bilden.

Bild 5, ebenda S. 284, Aufprall von Wasser auf Wasser.

213

Dynamische Zusammenhänge

Leonardo versucht jedoch nicht nur, die Dinge in strukturellen Formen und genetischen Zusammenhängen abzubilden. Ihm geht es auch darum, das dynamische Zusammenwirken mit zu erfassen, durch die sie einen lebendigen Prozess begründen. Er unternimmt - den aus heutiger Sicht vielleicht unzureichenden, vielleicht sogar naiven - Versuch, diese Dynamik mit bildnerischen, also statischen Mitteln einzufangen. Er führt die Strukturen der Dinge „auf Kräftesysteme zurück oder versucht es zumindest; und diese erkannten - *erlebten* - und durchdachten Systeme ergänzt oder vielmehr erweitert er, indem er ihre Bewegung in Zeichnung oder Gemälde umsetzt." (Valéry, zit. nach Arasse, 1999, S. 124) Dabei wird die Form - hier des Wassers - durch die im Augenblick herrschenden Kräfteverhältnisse hervorgebracht.

Aber Leonardo begnügt sich oft nicht mit einem Augenblick, in dem er den momentanen Zustand als zusammenhängende Form zu Papier bringt. Ähnlich, wie im Film die Bewegung aufgespalten wird in den Ablauf einer Reihe von stehenden Bildern, fügt Leonardo Momentaufnahmen aneinander. Die Dynamik erhält also nicht nur Ausdruck in der Form, die in der Bewegung festgefroren scheint, sondern auch in den vielfältigen Fassetten von Formen, die sich in einer langen Reihe von Skizzen Stück für Stück in der Zeit entfalten.

5. Bildhafte Erfahrung als Poiesis - konstruierend-simulierendes Handeln

Die visuelle Erforschung der Wirklichkeit geht über die bloße Reproduktion durch Nachahmung hinaus. Sie ist einerseits morphologisch, indem sie versucht, den Strukturen dieser Wirklichkeit, so wie sie sinnlich erfasst wurden, nachzuspüren um sie hervorzuheben. Darüber hinaus ist sie in zweierlei Hinsicht konstruktiv, zum einen, indem Leonardo versucht, eine Ordnung hinter der Erscheinung herauszufinden, zum anderen, indem er diese Ordnungen in konstruktiven Basteleien simuliert und ausprobiert.

Ad (1), zur Suche nach einer Ordnung hinter der Erscheinung:[11] Seine Vorstellung von einer Ordnung hinter der Erscheinung war im wesentlichen mathematisch-geometrisch.

---

11 „Was ist, muß sichtbar sein, und was ist, muß als Werk, als ein Produkt des konstruierenden und sehenden Verstandes, begreifbar sein. Leonardo denkt nicht in Theorien oder Begriffen, sondern ‚in Bedeutungen von Linien, Formen und Gestalten' (K. Jaspers, 1953, S.9)." (Arasse, 1999, S. 115)

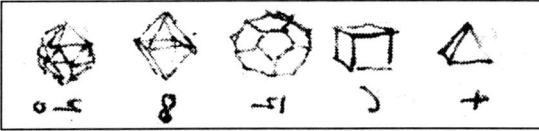

Bild 6, ebenda S. 132, Skizze zu den fünf regelmäßigen Körpern.

Geometrische Ordnung

Um die innere Ordnung der Dynamik zu erfassen beruft sich Leonardo auf die Mathematik und insbesondere auf ihren visuell zugänglicheren Ableger, die Geometrie. Dabei „dachte er nicht an die mechanischen Gesetze der Welt Galileis; er dachte an jene Gesetze, die den ‚bewundernswerten Erfindungen' der Natur zugrunde liegen. In den funktional konzipierten Formen der Natur wiederum tritt die Wechselwirkung zwischen den mathematischen Gesetzen und den natürlichen Strukturen des Lebendigen in Erscheinung." (Arasse, 1999, S. 132)

Bild 7, ebenda S. 135, Tafeln der Accademia Vinciana.

Ornamentale Muster, geometrische Ordnung in Bewegung gebracht

Den Widerspruch zwischen den einfachen geometrischen Körpern und der dynamischen Vielfalt des Lebendigen sucht er durch komplex verflochtene Muster zu überbrücken. „Systematisch übte sich Leonardo ... in der Ausführung von Flechtwerken und verlieh letzten Endes seinem Verständnis vom Sein der Welt Gestalt, indem er seine Vorstellungen vom organisch entstandenen Unendlichen geometrisch durch ein unendliches Variieren von Verflechtungsmotiven ausdrückt, die sich ohne jede Unterbrechung in einer Kreisfläche ausbreiten" (Pedretti, zit. nach Arasse 1999, S. 137 - 138) „Die organische Geometrie des Lebens ist eines der von Leonardo am meisten bestaunten, ‚Wunder' der Natur, deren Gesetze er zu ergründen und deren Form er graphisch herauszuarbeiten suchte." (Arasse, 1999, S. 138)

Bild 8, ebenda S. 139, Pflanzendekoration.

Paradiesmotiv - Synthese der Geometrie des Lebens und den Formen der Natur

Dieser Versuch einer „Geometrie des Lebens" gipfelt schließlich im Paradiesesmotiv der Pflanzendekorationen der Sala delle Asse im Castello Sforzesco: Aus dem irdischen Chaos erhebt sich die natürliche Ordnung als Muster pflanzlicher Ordnung, kunstvoll durchflochten von Bändern, welche die natürliche Ordnung auf der Ebene einer dynamischen Geometrie wiederholt und damit sichtbar macht.

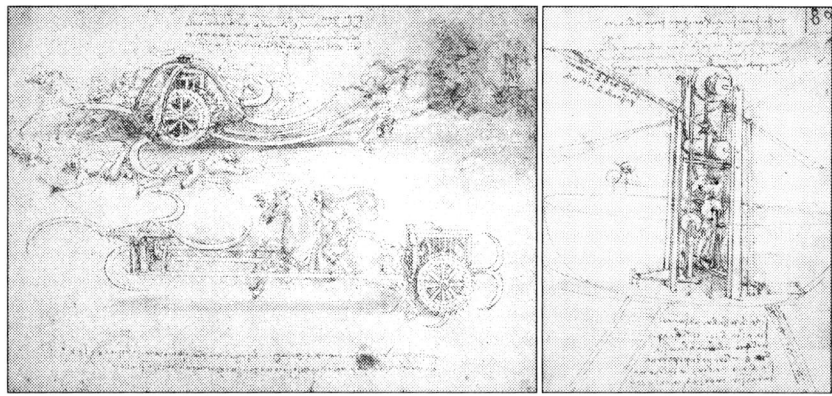

Bild 9 und 10, ebd. S. 192, Sensenwagen, S. 197, Senkrechtflugmaschine.

Handwerkliche Simulation

Ad 2) Den konstruktiven Simulationen dient die derart geordnete Wirklichkeit als Ausgangspunkt für „Basteleien", mit denen die so erforschte Natur der Dinge in die Entwürfe eines Handwerkers umgesetzt werden, der angetreten ist, die vorgegebene Natur durch eigene Schöpfungen zu bereichern.

Leonardo bemüht sich „die separaten Welten des wissenschaftlichen, des philosophischen, des handwerklichen und des künstlerischen Verstandes im

216

Medium der Konstruktion, des konstruierenden Verstandes, zu einer Welt zu verbinden." (ebenda, S.112) Das macht ihn zum *uomo universale.* „Dabei sind Leonardos Konstruktionen häufig gar nicht wirkliche Anweisungen zum Bau von Maschinen und Geräten, sondern eher Selbstgespräche eines zeichnenden Konstrukteurs, der Versuch, dem, was eine unendliche Phantasie sieht, zu endlicher Form und zeichnerischer Realisierbarkeit zu verhelfen." (ebenda, S. 114)[12]

6. Eine Werkstätte für die Wirklichkeit

In dieser Verbindung einer Erforschung der Wirklichkeit mit ästhetischen Mitteln, denkendem Ordnen der Wirklichkeitserfahrung und konstruierendem Erfinden neuer Wirklichkeiten verzahnen sich in Leonardo - wie ich bereits angemerkt habe - zwei Traditionen. „Einerseits in der Werkstatt dazu ausgebildet, von Fall zu Fall vorzugehen, andererseits universaler Autodidakt auf dem Gebiet der theoretischen Wissenschaft, verhielt sich Leonardo wie eine ,intellektuelle Elster' (Kemp, M., Leonardo da Vinci. The Marvellous works of Nature an Man; London, Cambridge [Mass.] 1981, S. 92), und seine bemerkenswertesten Vorgriffe haben zuweilen etwas von jener Bastelei, wie sie ein ,primitives' Denken auszeichnet - und zwar in dem Sinne, in dem ,die Primitiven nicht immer die Zurückgebliebenen sind, sondern auch jene, die entdecken' (vgl. Francastel, P.; Peinture et société [1950], Paris 1977, 115.)." (Arasse 1999, S. 67-68)[13]

---

12 „Was er erfindet, sieht er, und was er sieht, erfindet er - in dem Sinne, dass Sehen ein Tun, Beschreiben ein Offenbarmachen, Abbilden eine Konstruktion ist. Das Erfinden aber steht nach Leonardo zwischen Natur und Konstruktion, ist Konstruktion und Natur, ist die Art und Weise, in der sich der Mensch mit seiner Welt, sie erkennend und schaffend, verbindet. In Leonardo erwacht der Platonische Demiurg, der Schöpfer als gewaltiger Handwerker, noch einmal ..." (Arasse 1999, S. 115f.)

13 „Während die Tradition radikal zwischen der praktischen, von Ingenieuren angewandten Mechanik und der an der Universität gelehrten theoretischen Mechanik unterschied, strebte Leonardo nach deren Synthese. Mit dieser Haltung setzt er sich von seinen Zunftgenossen ab und wurde zugleich mehr als jeder andere unter ihnen zum Repräsentanten jenes zwischen Humanismus und Scholastik stehenden - und oftmals aus beiden sich bedienenden - ,intellektuellen Milieus', das für den in der Renaissance eingeleiteten Wandel von Praxis und Wissen eine wesentliche Rolle spielte. Dieses intellektuelle Milieu als ,eine dritte spezifisch moderne Form des Wissens und der Erkenntniswillens' hat Cassirer sehr treffend charakterisiert: auf diesem dritten Weg ,soll nicht ein fester religiöser Gehalt wissenschaftlich fixiert und begriffen werden, hier soll nicht auf die große antike Tradition zurückgegangen und in ihr die Erneuerung des Menschentums gesucht werden: sondern hier wird überall an konkrete technisch-künstlerische Aufgaben angeknüpft, für die ein ,Theorie' gesucht wird. Mitten in der schöpferischen Kunstbetätigung erhebt sich die Forderung einer tieferen Besinnung dieser Tätigkeit auf sich selbst - und sie läßt sich nicht erfüllen ohne in die letzten Gründe des Wissens, insbesondere des mathematischen Wissens, zurückzugehen.' (Cassirer, E., 1927, S. 53)." (Arasse, 1999, S. 68).

„Die auf Analogie und Empirie gründende Ausbildung in der *bodega* prägte Leonardo in wenigstens dreifacher Hinsicht: Im Hinblick auf die Vorrangigkeit der Erfahrung; die fortwährende Akkumulation von Wissen und die entscheidende Rolle der Zeichnung für die Suche, das Sich-Einprägen und die Vermittlung von Lösungen." (Arasse, 1999, S. 48)

Ähnliches könnte man heute über die Reggiopädagogik sagen, wobei die Reggiopädagogik nicht nur die Sprache der Zeichnung verwendet, sondern alle sinnlich verankerten "Sprachen" meint.

Zur Geschichte des Blicks über Leonardo hinaus

Indem ich mich hier auf Leonardo einlasse, möchte ich demonstrieren, dass Bilder eine Ordnung in die sinnliche Erfahrung einbringen. Das morphologische Erfassen lebendiger Zusammenhänge finde ich immer noch gültig und wichtig für die Ordnung der sinnlichen Erfahrung.[14] Die geometrische Ordnung des Visuellen ist eine mögliche Ordnung. Im Bereich der Pädagogik hat Fröbel mit seinen Spielgaben ebenfalls auf diese Ordnungen zurückgegriffen. Ihre Einflüsse reichen bis in die Gestaltpsychologie. Als elementare Ordnungen visueller Wirklichkeit hat sie sich jedoch heute als zu begrenzt erwiesen.

Wir wissen aber auch, dass die Art und Weise, Bilder zum Denken der Wirklichkeit zu benutzen, sich im Verlauf der weiteren Geschichte verändert hat. Ich will dies wenigstens holzschnittartig andeuten.

Im Bereich der Naturerkenntnis hat sich zunehmend herausgestellt, dass die anschauliche Erfahrung nicht ausreicht, um den Gesetzmäßigkeit so auf den Grund zu gehen, dass natürliche Zusammenhänge künstlich konstruiert und simuliert werden könnten. Unanschaulichkeit ist geradezu das Markenzeichen wissenschaftlicher Erkenntnisse geworden. Erkenntnis und sinnliche Vergewisserung haben sich auseinander entwickelt.[15]

Das hat dazu geführt, dass der Umgang mit Bildern in der Kunst eine andere Entwicklung nahm, eine Entwicklung, die sicherlich die Sensibilitäten für Bildgestaltung erweiterte, nicht aber unbedingt den Zusammenhang von Bild und Erkenntnis speziell im Auge behielt.[16] Daher ist es nicht unpro-

---

Bei diesem dritten Weg, wird die Tradition der Werkstatt erkenntnisleitend umgesetzt.

14 Bateson, 1982, S 9ff., zeigt eindringlich, wie notwendig dieses morphologische Erfassen ist, um lebendige Welt zu ordnen.

15 Vgl. hierzu Ernst Peter Fischer 1995

16 Es gibt zwar eine Tradition der wissenschaftlichen Darstellung. Diese beschränkt sich jedoch weitgehend auf das bildhafte Erfassen der Ergebnisse wissenschaftlichen Forschens, wird als Darstellung genutzt, nicht als Forschungsinstrument. Folgerichtig wird sie von der Fotografie abgelöst.

blematisch aus der Geschichte des Blicks in der Kunst Rückschlüsse auf den Zusammenhang von Bild und Erkennen zu ziehen. Dem entspricht, dass die sinnliche Wahrnehmung lange Zeit kein eigenes Interesse in der künstlerischen Ausbildung auf sich zog.[17] Als Fähigkeit wird sie einfach vorausgesetzt, d.h. der Ausbildung im Alltag überlassen[18]. Sie wird erst mit der Kunst des 20. Jahrhunderts zu einem tragenden Thema.[19]

Gleichzeitig erweist sich im historischen Rückblick, dass es kein unschuldiges Auge gibt, dass das Sehen nicht einfach auf einen biologischen Mechanismus zu reduzieren ist, dass es kulturelle Erkenntnistheorien gibt, welche in ein Auge erst eingebaut werden müssen, bevor es bestimmte Bilder lesen oder gestalten kann.[20] Die moderne Neuroforschung hat darüber hinaus verständlich gemacht, dass auch die neuronale Entzifferung des Sehens nicht biologisch vorgegeben funktioniert. In mannigfacher Weise wirken sich epigenetische und andere Lernprozesse, sowie die Erinnerung an vorangegangene Bildeindrücke auf die Wahrnehmung der gegebenen Umwelt aus.[21] So erweist es sich, dass die Entwicklung und Differenzierung der sinnlichen Wahrnehmung, - sowohl in ihren kulturellen wie auch in ihren ontogenetischen Aspekten - etwas ist, was sich auf zumeist unreflektierte und unhinterfragte Weise im unmittelbaren alltäglichen Umgang und insbesondere in den Jahren der frühen Kindheit ausbildet. Wie Wirklichkeit im Alltag dem Kind präsentiert wird[22], muss als ein wichtiger Weg angenommen werden, wie der Umgang mit Sinneserfahrungen und Bilderwelten Entfaltung im Denken der Kinder finden. Was können nun die Überlegungen zu Leonardo hierzu beitragen?

Leonardo für die frühkindliche Bildung?

Warum verbinde ich Leonardo mit (früh)kindlicher Bildung? Es gibt einige Parallelen, die helfen könnten, auch kindliches Weltverständnis besser zu begreifen:

---

17 J. Bilstein, 1996
18 „Wie bei den meisten von uns heute, wurde die bewußte, genaue und komplexe visuelle Beurteilung von Gegenständen, und zwar 'sowohl natürlichen als auch durch menschliche Kunst entstandenen', nicht anhand von Gemälden erlernt, sondern anhand von Dingen, die mehr mit dem persönlichen Wohlbefinden und dem gesellschaftlichen Überleben zu tun hatten ..." (Baxandall, 1999, S. 49)
19 Schulze, 1996 bezieht sich auf Picasso, Bilstein (1996), auf Kokoschka, Osterwold (1979) auf Paul Klee, um nur auf Anfänge einer Geschichte des Blicks im 20. Jahrhundert hinzuweisen. Später treten auch Geste und Inszenierung hinzu.
20 Gombrich, 1978, 1984, Baxandall, 1999.
21 Vgl. z.B. Roth 1994, Singer u.a. 1991
22 Ich beziehe mich dabei auf Mollenhauers Begriff der Präsentation. Vgl. Mollenhauer 1985.

(1) Basis der Erfahrung von der Welt ist die Zuwendung zur gegebenen Wirklichkeit. Sie erfolgt bei Leonardo aus Interesse und Neugier an dieser Wirklichkeit. Diese Neugier geht über das Faktische hinaus. Sie möchte nicht nur sehen, was ist, sondern auch begreifen, nach welchen Regeln dies funktioniert, auf welche Weise es zustande kommen, welche Bedeutung es im Zusammenhang der lebendigen Welt hat, in der das subjektive Dasein einen eigenen Ausschnitt bildet. Das ist es auch, was kleine Kinder treibt, ihre Welt zu „erforschen". Auch ihr Interesse an der Welt entspringt nicht einfach der Notwendigkeit, sich irgendwie Kompetenzen zu schaffen, mit deren Hilfe man leben oder überleben kann, sondern weil sie wissen wollen, wie diese Wirklichkeit, in der sie leben, funktioniert und was sie für ihr persönliches Leben bedeutet.

Dieses Interesse an den Zusammenhängen, welche die Welt zusammenhalten und zu einer lebendigen Welt verknüpfen, wird wachgehalten, gespeist und erweitert durch das Instrument der Erfahrung. Erfahrung bildet dabei nicht nur den Ausgangspunkt für alles weitere Vorstellen, Denken oder Konstruieren. Sie bildet sich selbst als ein Instrument aus, mit dessen Hilfe die Wirklichkeit, den Lebenszusammenhängen entsprechend, aufgefasst und ausgedeutet wird, ein Instrument, welches durch den Gebrauch ständig erweitert und ausdifferenziert wird. Dies gilt gleichermaßen für den Wissenschaftler, wie für den Menschen in seinem Alltag. Für das kleine Kind jedoch ist dies noch von grundlegender Bedeutung: Solange die subjektiven Erfahrungen im Zusammenleben mit anderen Menschen die alleinige Basis seines Weltverständnis abgeben, solange sie noch keinen Unterweisungen ausgesetzt werden können, solange sich ihr Weltbild noch ausschließlich aus dem herleitet, was ihnen im Alltag präsentiert und vorgelebt wird, solange verdankt sich ihr Erkennen nicht aus dem gelehrten Wissen der Zeit, sondern den mehr oder weniger geordneten und geklärten Wirklichkeitserfahrungen, in die sich unsere Kultur bereits eingeschrieben hat.

Ausgangspunkt solcher Erfahrungen ist daher das , was man von der Wirklichkeit, in der man lebt, wahrnimmt. Im Gebrauch der Sinne, in ihrer Intensivierung durch ästhetische Mittel - Zeichnen, Malen, eine Sprache, die nicht nur registriert, sondern die Fassetten des Erfassens und Erlebens (poetisch) beschreibt - schafft sich Leonardo Bilder von der Welt, welche die Grundlage seines Ordnens und Nachdenkens bilden. Auch dem kleinen Kind sind es, wie bei Leonardo, die sinnlichen Erfahrungen, die seinem klärenden Denken die erste Nahrung geben. Ähnlich wie Leonardo seine Bilder von der Welt zeichnend, malend, bildhaft analysierend, entwerfend, konstruierend ausarbeitet, können diese Mittel einer ästhetischen Welterfassung, des Spielens, des Simulierens mit Hilfe von Imagination und Phantasie, die Bilder vertiefen und erweitern, welche sich Kinder von ihrer Weltwirklichkeit erschaffen und von denen sie ausgehen, um sich ihre Erfahrungen zu deuten.

Was Leonardo als Forscher pflegt, ist für kleine Kinder ohne Alternative: Sie müssen die Welt erfahren, um sich in ihr sinnvoll orientieren zu können. Leonardo ist Universalist von seiner Forschungseinstellung und von seinem Interesse her, das Kind aus einer inneren Notwendigkeit heraus.

Um die Welt zu erfahren, genügt es nicht, beschaulich die Welt zu betrachten oder die Traditionen des Wissens zu kennen und auszudeuten, die sich im gelehrten Wissen einer Zeit angesammelt haben. Vielmehr muß man handelnd, erfassend, denkend, probierend mit der Wirklichkeit umgehen. Durch dieses Probieren erhält man nämlich erst Zugang zu Dimensionen der Wirklichkeit, die man sich bislang nicht vorgestellt hat und damit natürlich auch noch nicht begreifen konnte. Ohne solche Grenzerfahrungen, an denen Vorstellen und Denken zunächst scheitern, auf die man sich daher erst einmal handelnd einlassen muss, drehen sich Imagination und Phantasie um sich selbst. Sie bekommen eine Struktur, welche sie weiterentfalten können, erst dadurch, dass sie an die Gegebenheiten einer erfahrbaren Wirklichkeit gebunden werden. In den experimentierenden Umgang mit einem Stück Realität eingebettet, erweisen sie sich als Verfahren, mit deren Hilfe man über das Gegebene, das Vorliegende hinausdenken kann, ohne im Faktischen zu ersticken. Der Zusammenhang von sinnlicher Wahrnehmung, sinnlich-ästhetischer Ordnung der Erfahrung und einem probierend-handelnden „Selbstgespräch" mit den Teilen einer Wirklichkeit, welchen man sich zugewendet hat, wird durch Leonardo beispielhaft repräsentiert. Unschwer lässt sich dies aber auch als eine Beschreibung der Welterfahrung des Kindes begreifen, welches sammelnd, registrierend, gestaltend, bastelnd und spielend seine Wahrnehmungen ordnet, zu verstehen versucht und im handelnden Umgang erweitert.

Wenn ich versuche, all diese Aspekte an der Figur Leonardo zu verdeutlichen, dann nicht, um ihn als den Repräsentanten eines kindlichen Denkens zu präsentieren, über den die wissenschaftliche Entwicklung hinausgegangen ist. Vielmehr lässt sich an ihm zeigen, welche Bedeutung dieser ästhetisch geprägte Zugang zur Welt für die menschliche Erfahrung haben kann, was ein nur wissenschaftlicher Zugang zu dieser Wirklichkeit an Bedeutungsdimensionen vernachlässigt und was möglicherweise gepflegt werden muss, wenn man für Kinder einen bedeutungshaften Zugang zu dieser Wirklichkeit nicht von vorne herein verschütten will.

Literatur

Arasse, D. (1999): Leonardo da Vinci, Köln
Bateson, G. (1982): Geist und Natur, Frankfurt am Main
Baxandall, M. (1999): Die Wirklichkeit der Bilder, Darmstadt
Bilstein, J. (1996): Die Sinne der jungen Künstler. in: Mollenhauer, Klaus, Wulf, Christoph (Hrsg.): Aisthesis/Ästhetik. Zwischen Wahrnehmung und Bewusstsein, Weinheim, S. 85 - 114

Cassirer, E. (1927): Individuum und Kosmos in der Philosophie der Renaissance, Leipzig/Berlin

Cramer, F. (1988): Chaos und Ordnung. Die komplexe Struktur des Lebendigen, Stuttgart

Fischer, E. P. (1995): Aristoteles & Co.; Einstein & Co, 2 Bde., München

Gombrich, E. H. (1978): Kunst und Illusion, Stuttgart

Gombrich, E. H. (1984): Bild und Auge, Stuttgart

Jaspers, K. (1953): Lionardo als Philosoph, Bern

Kauffmann, G. (1970): Die Kunst des 16. Jahrhunderts. Propyläen Kunstgeschichte Bd. 8, Berlin

Mittelstrass, J. (1999): Leonardo und die Leonardo-Welt. Der universale Mensch als Weltbaumeister, in: Schramm, S. 91 - 122

Mollenhauer, K. (1985): Vergessene Zusammenhänge, Weinheim/München 1985[2]

Osterwold, T. (1979): Paul Klee. Ein Kind träumt sich, Stuttgart

Prater, Andreas (1999): Michelangelo - Raffael - Leonardo: Hölle - Himmel – Erde, in: Schramm, S. 13 - 90

Progogine, G., Stengers, I. (1986): Dialog mit der Natur, München 1986[5].

Roth, G. (1994): Das Gehirn und seine Wirklichkeit, Frankfurt am Main

Schäfer, G., E. (2001): Selbstbildung in der frühen Kindheit als Verkörperung von Erkenntnistheorie, in: Uhlendorf/ Oswald (Hrsg.) Wege zum Selbst: Soziale Herausforderungen für Kinder und Jugendliche, Stuttgart

Singer, W. (1991) Die Entwicklung kognitiver Strukturen, ein selbstreferentieller Prozeß. in: Schmidt S. J. (Hrsg.): Gedächtnis, Probleme und Perspektiven der interdisziplinären Gedächtnisforschung, Frankfurt am Main, S. 96 - 126.

Schramm, G. (Hg.) (1999): Leonardo Bewegung und Ruhe, Freiburg im Breisgau

Schulze, T. (1996): Der gemalte Blick des Malers. Ein Beitrag zu einer Geschichte des Sehens, in. Mollenhauer, K., Wulf, Ch. (Hrsg.) Aisthesis/Ästhetik. Zwischen Wahrnehmung und Bewusstsein, Weinheim, S. 42 - 84

IV. Zur kulturell-historischen Dimension von (Selbst)Bildern

Eckart Liebau
(mit Johannes Bilstein und Matthias Winzen)

Die Wahrheit der Bilder [1]

Mutter-Kind-Vater in Bildern aus Kunst und Wissenschaft

Berichtet soll werden von einem Projekt von Mutter, Kind, Vater. Die Tria-
de, in welcher Form auch immer, ist ja unsere Grundvorstellung von
menschlicher Existenz und zugleich vom Zusammenleben. Das Projekt
sollte sich also mit den Bildern auseinandersetzen, die wir uns in der bildenden Kunst und in den Wissenschaften von den Grundfiguren menschlicher Existenz: von Vater, Mutter, Kind, machen. Diese Bilder dann explizit auf die individuellen und kollektiven Alltagsbilder und Alltagserfahrun-
gen zu beziehen, hatten wir uns nicht vorgenommen. Implizit ging es
selbstverständlich genau darum. Zumindest bei uns ist dies Konzept aufge-
gangen: Der Titel und die Reihenfolge sind bereits ein Ergebnis. Die
Grundidee stammte von Johannes Bilstein; gemeinsam mit Matthias Winzen entwickelten wir zu dritt das Konzept.

Das Unternehmen war von Anfang an in einem doppelten Sinne übergrei-
fend angelegt. Zum einen sollte es Beiträge aus der zeitgenössischen Kunst
und aus den Wissenschaften zusammenführen – aus zwei Bereichen also,
die unterschiedlichen Eigengesetzlichkeiten gehorchen und die sich oft
genug in Unverständnis und Fremdheit gegenüberstehen. Zum anderen
sollte in der Kunst das mediale Spektrum vertreten sein. Und die wissenschaftlichen Beiträge sollten aus verschiedenen Disziplinen stammen und
darüber hinaus möglichst transdisziplinär ausgerichtet sein. Das Projekt hat
in den Jahren 1999 und 2000 in Köln, Nürnberg und Berlin als Initiative des
Siemens Kulturprogramms stattgefunden.

Städte

Gesucht haben wir nach Städten für die Tagungen und Ausstellungen, die
sich auf je besondere Weise mit den einzelnen Themenschwerpunkten in

---

1 Um vom Projekt zu berichten, beziehe ich Entwürfe und Texte mit ein, die Johannes
Bilstein, Matthias Winzen und ich gemeinsam verfasst haben. Vgl. Bilstein u.a. 2000,
S. 5 - 8

Verbindung bringen ließen, also eine Kind-, eine Mutter-, eine Vaterstadt. Das war eine reizvolle Assoziationsaufgabe im Rahmen der deutschen Geschichte und Gegenwart. Vor aller Exponate- und Expertenauswahl lag also die Städtewahl. Und natürlich kann man bereits an dieser Stelle ins Grübeln über die Wahrheit der Bilder kommen: Gibt es in Deutschland, diesem überaus männlich geprägten Land, überhaupt Städte, die man mit dem Kind oder mit der Mutter assoziieren kann? Und gibt es unter den deutschen Männer-Städten überhaupt eine, die man mit Vater und Väterlichkeit assoziieren kann? Und was für Bilder von Kind, Mutter und Vater werden gemalt, wenn man solche Verbindungen herstellt?

Nürnberg z.B. ist zwar gewiss mit dem Thema Kind auf vielfältige Weise verknüpft: Spielzeug, Spielzeughandel, Spielzeugherstellung und Spielzeugindustrie haben dort eine alte Tradition; nicht zufällig ist Nürnberg heute auch Ort der Spielwarenmesse, eines Spielzeugmuseums und eines Schulmuseums. Alljährlich lockt der Christkindlmarkt mit seiner breit wirkenden Aura weihnachtlicher Kindheitsbilder Hunderttausende an. Der erfolgreichste deutsche Spielzeughersteller, dessen Plastikfiguren seit Anfang der 70er Jahre nicht nur Deutschland, sondern die Welt bevölkern, hat seinen Sitz gleich nebenan, in Fürth: Playmobil. Und an der Universität Erlangen-Nürnberg gibt es eine intensive Verdichtung historiographischer, pädagogischer und sozialwissenschaftlicher Arbeit an der Theorie und Geschichte von Kindheit. Ohne damit auf die realen Verhältnisse von Kindern in einer oder gar dieser Großstadt Bezug zu nehmen, erschien uns Nürnberg als geeigneter Ort, um sich mit Imaginationen von Kindlichkeit auseinander zu setzen. Aber Nürnberg ist auch Dürer-Stadt, Hauptstadt der Renaissance in Deutschland, entscheidender Ausgangsort der Industrialisierung, später Ort der Reichsparteitage, der Rassegesetze, der Nürnberger Prozesse - und heute eine Stadt, die sich vor diesem Hintergrund in ganz besonderer Weise als Stadt der Menschenrechte zu profilieren versucht. Da lassen sich Verbindungen zu Kind und Kindheit nur schwer assoziieren.

Köln als Mutter-Stadt? Sicher: die Imaginationen des Weiblichen haben in dieser alten katholischen Reichsstadt, bis heute symbolisiert als „Mutter Colonia", eine lange, bis in die Gegenwart wirkende Tradition: von einer weiblichen Stadtgründerin (Agrippina) bis zur Marienverehrung, von der Wappenpräsenz weiblicher Stadtpatroninnen (Ursula) bis zur durchweg weiblichen Symbolisierung des Stadtganzen. Vielleicht ist Köln die deutsche „Mutter-Stadt" schlechthin: zugewandt, herzlich, schlampig, konkret, alltagstauglich, mutter-kirchlich und immer etwas dämpfig - aber auch, nicht nur dank Medien-Macht: einsaugend und verschlingend. Der Kölsche Klüngel, dieses Symbol aller Politik-Verdrossenheit, ist aber ein Männer-Klüngel, der Karneval eine Männer-Erfindung, und auch der Erzbischof steht eher für Patriarchat als für Matriarchat.

Und eine „Vater-Stadt"? In Deutschland ist ja schon die Suche nach dem Vaterland schwierig, wie wir in diesen Tagen einer verqueren und verquasten Patriotismus-Debatte wieder einmal erleben können. Wenn man nach der männlichen Stadt in Deutschland suchen würde, dann käme man leicht auf Berlin. Aber Berlin als Vater-Stadt? Bei dieser Suche entstanden zunächst und vor allem Assoziationen und Bilder einer Vaterlosigkeit, die sich auch als „Vater-Stadt-losigkeit" niederschlägt. Zwar ist Berlin als Hauptstadt wegen seiner Geschichte, aber auch wegen der gegenwärtigen politischen Konstellation auf manche Weise mit Väterlichkeit symbolisch verbunden: Macht und Führungsansprüche, Dominanzängste und Sorgen um die eigene Kraft, aber auch lenkende Vorsorge für das große Ganze scheinen in Berlin wie in keiner anderen deutschen Stadt von historischer und aktueller Virulenz zu sein. Aber Väterlichkeit besteht ja doch nicht nur aus Macht und Gewalt. Schützen, Nähren, Zeigen nennt Dieter Lenzen als väterliche Aufgaben.

Schon die Städte-Wahl führt also zu ambivalenten, uneindeutigen Bildern. Bilder sind nicht wahr oder falsch, sind nicht auf diese Form der Erkenntnis angelegt.

So konkretisierte sich das Projekt für Nürnberg, Köln und Berlin. Kooperationspartner waren die Kunsthalle Nürnberg, die Trinitatis-Kirche Köln und das Haus am Waldsee in Berlin. Die Auseinandersetzung mit dem Thema fand jeweils in zwei Stufen statt: Im ersten Schritt setzte sich ein öffentliches Symposium am Ausstellungsort auf wissenschaftlich-diskursive Weise mit dem Ausstellungsthema auseinander, also mit dem „Bild des Kindes" (Nürnberg), dem „Bild der Mutter" (Köln) und dem „Bild des Vaters" (Berlin). Diese Tagungen bereiteten mit ihren vielfältigen Diskussionen den zweiten Schritt, die Kunst-Ausstellungen, vor, die dann jeweils etwa drei Monate später eröffnet wurden; die Tagungsbeiträge bildeten die Grundlage für die in den Einzel-Katalogen und dem zusammenfassenden Band abgedruckten Katalog-Essays. Die Tagungen und die Ausstellungen sollten dabei von Anfang an ausdrücklich nicht in einem einander illustrierenden, sondern in einem dialogischen Verhältnis zueinander stehen. Deshalb war auch die Planungszuständigkeit und -verantwortung von Anfang an sorgfältig getrennt: Matthias Winzen plante mit den örtlichen Kuratoren die Ausstellungen, Johannes Bilstein und Eckart Liebau planten die Symposien.

Es war nicht der pure Zufall organisatorischer Zwänge - auch wenn der mitgeholfen hat -, sondern die List der Vernunft, die dafür gesorgt hat, dass die Ausstellungen nicht in der traditionellen Reihenfolge stattfanden. Nicht Vater-Mutter-Kind wurde inszeniert, sondern Mutter, Kind, Vater. Diese Reihenfolge entspricht den gegenwärtigen Bildern und auch den gegenwärtigen Verhältnissen weit eher als die traditionelle. Mutter, Kind, Vater also: Welche Bilder kommen uns da entgegen?

Die anwesende Mutter

Mutter tritt uns als Mami im Garten entgegen. Da steht sie nun, lächelt ein bisschen ironisch in die Kamera des Sohnes. Mit weißem Kragen, blauem Pullover, Perlenkette, Bubi-Kopf steht sie vor den Koniferen, die Arme im Rücken. Dass das ein Bild aus den 90er Jahren ist, kann man kaum glauben. So sahen die bürgerlichen Mütter der 60er Jahre aus. Wer hat da mit wem gespielt? Der Künstler mit seiner Mutter oder die Mutter mit dem Sohn? Welche Wahrheit ist denn in diesem doppelbödigen, mit Zitaten spielenden Bild? Das Bild tut so, als sei es aus dem Alltag. Vielleicht ist es aus dem Alltag. Aber vielleicht hat die Mutter die „Mami" der 60er gespielt? Vielleicht hat der Sohn sie als Mami aus den 60ern inszeniert? Das Bild gibt das Rätsel nicht preis.

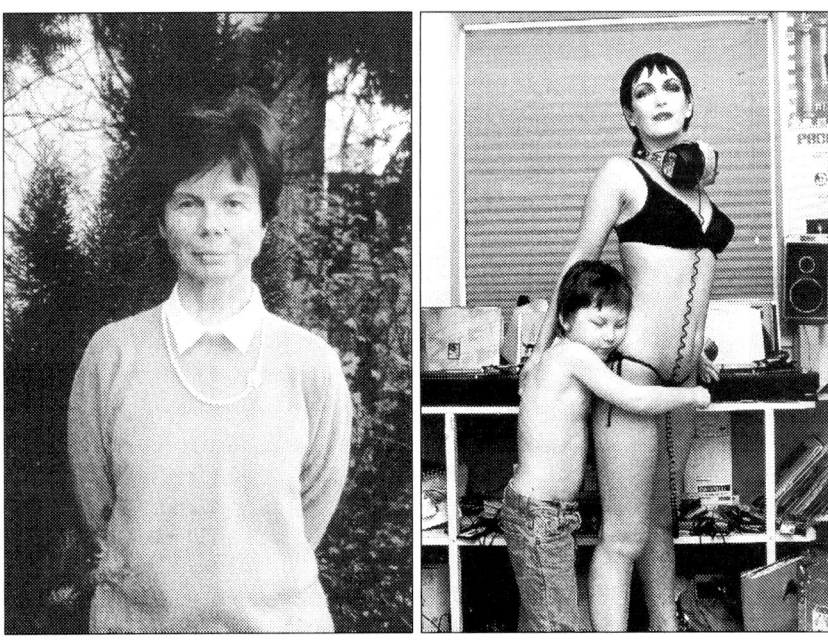

Vom selben Fotographen, Wolfgang Tillmanns, ist auch das nächste Bild, ein Jahr später fotografiert (1995): Rachel Auburn & Son. Das ist offensichtlich keine „Mami". Hier ist von der 60er-Jahre-Bürgerlichkeit nichts mehr über. Eine provozierende Inszenierung von postmoderner Coolness: die DJ-Lady, ihren Sohn beschützend - oder verführend? Sie jedenfalls schaut in die Kamera; sie hält die Hand mit voller Fläche auf den Rücken des Kindes; das Kind aber hat die Augen geschlossen und man weiß nicht genau, ob aus Vertrauen oder aus Scham. Die Arme sind jedenfalls nicht fest um die Mutter geschlungen, auch wenn der Kopf dicht angelehnt ist. Die linke, offene Hand des Kindes geht ins Leere; auch die rechte, geschlossene Hand bleibt in der Luft. Und auch der Körper des Kindes ist nicht angelehnt an das Bein, wie man doch erwarten könnte. Der Körper der Mutter ist bei aller Inszenierung, soweit erkennbar, doch unversehrt - keine Piercings, keine Tattoos, nicht einmal gestochene Ohrringe sind zu erkennen. Versehrt und geflickt ist nur der Kopfhörer. Wieder ist das Ergebnis ambivalent. Liegt die Wahrheit der Bilder etwa ausschließlich in den Bildern, die wir uns von den Bildern machen? Aber die radikal - konstruktivistischen Annahmen führen bekanntlich ebenfalls in die Irre - das Bild ist ja als reales vorhanden, das so nur zu einer bestimmten Zeit, in einem bestimmten Kontext, unter bestimmten kulturellen Bedingungen möglich war.

Aber das Bild der Mutter gewinnt eine andere Dimension, sobald es vom Abbild zum Symbol transformiert und damit weiter abstrahiert wird. Dann ist Mutter offenbar überall. Mutter ist die Gebärende, die Fruchtbare, die (Ver-) Bergende, Nährende, Alltägliche, der weite, aufnehmende Rock und das menschlich-tierliche Fabelwesen. Mutter ist die Disco-Lady und die Pietá, das erschlagende Kreuz und die Honig-Wabe, die Alte und die Junge, die Nähmaschine und der Mutter-Leib. Mutter ist Schicksal, ist Traum und Alptraum. Sie ist elementar und präsent. Mutter-Bilder zeigen immer wieder Mütter und werdende Mütter. Die Dominanz des Körpers und des körperlichen Geschehens ist überwältigend: Muttertier und Schmerzensfrau Das Bild des Mutter-Körpers dementiert und destruiert Androgynität und damit den Gleichheitsdiskurs. Gleichheit ist sektoral, Ungleichheit ist basal. Mutter ist ungleich. Sie braucht keinen Vater für das Kind. Es ist ihres. Sie trägt das Kind aus. Sie gebiert das Kind. Sie sorgt für das Kind. Sie spielt mit dem Kind. Ob das Kind einen Vater braucht, steht nicht zur Debatte. Und sie hat die Macht über das Kind: Sie ist auch die achtarmige, achtfüßige Spinne im Zentrum des Netzes.

Aber die Mutter wird erst erzeugt durch das Kind. Sie wird wahrgenommen, angesprochen, erinnert durch das Wesen, das sie hervorgebracht hat. Das ist die Quelle der Macht des Kindes.

Das erinnerte Kind

Jede, jeder trägt es in sich: das Kind, das sie, das er war. Jede, jeder macht sich Bilder davon, wie das war - Prinz und Prinzessin, Räuber und Gendarm, Doktor und Patient, Vater, Mutter, Kind, Ernie und Bert, Samson und Krümelmonster, Auto und Eisenbahn, Schiff und Flugzeug, Polizei, Krankenwagen und Feuerwehr. Bilder davon, wie das war - mit den Tieren, den anderen Kindern, den Eltern, Großeltern, Kindergärtnerinnen, Lehrerinnen und Lehrern, in den ausgelassen-fröhlichen, den glücklich-leisen, den traurigen und den beängstigenden Situationen in Spiel und Alltag. Wie das war - beim Einschlafen und dem Blick auf die Tapete, beim Spiel im Wald, beim Einsetzen der Schiffchen in den Bach, beim hemmungslosen Quatschen und Quatsch-Machen. Wie das war, wenn man böse war. Wie das war, wenn die anderen anders waren. Wie das war, wenn man sich schämte. Wie das war, wenn man vorgezeigt wurde. Wie das war, wenn man sich aufpumpte für die große Tat. Wie das war, wenn man woanders schlafen durfte, am liebsten in Horden. Wie das war, wenn man fotografiert wurde. Wie das war, wenn man merkte, wie klein man ist und wie groß die Erwachsenen. Und wie das war, wenn man vom Zauberwald und von den großen Bären träumte.

Aber Erinnerung ist kein Spiegel der Vergangenheit, Erinnerung ist Gegenwart, Entwurf, Bild. Das Kind, das ich war, gibt es nicht mehr, auch wenn es noch in mir ist, in meinen inneren Bildern und in den Spuren, die es in mir und in der Welt hinterlassen hat. Ich kann es nur erfinden. Die Erfindung der Erinnerung ist ein Spiel, so ernst und so verspielt wie das Spiel des Kindes, und doch ganz anders, weil es von Erwachsenen gespielt wird, die sich mächtig um sich Sorgen machen. Vielleicht kennen sie nur dies eine Kind, das Kind, das sie waren? Aber die Kindheit ist unwiederbringlich verloren, vorbei, im einzelnen vergessen. Erinnert, erfunden, zugeschrieben, geahnt werden Gefühle, Atmosphären von Identität und Geborgenheit. Sie bilden den Gegenstand der Sehnsucht. Dabei liegt die Macht des Kindes auch darin, dass Erinnerung kein Abbild ist und dass das Kind sich daher auch unerwartet melden kann. Das Kind, das ich war, bin ich noch. Und manchmal merke ich es auch: Wunderkind (Annette Lemieux 1993/94), böses Kind (Yoshitomo Nara 1999), Traumwelt-Kind (Marejke van Warmerdam 1999), Gruppen-Kind (Marcus Weber 1992), Schamkind (Martin Kippenberger 1989).

Jeff Wall, ein amerikanischer Fotograph, hat „the drain" im Jahre 1989 aufgenommen[2]. Zwei halbwüchsige Mädchen, ein blondes, ein dunkelhaariges, beide um die 10 Jahre alt, sind hier vor der Öffnung eines großen Abflussrohres zu sehen. Ihre Haltung ist ganz unterschiedlich. Es ist nicht nur die andere innere Welt mit ihren Unheimlichkeiten, um die es hier geht, es ist auch die andere äußere Welt mit ihren Unheimlichkeiten und Ungewissheiten, mit der die Mädchen sich werden auseinandersetzen müssen. Das große schwarze Loch kann man natürlich gut freudianisch als Symbol für Sexualität lesen, man kann es aber auch als Symbol für und Hinweis auf das unbekannte Andere lesen, auf das Rätsel der Herkunft und das Rätsel der Zukunft. Taghell ist hier nur die Gegenwart: aber was sie bedeutet für die und wie sie angeeignet wird durch die beiden Mädchen, darüber können wir nur auf dem Hintergrund unserer Erfahrung spekulieren. Der eingefrorene Moment ist nicht nur für den Betrachter, er ist auch für die beiden Mädchen rätselhaft und vieldeutig: das Kind, das ich war, das Kind, das ich bin.

Der abwesende Vater

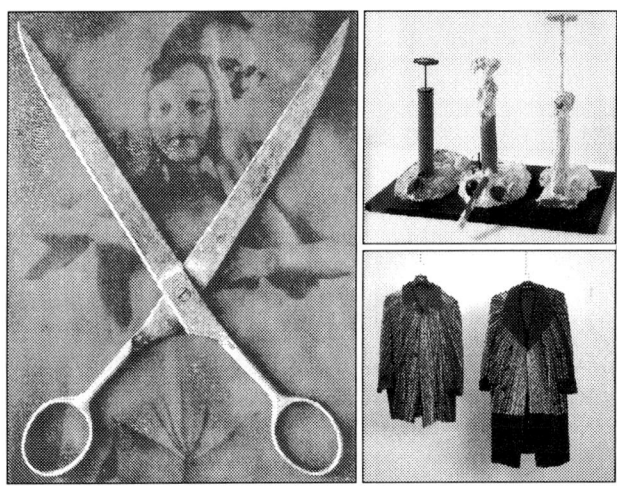

Schon bei der Suche nach der Vater-Stadt gab es besondere Schwierigkeiten. Dass das kein Zufall war, zeigt sich bei den Vater-Bildern. Denn das Bild des Vaters ist und bleibt undeutlich. Zwar ist der Erzeuger noch sichtbar und auch noch im Zentrum postiert (Marcel Broodthaers, 1964). Aber fruchtbar ist dieser Erzeuger nicht mehr; der Ausgang ist vergipst oder auch verknotet (Via Lewandowsky 1995). Wenn man sich die Vater-Bilder be-

---

2 Die Abbildung im Ausstellungskatalog ist leider seitenverkehrt. Vgl. Seite 239 in: Bilstein/Liebau/Winzen 2000

trachtet, scheint das eher die Regel als die Ausnahme zu sein. Der Vater kommt hier nur ausnahmsweise vor, in Rest-Exemplaren und als Ferien-Spielkamerad im Dunkeln. Ansonsten ist er aus der Wahrnehmung verschwunden. Die Herrscher von einst sind entthront; sie werden nicht mehr gebraucht. Die Luft ist raus. Geblieben sind Männer. Männer sind Köpfe oder kopflos. Aber die Köpfe sind zur Karikatur, zur Fratze geworden. In ihnen spiegelt sich Gewalt. Goethe ((e.) Twin Gabriel 1992) wird zum Topfhelm. Die repräsentative Pose - immer schon hohl - gerät endgültig zur grotesken Maske. Der Denkmal-Sockel ist leer, der Genius ist verschwunden (Leonards Laganovskis 1992). Kopflos ist der männliche Tod, der Krieg wie der Selbstmord. Nur noch lächerlich, nicht mehr bedrohlich sind die Attribute der Macht von einst, die Ahnen-Galerien, Jagd-Trophäen, Pferde, Reitstiefel und Pomp-Mäntel (Christiane Möbus 1976/98). Aber die Macht im Kleinen, der Phallus als Schere, ist nicht nur Vergangenheit (Ulla Jokisalo 1999), sondern ggf. lebensbedrohliche Gegenwart.

Warum ist der Vater weg? Warum gibt es nur ein so schwaches Bild des Vaters? Empirisch ist er ja keineswegs verschwunden, wenn er sich auch fundamental gewandelt hat. Immer noch ist der Vater der Haupternährer (er bringt das meiste Geld in die Familie); immer noch ist der Vater die Schutzmacht, auf die es ankommt (er kümmert sich um Technik und Versicherung; er kämpft, wenn es denn sein muss); immer noch zeigt der Vater die Welt (er ist für draußen zuständig, für Zoo, Sportverein, Reise, Politik). Aber er ist nicht mehr stolz darauf, er tut es mit schlechtem Gewissen, er geniert sich. Er ist nicht mehr stark. Das symbolische Kapital des Vaters ist entwertet, löst sich tendenziell auf, auch wenn die Verfügung über ökonomisches, soziales, kulturelles Kapital noch stark ist. Einstweilen überwiegt das Abbruchunternehmen. Es gibt noch kein starkes neues Bild vom Vater nach dem Patriarchat. Man weiß noch nicht, wie der liebende und geliebte Vater aussieht. (Mappi, der Pappi als Mammi ist es nicht.) Vielleicht muss deswegen der alte Herrscher immer noch einmal destruiert werden? Es ist für mich eines der auffallendsten Ergebnisse des gesamten Projekts, dass das Bild des Vaters seine Konturen verloren hat und nicht einmal in Umrissen ein neues Bild sich andeutet.

Die Wahrheit der Bilder: Was findet man, wenn man in Bildern sucht? Wir sind gewohnt, in der Empirie zu suchen oder in der Geschichte, vielleicht noch in der Belletristik, wenn wir etwas erfahren wollen über Mutter, Kind, Vater. Quasi natürlich sind uns die Erfahrungen, die wir aus dem Alltag gewinnen, aus dem Umgang und den Erzählungen, mit denen und in denen wir leben. Aber die Bilder des Alltags und auch die Bilder der Wissenschaft erzählen andere Geschichten als die Bilder der Kunst. Sie können uns aufmerksam machen auf untergründige Veränderungen, die hier plötzlich sichtbar werden, auf Umbrüche und Verwerfungen, die in unseren Gewohnheiten noch nicht angekommen sind, gegen die sie sich vielleicht sträuben, auch auf Gefahren, Risiken, Chancen, die wir mit wissenschaftlichen Mitteln nicht oder noch nicht sehen können. Anwesende Mütter, abwesende Väter, erinnerte und doch allemal präsente Kinder: Konstant bleibt offenbar nur das Kind, die „Entwicklungstatsache" (Bernfeld).

Literatur

Bilstein, J., Liebau, E., Winzen, M. (Hg.): Mutter Kind Vater. Bilder aus Kunst und Wissenschaft. Köln 2000

Gisela Miller-Kipp

Seelenspiegel – Schicksalsbild

Die metaphorische Konstruktion der bürgerlichen Frau

Ich beabsichtige, die historische Durchsetzung eines bis heute funktionierenden Geschlechterstereotyps nachzuzeichnen als die ästhetische und die pädagogische Konstruktion der bürgerlichen Frau durch Bild und Text. Ich markiere dabei auch die Differenz zwischen beiden Ausdrucksformen und Medien in rezeptionspsychologischer Hinsicht. Die Studie erfolgt in vier Schritten: in einer historischen Skizze zum Mentalitätsbestand „Frauenbild" (1), mit einer Serie von Bildern und deren Interpretation (2), mit einem exemplarischen Textzitat (3) und zuletzt in einem Ausblick auf den Diskurs über weibliche Bildung sowie einer historischen Zusammenfassung (4).

1. Bewusstseinsbestand und Mentalitätslage: das bürgerliche Frauenbild

Noch immer und auch schon wieder residiert im gesellschaftlichen Bewusstsein hierzulande ein altbekanntes Geschlechterstereotyp, die Frau, ihr Wesen, ihre gesellschaftliche Aufgabe und ihren gesellschaftlichen Ort betreffend. Es ist bei beiden Geschlechtern[1] alltäglich anzutreffen. Daher genügt hier, es bei den primär Betroffenen punktuell anzuführen:

„Es ist für alle Beteiligten besser, wenn der Mann voll im Berufsleben steht und die Frau zu Hause bleibt und sich um den Haushalt und die Kinder kümmert." Dieser Meinung stimmten 1998 47% aller westdeutschen Frauen zu und DER SPIEGEL zitiert diesen Befund unter der Überschrift: „Das Rattenrennen nicht mitmachen".[2] – „Mein Mann geht zwar einkaufen, aber irgendwie fühle ich mich immer für den privaten Bereich verantwortlich", so die Leiterin immerhin der Finanzabteilung einer renommierten Werbeagentur. Sie empfindet diesen Seelenzustand aber als misslich und nimmt zur Abhilfe teil an einer staatlich geförderten Schulung, die Frauen in Füh-

---

1   Als inzwischen klassische Studie dazu gilt Pross 1978.
2   DER SPIEGEL 10 (1998), S. 112; Daten aus dem Datenreport des Statistischen Bundesamtes.

rungspositionen geschlechtsspezifische Gewissensregungen austreiben und sie u.a. dadurch „fit" machen wollen für die „Chefinnen-Etage".[3]

Die zitierten Selbstaussagen könnten von berufstätigen Frauen in nahezu jedem Berufsfeld und aus nahezu jeder sozialen Schicht[4] stammen; sie sind noch immer „typisch weiblich". Zwar wird die dazugehörende Bewusstseinslage als solche und auch als hinderlich erkannt, sie persistiert dennoch. Wie die sozialwissenschaftliche Forschung belegt, fühlen sich eben auch berufstätige Frauen für den Haushalt zuständig, belasten sich mit Hausarbeit oder lassen sich damit – vom männlichen Partner – belasten. Die Gründe dafür sind zwar schichtspezifisch unterschiedlich, liegen aber stets im Privaten.[5] Sie entspringen auf der Ebene des Bewusstseins einem Frauenbild, das der weiblichen Hälfte der Menschheit den Haushalt, die Kinder, den privaten Bereich zuschreibt, und zwar als wesensgemäßer gesellschaftlicher Auftrag und persönlicher Seinsbereich; er schließt den Mann als Feld weiblicher Wesenserfüllung ein.

Wie ist dies Frauenbild bei uns historisch zustande gekommen und so dauerhaft im kollektiven Bewusstsein verankert worden? Wie hat es sich dort zu einer stereotypen Wahrnehmung weiblicher Bestimmung und Wesensart verfestigt, zu einem Geschlechterstereotyp, das historisch kontinuiert, trotz kluger Gegendiskurse, gegen soziale Realität und unabhängig von gesellschaftlicher Gegensteuerung? Ich behaupte, durch pädagogische Propaganda mittels Bild und Text in einer historisch einmaligen Bedarfssituation, in der beide Medien arbeitsteilig zusammenwirken konnten: Der Text beschrieb das nun erwünschte Frauenbild, entwarf und begründete dazu das passende Erziehungsprogramm; das Bild führte das nun erwünschte Frauenbild vor Augen, konstruierte sein Wesen und seinen Charakter ästhetisch. Die dauerhaftere Wirkung auf den bzw. im historischen Bewusstseinsprozess schreibe ich dabei der Bildpropaganda zu: Durch die sinnliche Wiedergabe leistete das Bild die affektive Weitergabe eben des konstruierten Frauenbildes und beteiligte sich an dessen gesellschaftlicher Durchsetzung vornehmlich durch die Prägung der Wahrnehmung und die Erzeugung einer bestimmten Gefühlslage gegenüber dem weiblichen Geschlecht. Gemeint ist und wie skizziert generiert wurde das bürgerliche Frauenbild.

Das geschah im letzten Drittel des 18. und im ersten Drittel des 19. Jahrhunderts, der Zeit der Neuausschreibung und gesamtgesellschaftlichen

---

3 Modellprojekt des Ministeriums für Frauen, Jugend, Familie und Gesundheit NRW, Bericht in der RHEINISCHEN POST, 13.03.2001.
4 Ich meine damit die alte bevölkerungssoziologische Bestimmung; die neuere milieutheoretische Schichtbestimmung nimmt „familistische" Orientierung und damit eine geschlechtsspezifische Mentalität bereits selbst als deskriptive Größe, womit sie zur geschlechtsspezifischen Differenzierung nicht mehr genommen werden kann (es sei denn um den Preis zirkelschlüssiger sozialer Verortung von Mentalitätslagen).
5 Zuletzt Koppetsch/Burkhart 1999.

Festlegung der bürgerlichen Frauenrolle. Die politisch-historischen Vorgänge und sozialhistorischen Zusammenhänge dazu dürfen hier im Großen und Ganzen vorausgesetzt werden: der Wechsel der Wirtschaftsform vom Handwerk zur Industrie, damit das Ende der Ökonomie des ganzen Hauses, das Auseinandertreten von Erwerbs- und Familienleben und die Konstituierung der Familie als häuslicher Privatbereich des Bürgers, das ökonomische und politische Erstarken des dritten Standes, des Bürgers eben, seine soziokulturelle Formierung zum Bürgertum und die Durchsetzung bürgerlicher Lebensform einschließlich ihrer Neubestimmung des Geschlechterverhältnisses zur bürgerlichen Gesellschaft.[6] In diesem Prozess fällt der Frau des Bürgers als gesellschaftlicher Ort der häusliche Bereich nur mehr als Restgröße zu. Er wandelt sich zur privaten Familie und wird zum ausschließlichen und ausschließenden Berufsbereich der Frau.

Historisch ist damit eine Sonderform geschlechtsspezifischer Arbeitsteilung gegeben. Aufgrund der biologischen Funktion der Frau verläuft die Arbeitsteilung zwischen den Geschlechtern seit je[7] entlang der Raum- und Zeitlinie von nah und fern. Damit ist aber nicht (natur)notwendig die Aufteilung des sozialen Raumes in „drinnen" und „draußen" bzw. häuslich und außerhäuslich gegeben. Erst diese Aufteilung schließt die Frau bei expandierenden Wirtschaftsformen vom Erwerbs- und Berufsleben, von Wirtschaft und, nachfolgend, von Politik aus. Der Verweis in den häuslichen Sektor, in den privaten Bereich der Familie, ist die historische Zuschreibung für die Frau der bürgerlichen Gesellschaft zu Beginn des modernen bürgerlichen Zeitalters. Für diese funktionelle Zuschreibung muss sie nun allerdings erzogen, zum „Beruf" der Hausfrau, Gattin und Mutter muss sie gebildet werden.

Das geschah zuerst für die Frau des Bürgers, sodann für die bürgerlichen Töchter durch pädagogisches Schriftgut, dabei besonders die Ratgeberliteratur, und durch Bildnisse. Text und Bild wirkten gemeinsam und höchst erfolgreich, wie ich meine. Sie propagierten ein Musterbild der bürgerlichen Frau als weibliches Wesen schlechthin. Es überzeugte gesamtgesellschaftlich, übersprang seinen Stand bzw. seine Klasse[8] und überdauerte

---

6 Dazu und im besonderem Blick auf die Sozialgeschichte der Frau u.a.: Bulst (Hg.)
   1981; Gerhard 1978; Hausen 1976; Herrmann 1987, 1993; Honegger 1989; Kleinau/Opitz (Hg.) 1996; Kocka (Hg. 1995); Koselleck (Hg.) 1988; Kraul 1988; Opitz
   u.a. (Hg.) 2000; Rosenbaum 1982; Weber 1907; Weber-Kellermann 1983, 1989;
   Wehler , 2 Bde 1987.
7 So weit aus Geschichte und Kulturevolution bekannt, vgl. z.B. Liedtke 1990.
8 Insbesondere wurde das bürgerliche Frauenbild im vierten Stand bzw. vom lohnabhängigen Handwerk sowie von Arbeitern und Bauern als Ideal übernommen, unabhängig von der Tatsache, daß die Frauen dieser Klassen in der Regel außerhäuslicher Arbeit nachgingen (z.B. Gerhard 1978; Kuczynski 1963; Kuhn/Schneider [Hg.]
   1982). Auch im Adel wurden Wesenszüge des bürgerlichen Frauenbildes übernommen, ablesbar etwa dem Porträt der – jungen – Frauen von Adel: (auch sie beugen sich über Strick- und Stickwerk [z.B. hier vorliegend: Abb. 6], d.h., auch ihnen wer-

seinen gesellschaftlichen Träger[9]; es wurde zum kollektiven Bewusstseins-
bestand und ist es bis heute geblieben. Je und je ganz oder in Teilen gesellschaftlich aktualisiert, hält er die Frau im Horizont von Haushalt und Familie und im dienenden Modus fest. Auch die argumentative Struktur zu dieser Wahrnehmung des weiblichen Geschlechts hält sich bis heute durch:
Die funktionale Beschreibung der häuslichen Rolle der Frau wird zur anthropologischen Bestimmung, der historische weibliche Sozialcharakter
wird als natürliches Wesen des Weibes genommen. Die bürgerliche Frau
figuriert als Frau an sich, die gesellschaftliche Bestimmung wird zur We-
sensbestimmung.

Das weibliche Wesen seinerzeit neuen sozialen Formats darzustellen, aus-
zumalen, vorzuführen, einzuprägen, war nun das Bild als ästhetisches Werk
vorzüglich geeignet. Das Bild kann *Seelen- und Gefühlslagen* wiedergeben
und weitergeben. Im vorliegenden Falle beruht darauf, so meine ich, sein
mentalitätsgeschichtlicher Erfolg. – Die psycho-emotionale Konstruktion
und Konstitution des bürgerlichen weiblichen Subjekts durch das Bild will
ich im Folgenden durch eine Serie von Abbildungen belegen, die ich ikonographisch und ikonologisch betrachte; die Bildanalyse richtet sich dabei
auf das konventionale Bildsubjekt, i.e. hier: die Frau; die Bildinterpretation
erschließt die Bedeutung bzw. den Aussagegehalt der Bilder.[10]

2. Das Bild: Schicksal und Seelenspiegel

2.1 Das gute Beispiel

Das gute Beispiel der bürgerlichen Frau existierte als Vorbild im Wortsinne
(Abb. 1: 1765). Es war seinerzeit ein Tugendbild gegen den gesellschaftlich
noch vorherrschenden Weiblichkeitsentwurf des Adels, also gegen die li-
bertinen „tändelnden Puppen" des französisch-europäischen Spätrokoko
(Campe 1796, S. 16). Das Bild machte Charakter und Wesen der bürgerlichen Frau sichtbar und führte sie vorbildlich eben vor Augen: Die „gute"
Frau ist sittsam behütet (Frauenhaube), ist sanft und bescheiden (Gesichtszüge, Nackenbeugung) und dem häuslichen Schicksal geduldig ergeben
(Nähtisch, Näharbeit). – Zur Darstellung und Präsentation dieser Frau wurde eine eigene Bildsprache aus tradierten, variierten und neu erfundenen
ästhetischen Elementen entwickelt. Sie ist im Körperausdruck – Gesichts-

---

den die Bildsymbole bürgerlicher Häuslichkeit beigegeben). Etwa 7% der Subskri-
benten von Campes „Vätherlichem Rath" kamen aus dem Adel, darunter waren auch
adelige Frauen (Kersting 1989, S. 375; dazu auch Weckel 1998).
9 I.e. das Bürgertum, dabei besonders das Bildungsbürgertum (Bollenbeck 1994).
10 Sc. Panowsky; dazu sekundär z.B. Kämmerling 1979; zum methodischen Umgang
   mit Bildern als Erkenntnisquelle und zur Methodologie der Bildinterpretation im
   (bildungs)historischen Kontext Miller-Kipp 1997; zuerst Wünsche 1991, zuletzt
   Krüger 2000; Schäfer/Wulf (Hg.) 1999.

züge, Körperlinie und Körperhaltung – offensichtlich und braucht daher an dieser Stelle nicht eigens beschrieben zu werden. Nicht selbstverständlich, zumindest heute nicht mehr, ist hingegen die Sprache einzelner Bildelemente; ich schließe sie deshalb im folgenden auf.[11]

Zu den symbolischen Elementen des Bildes der bürgerlichen Frau gehören der Nähtisch sowie Näh-, Strick- und Stickzeug (*Abb.* 1-9), ferner der Vorhang (*Abb.* 1, 2, 5, 6). – Nähtisch, Näh-, Strick- und Stickzeug sind nicht als realistische Wiedergabe individueller Beschäftigung gemeint, vielmehr sprechen sie von häuslicher Tugend und weiblicher Seelenlage: Geduld im häuslichen Handwerk und demütige Hingabe an das häusliche Schicksal sind gemeint, dazu Fleiß, Sauberkeit und Ordentlichkeit. Wer sich je mit feiner Stickerei (*Abb.* 4) oder Seidenstrickerei (*Abb.* 2) geplagt hat, weiß, dass diese Handarbeit solche Tugenden erfordert, und, pädagogisch ideal gedacht, sollten sie dazu auch erziehen. – Der Vorhang ist ebenfalls ein symbolisches Bildelement; er markiert den Raum und gesellschaftlichen Ort der Frau: der ist eben „drinnen", im Hause. „Draußen" wirkt bekanntlich der Mann in der historischen Ausgabe des modernen europäischen Bürgers.[12]

„Das gute Beispiel" (*Abb.* 1) war nicht nur das musterhafte Vorbild der guten Frau, es war zugleich Musterbild, das Vorbild also für die lange Reihe und Unmenge der Bilder der bürgerlichen Frau, die folgten und bis heute

---

11 Ich halte mich dabei an die über zweitausendjährige Ikonologie des europäischen Kulturraums, inventarisiert vor allem durch Panowsky; die hier vorgelegten Bilder bzw. deren Produzenten bedienen sich ihrer ganz zweifellos. Der ikonologischen Tradition und Variation einzelner Bildelemente (hier besonders vom holländischen Barock bis in die deutsche Romantik) kann und muss ich im vorliegenden Zusammenhang nicht nachgehen.

12 Für diesen Subtext im Bild der bürgerlichen Frau gibt es einen Sprachtext, der die Trennung der Geschlechter nach gesellschaftlichem Ort und die dazugehörige Arbeitsteilung zwischen den Geschlechtern einprägsam niedergelegt: „Der Mann muß hinaus/Ins feindliche Leben/Muß kämpfen und streben/Und pflanzen und schaffen/Erlisten, erraffen/Muß wetten und wagen/Das Glück zu erjagen [...] Und drinnen waltet/Die züchtige Hausfrau/Die Mutter der Kinder/Und herrschet weise/Im häuslichen Kreise/Und lehret die Mädchen/Und wehret die Knaben/Und reget ohn Ende/Die fleißigen Hände" (Friedrich Schiller 1797: „Das Lied von der Glocke"). – Mindestens 10 Gymnasiasten-Generationen durften sich an diesem epischen Gedicht erbauen, weshalb seine „normenvermittelnde Wirkung" sehr hoch eingeschätzt wird (Reulecke 2000). Dieser Wirkung wäre freilich gerade im Blick auf das weibliche Geschlecht noch nachzugehen (männliche Mentalität mag es historisch ungebrochen wiedergeben; aus weiblichem Mund kenne ich die Zeilen nur im ironischen Zitat [vom schulischen Aufsagen abgesehen]; selbst Reulecke führt an, daß bereits seinerzeit einige Damen vom Text nicht gerade „ergriffen" waren, ihn vielmehr verlachten (a.a.O.), doch drückt es den männlichen Blick auf das Wesen und die gesellschaftliche Rolle der Frau unmissverständlich aus. Die metaphorische Parallelität von Bildelement und Text belegt mithin den seinerzeitigen Gestaltungswillen des bürgerlichen Mannes im Bezug auf die Frau.

ein eigenes Bildkorpus bilden.[13] Der Form nach handelt es sich um Gemälde, um Porträts, um Genrebilder und Stilleben. Mit dem Individualfall und über ihn hinaus, mit der Individuallage und über sie hinaus, bildet jedes Bild zugleich ein Allgemeines ab, nämlich eine kollektive, dann stereotype Auffassung und Wahrnehmung der Frau. An die 90 Jahre spricht das bürgerliche Frauenbild die gleiche Sprache, zwar in ästhetischer Variation, doch in ein- und derselben anthropologischen, psychischen und mentalen Grammatik. An die 90 Jahre lang, bis zu seinem romantisch gebrochenen Zitat, hält sich das wiedergegebene Vorbild (*Abb.* 1) durch. Es war in produktions- wie in rezeptionsästhetischer Hinsicht das Schicksalsbild der bürgerlichen Frau. Ihm ist gelungen, die „gute" Frau beispielgebend abzubilden und dem gesellschaftlichen Blick überzeugend einzuprägen. Bis heute ist seine Sprache mit dem gesellschaftlichen Frauenbild assoziativ verknüpft. Ich belege diese Bildgeschichte im folgenden beispielhaft.

83 Jahre (*Abb.* 2) bzw. 85 Jahre (*Abb.* 3) später im bürgerlichen Zeitalter werden nach dem beispielhaften Muster zwei Bilder angefertigt, ein Porträt (*Abb.* 2) und ein Gemälde (*Abb.* 3), die das häusliche Schicksal der Frau im Modus von Zukunft und Erwartung darstellen. Das „gute Beispiel" wird nunmehr nicht nur jungen Frauen, sondern in den nachfolgenden Generationen auch jungen Mädchen vorgehalten. Da das Heiratsalter seinerzeit bei 14 Jahren lag, musste zur Propagierung des häuslichen Schicksals und der Evokation der häuslichen Tugenden die heranwachsende weibliche Jugend in den Blick genommen werden. – Im einen Falle (*Abb.* 2) ist ein Kind porträtiert, das sich missmutig über ein Strickwerk beugt, einen Strumpf aus weißer Seide, ein Handwerkstück, das besondere Geduld erfordert! Draußen scheint die Sonne, die Vögel fliegen am Fenster vorbei, doch das Kind sitzt drinnen, in der Biedermeier-Stube. Zwar ist der Vorhang aufgezogen und gibt den Blick nach draußen frei; doch das nur pro forma. Vor dem Fenster sperrt eine Blume den Blick, und das Kind hat den Blick fest auf den Strickstrumpf geheftet, die Stricknadeln spießen ihm fast in die Augen. Die Blume vor dem Fenster ist ein recht bescheidenes Gewächs und spricht eben von weiblicher Bescheidenheit. So stellt das Bild ein weibliches Kind in sein zukünftiges Schicksal hinein und diktiert ihm die Kardinaltugenden des häuslichen Lebensbereiches zu; dabei führt es Geduld und Demut (gebeugter Nacken) gegen – kindlichen – Eigensinn an. Unfreiwillig (?) drückt dies Porträt auch den Zwang der seelischen Zurichtung zur bürgerlichen Frau, zur Hausfrau aus.

Das Pflanzenmotiv – vor dem Fenster oder im umschlossenen Raum – kam um die Jahrhundertwende in das bürgerliche Frauenbild. Es bedeutet in der Regel Bescheidenheit, deutlich dort, wo das weibliche Subjekt nicht größer ist als die arrangierten Stubenpflanzen (*Abb. 4*, 7), darüber hinaus Demut,

---

13 Ruf 1998; Schmidt-Linsenhoff (Hg.) 1989; Westhoff-Krummacher 1995.

wo es sich um kleine, geradezu auch mickrige Gewächse handelt (*Abb.* 2, 8); ferner illustriert das Pflanzenmotiv die Abhängigkeit der Frau vom Manne, wo es sich um Kletterpflanzen handelt (*Abb.* 3, 9); einzelne Pflanzen, besonders Blumen, sprechen noch ihre eigene Symbolsprache (*Abb.* 4, 7) – ich komme unten darauf zurück.

Im Falle des romantisierenden Gemäldes (*Abb.* 3) beugt sich ein herangewachsenes Mädchen über ein Buch; ein Stickwerk und Hausschlüssel verweisen die Lektüre in den häuslichen Lebensbereich. Dessen Bestimmung verdeutlicht das Fensterarrangement sowie der Blick aus dem Fenster: Der linke Fensterflügel ist mit der Schmuckfassung des Fensterglases und einer rankenden Pflanze (Wein) zugedeckt, was zum einen in das Innere des Raumes zurücklenkt und als Hintergrund zum Bild des Mädchen dessen Schicksal symbolisiert, nämlich im Hause zu walten und sich an den Mann zu halten – wie das Klettergewächs an die stützende Wand.[14] Das künftige eheliche Schicksal verkündet der Blick durch die rechte Fensterhälfte: Er fällt auf den zentral plazierten Kirchturm! Die Kirche ist unmissverständlich Ort frommer Tugend und der Eheschließung (vgl. *Abb.* 7). – Das Gemälde steht am Ende der umrissenen Bildentwicklung; ich stelle sie und damit den ästhetischen Aussagekomplex „bürgerliches Frauenbild" im Folgenden mit fünf weiteren Beispielen in zeitlicher Reihenfolge vor.

Den weiblichen Lebenskreis feiert im Jahre 1821 ein Bild des Titels „Der Lotte ihre Stube" (*Abb.* 4): Ein doppelter Regenbogen – das Symbol von Frieden und Glück – kreist die Situation der abgebildeten Frau ein.[15] Er wölbt sich draußen vor dem Fenster über ihren Kopf, der sich ergeben über ein Strickwerk (!) beugt, und verbindet in der Linienführung des Bildes das Antikenprofil an der Wand über die Vorhangraffung mit der sitzenden weiblichen Gestalt und der Zimmerpflanze. Die Pflanze ist ein blühender Oleander, Ausdruck weiblicher Fülle und Reife; sie hat dieselbe Größe wie das weibliche Subjekt! Von allen Seiten flutet Licht in diese Stube,[16] macht den Vorhang durchsichtig, lässt Sonne, Glück und Frieden hereinscheinen – hier wird das häusliche Schicksal der Frau als glückliche Erfüllung gemalt, und der Blick des Betrachters ruht mit Wohlgefallen darauf. Bildung, angesprochen durch die auffällig plazierte Büste des Apollo von Belvedere,[17] gehört als Schmuck dazu, steht aber ersichtlich in keiner inneren Beziehung zum häuslichen Lebenskreis – die Büste schmückt den Raum, weist in der

---

14 Nachzulesen unten im Abschnitt 3.
15 Es handelt sich um Charlotte Amalie Grimm, die Schwester des Malers, die diesem den Haushalt führte; zur Legende: Schmidt-Linsenhoff (Hg.) 1989, S. 708.
16 Von allen Seiten; die Lichtreflexe und Lichtmuster auf dem Fußboden stammen nicht vom abgebildeten Fenster.
17 Charlotte Amalie Grimm war eine humanistisch gebildete Frau.

Blickrichtung aber vom Bildsubjekt fort.[18] – Porträt und Stilleben, individuelle und allgemeine Aussage, der schöne Anblick und die Erzeugung schöner Gefühle gehen ineinander über. „Der Lotte ihre Stube" ist eine sittliche und eine emotionale Botschaft.

Dieselbe ästhetische Leistung vollbringt ein Porträt[19] aus dem Jahre 1827 (*Abb. 5*). Ähnlich perfekt in der Bildsprache, verkündet es die „weibliche" Schicksalsbotschaft: Nicht einmal direkt, sondern nur spiegelbildlich porträtiert ist eine junge Frau, vor halb geöffnetem Fenster (!) über eine Stickerei (!) gebeugt (!). Die offene Fensterhälfte ist zugestellt mit Blumen, die den Blick nach draußen verwehren; die junge Frau riskiert diesen Blick ohnehin nicht. Die Blumen und ihre Symbolsprache sind im vorliegenden Falle: eine knospenden Rose (erwachende Liebe), einem Myrthenbäumchen (Hochzeit), eine Zwerggranate (Kindersegen) und eine Hortensienblüte (Verzicht, Entsagung).[20] „Durch die Blume" wird mithin die Bestimmung der Frau zur Gattin und Mutter ausgesprochen; konkret angezeigt wird diese Bestimmung durch das Porträt eines Mannes – des Verlobten – und der Gitarre sowie deren Lage im Raum. – Die Gitarre oder überhaupt ein Saiteninstrument, ist Ausdruck von Wohlklang und „süßer" Harmonie, übertragen von wohlgestimmter oder harmonischer Gefühls- und Seelenlage und in Verbindung mit dem weiblichen Bildsubjekt Ausdruck „reiner" Gefühle oder der „Reinigkeit des Herzens" (CAMPE 1796, S. XVII). – Hier verbindet die Gitarre in der Linienführung des Gemäldes das Wandbild und die weibliche Gestalt, deren Kopflinie wiederum zum Wandbild führt. So entsteht ein Gesichtskreis, der die junge Frau, den Mann und die Gitarre umfasst; sein Gegenüber sind die Blumen und das Spiegelbild. Damit wiederholt der formale Bildaufbau die Sprache der Bildelemente. Mustergültig drückt und malt das Porträt über das individuelle Subjekt und die individuelle Lebenssituation hinaus ein Allgemeines aus, nämlich das weibliche Schicksal, die Bestimmung der bürgerlichen Frau zur Gattin, Hausfrau und Mutter. Dies Schicksal *erscheint* im Bild zugleich als ein *schönes* Lebensgeschick.

---

18 Die Büste blickt auf die Umrisse einer Eule, die man im Licht- und Schattenspiel des Vorhangs rechts erkennen kann. Die Eule gilt als Symbol für klassische Bildung bzw. für Gelehrsamkeit oder Weisheit; sie ist der Vogel der Athene (Minerva), Göttin der Weisheit. Ich komme unten im vierten Abschnitt auf die Bildungsfrage zurück.

19 Louise Seidler, porträtiert von ihrem Verlobten und späteren Ehemann, dem Maler Georg Friedrich Kersting. Louise Seidler war ebenfalls Malerin und fertigte selbst Frauenbilder in der hier gezeigten Manier und Tradition an; vom Manne wird sie hier jedoch typischerweise im weiblichen „Beruf" als Haus- und Ehefrau abgebildet; zur Legende: Westhoff-Krummacher 1995, S. 235.

20 Diese Symbolsprache der Blumen ist lange ikonologische Tradition; der Maler bedient sich ihr im vorliegenden Falle ungebrochen, das Blumenarrangement ist absichtsvoll wie die ganze Komposition des Bildes; es gibt auch bildgeschichtlich keinen Grund, an der Ausdrucksabsicht des Blumenarrangements zu zweifeln.

Beide Bilder (*Abb. 4, 5*) konstruieren die Frau vorbildlich im Rahmen bzw. im Lebenshorizont häuslich-familialer Pflicht und Pflichterfüllung. Ihr personaler Kern sind in erster Linie der Ehemann, sodann die Kinder. Auf den Mann wurden Seele und Sehnsucht der Frau gerichtet.

2.2 Innerweltliches Seelenheil: der Mann

Der „Beruf" der bürgerlichen Frau heißt Hausfrau, vorzüglich als Gattin und Mutter. In allen drei Lebens- und Sozialformen war die Frau vom Manne abhängig. Die subjektive Seite dieser rechtlich,[21] ökonomisch und sozio-strukturell fixierten Abhängigkeit ist die seelische und emotionale Abhängigkeit der Frau vom Manne. Sie ist eine Zwangslange, wird als solche aber psycho-emotional verträglich umgearbeitet, etwa durch die ideelle Überhöhung des weiblichen Sozialschicksals, aber auch durch die Glorifizierung des Mannes als treusorgender Ehemann und Vater. In dieser Sozialgestalt wird der Mann mit mentaler Unterlegung aus dem christlichen Glauben zur Berufung der Frau: er ist ihr irdischer Herr und Halt, insofern ihr irdischer Gott und ihr innerweltliches Seelenheil.[22] Bilder vermögen solche Seelenlage auszudrücken, wieder- und weiterzugeben.

Kleiner noch und bescheidener als die Topfpflanzen und -blumen[23] im Raum ist beispielsweise die Gattin des Freiherrn von Reutern abgebildet, und das vom Gatten selbst (*Abb. 6*). Er stellt sich heldenhaft in den Vordergrund, sein mannhafter Kampf im „feindlichen Leben" bezeugt stolz das Eiserne Kreuz.[24] Sie hingegen sitzt klein und mit demütiger Kopfbeugung neben den Porträts der Kinder, mit einem Wäschestück beschäftigt, das symbolische Nähzeug neben sich auf *dem* Instrument bürgerlicher Hausmusik, dem Klavier. – Dies Bild ist mentalitätsgeschichtlich besonders interessant, dokumentiert es doch, dass die Tugenden der bürgerlichen Frau auch im Adel geschätzt wurden, und damit die eingangs festgestellte soziale

---

21 Die Tochter unterstand der väterlichen Rechtsgewalt (bei dessem Tode derjenigen des nächsten volljährigen männlichen Angehörigen) und konnte nur durch ausdrückliche Erklärung daraus entlassen werden; durch die Heirat ging sie in die Rechtsgewalt des Ehemannes über; vgl. stellvertretend Allgemeines Preußisches Landrecht (1794), Teile II und IV; Gerhard 1978; Heinemann 1990; Weber 1907.

22 Vgl. dazu die Parallelisierung zwischen Gott, dem Herrn, und dem Ehemann im 1. und 2. Gebot des „Katechismus der Vernunft für edle Frauen" von D.F.E. Schleiermacher (1798; Text u.a. bei Scheuerl (Hg.) 1992, S. 148 f.; dazu Jakobi 2000).

23 Zu erkennen sind Orchideen und Lilien; sie stammen, wie man aus der Forschung weiß (Westhoff-Krummacher 1995, S. 90) aus der Zucht des Schwiegervaters, so daß sie auf der biographischen, methodologisch: der ikonograpischen, Betrachtungsebene als realistische Bildelemente gelten können; auf der Ebene allgemeiner Bedeutung und ikonologischer Interpretation sprechen die Blumen eine symbolische Sprache und bedeuten zugleich Frömmigkeit und Reinheit (Lilie) sowie Geschlechterstolz (Orchidee).

24 Errungen 1813 in der Völkerschlacht bei Leipzig; zum „feindlichen Leben" vgl. oben, Anmerkung 12.

Durchschlagskraft des bürgerlichen Geschlechterstereotyps. Als Bild gibt es die seelische Qualität der ehelichen Beziehung zwischen Frau und Mann wieder: Demut und Duldung hier, Stolz und Größe dort. Es manifestiert zugleich den männlichen Blick auf die Frau.

Der Mann als Gatte ist Halt und Heil der Frau. Diese Botschaft „senden" die meisten Bilder des behandelten historischen Bildkorpus einmal mehr, einmal weniger deutlich bzw. direkt und zumeist durch das Symbol einer Kletterpflanze (*Abb.* 3, 7) oder eines Kirchturms (*Abb.* 3, 7). Die Kletterpflanze bedeutet Abhängigkeit wie Halt, der Kirchturm bedeutet Ehe. Im vorgelegten Beispiel des Porträts einer Elfjährigen (!) zeigt der hochaufragende Kirchturm die – zukünftige – Bestimmung des Mädchens fast überdeutlich an (*Abb.* 7). Bestimmt ist ihm das häusliche Schicksal, wie die hell ausgeleuchteten einschlägigen Bildelemente mitten auf der Bildbasis sagen. Gesellschaftlich besiegelt wird dies Schicksal durch die Eheschließung. Es ist in – demütiger – Bescheidenheit hinzunehmen, wie die unscheinbare Blume am unteren Bildrand links sagt. Auf sie fällt das Licht so, dass eine Linie von dieser Blume und über den hellweißen Kragen, über Nacken und Kopf des lesenden Mädchens direkt zum Kirchturm führt. Diese Linie wird auf halber Bildhöhe diagonal gekreuzt vom Blick des jungen Mädchens in das Buch. Über den erbaulichen oder frommen Charakter dieser Lektüre kann damit kein Zweifel aufkommen. – Selbstredend ist all dies absichtsvolle Bildkomposition. Hier richtet sich die Hoffnung des bürgerlichen Mädchens auf die Institution der Ehe und auf die Person des Ehemannes.

Steht die Frau einmal vor dem Mann im Bilde und überragt ihn, so ist das höflicher Konvention geschuldet, wie im hier vorgelegten gefühlvollen Porträt eines innig verbundenen Paares (*Abb.* 8). An der gesellschaftlichen Rangfolge der Geschlechter ist dennoch kein Zweifel: So steht im Hintergrund dunkel und mächtig das weibliche Schicksal im seinerzeit verbreiteten Bild von Eiche und Efeu: der Mann ist die Eiche, die Frau ist das Efeu – ohne ihn ist „sie ein niedriges Gesträuch, das von jedem Vorübergehenden zertreten wird" (Campe 1796, S. 23).

Führt man den Text an, der den Bildern unterliegt, so zeigt sich deren Stärke im Blick auf Ausdruck und Überzeugungskraft: Es ist das Bild, das die psycho-emotionale Qualität des bürgerlichen Geschlechterverhältnisses ausdrückt, das die Seelen- und Gefühlslage der Frau ästhetisch fasst und sinnlich fassbar macht. Es ist die Menge der Bilder, die dies „Frauenbild" und Geschlechterstereotyp tief ins gesellschaftliche Bewusstsein senkte und diesem wiederum über mehr ein halbes Jahrhundert historischen Ausdruck verlieh. Das Bild – wenn es gut ist – ist unvergleichlich *eindringlicher* als ein Text.

2.3 Bild und Text: pädagogische Parallele

Nimmt man das Bild als Metapher, als Interaktion im kunsttheoretischen Sinne,[25] so ist die Interaktion beim vorgestellten Bildkorpus eine pädagogische und spielt zwischen Bild und Bildbetrachter: ein bestimmtes Frauenbild, ein kollektiver Blick auf die Frau und ein kollektives Wahrnehmungsmuster der Frau wird individuell vermittelt, will sich mitteilen, sich dem Betrachter einprägen. Die Sache des Textes ist hingegen das Begründen und das Predigen, im vorliegenden Falle das Begründen des gesellschaftlichen Schicksals der bürgerlichen Frau und das Predigen des zugehörigen Tugendkataloges. Diese pädagogischen – belehrenden und erziehlich gemeinten – Texte lagen zeitgleich mit dem beschriebenen Bildkorpus vor.[26] Text und Bild teilen *eine* Absicht: Darstellung und Propagierung des bürgerlichen Frauenbildes. Diese Interferenz zwischen Bild und Text ist metaphorisch belegt und dort besonders gut zu fassen, wo Bildnis und Sprachbild einander direkt entsprechen, wo die Textmetapher das Bild bzw. das Bild die Textmetapher umsetzt. Selbstverständlich erschöpfen sich Intention und Wirkung der Bilder nicht in der Illustration des Textes, siehe oben, wie auch die Textabsicht keine deskriptive ist. Bild und Text funktionieren vielmehr mit ihren je spezifischen Wirkmöglichkeiten zusammen. – Ich zitiere im Folgenden den Paralleltext zum interpretierten Bildkorpus.

3. Der pädagogische Text: Vernunftappell und Tugendpredigt

Den zumindest der Verbreitung,[27] daher vermuteter Zustimmung und Wirkung nach erfolgreichsten Text in der gesellschaftlichen Funktion, das bürgerliche Frauenbild zu propagieren und das weibliche bürgerliche Subjekt zu erziehen, hat Joachim Heinrich Campe[28] mit den „Väterlichen Rath für

---

25 Interaktion zwischen Form und Gehalt oder zwischen Werk und Absicht bzw. Aussage, vgl. Johannes Bilstein im vorliegenden Band.

26 Das zeitliche Prä kommt hier dem Bild zu.

27 Der Text war ein „Bestseller": er wurde bis 1832 zehnmal aufgelegt, Nach- und Raubdrucke nicht mitgerechnet; in den ersten 10 Jahren (1789-1799) kamen allein 8700 Exemplare auf den Markt; rechnet man das Lesepublikum um 1800 in Familien um (ca. 40 000; Engelsing 1973), so dürfte um 1800 etwa in jeder 6. lesenden (gebildeten) Familie dieser Campe gestanden haben; die Schrift wurde ins Holländische, Französische, Dänische, Russische und Polnische übersetzt (Kersting 1989, S. 373).

28 Er wird als Schulmann und pädagogischer Schriftsteller zu den „Klassikern der Pädagogik" gezählt (Herrmann 1979). Campe (1747-1818) war ein glühender Anhänger der französischen Revolution; er wurde 1792 zum Ehrenbürger der ersten französischen Republik ernannt.

meine Tochter"[29] geschrieben. Dieser „Rath" erschien im Jahre der französischen Revolution. Er schließt aber die (bürgerliche) Frau in Haus ein und von sozialer und politischer Emanzipation aus mit überschießender Argumentation: mit Gründen der aufgeklärten Vernunft und christlicher Religion, mit Nützlichkeitserwägungen, mit raffinierter Schmeichelei. – Ich zitiere hier die metaphorisch markanten Sätze und hebe Eigenschaftsbestimmungen und Wesensbeschreibung des „Weibes" kursiv hervor:

„Was soll denn also das Weib, oder wozu ist sie denn nun eigentlich da?" (S. 14). – „Ihr seid wahrlich nicht dazu bestimmt, nur große Kinder, tändelnde Puppen, Närrinnen oder gar Furien zu sein; ihr seid vielmehr geschaffen – o vernimm deinen ehrwürdigen Beruf mit dankbarer Freude über die große Würde desselben! – um beglückende Gattinnen, bildende Mütter und weise Vorsteherinnen des innern Hauswesens zu werden" (S. 16 f.).

„Gott selbst hat gewollt, und die ganze Verfassung der menschlichen Gesellschaften auf Erden, so weit wir sie kennen, ist danach zugeschnitten, dass nicht das Weib, sondern der Mann das Haupt sein sollte. [...] Dazu ward bei allen gebildeten Völkerschaften die ganze Erziehungs- und Lebensart beider Geschlechter dergestalt eingerichtet, dass das Weib *schwach, klein, zart, empfindlich, furchtsam, kleingeistig* – der Mann hingegen stark, fest, kühn, ausdauernd, groß, her und kraftvoll an Leibe und Seele würde. [...] Es ist also der übereinstimmende Wille der Natur und der menschlichen Gesellschaft, das der Mann des Weibes Beschützer und Oberhaupt, das Weib hingegen die sich ihm anschmiegende, sich an ihm haltende und stützende treue, dankbare und folgsame Gefährtin und Gehülfin seines Lebens sein sollte – *er die Eiche, sie der Efeu,* der einen Theil seiner Lebenskraft aus den Lebenskräften der Eiche saugt, der mit ihr in die Lüfte wächst und mit ihr fällt – ohne sie ein niedriges Gesträuch, das von jedem Vorübergehenden zertreten wird" (S. 22 f.).

„Sei endlich, diesem allem zufolge fest überzeugt, das *Geduld, Sanftmuth, Nachgiebigkeit* und *Selbstverläugnung* die allerunentbehrlichsten Tugenden deines Geschlechts sind, ohne welche ein weibliches Geschöpf, das seine natürliche Bestimmung erreichen [...] will, unmöglich glücklich und zufrieden leben kann" (S. 26).

Zur „Erfüllung" ihres „dreifachen Berufes" muss nun „das Frauenzimmer des bürgerlichen Standes nothwendig" (S. 88) den folgenden „Gemüthscharakter" haben:

---

29 Ich zitiere die „fünfte rechtmäßige Ausgabe" von 1796; Nachdruck dieser Ausgabe mit einer Einleitung von Ruth Bleckwein, Paderborn Lage 1988; Neudruck Lage 1997; die erste Ausgabe von 1789 auszugsweise in: Lange 1992, S. 24-37. Zur Schrift: Jonach 1997; Kersting 1989; Pellatz 1997. – Campe ist seinerzeit klug aber wirkungslos widersprochen worden, insbesondere von Theodor Gottlieb von Hippel; dazu Jakobi 1989; Weckel 2000.

„Reinigkeit des Herzens, wahre und aufgeklärte Frömmigkeit, Schamhaftigkeit und Keuschheit, Bescheidenheit, Freundlichkeit und immer gleiche Herzensgüte, Bedächtigkeit, Ordnungsliebe, Geist der Sparsamkeit und der Haushältigkeit, Häuslichkeit und häuslicher Geschäftstrieb, Gewöhnung an Abhängigkeit" (S. XVII).

Während der Text diese Tugenden und Dispositionen über 100 Seiten ausschweifend beschreibt, gibt das Bild sie in einem Augenblick – im doppelten Sinne des Wortes – sinnlich fassbar wieder. Begründungen für seine Darstellung des weiblichen Subjekts bleibt es freilich schuldig. Gründe und einen argumentativen Zusammenhang liefert aber der Text; er bearbeitet damit den Kopf des Rezipienten. Das Bild hingegen bearbeitet Gemüt und Wahrnehmung. Damit ist im vorliegenden Falle eine psychologische Arbeitsteilung zwischen Text und Bild beschrieben. Es ist die rezeptionspsychologische Differenz zwischen Kognition[30] und Affektation. Ich will sie mit einem Blick auf das Buchmotiv (*Abb. 3*, 7) abschließend hervorheben.

4. Achtung: Bücher!

Taucht das Buch als Bildelement auf, sind ihm stets überdeutlich Symbole weiblicher Häuslichkeit und Tugend (Bescheidenheit) zugeordnet: der Hausschlüssel (*Abb.* 3) oder Kirchturm, Nähzeug *und* Pflanzensymbolik (*Abb.* 3, 8). Damit ist das Buch unzweideutig in den weiblichen als häuslich-familialen Lebenszusammenhang gestellt; eine Emanzipation daraus zeigt es nicht an. Insofern kann auch an der Art der Lektüre kein Zweifel sein: Sie meint nicht gelehrtes Studium oder geistiges Abenteuer, vielleicht auch nicht einmal pures Lesevergnügen. Das Buch stellt keine eigene geistige Exposition der Frau dar oder meint etwa Emanzipation durch Bildung. Der Bildkontext legt stets nahe, dass es sich um „anständige" Lektüre für Mädchen und junge Frauen handelt, um Ratgeber etwa oder Anstands- und Erbauungsliteratur, vielleicht auch um die Bibel (*Abb.* 7). Warum erscheint es überhaupt in diesen Bildern?

Das Buch zeigt Bildung an – als gebildet galt seinerzeit bereits das lesekundige Individuum – und Bildung schmückt die Frau wie den Hausstand, in dem eine gebildete Frau waltet. Freilich präsentiert das Buch per se eine eigene Welt und einen eigenen Weltzugang. Mit nahezu überdeutlichen symbolischen Hinweisen wird es daher im weiblichen Schicksalskreis fixiert. Ungewollt verrät die Bildsprache dabei, dass man den Büchern – als der Freisetzung von Phantasie und Bewusstsein durch Lektüre – doch latent misstraut. Zumindest kann die Bildsprache so plausibel gedeutet werden. Im zitierten Paralleltext von Campe wird über 30 Seiten gegen „literarischen Luxus" (a.a.O., S. 58), gegen das „unmäßige und zwecklose Lesen"

---

30 Im Sinne von Einsicht, bewusster Erkenntnis.

(S. 62), gegen den „anderen Zweig dieser Seelenseuche, die Schriftsteller-sucht" (S. 67) gewütet, um den Frauen von „Gelehrsamkeit und Schriftstel-lerei" abzuraten und dagegen die „wahren weiblichen Verdienste" heraus-zustellen (S. XV).[31] Dem Bild gelingt das wiederum im *Augenblick*.

Die Frauen von Büchern, i.e. Gelehrsamkeit, abzuhalten, ist die Anstren-gung eines anderen Diskurses, der seinerzeit die gebildete Welt und die Gelehrtenrepublik beschäftigte, des Diskurses nämlich über das gelehrte Frauenzimmer. Er ist mit der historischen Konstruktion der bürgerlichen Frau argumentativ verknüpft, führt an sich aber ein literarisches Eigenleben auf dem Boden der alteuropäischen anthropologischen Frage, „ob die Wei-ber Menschen sind".[32] Einig ist man sich in dem Punkte: „Nöthig wäre also eine gelehrte Geistesbildung dem Weibe doch nun einmal nicht" (Campe 1796, S. 52). Denn wo käme man hin, wenn die Frauen gesellschaftliche „Standorte" anstrebten, „auf [denen] sich etwas Großes und Rühmliches verrichten läßt" (Campe 1796, S. 28). Diese Orte sind nämlich „fast ohne Ausnahme" bereits „mit Männern besetzt" (a.a.O., S. 29)![33] – Solche frei-mütige und deutliche Aussage berechtigt zu folgender historisch-systematischer Zusammenfassung:

Mit der Erziehung des weiblichen Subjekts bürgerlicher Wesensverfassung wurde vom männlichen Geschlecht aus gesellschaftliche Konkurrenz gere-gelt. Bilder beteiligten sich daran im betrachteten Zeitraum durch die ästhe-tische Konstruktion des weiblichen Subjekts. Sie wirkte fort als Prägung der gesellschaftlichen Wahrnehmung der Frau und des weiblichen Wesens. Diese Prägung sitzt deshalb besonders tief, weil sie durch die Ästhetik des Bildes emotional grundiert ist und bis in die affektive Einstellung hinein-reicht. Sie hält deshalb besonders lange vor, oder modernistisch, sie ist deshalb so nachhaltig, weil sich Wahrnehmung und Affektation mittels beleitender Textmetaphorik ins Bewusstsein heben und zur Überzeugung verfestigen. Eine ähnlich wirkungsvolle Gegenpropaganda wäre daher gut beraten, sich auf Bilder und Metaphern zu stützen.

---

31 Campes Wüten richtet sich allgemein gegen die Lesewut der Zeit, hat dabei beson-deres schöngeistige Lektüre (und Bücher) als aufklärungswidrig im Blick – es gab um 1780 über 500 Lesegesellschaften, die sich nur belehrender Lektüre verpflichte-ten – und meint natürlich besonders die Frauen.
32 Honegger 1989; Lange (Hg.) 1992; Liedtke 1990; Miller-Kipp 1997.
33 Zum berufshistorischen Aspekt: Mayer 1999.

Abbildungen

Abb. 1
Justus Chevillet, um 1765

Abb. 2
Guido Philipp Schmitt, 1848

Abb. 3
Caroline von der Embde, 1850/55

Abb. 4
Ludwig Emil Grimm, 1821

Abb. 5
Georg Friedrich Kersting, 1827

Abb.6
Gerhard Wilhelm von Reutern, 1829

Abb. 7
Friedrich Wasmann, 1828

Abb. 8
Carolina Bardua, 1832

Literatur

Bollenbeck, G. (1994): Bildung und Kultur. Glanz und Elend eines deutschen Deutungsmusters. Frankfurt am Main, Leipzig

Bulst, N. (Hg. 1981): Familie zwischen Tradition und Moderne. Studien zur Geschichte der Familie in Deutschland und Frankreich vom 16. bis zum 20. Jahrhundert. Göttingen

Campe, J. H. (1796): Väterlicher Rath für meine Tochter. Ein Gegenstück zum HEOPHRON; der erwachsenern weiblichen Jugend gewidmet. Fünfte rechtmäßige Ausgabe. Braunschweig

Engelsing, R. (1973): Analphabetentum und Lektüre. Zur Sozialgeschichte des Lesens in Deutschland zwischen feudaler und industrieller Gesellschaft. Stuttgart

Gerhard, U. (1978): Verhältnisse und Verhinderungen. Frauenarbeit, Familie und Rechte der Frauen im 19. Jahrhundert. Frankfurt am Main

Hardach-Pinke, I. (2000): Bleichsucht und Blütenträume: junge Mädchen 1750-1850. Frankfurt am Main

Hausen, K. (1976): Die Polarisierung der „Geschlechtscharaktere". Eine Spiegelung der Dissoziation von Erwerbs- und Familienleben. In: Conze, W. (Hg.): Sozialgeschichte der Familie in der frühen Neuzeit Europas. Stuttgart, S. 363-393. (auch in: Rosenbaum [Hg.] 1978, S. 161 ff.)

Hausen, K. (1989): Öffentlichkeit und Privatheit. Gesellschaftspolitische Konstruktionen und die Geschichte der Geschlechter. In: Journal f. Geschichte 1, S. 16 ff

Heinemann, M. (1990): Familienrecht und Mädchenerziehung im 19. Jahrhundert in Preußen. In: Hohenzollern/Liedtke (Hg.), S. 252-271

Herrmann, U. (1979): Die Pädagogik der Philanthropen. In: Scheuerl, H. (Hg.): Klassiker der Pädagogik. 2 Bde. München, Bd. 1, S. 135-158

Herrmann, U. (1987): Familie, Kindheit, Jugend. In: Handbuch der Deutschen Bildungsgeschichte. Bd. III, 1800-1870, hrsg. Jeismann, K.-E./Lundgreen, P. München, S. 53-69

Herrmann, U. (1993): Aufklärung und Erziehung. Studien zur Funktion der Erziehung im Konstitutionsprozeß der bürgerlichen Gesellschaft im 18. und frühen 19. Jahrhundert in Deutschland. Weinheim

Hohenzollern, J. G. Prinz von/Liedtke, Max (Hg. 1990): Der weite Schulweg der Mädchen. Bad Heilbrunn

Honegger, Cl. (1989): Die französische Anthropologie der Revolutionszeit und die Neubestimmung der Geschlechter. In: Schmidt-Linsenhoff (Hg.), S. 294-309

Jakobi, J. (1989): Der Polizeidirektor als feministischer Jakobiner. Theodor Gottlieb von Hippel und seine Schrift „Über die bürgerliche Verbesserung der Weiber". Berlin 1792. In: Schmidt-Linsenhoff (Hg.), S. 358-372

Jakobi, J. (2000): Friedrich Schleiermachers „Idee zu einem Katechismus der Vernunft für edle Frauen". Ein Beitrag zur Bildungsgeschichte als Geschlechtergeschichte. In: Zs. f. Pädagogik 46, S. 159-174

Jonach, M. (1997): Väterliche Ratschläge für bürgerliche Töchter. Mädchenerziehung und Weiblichkeitsideologien bei Joachim Heinrich Campe und Jean-Jacques Rousseau. Frankfurt am Main, Berlin, Bern, NY

Kämmerling, E. (1979): Ikonographie und Ikonologie. Köln

Kersting, Ch. (1989): Prospekte fürs Eheleben. Johann Heinrich Campe: Väterlicher Rat für meine Tochter. In: Schmidt-Linsenhoff (Hg.), S. 373-390

Kleinau, E./Mayer, Ch. (Hg. 1996): Erziehung und Bildung des weiblichen Geschlechts. Eine kommentierte Quellensammlung zur Bildungs- und Erziehungsgeschichte von Mädchen und Frauen, 2 Bde. Weinheim

Kleinau, E./Opitz, Cl. (Hg. 1996): Geschichte der Mädchen- und Frauenbildung, 2 Bde. Frankfurt am Main, NY

Kocka, J. (Hg. 1995): Das Bürgertum im 19. Jahrhundert. Deutschland im europäischen Vergleich. Göttingen

Koppetsch, C./Burkart, G. (1999): Die Illusion der Emanzipation. Zur Wirksamkeit latenter Geschlechtsnormen im Milieuvergleich. Konstanz.

Koselleck, R. (Hg. 1988): Bildungsbürgertum im 19. Jahrhundert. Teil II: Bildungsgüter und Bildungswesen. Stuttgart

Kraul, M. (1988): Bildung und Bürgerlichkeit. In: Kocka, J. (Hg.): Bürgertum im 19. Jahrhundert. Deutschland im europäischen Vergleich, Bd. 3. München, S. 45-73

Krüger, H.-H. (2000): Stichwort: Qualitative Forschung in der Erziehungswissenschaft. In: Zs. f. Erziehungswissenschaft 3, S. 323-342

Kuczynski, J. (1963): Frauenarbeit. Studien zur Geschichte der Lage der Arbeiterin in Deutschland von 1700 bis zur Gegenwart. Berlin (Ost). (Geschichte der Lage der Arbeiter, Bd. 18)

Kuhn, A./Schneider, G. (Hg. 1982): Frauen in der Geschichte I. Frauenrechte und die gesellschaftliche Arbeit der Frau im Wandel. Düsseldorf

Lange, S. (Hg. 1992): Ob die Weiber Menschen sind. Geschlechterdebatten um 1800. Leipzig

Liedtke, M. (1990): Der weite Schulweg der Mädchen – Historische und systematische Aspekte einer Benachteiligung. In: Hohenzollern/Liedtke (Hg.), S. 25-37

Mayer; Ch. (1999): Bildungsentwürfe und die Konstruktion der Geschlechterverhältnisse zu Beginn der Moderne. In: Behm, B.L./Heinrichs, G./Tiedemann, H. (Hg.): Das Geschlecht der Bildung – Die Bildung der Geschlechter. Opladen, S. 13-30

Miller-Kipp G. (2000): Über die väterliche Erziehung bürgerlicher Töchter oder vom Beitrag der Pädagogik in der Frage „Ob die Weiber Menschen sind". In: Böger, A./Friedl, H. (Hg.): FrauenKulturStudien. Tübingen, S. 79-93

Miller-Kipp, G. (1997): Der Schutzengel – ein pädagogisches Mißverständnis in Bildern. In: Schmitt, H./Link, J.-W./Tosch, F. (Hg.): Bilder als Quellen der Erziehungsgeschichte. Bad Heilbrunn, S. 243-272

Opitz, Cl./Weckel, U./Kleinau, E. (Hg. 2000): Tugend, Vernunft und Gefühl. Geschlechterdiskurse der Aufklärung und weibliche Lebenswelten. Münster, New York, München, Berlin

Pellatz, S. (1997): Pubertätslektüre für Mädchen am Ende des 18. Jahrhunderts. Der 'väterliche Ratgeber'. In: Grenz, D./Wilkending, G. (Hg.): Geschichte der Mädchenlektüre. Weinheim, S. 35-50

Pross, H. (1978): Die Männer. Eine repräsentative Untersuchung über die Selbstbilder von Männern und ihre Bilder von der Frau. Reinbek bei Hamburg

Reulecke, J. (2000): „Der Mann muß hinaus in's feindliche Leben ...". Aspekte der Männerbildung vom 19. zum frühen 20. Jahrhundert. In: DIE, Zs. f. Erwachsenenbildung 7, S. 41

Rosenbaum, H. (Hg. 1978): Seminar Familie und Gesellschaftsstruktur. Frankfurt am Main

Rosenbaum, H. (1982): Formen der Familie. Untersuchungen zum Zusammenhang von Familienverhältnissen, Sozialstruktur und sozialem Wandel in der deutschen Gesellschaft des 19. Jahrhunderts. Frankfurt am Main

Ruf, K. (1998): Bildung hat (k)ein Geschlecht. Über erzogene und erziehende Frauen. Begleitbuch zur gleichnamigen Ausstellung der Universität Stuttgart. Frankfurt am Main, Berlin, Bern, NY, Paris, Wien

Schäfer, G./Wulf, Ch. (Hg. 1999): Bild – Bilder – Bildung. Weinheim.

Scheuerl, H. (Hg. 1992): Lust an der Erkenntnis: Die Pädagogik der Moderne. München

Schmidt-Linsenhoff, V. (Hg. 1989): Sklavin oder Bürgerin? Französische Revolution und neue Weiblichkeit 1760-1830. Frankfurt am Main. (Katalog zur gleichnamigen Ausstellung des Historischen Museums Frankfurt)

Stopcyk, A. (1980): Was Philosophen über Frauen denken. München.

Weber, M. (1907): Ehefrau und Mutter in der Rechtsentwicklung. Tübingen 1907. (Nachdruck Aalen 1989)

Weber-Kellermann, I. (1983): Frauenleben im 19. Jahrhundert. München

Weber-Kellermann, Ingeborg (1989): Die Familie. Geschichte, Geschichten und Bilder. Frankfurt am Main. (1. Ausgabe 1974)

Weckel, U. (1998): Zwischen Häuslichkeit und Öffentlichkeit. Die ersten deutschen Frauenzeitschriften im späten 18. Jahrhundert und ihr Publikum. Tübingen

Weckel, U. (2000): Gleichheit auf dem Prüfstand. Zur zeitgenössischen Rezeption der Streitschriften von Theodor Gottlieb Hippel und Mary Wollstonecraft in Deutschland. In: Opitz u.a. (Hg.), S. 209-248

Wehler, H.-U. (1987): Deutsche Gesellschaftsgeschichte. Bd. 1: 1700-1815, Bd. 2: 1815-1845/49. München

Westhoff-Krummacher, H. (1995): Als die Frauen noch sanft und engelsgleich waren. Die Sicht der Frau in der Zeit der Aufklärung und des Biedermeier. Münster. (Katalog zur Ausstellung des Westfälischen Landesmuseums für Kunst und Kulturgeschichte Münster)

Wünsche, K. (1991): Das Wissen im Bild. Zur Ikonographie des Pädagogischen. In: Oelkers, J./Tenorth, H.-E. (Hg.): Pädagogisches Wissen. Zs. f. Pädagogik, Bh. 27, S. 273-290

Michael Parmentier

Diskurstheorie avant la lettre

Das hidden curriculum der „Schule von Athen"

Das Vorspiel:
Die historische Bühne und der Auftritt Raffaels

Seit der Eroberung Konstantinopels im Jahr 1453 durch die Türken war den wirtschaftlichen Zentren Europas der Zugang zum schwarzen Meer und damit der für den Orienthandel so wichtige Landweg nach Indien versperrt. Die Türken verteuerten durch hohe Zölle den arabischen Zwischenhandel und verdrängten die oberitalienischen Städte, vor allem Venedig und Genua, aus ihren Besitzungen im östlichen Mittelmeer. Für die Weitsichtigen unter den Kaufleuten Europas gab es deshalb zur Sicherung der Handelswege nur zwei Optionen: der Bau des Suezkanals - der damals freilich noch nicht so hieß - und die Entdeckung des westlichen Seeweges nach Indien. Die ausgearbeiteten Pläne für den Kanalbau blieben bekanntlich in den Tresoren von Venedig liegen. Ihre Verwirklichung musste aus technischen und finanziellen Gründen um einige Jahrhunderte verschoben werden.[1] Die Entdeckung des Seeweges nach Indien jedoch gelang. 1482 war die Kongomündung erreicht, 1487 umsegelte Bartolomeo Diaz die Südspitze Afrikas und 1498 erreichte Vasco da Gama mit drei Schiffen und 150 Matrosen den Westen des indischen Subkontinents.

Der erfolgreiche Abschluss dieses Erkundungsprojektes verblasste allerdings neben dem Überraschungsfund, der dem umstrittenen Genuesen Christobal Columbus inzwischen geglückt war. Im Vertrauen auf alte, etwas apokryphe Lehren von der Kugelgestalt der Erde und ausgestattet mit dem neuesten Kompass und den modernsten Navigationsgeräten hatte er sich zwecks Indiensuche einfach nach Westen aufgemacht und dabei Amerika entdeckt. 1492 erreichte er Kuba. 1496 auf seiner dritten Reise betrat er den Boden des amerikanischen Festlandes. Auch wenn Columbus und seine Sponsoren vor allem missionarische Absichten verfolgten, objektiv ent-

---

[1] Zum Glück für die Investoren, denn knapp 70 Jahre nach der Eroberung Konstantinopels hatten die Türken auch Ägypten (1517) unter ihre Kontrolle gebracht. Das Kapital für den Kanalbau wäre buchstäblich in den Sand gesetzt gewesen.

sprang ihr waghalsiges und risikoreiches Unternehmen dem gleichen nominalistischen Geist, dem sich auch schon die Anatomiestudien Leonardos,
die technischen Erfindungen Henleins, der Buchdruck und das Schießpul-
ver verdankten. Mit der Entdeckung Amerikas hatte dieser empiriehungrige
und veränderungswillige Habitus die Grenzen des mittelalterlichen Weltbildes nun auch geographisch durchbrochen und historisch eine wichtige
Zäsur gesetzt. Damals begann, was wir heute Globalisierung nennen und
was nichts anderes darstellt als die immanente Konsequenz der bürgerlichen Dynamik.

Die Mächte der Vergangenheit betrieben derweil im alten Europa, was sie
immer schon betrieben haben und am besten konnten: sie kämpften in der
gewohnten Manier um Macht und Einfluss. Die bevorzugte Arena der Auseinandersetzung war zu jener Zeit Italien. Hier trafen Spanien, Frankreich,
das Heilige Römische Reich deutscher Nation und die italienischen Städte
in vielfältigen Konstellationen aufeinander und versuchten jeweils ihren
territorialen Ansprüchen mit Waffengewalt die gewünschte Geltung zu
verschaffen. Auch die Päpste mischten mit. Sie hatten längst sehr profane
Züge angenommen und nach dem Exil in Avignon und der Zeit der Kir-
chenspaltung damit begonnen, die weltliche Macht des Kirchenstaates in
Rom wieder herzustellen und auszuweiten. Bei der Wahl der Mittel zeigten
sie sich nicht besonders zimperlich. Simonie und Nepotismus standen seit
Sixtus IV (1471-1484) auf der Tagesordnung. Unter Alexander VI (1492-
1503) aus dem spanischen Hause Borgia kamen auch noch Mord und Tod-
schlag hinzu. Zusammen mit seinem Sohn, dem Condottieri Cesare Borgia
machte sich dieses moralische Ungeheuer mit den brutalsten Methoden den
Kirchenstaat gefügig. Wer sich den beiden in den Wege stellte, wurde vernichtet, offen oder heimlich, mit dem Dolch oder mit Gift. Manches spricht
dafür, dass die Borgia das Papsttum zum Familienerbe erheben und damit
in eine weltliche Herrschaft umwandeln wollten. Zu diesem Ende kam es
nur deshalb nicht, weil Alexander der VI. seinen eigenen Machenschaften
zum Opfer fiel: Er trank aus Versehen den vergifteten Wein, der für einen
seiner Kardinäle bestimmt war.

Nach diesem melodramatischen Abgang konnte es eigentlich nur besser
werden. Und wirklich, nach der kurzen Herrschaft von Pius III. kam mit
Julius II. aus dem Haus Rovere (1503-1513) ein Mann auf den Stuhl Petri,
der das Papsttum aus seiner tiefsten Erniedrigung herausführen sollte. Auch
dieser Renaissancepapst war im Innersten ein weltlicher Fürst, ein Mann
des Schwertes und der Diplomatie. Er wusste genau, was er wollte. Ener-
gisch beseitigte er die posthumen Machtpositionen seines korrupten Vor-
gängers und machte sich dann daran den Kirchenstaat durch eine konse-
quente Zentralisierung[2] von Grund auf zu erneuern. Durch eine geschickte

---

2 Vgl. Tafuri 1987, S. 59/60

den wechselnden Umständen angepasste Bündnispolitik gelang es ihm die Begehrlichkeiten der europäischen Grossmächte in Schach zu halten. Der geplanten Romfahrt Maximilian I. mit anschließender Kaiserkrönung widersetzte er sich noch im Bündnis mit Frankreich und Venedig. Ein Jahr darauf aber, 1508, kooperierte er schon wieder mit Maximilian I. in der Liga von Cambrai gegen die Expansionspolitik Venedigs. Und wieder drei Jahre später führte er die Hl. Liga mit Spanien und Venedig in den Kampf gegen die Franzosen, die seit 1499 im Herzogtum Mailand saßen und Ende des Jahres 1512 aus Italien vertrieben werden konnten. Julius II. war ein gewiefter Politiker und ein entschlossener Feldherr. Wenn es darauf ankam, setzte er sich auch schon einmal selbst an die Spitze seiner Truppen und eroberte Bologna, Parma und Piacenza. Er kannte das harte Lagerleben und konnte fluchen wie ein Landsknecht.

Aber er war auch ein großer Mäzen und Förderer der Künste. Unter seinem Pontifikat ist Rom, die ewige Stadt, die lange im Provinzialismus versunken war,[3] wieder zum gesellschaftlichen Leben erwacht und zum kulturellen Zentrum der Hochrenaissance aufgestiegen. Julius II. hat als Bauherr und Auftraggeber die alte Metropole zu einer Boomtown gemacht. Für die Zeit seiner Regentschaft kann man sagen: die Künste, das Kunsthandwerk und die Bauwirtschaft brummten. Die finanziellen Mittel für seine mäzenatischen Unternehmungen hatte er, wie seine Vorgänger, u.a. durch Ablasshandel in Nordeuropa zusammengescharrt und damit bekanntlich die Kritik der religiösen Reformer und Humanisten herausgefordert. Martin Luther und Erasmus von Rotterdam waren entsetzt über diese Methode der Geldeintreibung und die profane Prunksucht in Rom. Einige Jahre später wurde der Ablassmissbrauch dann ja auch zum Anlass für den Thesenanschlag in Wittenberg. Doch die Motive für das kulturelle Engagement des Papstes waren durchaus bedenkenswert. Es sind dieselben, die auch sein politisches Handeln und seine militärischen Aktionen bestimmten. Sicher waren auch persönlicher Ehrgeiz, private Prunkliebe und familiäre Machtinteressen als Antriebskräfte mit im Spiel. Doch historisch gesehen, war dieser Papst vor allem von dem Willen beseelt, den Niedergang der kirchlichen Autorität aufzuhalten und das verlorene Ansehen des apostolischen Stuhles in der gesamten Christenheit wiederherzustellen. Zu diesem Zweck hat er die bedeutendsten Künstler Italiens in die Stadt am Tiber geholt und ihnen so Gelegenheit gegeben die für die Hochrenaissance charakteristische Formensprache auszubilden. Unter denen, die für die Mitarbeit an der „Restauratio Romae" gewonnen werden konnten, war auch ein junger Mann, na-

---

3 Anfang des 16. Jahrhunderts noch war Rom eine nur schwach besiedelte Stadt mit etwa 40 000 Einwohnern. Innerhalb der alten trajanischen Mauer gab es weite Brachflächen und viele Trümmerfelder und Ruinen. Zwischen ihnen und den Kastellen der römischen Barone weideten Vieherden. Die alte Metropole lebte fast ausschließlich vom päpstlichen Hof und blieb in ihrer Wirtschaftskraft weit hinter den oberitalienischen Städten zurück. (vgl. Ullmann 1991, S. 99)

mens Raffael. Seine künstlerische Qualitäten hatten sich längst im ganzen Land herumgesprochen.

Der Ruf nach Rom muss für den 25jährigen trotzdem sehr plötzlich und unerwartet gekommen sein. Dafür spricht der Brief, den er am 21. April 1508 an seinen Oheim in Urbino geschrieben hat. Nichts in diesem Brief deutet auf eine bevorstehende Umsiedlung nach Rom. Im Gegenteil. Er bekräftigt die Absicht Raffaels in Florenz zu bleiben und sich bei der „Signoria" um die Ausmalung eines nicht näher bekannten Raums zu bewerben. Offenbar war diese Bewerbung auch erfolgreich. Raffael scheint jedenfalls mit dieser und mit anderen Arbeiten beschäftigt gewesen zu sein, als ihn das päpstliche Angebot erreichte. Wir wissen nicht ob und wie lange er gezögert hat. Am Ende jedoch ließ er in Florenz alles liegen und stehen und eilte wahrscheinlich im Spätsommer 1508 nach Rom.[4]

Als er dort ankam, waren die anderen schon da. Michelangelo lag auf dem Gerüst in der Sixtinischen Kapelle und Bramante war mit dem Bau von Sankt Peter beschäftigt.[5] Die ganze Stadt quoll über von jungen Künstlern, die aus Italien herbeigeströmt waren, um bei der Neugestaltung des Vatikan und der Ausschmückung der päpstlichen Gemächer Geld zu verdienen und Ruhm zu ernten: Giovanni Antonio Bazzi aus Vercelli, genannt Sodoma, Cesare da Sesto aus Mailand, Jacopo Ripanda aus Bologna, Lorenzo Lotto aus Treviso oder Luca Signorelli aus Cortona, sie alle waren mit Aufträgen gut eingedeckt. Selbst Perugino, der umbrische Lehrer Raffaels war gekommen, von künstlerischen Herausforderungen nicht weniger verlockt wie von finanziellen Anreizen. Die ehrenvolle und lukrative Aufgabe, die Raffael im Rahmen des Aufbauprojektes zufiel, bestand zunächst in der malerischen Ausgestaltung eines 8 x 10 Meter großen, etwas unregelmäßigen Raumes im Vatikanpalast, dessen Kreuzgewölbe durch die abgerundeten Ecken einen fast kuppelartigen Charakter besaß. Der Raum diente damals als Privatbibliothek des Papstes und erhielt einige Jahre später, in der Zeit Pauls III., als der hohe Gerichtshof, die Segnatura Gratiae, dort zu tagen begann, seinen bis heute gebräuchlichen Namen: Stanza della Segnatura.

Die künstlerischen Arbeiten, die für diesen Raum geplant waren, dürften nach einigen vorbereitenden Umbauten spätestens im Oktober 1508 begonnen haben. Raffael wurde jedenfalls nachweislich am 13. Januar 1509 zum ersten mal entlohnt.[6] Nach Vasari sollen die künstlerischen Resultate des jungen Mannes schon gleich am Anfang so überzeugend ausgefallen sein,

---

4 Vgl. dazu Ullmann 1991, S. 103ff. Dort findet man auch den Wortlaut des Briefes an seinen Oheim in Urbino.

5 Bramante war ein Landsmann und entfernter Verwandte von Raffael. Beide stammten aus Urbino. Bramantes Empfehlung soll nach Auffassung der meisten Experten ausschlaggebend gewesen sein für den Ruf Raffaels nach Rom. (vgl. u.a. Jones/Penny 1983, S. 49; Ullmann 1991, S. 90)

6 Vgl. Jones/Penny 1983, S. 49

dass alle anderen Maler entlassen wurden und er allein den Auftrag behielt. Doch anstatt - wie angeordnet - alle bis dahin fertiggestellten Teile seiner Kollegen wieder abzuschlagen, beließ Raffael zumindest die dekorative Ausgestaltung an der Decke, die von Giovanni Antonio Bazzi stammte, so wie sie war, und konzentrierte sich auf die Herstellung der figürlichen Partien des Gewölbes und auf die Fresken an den vier Wänden. Bis auf Kleinigkeiten von eher technischer Art war das Werk im Jahre 1511 vollendet.

Das Hauptstück: Die Wirklichkeit der Offenbarung und der Vorrang der christlichen Welterklärung

Das Bildprogramm der Stanza della Segnatura hat Julius II: selber festgelegt. Es wurde, wie es in den Quellen heißt, angefertigt „ad praescriptum Julii Pontificis"[7] und verkündet - jedenfalls dem Anspruch ihres Auftraggebers nach - die christliche Lehre von der Wirklichkeit der göttlichen Offenbarung und dem Vorrang ihrer kirchlichen Verwalter und Interpreten auf Erden.

Abb. 1 ‚Disputa'

Am deutlichsten artikuliert sich diese Lehre in dem für die intendierte Programmatik wichtigsten Fresko des Raumes, in der so genannten „Disputa".

---

7 Zit. n. von Einem 1971, S. 18

Mit diesem Fresko - und nicht wie seit Vasari überliefert wird, mit der „Schule von Athen" - hat, nach den Recherchen Oberhubers, Raffael die Ausmalung der Stanza begonnen.[8] Schon darin steckt ein Hinweis auf die zentrale Bedeutung der „Disputa". Darüber hinaus befindet sie sich auch noch an einer privilegierten räumlichen Position. Denn auf sie fällt beim Eintritt der Blick - heute wie damals - zuerst.

Für den durchschnittlich gebildeten Mitteleuropäer, der auf seiner Italienreise die Stanza della Segnatura besucht, ist die Botschaft der „Disputa" in der Regel auch heute noch problemlos zu verstehen. Das Fresko wiederholt mit malerischen Mitteln die Quintessenz der mittelalterlichen Theologie. Die Himmel und Erde umspannende Szenerie muss auf die Zeitgenossen überwältigend gewirkt haben, vergleichbar heute vielleicht nur mit dem ersten Cinemascop-Erlebnis in einem Breitwandkino. Auf einer in die Tiefe zur einer Landschaft hin sich öffnenden Terrasse sieht der Betrachter um einen Altar mit Monstranz gruppiert eine ziemlich bewegte aber dennoch hierarchisch wohlgeordnete Versammlung von Laien und Priestern. Er erkennt einen Papst, Kirchenväter, Bischöfe und Ordensleute, aber auch Dichter, Philosophen und einfaches Volk. Diese Repräsentanten der Menschheit huldigen der auf einem Wolkenring des aufgerissenen Himmels in Begleitung von Engeln, Heiligen und biblischen Figuren erscheinenden Dreifaltigkeit Gottes und nehmen die von Christus, der seine Wundmale zeigt, Gottvater, der einen Himmelsglobus hält und dem hl. Geist in Gestalt einer Taube strahlenförmig ausgehende Botschaft - mal respektvoll kniend, mal eher skeptisch interessiert - in Empfang. Auf diesem Bild wird nicht geforscht und nicht um den richtigen Weg der Erkenntnis gestritten, weder im oberen noch im unteren Rang. Was man sieht ist vielmehr die geoffenbarte Wahrheit selbst, die in der transparenten Architektur einer Openair-Kirche eindrucksvoll und mit aller sinnlichen Kraft vom Firmament hernieder scheint und den z.T. noch zögernden Adressaten im Parterre die Präsenz Christi im Mysterium der Transsubstantion verkündet.

Die „Disputa" formuliert den Anspruch der Kirche und ihrer Führung auf den allein seligmachenden Zugang zur Offenbarung und liefert damit die Prämisse im Bildprogramm der Stanza della Segnatura. Ihr sind alle übrigen Fresken in diesem Raum zugeordnet, auch das auf der Wand direkt gegenüber, die so genannte „Schule von Athen".

---

8 Vgl. Oberhuber 1983; Die Arbeiten an der „Schule von Athen" wurden wohl noch im Laufe des Sommers 1509, unmittelbar nach Vollendung der „Disputa" und der Gewölbefresken der Stanza della Segnatura, in Angriff genommen. Dafür spricht die Folge von Buchstaben, die Raffael auf dem Saum Euklids neben der Signatur „RVS" angebracht hat und die man eigentlich nur als das Datum „MDVIIII" lesen kann. (vgl. Frommel 1987, S. 18)

Abb. 2 „Schule von Athen"

Auf den ersten Blick zeigt die „Schule von Athen" einen monumentalen Hallenbau, in dem auf zwei durch eine Treppe verbundenen Ebenen verschiedene ausschließlich männliche Personen und Personengruppen in ungezwungener Vielfalt herumstehen, herumlaufen, herumsitzen oder - in einem Falle - auch herumliegen. Offenbar handelt es sich um eine Gruppe von Gelehrten, die zusammen mit ihren Schülern in liberaler und weltoffener Manier dabei sind, das zu tun, was man von ihnen erwartet: nämlich zu diskutieren und zu meditieren, zu lesen und zu schreiben, zu lehren und zu lernen.

Vorbilder für eine solche „scientific community" waren den Gebildeten unter den damaligen Zeitgenossen sicher präsent. Vielleicht erinnerten sie sich an den Philosophenkongress, den Pico della Mirandola zur Errichtung einer „pax philosophica" auf eigene Kosten einberufen wollte und zu dem es nur nicht kam, weil 1486 Innozenz VIII. die Veranstaltung verboten hatte.[9] Vielleicht dachten sie aber auch an die ominöse „Florentiner Akademie", die fernab vom Zwang universitärer Regularien und höfischer Etikette im freien Geist der alten Schule Platons die Erkenntnis um ihrer selbst willen betrieben haben soll. Neuere Forschungen[10] lassen zwar die Existenz einer neuplatonischen Akademie in Florenz als Mythos erscheinen, aber als einen Mythos, der keineswegs ganz unbegründet war. Marsilio Ficino etwa

9 Vgl. Garin 1989, S. 172-173, zit. n. Brandt 2000, S. 50.
10 Hankins 1991; vgl. Brandt 2000, S. 51

beschwört nicht nur in vielen seiner Äußerungen das Bild eines derartigen geistigen Forums, er gibt auch direkte Hinweise auf die Zusammenkunft von Gelehrten in Florenz und in der Medici-Villa in Carregi im Herbst 1468.[11] Doch ob es die „Florentiner Akademie" nun gab oder nicht, als Idee zumindest war sie den Zeitgenossen gegenwärtig. Einige von ihnen, die besonders belesen waren, assoziierten diese Idee vielleicht sogar mit jener Stelle im „Protagoras", in der ein Philosophentreffen bei dem reichen Kallias, dem Besitzer des „größten und prächtigsten Hauses" von Athen geschildert wird. Sokrates und Hippokrates begegnen dort zahlreichen Sophisten, die in größeren und kleiner Gruppen mehr oder weniger symmetrisch um den dozierenden Protagoras im Zentrum angeordnet sind und sich der Lösung philosophischer und naturwissenschaftlicher Probleme hingeben.

Doch dieser Passus, der in jüngster Zeit von Glenn W. Most als literarische Vorlage für die „Schule von Athen" ins Gespräch gebracht wurde[12], kann, genauso wie der Plan Mirandolas oder die Vision einer Florentiner Akademie als Gegenstand der intellektuellen Diskurse seiner Zeit für Raffael bestenfalls eine Anregung gewesen sein, keine verbindliche Vorlage. Das fertige Fresko ist weder die Illustration einer historischen Erinnerung oder einer literarischen Beschreibung noch das Abbild eines wirklichen Geschehens, sondern reine Erfindung. Es zeigt Philosophen und Wissenschaftler, die in dieser Konstellation nie zusammen aufgetreten sind, auch nicht auftreten konnten, schon gar nicht in Athen. Denn alles, was in der Geschichte der Philosophie und der Wissenschaften Rang und Namen hatte, von der Antike bis in die damalige Gegenwart, ist hier in einem fröhlichen Anachronismus versammelt. Zu diesem Schluss jedenfalls gelangen so gut wie alle Kommentatoren, die seit Vasari einen großen Teil ihrer Interpretationsbemühungen gegenüber der „Schule von Athen" auf die Identifikation des geschichtlichen Personals gerichtet haben. Vor allem im 19. Jahrhundert hatte dieses Erkenntnisinteresse Konjunktur. 1839 versuchte der Kunstschriftsteller Johann David Passavant (1787-1861) mit Hilfe einer antiken Biografiesammlung die Namen aller beteiligten Philosophen vollständig aufzulisten. Doch seine Liste, die von den Vorsokratikern über die Klassiker bis zu den Epigonen der Kaiserzeit reichte, hatte nur kurze Zeit Bestand. Vier Jahre später wurde sie von dem Philosophen Friedrich Adolf Trendelenburg (1802-1872) korrigiert und durch eine neue ersetzt. Seitdem haben die Benennungsversuche nicht mehr aufgehört und bald zu einem Wirrwarr von Mehrfachbesetzungen geführt. Es war das Verdienst der grundlegenden Studie von Anton Springer aus dem Jahre 1883 mit einer Synopse aller bisdahin vorliegenden Zuschreibungen auf das ganze Ausmaß an Willkür, das in dieser identifizierenden Vorgehensweise steckt, aufmerksam gemacht zu haben. Heute ist das Vertrauen der meisten Kunsthistoriker

---

11 Vgl. Hankins 1991, S. 446, zit. n. Brandt 2000, S. 51
12 Vgl. Most 1998

in die Realisierbarkeit und die Relevanz der Zuweisung von Namen an alle oder auch nur an die Mehrzahl der Figuren des Wandbildes massiv gestört. Allein die Touristenführer vor Ort scheinen vom Zweifel noch unberührt. Sie betreiben weiterhin Gedächtnissport und wetteifern zur Freude ihrer Zuhörer um die jeweils höchste Zahl an Nennungen.

Der schon genannte Glenn W. Most dagegen, ein Altphilologe, glaubt, das von den 58 dargestellten Personen inzwischen nur noch sechs oder sieben auf Grund ihrer unverwechselbaren Attribute eindeutig identifiziert werden können. Da ist zunächst im Zentrum Platon, der unterm Arm ein Buch mit dem Titel seiner berühmten Abhandlung „Timaios" trägt und ein bisschen so aussieht wie Leonardo da Vinci auf seinem Selbstporträt. Gleich daneben schreitet Aristoteles in der Atitude eines Renaissance-Cortegiano, in vollendeter Gelassenheit und Eleganz[13]. Auch er ist gekennzeichnet durch ein eigenes Buch, die „Ethica", das er mit lockerem Griff umfasst und gegen seinen Oberschenkel drückt. Unterhalb von Platon und Aristoteles lümmelt sich auf den Treppenstufen der Kyniker Diogenes. Man erkennt ihn nicht nur an seinen Lumpen und der ostentativen Gleichgültigkeit gegenüber jeglicher Etikette, sondern vor allem an seinem einzig verbliebenen Besitz, der Tasse, die er einer Anekdote zufolge auch noch fortwarf, als er ein Kind mit den Händen trinken sah. Rechts im Vordergrund stößt dann der Blick auf Ptolemäus, der mit dem Rücken zum Betrachter einen Erdglobus in der Hand hält und, weil man ihn zur Zeit Raffaels mit einem gleichnamigen Mitglied der ägyptischen Königsdynastie verwechselte, auf dem Kopf eine Krone trägt. Und auf der gegenüberliegenden Seite im linken Vordergrund des Freskos sitzt, um nicht zu sagen kauert, Pythagoras und schreibt, offenbar ohne von seiner Umgebung Notiz zu nehmen, hochkonzentriert in ein Buch. Außerdem lässt sich im linken Hintergrund, mit dem Rücken zu Platon, auch noch Sokrates identifizieren mit seiner schon damals aus antiken Beschreibungen und Porträtbüsten vertrauten Physiognomie aus Stupsnase, Halbglatze und Bart. Er befindet sich offenbar in einem Disput mit den Umstehenden, meist jungen Leuten, und ist gerade dabei, wie es sich für einen ordentlichen Vernunftmenschen gehört, zur Verdeutlichung seine Argumente oder auch die seiner Gesprächspartner noch einmal an den Fingern abzuzählen. Das sind die sechs antiken Figuren, die sich nach Most auf dem Fresko eindeutig identifizieren lassen. Dazu kommt als Zeitgenosse Raffael selbst, der sich am rechten Rand direkt neben dem Hinterkopf von Ptolemäus mit einem Porträt verewigt hat.

---

13 Der „cortegiano", in dem sich die Mächtigen und Gelehrten der Renaissancezeit so gerne wiedererkannten, sollte sich in allen Situationen souverän und elegant bewegen. Grazie und Ungezwungenheit gehörten neben Geist und Kompetenz zu seinen Vorzügen. Das Idealbild eines solchen „Hofmannes" lieferte bekanntlich Baldassarre Castigliones, mit dem Raffael befreundet war. (vgl. Ray 1987, S. 56, Ullmann 1991, S. 125)

Bei allen anderen Gestalten auf der Bühne des Freskos ist nach Most die Zuschreibung zweifelhaft. Er schlägt deshalb vor das alte Spiel der Individualfahndung aufzugeben und alle noch übrigen Bildfiguren zum Teil als Mitglieder einer bestimmten Berufs- oder Tätigkeitskategorie, zum Teil als bloße Komparsen zu betrachten. Der kniende Mann im rechten Vordergrund, der offenbar keine Mühe scheut, um mit Tafel und Zirkel seinen vier Studenten ein geometrisches Problem zu erläutern, wäre dann zum Beispiel nicht mehr Archimedes oder Euklid - Zuschreibungen, die bislang von den Interpreten für diese Person favorisiert wurden - sondern ein anonymer Repräsentant der Klasse der Mathematik- oder Geometrielehrer. Und der Mann mit Turban, der sich auf der linken Seite fast den Hals verrenkt, um Pythagoras über die Schultern zu schauen, wäre dann nicht, wie behauptet wurde, Averroes, auch nicht Empedokles, sondern einfach ein Araber oder noch allgemeiner ein Orientale. Auch der unentschiedene Streit um die Identität des behelmten Jünglings, der auf dem oberen Rang links den Ausführungen von Sokrates lauscht, und den die einen für Alkibiades, und die anderen für Xenophon halten, ließe sich auf diese Weise beenden: der junge Mann wäre nur noch ein Soldat. Selbst im Falle des Bärtigen, der im rechten Vordergrund vis-à-vis von Ptolemäus den Himmelsglobus balanciert, kann man so verfahren. Weder sein Hut noch seine Kleidung liefern genügend Hinweise, um den Namen Zoroaster oder Hipparch, die ihm immer wieder zugewiesen werden, zu rechtfertigen. Er ist, wenn man dem Vorschlag von Glenn W. Most folgt schlicht ein anonymer Astronom. Die übrigen ca. 46 Figuren, für die jetzt weder ein Name noch eine Kategorie zur Verfügung steht, zählt Most zu den Komparsen, wie sie jeder Filmregisseur braucht, um das inszenierte Geschehen auch wirklich realistisch erscheinen zu lassen. Dieser Rest ist einfach menschliche Füllmasse.

Vielleicht geht Most mit seiner radikale Reduktion der Besetzungsliste zu weit. Bei manchen der Bildfiguren könnte die Fortsetzung der Identifizierungsbemühungen durchaus noch manches kulturhistorische Detail zu Tage fördern. Etwa bei der grübelnden Gestalt, die sich im Vordergrund am Fuße der Treppe im 'gestus melancholicus' auf einen Steinquader stützt und die Züge Michelangelos tragen soll.[14] Oder bei der Figur, die in der Bildecke links vorne an die Säulenbasis gelehnt in einem Buch liest und durch die Laub- oder Lorbeerbekränzung ihres Hauptes als bacchantischer Anhänger der orphischen Mysterien ausgewiesen scheint und in der Oberhuber irritierenderweise glaubt „mit Sicherheit"[15] ausgerechnet Tommaso Inghirami, den Bibliothekar des Papstes und Freund Raffaels wiedererkennen zu können.

---

14 Vgl. Brandt 2000, S. 67
15 Oberhuber 1999, S. 100

Doch wie dem auch sei. Vorläufig reicht als Resumée der jahrhundertelangen Identifikationsversuche die Feststellung, dass die auf dem Fresko in die Synchronität einer gemeinsamen Szene gebannten Personen eine bunte Mixtur darstellen, die weder in der historischen Realität noch in der literarischen Fiktion irgendeine Entsprechung hat. Selbst die einzelnen Individuen scheinen - bis zu einem gewissen Grad jedenfalls – noch einmal zusammengesetzt aus disparaten Asseccoires und Physiognomien und geben so ganz nebenbei ein Beispiel für das, was Sigmund Freud in seiner Traumanalyse mit einem glücklichen Ausdruck „Mischfiguren" genannt hat.

Und was für die Personen gilt, gilt auch für die Architektur, die mit ihren Steinmassen als eigenständiges Faktum grandios und klar die bewegte Szene überwölbt: auch sie ist eine anachronistische Mixtur aus antiken und zeitgenössischen Versatzstücken. Der kreuzförmige Grundriss, die kassettengeschmückten Tonnengewölbe, die quadratischen Stützpfeiler, die zentrale Kuppel, die skulpturale Dekoration, all dies lässt sich, wie die Forschung nachweisen konnte, einzeln und in verschiedenen Kombinationen wieder finden in der überlieferten und geplanten Architektur der Zeit: in der Maxentius-Basilika am Rande des Forum Romanum zum Beispiel, in dem sogenannten Janus Quadrifons, einem viertorigen Momorbogen vermutlich aus der Zeit Konstantins, der sich nahe der Kirche S. Giorgio in Velabro befindet oder in den verschiedenen Palästen, die damals mehr oder weniger frei nach den gerade wieder ausgegrabenen römischen Vorbildern neu gebaut wurden. Die wichtigsten Inspirationen könnte Raffael freilich von Bramante erhalten haben. Schon Vasari berichtet, dass Bramante Raffael beim Entwurf der Architektur für das Fresko geholfen hat und zum Dank dafür von diesem in der Gestalt des Geometers porträtiert wurde. Ob das stimmt, mag, wie die Wahrheit von manch anderem, was Vasari in diese Zusammenhang schreibt, dahingestellt bleiben. Immerhin ist gesichert, dass Raffael eng mit Bramante zusammengearbeitet hat und nach dessen Tod 1514 mit der Fortsetzung seiner Arbeit betraut wurde.

Wahrscheinlich war aber auch Bramante wohl nur eine Inspirationsquelle neben anderen. Die Verknüpfung der diversen Anregungen zur optischen Einheit des Wandbildes verdankt sich jedenfalls allein Raffaels Genie. Um die disparaten Architekturteile und die wilde Mixtur des Personals ästhetisch glaubwürdig erscheinen zu lassen, musste er eine artistische Innovationsleistung vollbringen. Die Darstellung einer repräsentativen Versammlung von Philosophen in baulich imposanter Kulisse war für die italienische Malerei der Renaissance damals etwas Neues. Ikonographische Vorbilder gab es nur in einem sehr entfernten Sinne. Meist fehlte ihnen die Lebendigkeit, die Raffaels Fresko so auszeichnet. Die Figuren blieben steif und statuarisch und die Architektur tabernakelhaft abstrakt, dekorativer Aufputz. Zu den wenigen Ausnahmen, auf die in der Literatur hingewiesen wird, gehören einige Reliefs von Lorenzo Ghiberti und Donatello. Von Ghiberti „Der Besuch der Königin von Saba bei Salomon" (um 1437) im unteren rechten Feld der Paradiestür des Florentiner Baptisteriums und von Donatello „Das Herzenswunder des Geizigen" und „Das Eselswunder" in der Basilika del Santo in Padua. Doch die Ähnlichkeit auch dieser Reliefs mit dem Fresko sollte nicht strapaziert werden. Mehr als Anregungen konnte Raffael von Ghiberti und trotz seiner nachgewiesenermaßen intensiven Beschäftigung mit ihm, auch von Donatello nicht erhalten.

Damit mag es genug sein mit der Identifikation von Figuren, Figurenkategorien und Architekturteilen, dem Nachweis ihrer möglichen Herkunft und ihrer Vermischung und wechselseitigen Überlagerung. Für das Verständnis der programmkonformen Bedeutung, die der „Schule von Athen" im Bild-Kontext der Stanzen zukommt, ist die weitere Verfolgung dieser Zusammenhänge genauso unwichtig wie insgesamt die Aufdeckung des feingesponnenen Netzes von zeit- und situationsspezifischen Anspielungen, von dem - allem Anschein nach - das Fresko durchzogen ist. Weiter führt jetzt erst der Vergleich mit der kompositorischen Struktur der „Disputa", der die Schule von Athen, nach dem Willen des Auftraggebers zugeordnet ist.

Die Unterschiede, die bei einem solchen Vergleich sichtbar werden, verraten beinahe alles. Am auffälligsten ist - in der Horizontalen - die Abwesenheit des zweiten Ranges in der „Schule von Athen". Die eigenständige über den Köpfen schwebende und von allem irdischen abgelöste himmlische Sphäre in der „Disputa" ist nicht mehr vorhanden und schon gar nicht mehr besetzt. Zwar gibt es auch in der „Schule von Athen" zwei Aktionsebenen, aber sie sind nur durch den minimalen Abstand einiger Treppenstufen voneinander getrennt, nicht durch die fundamentale von einer Wolkenbank markierte Niveaudifferenz zwischen Diesseits und Jenseits. In der „Schule von Athen" spielt sich alles auf Erden ab. Der Himmel ist leer. Deshalb fehlt auch - in der Senkrechten - zwangsläufig die Offenbarungsbewegung der göttlichen Dreifaltigkeit, die von oben durch den Vater, Sohn und heiligen Geist hindurch in immer engeren Kreisen wie ein Pfeil direkt nach unten führt und schließlich in dem Sakrament der Eucharistie, dem winzigen Kreis der Hostie, die Menschen erreicht. Von einer solchen in formale und figürliche Bildelemente übersetzten Offenbarungsbewegung ist in der Schule von Athen nichts mehr zu erkennen. Der Himmel schweigt. Durch das dicke Gewölbe der antikisierenden Architektur dringt kein Gnadenlicht und kein Offenbarungswissen, nur der Widerschein der Sonne auf ein paar versprengten weißen Wolken. In dieser gewaltigen und komfortablen Höhle sind die Menschen auf sich allein gestellt. Das Wissen von der Welt müssen sie sich selbst erwerben. Es wird ihnen nicht geschenkt. Alle ihre Erkenntnis entspringt menschlicher Anstrengung, nicht göttlicher Offenbarung. Deshalb ist ihr Wissen auch partiell und zersplittert. Die Gelehrten und Gelehrtengruppen in der „Schule von Athen" agieren allesamt isoliert von einander und sind offenbar ausschließlich mit den speziellen Fragen ihres jeweiligen Fachgebietes beschäftigt. Die Einsicht in den intelligiblen Grund der Natur bleibt ihnen versagt. Das einzige Gespräch, in dem dieser Grund thematisiert, der Ursprung des Seins verhandelt, das Apriori allen Daseins zur Sprache gebracht werden könnte, der Disput zwischen Platon und Aristoteles im Zentrum des Bildes, führt zu keiner Entscheidung. Die beiden Großphilosophen beharren offensichtlich, wie die gegensätzlichen Richtungen ihrer Armgestik belegen, auf ihren unterschiedlichen Positionen. Platon weist mit dem Zeigefinger nach oben zu den jenseitigen Ideen, den unsichtbaren Urbildern, dem, wie er behauptet, bestimmenden Grund aller empirischen Sachverhalte und Aristoteles hält seine ausgestreckte Hand nach unten, als wollte er eben diese empirischen Sachverhalte, die stofflichen Einzelheiten dieser Erde schützen, weil ihnen selbst, nach seiner Lehre, die immaterielle Form als gestaltendes Prinzip schon innewohnt. Der Konflikt ist eklatant und er wird nicht geschlichtet. Die für die Zeitgenossen damals wichtigsten Modelle der Welterklärung, das platonische und das aristotelische, stehen sich unversöhnlich gegenüber und beweisen durch ihre vollständige Disjunktion die Unzulänglichkeit aller menschlichen Erkenntnis. Das ist die Einsicht, zu der die Szene den Betrachter verleitet und in der sich die programmatische Absicht der „Schule von Athen" erfüllt. Sie soll den Unterschied deutlich machen zwischen der dem fragmentarischen Halbwissen der Menschen und dem vollkommenen Wissen der göttlichen Offenbarung, das auf dem Fresko der gegenüberliegenden Seite, in der „Disputa", als Versprechen und Anspruch formuliert wird.

Durch den Unterschied ihrer Semantik sind die beiden Hauptbilder der Stanza della Segnatura aufeinander bezogen, und zwar sowohl hierarchisch als auch zeitlich. Die hierarchische Beziehung wird durch die Medaillons im Deckengewölbe nocheinmal ausdrücklich bekräftigt. Das Medaillon direkt oberhalb der „Schule von Athen", zeigt eine von Wolken getragene Frauengestalt, die zwei Bücher mit den Titeln „Moralis" und „Naturalis" hält und wohl eine Personifikation der Philosophie darstellt. Rechts und links von ihr kämpfen zwei flügellose Putten etwas mühsam mit offenbar schweren Schrifttafeln, die dem Betrachter deutlich lesbar mitteilen, worum es in dem Fresko darunter eigentlich geht, nämlich um: „Causarum cognitio", um „Die Erkenntnis der Ursachen". Das ist das offizielle Thema der „Schule von Athen" und vielleicht auch ihr ursprünglicher Titel, denn der, unter dem dieses Bild heute bekannt ist, wurde ihm erst Anfang des 17. Jahrhunderts zugeschrieben. Auch das Medaillon an der Decke über der „Disputa" zeigt eine von Wolken getragene Frau, diesmal allerdings mit nur einem Buch in der Hand, der Bibel, denn es handelt sich um die Personifikation der Theologie. Rechts und links von ihr schweben zwei bezeichnenderweise nun beflügelte Putten, die dem Betrachter wiederum auf entsprechenden Tafeln schriftlich mitteilen, was auf dem Fresko darunter zu sehen ist, und was nur durch Offenbarung zugänglich wird: „Divinarum rerum notitia", „die Kenntnis der göttlichen Dinge". Die Botschaft ist eindeutig: Die „cognitio causarum" gilt den weltlichen Angelegenheiten und nicht der göttlichen Wahrheit. Gott hat keine causa, er ist causa sui. Zu ihr führt kein

Weg empor. Die höchste, die göttliche Wahrheit muss sich schon selber offenbaren, wenn sie erkannt werden soll. Das menschliche Denken jedenfalls kann sie aus eigener Kraft nicht erreichen. Darin gründet die Unterlegenheit der menschlichen Vernunft gegenüber der Offenbarung

Doch ihre Insuffizienz in der Erkenntnis des Absoluten macht die Anstrengungen der menschliche Vernunft nicht überflüssig oder gar obsolet. Sie werden weder verworfen noch in irgendeiner Weise diffamiert. Im Gegenteil. Die prominente Platzierung der „Schule von Athen" direkt gegenüber der „Disputa" würdigt die Leistungen der autonomen Vernunft und erhebt sie in den Rang einer historischen Voraussetzung für das christliche Zeitalter. Die in der „Schule von Athen" dargestellten Erkenntnisbemühungen gehen der göttlichen Offenbarung zeitlich voraus, wie die antike Philosophie der mittelalterlichen Theologie.

Dass im Bildprogramm der Stanza della Segnatura der Antike eine Vorläuferrolle in der Geschichte des Christentums zugesprochen wird, verrät aber nicht nur die wohl kalkulierte räumliche Platzierung der „Schule von Athen", sondern auch die angedeutete Bewegung von Platon und Aristoteles, die im Zentrum aus der Tiefe des Bildes durch den Korridor ihrer Schüler und Bewunderer hindurch direkt auf die gegenüberliegende „Disputa" zuzulaufen scheinen. Man könnte meinen, die beiden Zentralfiguren und Repräsentanten der antiken Philosophie seien schon, wie einst die heiligen Dreikönige, unterwegs zum Schauplatz der Offenbarung. Der Eindruck wird noch verstärkt durch die Ähnlichkeit der beiden Philosophen mit den Standardporträts, die von Petrus und Paulus im Umlauf waren. Die Ähnlichkeit ist so ausgeprägt, dass selbst im 19. Jahrhundert noch Hermann Grimm Aristoteles mit dem predigenden Apostelfürsten Paulus verwechseln konnte. Alles spricht dafür, dass diese Verwechselung beabsichtigt war. Platon und Aristoteles sind typologische Antizipationen. Als „Mischfiguren" repräsentieren sie mitten in der Antike schon die neue Zeit des Christentums. „Mitgenossen einer christlichen Offenbarung"[16] hat man sie deshalb auch genannt. Und weil diese Deutung durchaus der Intention des offiziellen Bildprogramms entspricht, darf man nun auch die Architekturbögen über den Köpfen der beiden Schlüsselfiguren nicht nur als Abschluss einer monumentalen Höhle, sondern auch als säkularisierte Heiligenscheine lesen.

In der Kombination verkünden die beiden Hauptfresken der Stanza della Segnatura die komplementäre Botschaft von der Vorläuferrolle des antiken Denkens und vom Vorrang der christlichen Welterklärung. Zusammen bekräftigen sie im Medium der Kunst den Primat des Geistlichen gegenüber dem Weltlichen, der Theologie gegenüber der Philosophie, des geoffenbarten Wissens gegenüber dem autonomen Wissen und widersetzen sich so der

---

16 So Goethe, zit. n. Brandt 2000, S. 57

schwelenden Lehre von den zwei Wahrheiten, die damals mit nominalistischen Argumenten u.a. an der Universität Padua verbreitet wurde und die mittelalterliche Einheit von Glauben und Wissen bedrohte. Julius II. wusste, was auf dem Spiel stand. Mit Hilfe Raffaels versuchte er in einem Augenblick, in dem die Weichen der Weltgeschichte schon anders gestellt waren, noch einmal in den Stanzen des Vatikans den Führungsanspruch der Kirche und ihres Oberhirten programmatisch zu begründen.

Der Subtext: Die versteckte Botschaft vom herrschaftsfreien Diskurs

Doch das restaurative Programm hat im Kern schon einen Sprung. Die „Schule von Athen", die zum bloßen Komplement der „Disputa" degradiert, die Unzulänglichkeit der menschlichen Erkenntniskräfte und die Vorläuferschaft der Antike veranschaulichen sollte, enthält latent die zukunftsfähigere Alternative. Sie äußert Zweifel an der Möglichkeit von Offenbarung und am Vorrang der Theologie und unterläuft so die Intentionen des päpstlichen Auftraggebers.

Erste Hinweise auf die Existenz eines derartigen Subtextes liefern schon die Formatgleichheit und das egalitäre Spiel der wechselseitigen Korrespondenzen zwischen den beiden Fresken. Sie konterkarieren die hierarchische Ordnung, die das offizielle Bildprogramm behauptet. Die „Schule von Athen" widerspricht allein schon durch ihre schiere Größe der Degradierung zur bloßen Vorstufe. Rein äußerlich betrachtet ist sie der „Disputa" ebenbürtig.

Dazu kommt die ästhetische Qualität des Bildes. Sie ist geeignet das bisher nur auf dem Inhalt gründende Rangverhältnis umzudrehen. Zumindest für den Betrachter von heute scheint die „Schule von Athen" das künstlerisch gelungenere Bild. Die Faszination, die es noch heute ausübt, entspringt einer umfassenden und durchgreifenden Harmonisierungs- oder Ausgleichsoperation, einem prekären Balanceakt, der die entferntesten Personen und die disparatesten Bauteile zur lebendigen Einheit des Bildes synthetisiert. Raffaels Genie verdanken wir es, dass das Fresko kein additives Sammelsurium geworden ist, sondern ein ausgewogenes System, ein schwebender Kosmos, in dem jedes Element von den anderen im Gleichgewicht gehalten wird. Der diskutierenden Gruppe korrespondiert der einsam in seinen Mantel gehüllte Denker, dem schönen und langhaarigen Jüngling der alte und bärtige Kahlkopf, dem Hereineilenden links der Weggehende rechts und dem aufnahmebereiten Schüler der zugewandte in den Stoff involvierte Lehrer. Die Meisterschaft in der Balancierung und Harmonisierung der auseinanderstrebenden Teile zeigt sich im Großen wie im Kleinen: in der Choreografie der Figuren wie im Design der Architektur, in der Subtilität der Gruppierungen wie im Rhythmus der Gebärden. Das Ergebnis ist eine Symphonie von richtungsloser Bewegtheit aus vollendeten Proportionen und strengen Symmetrien.

Wegen der überwältigenden Wirkung des Freskos ist in der Rezeptionsgeschichte immer mal wieder der Verdacht gekeimt, dass der gesamten Komposition ein geheimes Konstruktionsprinzip zugrunde liegen könnte. Die Suche danach hat jedenfalls nie aufgehört und füllt bis heute schon ganze Regalwände. Gestützt auf die Vorarbeiten von Simonetta Valteri, Richard Fichtner und Guerino Mazzola glaubt nun Hajo Lauenstein in einer erst jüngst erschienenen Arbeit (1998) das gesuchte Prinzip endgültig gefunden zu haben. Es besteht, ihm zufolge, in einem Zahlen-Code, der die wichtigsten musikalischen Harmonieverhältnisse ebenso berücksichtigt wie die Proportionen des Goldenen Schnitts und aus den Geheimlehren der Pythagoräer stammen soll. Zum Ausgangspunkt und Hauptbeweisstück für seine Argumentation erhebt Lauenstein, wie alle, die sich mit dieser Art Zahlenmystik abgegeben haben, die beiden schwarzen Tafeln, die auf dem Boden vorne rechts und links zu sehen sind. Über die eine, die sogenannte „Sterntafel" hat sich der anonyme Geometer, alias Archimedes, gebeugt, mit einem Zirkel in der Hand. Die andere, die sogenannte „Harmonie- oder Zahlentafel" wird dem Pythagoras möglicherweise zur Abschrift oder zum Abgleich von einem Knaben vorgehalten. Auf beiden Tafeln befinden sich eigentümliche Zahlen und geometrische Figuren. Die Zeichnung auf der „Sterntafel" besteht aus zwei gleichseitigen Dreiecken, die übereinandergelegt an einen stark verzerrten Davidstern erinnern. Schon Simonetta Valteri hat gezeigt, dass dieses Sternschema von Raffael als Konstruktionswerkzeug für den Architekturteil des Freskos verwendet wurde. Und die Forschung ist ihr dabei auch mehr oder weniger gefolgt. Hajo Lauenstein geht aber noch einen Schritt weiter. Er will mit Hilfe der Sternfigur nicht nur die Konstruktion der Hallenarchitektur erklären, sondern darüber hinaus auch noch seine Grundthese von der „harmonikalen Ordnung" in der Gesamtkomposition des Bildes belegen. Deshalb lässt er nicht locker und entdeckt schließlich durch geduldiges Probieren und vergleichende Messungen zwischen den Linien und Schnittpunkten der Sternfigur Zahlenverhältnisse, die am Ende und zur Verblüffung des Publikums nichts anders symbolisieren als harmonische Tonintervalle. Zur erneuten Verblüffung des Publikums sind es nun auch noch genau die Tonintervalle, die in den Zahlenreihen der linken Tafel in einer etwas apokryphen Form explizit gemacht werden. Die als „Tektraktys" bezeichneten Vierergruppen auf dieser Tafel - oben die arabischen Zahlen 6,8,9,12, und unten in Dreiecksform die römischen Zahlen 1,2,3,4, - bilden so etwas wie die „Urformel" der geheimnisumgebenen pythagoräischen Philosophie. Aus ihnen sollen die Anhänger dieser mysteriösen Lehre eine Fülle von harmonikalen Zusammenhängen abgeleitet haben, kosmische wie musikalische. Für Lauenstein ist die Entdeckung dieser Zahlenkombinationen auf dem Fresko der Schlussstein seiner Beweisführung. Sie kulminiert nach seinen eigenen Angaben in dem zwingen-

270

den Nachweis, dass Raffael sein gesamtes Bild, die Proportionen des Baus ebenso wie die Choreografie der Figuren, nach musikalischen Gesetzen konstruiert hat. Man braucht dem Autor in dieser Überzeugung nicht zu folgen. Aber die Vorstellung, dass der Künstler sein Bild möglicherweise nach Klängen im Ohr gemalt hat, entbehrt nicht einer gewissen Delikatesse.

Doch wie dem aus sei, ob der pythagoräische Code dem Fresko als generatives Prinzip, als modus operandi zugrunde liegt oder nicht, an der formalen Ausgewogenheit der Gesamtkomposition gibt es keinen Zweifel. Die makellose Harmonie, die so viele Kommentatoren registriert und bewundert haben, ist ein Hauptmerkmal des Wandbildes. Sie dürfte auch verantwortlich sein für den Eindruck der Entrücktheit, der von ihm ausgeht. Die dargestellte Szene wirkt irgendwie idealisiert, außerhalb von Raum und Zeit. Das ist durchaus typisch für Raffael. Manche sehen darin sogar seine ästhetische Achillesferse. Die allüberall waltende Ausgewogenheit überziehe seine Werke mit einem Hauch von spannungsloser Fadheit und Langeweile. Die Schönheit sei leer. Für die „Schule von Athen" gilt das aber mit Sicherheit nicht. Raffael durchbricht die Gefahr einer glatten, bloß noch dekorativen Gefälligkeit allein schon durch den Einbau einer Reihe von formalen Widerhaken und Unstimmigkeiten. Einige der Personen, wie etwa der 4. Mann von rechts auf der oberen Plattform, sind proportional viel zu groß geraten. Der gesamte Architekturteil ist gegenüber dem Bogenrahmen leicht nach links versetzt. Die Nische an der Hallenfront rechts, in der eine Minervaplastik steht, ist etwas höher als die entsprechende Skulpturen-Nische links, in der sich eine Apollogestalt befindet. Die Innenkanten einiger Fußbodenquadrate im Vordergrund weichen von der gemeinsamen Fluchtlinie ab und die Treppenstufen sind wie der Steinquader, an dem der Grübler sitzt, perspektivisch inkorrekt. Auch die Stelle, an der sich in der gemalten Architektur das Tonnengewölbe mit dem Querschiff kreuzt, enthält einige Ungereimtheiten. So wird der Bogen der oberen Randleiste, der auf eine Kuppel hinweist, in den Gesimsen drunter nicht wieder aufgegriffen.[17]

All diese und noch einige andere Unstimmigkeiten bleiben im Normalfall dem betrachtenden Blick verborgen. Sie fallen nicht auf, aber man spürt sie. Gleichgültig, ob sie der Intuition des Künstlers, seinem wahrnehmungspsychologischen Kalkül oder gar der harmonikalen Ordnung der Pythagoräer sich verdanken, die Unstimmigkeiten auf dem Fresko sind, wie die Unregelmäßigkeiten in den Säulenabständen der antiken Tempel jedenfalls nicht zufällig. Es sind keine Fehler. Im Gegenteil. Die kaum wahrnehmbaren Brüche in der Konstruktion bringen Spannung ins Bild und verleihen der

---

17 Dieser architektonisch wohl problematischste Teil des gemalten Gebäudes ist der zwingende Beweis dafür, dass - anders als Vasari behautet - Bramante beim Entwurf der Konstruktion nicht beteiligt gewesen sein kann. Als Experte hätte er eine derart unprofessionelle Lösung nicht durchgehen lassen.

dargestellten Harmonie die so allseits gerühmte Lebendigkeit. Sie hebt die „Schule von Athen" qualitativ über das Ensemble der übrigen Fresken hinaus und ist dafür verantwortlich, dass dieses Werk Raffaels im Laufe der Rezeptionsgeschichte zum bekanntesten Bild der Stanzen und zu einem Schlüsselbild der Renaissancemalerei aufrückte.

Diese formalen oder ästhetischen Qualitäten der „Schule von Athen" liefern jedoch zunächst nur Hinweise darauf, dass mit der Rekonstruktion der offiziellen Bildintention die Deutung des Freskos noch nicht abgeschlossen ist. Sie signalisieren einen Bruch mit der erklärten Programmatik und verweisen auf die mögliche Existenz eines kontrastierenden Subtextes. Doch worin besteht der Bruch und was könnte der Subtext erzählen?

Die Antworten auf diese Fragen findet man an eben jener Stelle des Bildes, an der auch für die programmkonforme Deutung schon der Schlüssel lag: in der Dyade genau im Zentrum, im Verhältnis von Platon und Aristoteles. überraschenderweise sind die beiden antiken Geistesheroen die einzigen auf dem Fresko, die wirklich einen Dialog führen. Alle anderen bleiben entweder irgendwie grübelnd und meditierend für sich oder sind in Lehr-Lern-Situationen eingebunden. Das letztere ist dabei der häufigere Fall. Unterrichts- und Vermittlungsvorgänge sind auf dem Fresko so allgegenwärtig, dass im Laufe der langen Interpretationsgeschichte die Experten immer mal wieder glaubten, die „Schule von Athen" als eine allegorische Darstellung der „artes liberales" oder als ein didaktisches Kompendium deuten zu können. Als Beleg für die erste Lesart hat man im linken Vordergrund Repräsentationen der Grammatik, der Arithmetik und Musik und im rechten Vordergrund Repräsentationen der Geometrie und Astronomie erkennen wollen. Verkörperungen der Rhetorik und Dialektik sollten sich auf der oberen Plattform befinden. Auch für die zweite Lesart, die in Anlehnung an den jetzigen Titel die „Schule von Athen" als einen gemalten Traktat über die verschiedenen Methoden der Wissensvermittlung begreift, wurden zahlreiche Belege angeführt. Tatsächlich liefert das Fresko auch so etwas wie eine Typologie von Lehrformen oder Lehrmethoden: rechts vorne die Methode der Demonstration, links gegenüber die Methode der gemeinsamen Textexegese, noch weiter ganz links am Rande des Bildes in der Gestalt des Alten die personifizierte Methode der Erzählung, darüber das sokratische Gespräch, auf der anderen Seite oben rechts der Einzelunterricht im Scheiben und in der Mitte das themenzentrierte Rollenspiel vor Zuschauern oder Zuhörern. Dazwischen einzelne in Eigenarbeit, beim Lesen und Nachdenken. Dieses Archiv von Lernformen und Vermittlungsweisen wird noch ergänzt durch die Beschreibung von verschiedenen Verständnisstufen, die sich in den stark voneinander differierenden Posen der vier Schüler vorne rechts in der Gruppen um Euklid bzw. Archimedes manifestieren. Nach Auffassung einiger Autoren werden in diesen Posen die Stationen einer Lernsequenz zum Ausdruck gebracht, die von der bloßen Betrachtung, über das Begreifen des Sachverhaltes und dem Verständnis seiner Implikationen bis zu der Fähigkeit führt, ihn andern mitzuteilen. Jede einzelne Stufe in diesem Prozess der begrifflichen Erkenntnis wird durch die Haltung eines Schülers verkörpert. Der Jüngling, der vor dem Meister kniet und ihm am nächsten scheint, folgt aufmerksam der Demonstration. Die andere kniende Figur dahinter wendet sich zu ihrem Nachbarn mit dem Ausdruck aufdämmernder Erkenntnis im Gesicht. Der Nachbar wiederum ist schon dabei, das Ergebnis zu generalisieren. Und sein Kompagnon im Profil, mit dem ausgestreckten Finger und der aufmunternden Hand über dem Rücken seines jungen Kollegen davor, erinnert an einen Pädagogikstudenten, der beim Unterricht assistiert oder hospitiert und dabei schon einmal die professionstypische Gebärdensprache ausprobiert.[18]

Für all das findet man in der umfangreichen Literatur viele und gelehrte Argumente. An Ort und Stelle lässt sich auch oft wenig dagegen einwenden. Und doch: Im Vergleich mit dem Gehalt, dem figürlichen Aufwand und dem kompositorischen Niveau des offiziellen Bildprogramms, wirken diese Deutungen doch reichlich dürftig. Als alternative Gesamtdeutungen jedenfalls taugen sie nicht. Die Bedeutung der Lehr- und Lernszenen ist auf ihre bildimmanente Funktion beschränkt. Sie bilden in ihrer Summe kaum mehr als die Kontrastfolie für den in vieler Hinsicht einzigartigen Dialog zwischen Platon und Aristoteles im Zentrum des Bildes. Die Einzigartigkeit dieses Dialogs ergibt sich zunächst aus der egalitären oder symmetrischen Beziehung der beiden Gesprächspartner. Obwohl auch in ihrem Falle eine Lehrer-Schüler-Beziehung vorliegt, fehlt jeder Hinweis auf irgendeine Form von pädagogisch begründeter Komplementarität. Platon und Aristoteles stehen in jedem Sinne des Wortes wirklich nebeneinander und auf gleicher Ebene. Keinem von beiden wird auch nur die Spur eines Vorrangs oder Vorsprungs eingeräumt. Nach der programmkonformen Lesart ist diese Egalität Ausdruck für das Unentschieden im jahrhundertealten Wettstreit der platonischen und der aristotelischen Philosophie. Beide Lehrmeinungen können für ihre wechselseitig sich einander ausschließenden Grundpositionen das gleiche Recht auf Geltung beanspruchen. Oder anders gesagt: Keine der Zentralfiguren auf dem Fresko verfügt über die Wahrheit, weder Platon noch Aristoteles. Ihr Gleichstand symbolisiert die prinzipielle Unzulänglichkeit der menschlichen Vernunft. Sie kann aus eigener Kraft selbst auf dem Niveau ihrer höchsten Leistungsfähigkeit, auf dem Niveau der platonischen und aristotelischen Philosophie, die eine Wahrheit nicht finden. So soll man nach dem Willen des päpstlichen Auftraggebers die Gleichstellung der beiden Meisterdenker im Zentrum des Freskos verstehen. Und so muss man sie verstehen, wenn man die Aufmerksamkeit auf die inhaltliche Unentschiedenheit ihres kontroversen Gesprächs richtet. Die inoffizielle, vom intendierten Bildprogramm abweichende Lesart, orientiert sich aber nicht am Inhalt der Kontroverse, sondern an ihrer Form. Und

---

18 Vgl. Hall 1997, Introduction

diese Form ist nicht gekennzeichnet durch die Gleich-Gültigkeit der Argumente, sondern durch die Gleichrangigkeit der Kontrahenten. Beide haben die gleichen Beteiligungschancen am Gespräch und liefern so in der elementaren Form des Dialogs das kleinste Modell einer herrschaftsfreien Verständigung.

Dieses Modell der herrschaftsfreien Verständigung ist das heimliche Thema der „Schule von Athen" und das subversive Kontrastprogramm zu der offiziellen Botschaft von der Überlegenheit der christlichen Offenbarung und ihrer kirchlichen Verwaltung. Die Provokation ist ebenso subtil wie ungeheuerlich. Mitten in der Schaltzentrale der kirchlichen Macht, in den Gemächern des Papstes, wird mit dem Bild von zwei gleichberechtigten Gesprächspartnern der göttlichen Offenbarung eine alternative Form der Wahrheitsfindung entgegengesetzt. Dass diese Alternative, die Form des herrschaftsfreien Dialogs zwischen Platon und Aristoteles, nach dem immanenten Gesetz des Freskos auch die zuverlässigere sein könnte, zeigt ihre prominente Platzierung im absoluten Mittelpunkt der Komposition. Platon und Aristoteles diskutieren nicht nur im Zentrum der sozialen Szenerie, auch nicht nur im Zentrum der Architektur, sondern – viel bedeutsamer – im Zentrum aller Fluchtlinien. Der Fluchtpunkt liegt genau zwischen den beiden Männern an der gleichen Stelle, an der sich auf der gegenüberliegenden „Disputa" die Monstranz mit der Hostie, das „Allerheiligste" befindet. Schon das allein ist signifikant genug und bekräftigt die Aufwertung des herrschaftsfreien Dialogs zum säkularen Äquivalent für den göttlichen Schauplatz der Wahrheit. Die vollständige Bedeutung des Fluchtpunktes in der „Schule von Athen" tritt jedoch erst dann hervor, wenn man sich daran erinnert, dass die Rede vom „Fluchtpunkt" aus dem 19. Jahrhundert stammt und für die Betrachter damals fast unverständlich gewesen sein dürfte. Kein Zeitgenosse Raffaels hätte die Architektur der „Schule von Athen" auf Anhieb als einen in die Tiefe fluchtenden Raum aufgefasst und von vorne nach hinten gelesen, sondern umgekehrt: der Fluchtpunkt war für die Menschen jener Zeit kein Fluchtpunkt, sondern ein Ausgangspunkt, Ursprung einer Bewegung, die nicht – wie der Blick des Betrachters – in das Bild hinein, sondern aus ihm herausführte und über die Bildgrenzen hinweg auch noch in alle Winkel des Saales vordrang. Die vermeintlichen Fluchtlinien bilden in dieser umgekehrten Perspektive nicht mehr die architektonischen „Gleitschienen" ins Innere des Bildes, sondern einen Strahlenkranz, der die Botschaft in seinem Zentrum glorreich beleuchtet und nach außen weiterleitet. Durchweg wird das „Strahlenzentrum" damals an ikonographisch bedeutsamen Stellen untergebracht. In Bildern mit der thronende Madonna liegt es z.B. häufig in deren Schoßregion und deutet so das Zeugungsmysterium an, das mit der Geburt ihres Kindes verbunden ist. Bezeichnenderweise liegt nun auch in der „Schule von Athen" der Fluchtpunkt bzw. das „Strahlungszentrum" nicht nur „zwischen" den beiden Männern, sondern genauer: in Hüfthöhe zwischen den beiden Männern und verwandelt sich dadurch zu einem unübersehbaren Hinweis auf die Schöpfungs- oder Zeugungskraft ihres Dialogs. Aus diesem geht als der Bedingung ihrer Möglichkeit die neue Erkenntnis hervor. Oder anders gesagt: Die Form der herrschaftsfreien Verständigung ist der Entstehungsort der Wahrheit. Das ist die subversive Botschaft in Raffaels Fresko. Sie wird bekräftigt durch die fiktive Bogenarchitektur, die dem revidierten Blick des Betrachters nun wie eine einzige profane Triumphkonstellation erscheint.

Der Gegenentwurf ist damit komplett. Er löst den Betrachter aus der heils-geschichtlichen Bewegung, die – nach dem offiziellen Bildprogramm – von den vorchristlichen Philosophen und Naturforschern auf dem Fresko der „Schule von Athen" hinüberführt zur geoffenbarten Wahrheit auf der „Disputa", und ermuntert ihn stattdessen mitten im Raum in Äquidistanz zu beiden Bildern erneut Vergleiche anzustellen. Für den Besucher von damals mögen diese Vergleiche noch zu keinem überzeugenden Resultat geführt haben. Die beiden alternativen Modelle des Zugangs zur Wahrheit, die göttliche Offenbarung und der herrschaftsfreie Diskurs, ließen sich viel-leicht noch nicht deutlich genug kontrastieren. Für uns heute jedoch ist die Situation klar. Die Gewichte haben sich umgedreht. Die autonome Ver-nunft, die sich in den antiken Denkern der „Schule von Athen" verkörpert, erscheint nicht mehr als Vorläufer oder Vorstufe der Offenbarung, sondern umgekehrt: die „Disputa" repräsentiert das überholte Modell. Der einstige Gegenentwurf hat gesiegt. Wir Nachgeborenen können ihn lesen, weil wir in der Rückschau abschätzen können, was aus diesem frühen und versteck-ten Vorgriff auf die „dialogische Erkenntnisweise" und die moderne Dis-kurstheorie der Wahrheit geworden ist: Wir kommen ohne sie nicht mehr aus. Die Lehre vom zwanglose Zwang des besseren Argumentes ist ein unverzichtbarer Bestandteil unserer demokratischen Ordnung. Sie wurde zum ersten Mal – wenn auch verborgen unter der imponierenden Oberflä-che eines restaurativen Bildprogramms – in einem historischen Augenblick formuliert, in dem mit der Entdeckung Amerikas die alten Mächte objektiv in die Defensive geraten waren und der lange Weg in das nachmetaphysi-sche Zeitalter begonnen hatte.

Literatur

Einem, H. von (1971): Das Programm der Stanza della Segnatura im Vatikan (Rheinisch-Westfälische Akademie der Wissenschaften; Geisteswissenschaf-ten 169), Opladen
Fichtner, R. (1984): Die verborgene Geometrie in Raffaels „Schule von Athen". Deutsches Museum (Hg.), München
Frommel, Ch. L. (1987): Raffaels architektonische Laufbahn, in: Frommel, Christoph Luitpold/Ray, Stefano/Tafuri, Manfredo.: Raffael. Das architekto-nische Werk, Stuttgart
Garin, E. (1989): Raffaello e la 'pace filosofica', in: ders.: Umanisti, artisti, scienziati: Studi sul Rinascimento italiano, Rom

Most, G. (1998): Raffael - Die Schule von Athen. Über das Lesen von Bildern, Frankfurt am Main

Grimm, H. (1927): Das Leben Raphaels von Urbino, 1927[6]

Hall, M. (Hg.) (1997): Raphael's „School of Athens", Cambridge University Press, Cambridge

Hankins, J. (1991): The Myth of the Platonic Academy of Florence, in: Renaissance Quarterly 44, S.429-475

Jones, R./ Penny, N. (1983): Raffael. München

Lauenstein, H. (1998): Arithmetik und Geometrie in Raffaels Schule von Athen. Die geheimnisvolle Schlüsselrolle der Tafeln im Fresko für das Konzept harmonischer Komposition und der ungeahnte Bezug zum Athena Tempel von Paestum, Frankfurt am Main

Mazzola, G. (1987): Rasterbild - Bildraster, Berlin / Heidelberg

Oberhuber, K. (1983): Polarität und Synthese in Raphaels 'Schule von Athen', Stuttgart

Oberhuber, K. (1999): Raffael. Das malerische Werk, München

Passavant, J. D. (1839): Raffael von Urbino und sein Vater Giovanni Santi, 2 Bde., Leipzig;

Ray, S. (1987): Der Flug des Ikarus.Raffaels Bautätigkeit in ihrem kulturellen Umfeld, in: Frommel, Chistoph Luitpold/Ray, Stefano/Tafuri, Manfredo.: Raffael. Das architektonische Werk, Stuttgart, S.47-58

Reinhard B.: Raffael (2000): Die Schule von Athen, in: ders.: Philosophie in Bildern, Köln, S. 46-81

Springer, A. (1883): Raffaels Schule von Athen. in: Die Graph. Künste 5Tafuri, Manfredo (1987): „Roma instaurata". Päpstliche Politik und Stadgestaltung im Rom des frühen Cinquecento, in: Frommel, Christoph Luitpold/Ray, Stefano/Tafuri, Manfredo.: Raffael. Das architektonische Werk, Stuttgart S.59-106

Trendelenburg, A. (1843): Raffael's Schule von Athen. Ein wissenschaftlicher Vortrag. Berlin

Ullmann, E. (1991): Raffael, Leipzig 1991[2]

Valteri, Simonetta (1972): La Scuola d'Atene. in: Mitteilungen des kunsthistorischen Institutes Florenz; 16/1972

Verdon, T. (1997): Pagans in the church. In: Hall, Marcia (ed.): Raphael's School of Athen. Masterpieces of Western Painting, Cambridge University Press

Autorenverzeichnis

Johannes Bilstein, Dr. phil. Professor für Allgemeine Pädagogik an der Kunstakademie Düsseldorf. Arbeitsschwerpunkte: Bildungstheorien, pädagogische Anthropologie, ästhetische Bildung. Aktuelle Veröffentlichung: Die Kraft der Kinder. Romantische Imaginationen von Kindheit und ihre Vorgeschichte. In: H. Schmitt/S. Siebrecht (Hrsg.): Eine Oase des Glücks. Der romantische Blick auf Kinder. Berlin 2002

Günther Bittner, Dr. phil. Dipl. Psych. Psychoanalytiker. Professor für Pädagogik an der Universität Würzburg. Aktuelle Arbeitsschwerpunkte: Pädagogik der Lebensalter, Biographieforschung, Psychoanalyse und Erziehung. Publikationshinweis: Kinder in die Welt, die Welt in die Kinder setzen. Eine Einführung in die pädagogische Aufgabe. Stuttgart/Berlin/Köln 1996

Brigitte Boothe, Dr. phil., Dipl. Psych. Studium der Philosophie, Germanistik, Romanistik, Psychologie an den Universität Mannheim und Bonn: Psychoanalytikerin (DGP, DGPT), Psychotherapeutin (FSP). Seit 1990 Inhaberin des Lehrstuhls für Klinische Psychologie I an der Universität Zürich. Aktuelle Forschungsschwerpunkte: Erzähl- und Traumanalyse, Psychoanalyse der Geschlechterdifferenz, Wunsch und Kommunikation in der Psychoanalyse. Aktueller Publikationshinweis: Hrsg: Wie kommt man ans Ziel seiner Wünsche? Modelle des Glücks in Märchentexten. Gießen 2002

Reinhard Fatke, Dr. phil. Studium der Fächer Erziehungswissenschaft, Psychologie, Germanistik und Evangelische Theologie in Kiel und Tübingen. Seit 1991 Professor für Pädagogik mit besonderer Berücksichtigung der Sozialpädagogik an der Philosophischen Fakultät der Universität Zürich. Forschungen und Publikationen zu Entwicklung und Ausdrucksformen im Kindes- und Jugendalter (Phantasie, Sammeln, Freundschaft), zu Erscheinungsformen und Ursachen sozialer Auffälligkeit (Kriminalität, Drogen, Suizid, Pädophilie), zur Psychoanalytischen Pädagogik und zur Theorie der Sozialpädagogik.

Volker Fröhlich, Dr. phil. Dipl. Päd. Akademischer Rat am Institut für Pädagogik der Universität Würzburg. Arbeitsschwerpunkte: Psychoanalytische Pädagogik, pädagogische Biographieforschung, päd. Kinder- und Jugendforschung. Publikationshinweis: Hrsg. zus. mit G. Bittner: Lebens-Geschichten. Über das Autobiographische im pädagogischen Denken. Zug/Kusterdingen 1997

Dorle Klika, Dr. phil. habil. Derzeit Universität Siegen (Vertretungsprofessur), Privatdozentin Universität Hildesheim, Forschungsschwerpunkte: Theorie und Geschichte der Bildung und Erziehung, Rekonstruktion geisteswissenschaftlicher Pädagogik, Erziehungswissenschaftliche Biographieforschung, Geschichte der Mädchen- und Frauenbildung. Publikationshinweis: Herman Nohl. Sein ‚Pädagogischer Bezug' in Theorie, Biographie und Handlungspraxis. Beiträge zur Historischen Bildungsforschung, Bd. 25, begründet von R. W. Keck, Köln (Böhlau) 2000

Eckart Liebau, Dr. phil., Professor für Pädagogik (Lehrstuhl II) am Institut für Pädagogik, Philosophische Fakultät I der Friedrich-Alexander-Universität Erlangen-Nürnberg. Arbeitsschwerpunkte: Allgemeine Pädagogik (Pädagogische Anthropologie, Bildungstheorie, Vergleichende Erziehungswissenschaft); Schulpädagogik (Gymnasialpädagogik; Schultheater); Kulturpädagogik (Theater- und Museumspädagogik). Publikationshinweis: Erfahrung und Verantwortung. Werteerziehung als Pädagogik der Teilhabe. Weinheim und München 1999

Gisela Miller-Kipp, Dr. phil. Inhaberin des Lehrstuhl für Allgemeine Pädagogik an der Heinrich-Heine-Universität Düsseldorf. Arbeitsgebiete: Historische Pädagogik, insbesondere Erziehungsgeschichte des Dritten Reiches; Allgemeine Pädagogik, insbesondere Anthropologie der Bildung. Aktueller Publikationshinweis: „Auch Du gehörst dem Führer". Die Geschichte des Bundes Deutscher Mädel (BDM) in Quellen und Dokumenten. Weinheim und München 2001. (2. durchgesehene Aufl. 2002).

Michael Parmentier, Dr. phil. Studium der Germanistik, Geschichte und Philosophie, Erziehungswissenschaft, Soziologie und anderer Disziplinen. Seit 1993 Professor für Allgemeine Pädagogik mit dem Schwerpunkt Museumspädagogik und Ästhetische Bildung an der Humboldt-Universität zu Berlin. Letzte Veröffentlichung: Ästhetische Bildung, in: Historisches Wörterbuch der Pädagogik, 2003.

Helga Peskoller, Mag. rer. nat. Dr. phil. Abgeschlossenes Studium der Geographie, Philosophie, Psychologie und Erziehungswissenschaft. Derzeit Professorin am Institut für Erziehungswissenschaften der Leopold-Franzens-Universität Innsbruck, Schwerpunkt: Grundlagen- und Risikoforschung, Allgemeine Erziehungswissenschaften, Methodologie und Wissenschaftstheorie, Historische Anthropologie und Ästhetische Bildung. Publikationshinweis: extrem. Wien/Weimar/Köln 2001

Gerd E. Schäfer, Dr. rer. soc. Professor für Allgemeine Pädagogik mit dem Schwerpunkt Pädagogik der frühen Kindheit und Familienpädagogik an der Universität zu Köln. Arbeitsschwerpunkte: Bildungsprozesse im frühen Kindesalter, Spielforschung, Psychoanalytische Pädagogik, systematische Fragen der Pädagogik der frühen Kindheit. Publikationshinweis: Bildungsprozesse im Kindesalter. Weinheim und München 2002 Neuauflage

Theodor Schulze, Dr. phil. em. Prof. für Pädagogik an der Universität Bielefeld. Lehr- und Forschungsbereiche: Schulpädagogik und Allgemeine Didaktik, Biographieforschung, pädagogische Ikonologie. Publikationshinweis: Bilder zur Erziehung. Annäherungen an eine pädagogische Ikonologie. In: G.E. Schäfer/Ch. Wulf (Hrsg.): Bild – Bilder – Bildung, Weinheim und Basel 1999

Ursula Stenger, Dr. phil. Wiss. Assistentin am Institut für Pädagogik der Universität Würzburg. Arbeitsschwerpunkte: Pädagogische Anthropologie und Phänomenologie, Ästhetische Bildung, Bildungsprozesse und Pädagogik der frühen Kindheit. Publikationshinweis: „Schöpferische Prozesse". Phänomenologisch-anthropologische Analysen zur Konstitution von Ich und Welt. Weinheim und München 2002